유종일의
진보 경제학

: 철학, 역사 그리고 대안

유종일의
진보 경제학
: 철학, 역사 그리고 대안

유종일 지음

모티브북

차례

서문　9

|1장| 진보와 시장경제　21

1. 근대경제학의 출발점: 희소성과 합리성　23
2. 사회적 가치판단의 기준: 효율·성장·형평·안정　28
3. 시장경제의 장점과 한계　38
4. 시장경제, 자본주의, 민주주의　46

|2장| 진보와 세계화　54

1. 세계화의 재인식　54
2. 신자유주의 세계화의 문제점　62
3. 세계화에 대한 진보의 대응　72

|3장| 진보와 지속가능한 성장　77

1. 진보와 경제성장　77
2. 지속가능한 성장의 적들　82
3. 지속가능한 성장의 조건　98
4. 지속가능한 성장을 위한 경제정책 거버넌스　112
5. 맺음말　115

| 4장 | 분배의 경제학   118

　　1. 분배 정의의 기준과 사회적 기능   120
　　2. 경제성장과 분배의 관계   134
　　3. 성장과 분배의 선순환: 동반성장 5대 전략   151
　　4. 맺음말   161

| 5장 | 현대자본주의의 짧은 역사   164

　　1. 개혁자본주의의 탄생과 자본주의의 황금기   166
　　2. 신자유주의의 태동과 신자유주의적 세계화의 전개   177
　　3. 신자유주의의 퇴조와 세계경제의 미래   188

| 6장 | 세계금융위기와 경제정책 패러다임의 변화   200

　　1. 머리말   200
　　2. 글로벌금융위기 이후 정책 담론의 변화   203
　　3. 근본적인 패러다임 전환의 가능성: 정치 지형과 경제이론의 변화 전망   213
　　4. 맺음말   223

| 7장 | 박정희 시대 경제성장 신화의 해부　　　　　　　225

　　1. 들어가는 말　225
　　2. 고도성장과 박정희의 지도력　231
　　3. 양극화의 연원: 박정희 시대의 그림자　241
　　4. 맺는 말: 우리 시대의 진보에 관한 성찰　253

| 8장 | 신자유주의와 한국 경제　　　　　　　　　　260

　　1. 신자유주의 논란　260
　　2. 신자유주의란 무엇인가　263
　　3. 외환위기와 신자유주의　270
　　4. 참여정부의 '좌파 신자유주의'　277
　　5. MB노믹스와 신자유주의　285
　　6. 맺음말　297

| 9장 | 지식경제론　　　　　　　　　　　　　　　　300

　　1. 새로운 경제발전 패러다임으로서의 지식경제　300
　　2. 경제발전에 따른 성장 동력의 변화와 지식경제　304
　　3. 우리나라의 투자 패턴의 변화와 문제점　309
　　4. 지식경제 성장의 효율성 제고를 위한 정책 방향　317
　　5. 지식경제의 성장을 위한 사회적 환경　324

| 10장 | 민주적 시장경제론   329

    1. 민주적 시장경제의 개념 333
    2. 민주적 시장경제와 기회의 평등 339
    3. 민주적 시장경제와 분배의 평등화 346
    4. 케인스주의의 한계와 민주적 거버넌스 355
    5. 민주적 시장경제의 핵심 과제 및 실현 전략 361
    6. 맺음말 375

| 11장 | 동아시아 경제통합론   377

    1. 대외경제전략 재정립의 필요성 379
    2. 한미 FTA와 개방 전략의 반성 391
    3. 동아시아 경제통합과 한국 경제 410
    4. 맺음말 423

    참고문헌 426

서문

1

　김대중 정부가 소위 '생산적 복지'라는 이름으로 우리나라 복지의 틀을 짜고 있을 때였다. IMF 외환 위기로 인한 구조조정을 뒷받침하기 위해서 고용보험 등 사회 안전망을 확대한 데서 나아가 국민기초생활보장법까지 제정하면서 복지 확대에 나서자 보수 언론들이 들고 일어났다. 요즘은 복지 포퓰리즘이라는 말로 공격을 해대지만 당시에는 복지병 얘기를 많이 했다. 복지를 많이 하면 경제가 병든다는 얘기다.

　그런데 당시 청와대에서 근무하던 후배가 나에게 부탁을 해왔다. 경제학자 중에서 복지병 주장을 반박하고 복지의 필요성을 역설하는 글을 써줄 사람이 있는지 알아봐달라는 것이었다. 복지에 찬성하는 글은 모두 사회복지 전공자들이 쓰고 있는데, 복지로 경제가 병든다는 주장은 경제학자가 반박해줘야 설득력이 있을 거라는 말이었다.

　참으로 난감했다. 오랜 외국 생활을 마치고 귀국한지 얼마 되지 않은 시점이어서 아는 사람이 많지 않은 탓도 있었지만 필자가 아는 경제학자들은 대부분 미국 경제학에 흠뻑 젖어 있었고 심지어 시장만능주의 사조에 경도된 사람들도 많았다. 선뜻 복지 확대를 옹호해줄 경제학자를 찾기 어려웠다. 사회경제학회를 중심으로 모인 진보적인 경제학자들도 있었지만 대부분 복지정책 따위에는 관심이 없었다. 더 근본적인 자본주의의 문제를 고민하다보니 그랬던 모양이다.

결국 내 전공이 아니었지만 조금씩 복지 문제를 공부해가며 발언을 하게 되었다. 이후로 필자는 전공 분야가 아니어도 사회적 필요성에 이끌려서 다양한 경제학적 주제에 관해 발언하게 되었고, 한국 경제학계의 주류를 이루고 있는 신자유주의적 경향에 맞서 싸우는 일을 지속해왔다. 성장우선주의, 경쟁력 제일주의, 노동시장 유연성, 규제완화와 시장 개방, 공기업 사유화, 한미 FTA, 감세 정책 등에 맞서 싸웠다. 이와 함께 새로운 성장 동력을 창출하고 양극화를 극복하기 위한 정책 대안을 탐구하는 데도 노력을 기울였다. 이 책은 이러한 노력들의 성과물이다.

2

학계의 주류 담론에 맞서 싸우는 일은 외롭고 괴로운 일이다. 게다가 대부분 정부와 기득권층이 합심해 추진하는 정책들을 반대해야 하니 이에 따르는 부담도 만만치 않았다. IMF의 처방을 비판하고 자본 통제를 주장할 때 주류 경제학자들에게 무시당하던 기억이 새롭고, 한미 FTA를 비판하는 글을 써댄다고 정부의 압박을 받던 일도 떠오른다.

하지만 2008년에 월가가 무너지고 글로벌 금융위기가 터졌다. 미국은 자국에서 금융위기가 터지자 한국의 금융위기에 대한 IMF의 처방과는 정반대의 정책을 펼쳤다. 2011년에는 월가 점령 시위가 전 세계로 퍼지고 있다. 미국을 추종하고 미국식이 세계 표준global standards이라고 주장하던 목소리들이 머쓱해졌다.

필자의 대학원 시절 은사였던 제프리 삭스Jeffrey Sachs 교수가 월가 시위 현장에서 연설을 하며 시위를 이끌고 있다. 예전에는 상상도 할 수 없던 일이다. 이러저러한 교류가 있던 조세프 스티글리츠Joseph Stiglitz나 폴 크루그먼Paul Krugman도 신자유주의에 맞서 싸우는 최고의 투사가 되어있다.

필자는 이분들이 훌륭한 경제학자들이기는 해도 기존 체제의 변화보다는 기존 체제를 더 유능하게 관리하는 방법에 국한된 '기술자'가 아닌가 하는 의구심을 가지고 있었다. 그런데 이들이 변한 것이다. 신자유주의의 횡포가 극에 달했기 때문이다.

경제학계만 보면 한국의 현실은 별로 달라지지 않은 것 같다. 주류 경제학계에서 한미 FTA에 대한 반대의 목소리를 찾아보기란 여전히 어렵다. 한미 FTA는 초미의 국민적 관심사이고 경제학자가 아니면 잘 이해하기 어려운 문제다. 열심히 나서서 논쟁에 뛰어들어야 할 텐데 그런 모습을 찾아보기 어렵다. 대부분이 막연한 자유무역론에 매몰되어 있거나 침묵하고 있다.

하지만 국민 의식은 변하고 있다. 더 이상 선先성장 후後분배론의 포로가 되기를 거부하고 있다. 최근의 여론조사를 보면 성장보다 분배가 중요하다는 견해가 그 반대의 견해를 압도하고 있다. 재벌의 성장에 기대기보다는 재벌 독식 구조에 항의하는 목소리가 훨씬 높다. 경제는 성장하는데 대다수 국민의 삶은 더욱 힘들어지는 역설을 직시하기 시작한 것이다. 더 이상 성장이 해법이 아니라는 것을 깨닫기 시작한 것이다. 국민은 변화를 원하고 있고 대안을 찾고 있다.

3

　한 시대가 저물어가고 있다. 미국이 앞장서고 국제금융자본이 주도한 신자유주의 세계화의 시대는 2008년 글로벌 금융위기로 종언을 고했다. 위기는 월가의 도덕적·경제적 파탄을 만천하에 드러냈으며, 고삐 풀린 금융 세계화의 위험성을 웅변적으로 증명했다. 물론 미국, 금융자본, 신자유주의의 세력이 하루아침에 무너진 것은 아니며 여전히 위세를 떨치고 있다. 하지만 이는 아직 새로운 정치적 주체와 패러다임이 자리 잡지 못하고 있기 때문이며, 신자유주의가 새롭게 소생하는 것은 아니다. 지금 선진 각국에서 재정위기와 사회정치적 위기가 계속되는 현실이 이를 입증한다. "위기는 낡은 것은 죽어가는 반면 새것은 태어날 수 없다는 사실에 있다"고 한 그람시의 말이 더없이 적확한 상황이다.

　세계경제를 옥죄고 있는 금융위기와 재정위기, 그리고 그 근저에 도사리고 있는 양극화 위기를 해결하기 위해서는 새로운 사회경제체제를 수립해야만 한다. 재정정책과 통화정책만으로 해결될 문제가 아니라는 것이다. 이제 근본적인 개혁으로 새로운 시대를 열어가야 한다.

　새 시대를 향한 핵심적 요구는 경제 민주화다. 이제는 1%를 위해 99%를 희생시키는 경제체제를 거부함과 동시에, 99%를 위해 작동하는 경제체제를 요구해야 한다. 시장 논리 못지않게 민주주의가 중요하고, 자유 못지않게 평등도 중요하다. 사람이 시장의 도구가 되어선 안 되며, 시장이 사람을 위해 봉사해야 한다. 세계화도 무조건 강요하고 수용할 것이 아니라, 공공복리의 증진에 도움이 되도록 규제하고 조정해야 한다. 이것이 바로 '월가 점령 시위'에 담긴 시대정신이고, '한미 FTA 반대 촛불집회'로 타오르는 대중의 요구인 것이다.

4

새 시대는 더 이상 미국 주도의, 미국 헤게모니의 시대가 아니다. 세계경제의 중심은 빠르게 동아시아로 이동하고 있다. 동아시아 경제 규모는 이미 미국이나 유럽연합을 능가했으며, 구매력을 기준으로 볼 때 불과 5년 후면 중국 경제가 미국을 제치고 세계 최대의 경제로 부상할 전망이다. 무엇보다 미국이나 유럽의 경제 전망은 비관적인 것에 반해 동아시아 지역은 역동적 성장을 지속할 것으로 보인다. 중국의 고도성장이 수십 년간 지속되는 것을 보면서도 "중국은 국유기업 구조조정을 못해서 금융 부실 때문에 망한다"거나 "중국은 소득 불평등으로 정치불안이 야기되어 망한다"고 바람 섞인 예측을 해대던 서구의 경제 전문가들은 정작 미국과 유럽의 경제가 바로 그런 문제들로 자멸하고 있는 현실을 목도하고 있다.

세계경제의 중심이 동아시아로 넘어왔다고 해서 동아시아가 태평성대를 구가하는 것은 결코 아니다. 동아시아 각국은 모두 나름대로 심각한 사회정치적 위기를 맞이하고 있다. 특히 경제 상황은 상이할지라도 양극화 문제는 각국이 공통적으로 직면한 최대 현안이다. 일본은 이 때문에 지난 2009년에 이미 60년 자민당 정권이 막을 내렸고, 눈앞에 닥친 대만 총통 선거와 내년의 한국 총선 및 대선에서도 양극화는 최대 이슈로 부각될 것이다. 중국의 농민시위나 반부패시위도 양극화를 배경으로 한 것이어서 내년에 출범할 제5세대 지도부에게도 최대 현안은 양극화 문제가 될 것이다.

한국의 현실은 세계경제의 모순과 동아시아 지역의 고민을 고스란히, 어쩌면 가장 극명하게 반영하고 있다. 한국 경제는 한 세대 남짓한 기간에 세계 최빈국에서 OECD 회원국까지 올라섰지만, 기적과도 같은 눈부신 경제성장은 그 이후로 금융 세계화의 쓴 맛과 양극화의 어두움으로 상당히 퇴색되고 말았다. 한국 국민은 경제는 성장하고 국민소득은 올라가는데 삶의 질은 하락하고 행복은 멀어져가는 역설을 뼈저리게 경험하고 있다. 한국사는 단군 이래 세계사의 중심부에 가장 가까이 다가갔는데, '삼포세대'라고 자조하는 한국의 젊은이들은 희망과 기백을 잃어가고 있다. 세계 최하의 초저출산율로 민족의 집단 자살을 꾀하고 있는 형국이다.

모순이 극에 달한 만큼 변화의 기운도 강한 법이다. 외세의 침탈과 식민지배, 동족상잔과 군사독재 등 모진 시련이 이어진 역사의 질곡을 뚫고나온 한민족의 저력은 이제 새 시대를 여는 동력이 될 것이다. 새로운 발전 패러다임 아래 새로운 정치주체의 결집을 이루어 새 시대를 열어나가야 한다. 인본적이고 합리적이면서도 역동적이고 혁신적인 사회경제체제를 건설해야 한다. 이 가운데 한국이 동아시아 정치변화의 물결을 이끌고 사회통합적인 지역경제통합을 주도하며, 나아가 지구촌의 공생 발전과 생태계 보전 문제를 해결하기 위해서도 앞장서야 할 것이다. 그리하여 마침내 한국이 세계를 밝게 비추는 '동방의 빛'이 되기를 바란다.

이 책은 필자가 위와 같은 문제의식으로 최근 수년간 여기저기에서 강연하고 기고한 글들을 모아 정리한 것으로, 일부 중복되는 내용이 있지만 각 장의 완결성을 갖추고자 그대로 두었다. 진보적 시각에서 한국경제의 새로운 발전 패러다임을 구축하는 데 도움이 되기를 바라면서 부족한 글들을 내놓기로 했다.

5

이 책의 내용을 이해하는 데 필자의 정치철학적 혹은 도덕철학적 입장을 미리 밝히는 것이 도움이 될 것이다. 필자는 매우 진보적인 관점과 가치관을 가지고 있지만, 근본적으로 자유주의자다. 그래서 필자의 철학을 굳이 한마디로 표현하자면 '진보적 자유주의'라고 할 수 있다.

자유주의는 특정한 역사적 상황에서 특정한 내용으로 구성되기도 하지만, 가장 근본적인 핵심, 즉 만인의 자유, 인권에 대한 존중, 그리고 법 앞의 평등이라는 핵심적인 내용은 인류사를 통해서 보편적 가치로 확립되었다. 따라서 자유주의가 충분한 답이 되지 못한다는 입장은 가능하지만 자유주의 자체를 부정하는 이념은 보편적 이념으로 성립하기 어렵다는 것이 필자의 소신이다. 하지만 자유를 누구나 충분히 누릴 수 있게 최선의 노력을 해야 한다는 것, 그리하여 공동체의 연대를 가꾸어나가야 한다는 것이 또한 필자의 신념이다. 그래서 진보적 자유주의다.

6

이 책은 세 토막으로 나뉜다. 첫 번째 토막은 경제를 보는 기본적인 시각, 즉 경제철학에 관한 것이다. 진보적 입장에서 시장과 세계화, 성장과 분배의 문제를 어떻게 바라보아야 하는지를 논의하고 있다. 일반적으로 보수는 친親시장, 진보는 반反시장이라는 선입견이 존재한다. 개방과 세계화에 대해서도 보수는 찬성, 진보는 반대라는 인식이 존재한다. 하지만 이는 올바른 인식이 아니다. 진보가 시장만능주의나 무조건적 개방과 세계화를 반대하는 것은 사실이지만, 시장과 세계화의 한계와 단점을 인식하는 것이 곧 시장경제나 세계화 자체를 반대하는 것은 아니다. 우리 사회 일각에는 진보의 이름으로 시장 논리를 부정하고 세계화 자체를 배척하는 흐름도 있다. 하지만 이는 결코 올바른 진보의 입장이 되지 못한다는 것이 필자의 생각이다. 진보의 입장에서도 시장경제의 한계와 단점 못지않게 시장경제의 가능성과 장점을 인식하는 것이 중요하다. 세계화도 마찬가지다. 신자유주의적 세계화는 반대해야 마땅하지만 세계화 자체를 반대하는 것은 옳지 않다. 세계화는 잘 관리하기만 하면 진보적 가치를 실현하는 데 큰 도움이 될 수 있기 때문이다. 이 책의 1장과 2장에서는 이러한 시각에서 진보는 시장과 세계화를 어떻게 보아야 하는지를 논의한다.

  3장과 4장은 각각 진보가 성장과 분배를 어떻게 바라보아야 하는지에 대해 논의한다. 흔히 보수는 성장을 중시하고 진보는 분배를 중시한다고 가정한다. 하지만 이것도 성장과 분배의 이분법에 입각한 잘못된 생각이다. 진보는 성장지상주의를 배격하고, 성장을 통해서 삶의 질이나 풍요와 행복과 같은 보다 근원적인 가치를 제고하는 데 초점을 두어야 하며, 지속가능한 성장을 추구해야 한다. 이러한 전제 위에서 진보는 성장에 매우 적극적이어야 하며, 성장이 분배와 상충되기보다는 선순환을 이루는 경로에 주목하면서 분배친화적 성장을 이룩해야 한다. 분배의 개선을 위해 매우 과감한 정책을 추진하되 가급적 성장친화적 정책 수단을 사용하는 것이 바람직하다는 것이 필자의 입장이다.

이 책의 두 번째 토막은 진보적 시각에서 현대 경제사를 훑어본다. 역사적 시각은 현실을 이해하고 대안을 탐구하는 데 언제나 유용하다. 5장에서는 현대자본주의의 역사를 압축적으로 논의한다. 고전적 자유주의에 입각한 제1차 세계화체제가 위기에 빠지고 대공황이 도래하는 시점에서부터 뉴딜개혁과 개혁자본주의의 성립, 그리고 이에 기초한 자본주의의 황금기를 먼저 살펴보고, 이어서 개혁자본주의의 위기와 신자유주의의 등장, 그리고 신자유주의적 세계화의 전개를 살펴본다. 글로벌 금융위기 이후 세계경제의 미래에 관해서도 논의한다. 6장에서는 글로벌 금융위기에 따른 경제정책 패러다임의 변화를 전망한다. 우선 위기 이후에 실시되고 추진되거나 논의되고 있는 정책 변화의 내용을 살펴보고, 정치 지형의 변화와 대안적 이론의 발전 전망을 짚어본다. 정책 패러다임이 얼마나 폭넓게 변화할지는 위기의 크기, 정치 지형의 변화, 대안적 경제이론의 발전 등에 의해 좌우될 것이기 때문이다.

7장과 8장에서는 한국 경제의 최근 역사를 둘러본다. 7장에서는 박정희 시대의 고도성장 신화를 해부하고, 박정희 시대가 남긴 유산이 무엇인지, 이러한 유산은 어떻게 아직까지 한국 경제에 영향을 미치고 있는지에 대해 논의한다. 특히 오늘날 한국 경제의 최대 화두가 된 양극화 문제의 연원이 박정희 시대에 굳어진 재벌체제에 있음을 밝히고, 박정희 시대의 부정적 유산을 청산하는 길이 우리 시대 진보의 핵심적 과제임을 주장한다. 8장에서는 신자유주의의 영향이라는 프리즘을 통해 한국 경제의 최근 역사를 조명한다. 외환위기 전후, 참여정부, 그리고 이명박 정부 등 세 시기로 나누어서 한국 정부가 추진한 경제정책의 성격을 살펴보고, 그 가운데 나타난 신자유주의의 영향을 규명한다. 시장의 왜곡을 시정하기 위해 추진된 개혁정책이 시장의 과잉을 낳는 신자유주의의 영향으로 인해 본질적으로 왜곡되고, 신자유주의의 영향력이 갈수록 확대된 과정을 짚어본다.

이 책의 마지막 토막은 한국 경제의 새로운 발전 패러다임에 관한 필자의 구상을 담고 있다. 9장 지식경제론은 새로운 성장 모델에 관한 것이다. 경제가 발전할수록 자본·노동·토지 등에 비해 지식이 가장 중요한 생산요소가 되며, 지식의 증가에 의한 생산성 향상이 경제성장을 견인하게 된다. 이것이 바로 지식경제다. 생산성 증가는 인적자본과 지적자본의 축적에서 비롯되는데 인적자본의 생산성은 지적자본에 의해서 결정되므로 궁극적으로는 지적자본이 생산성 증가의 원천이다. 한국 경제의 성장 동력을 회복하는 길은 한국 경제를 본격적인 지식경제로 만드는 일이다. 이를 위해서 모든 제도와 정책이 인적자본과 지적자본의 축적을 고취하고 효율화하는 방향으로 개혁되어야 한다. 이러한 구상을 9장에서 전개하고 있다.

10장에서는 경제체제 개혁에 대한 구상으로서 민주적 시장경제론을 전개한다. 경제체제는 모든 사회제도가 그렇듯이 경로의존성과 상호연관성이 있기 때문에 백지에 그리는 대안이 아니라 구체적인 역사적 맥락과 조건을 고려한 대안을 만들어야 한다. 민주적 시장경제는 김대중 정부 시절의 경제개혁을 부분적으로 뒷받침한 개념이었으며, 경제민주화의 역사적 요구를 담고 있는 개념이다. 경제에 관한 진보적 대안이 비시장적이거나 반시장적인 것이 아니라 시장경제의 한 형태라는 것을 분명히 하면서도, 경제력 집중과 양극화라는 구조적 문제를 극복하려는 지향을 담아내는 개념이다. 이런 고려에서 필자는 민주적 시장경제론을 최대한 발전시켜보고자 했다.

마지막으로 11장 '동아시아 경제통합론'에서는 새로운 대외경제전략을 모색한다. 한국 경제를 둘러싼 대외 환경이 변화하고 있다. 글로벌 금융위기 이후 신자유주의 세계화 질서가 재편되는 과정에서 선진국 경제는 거듭해서 진통을 겪고 있다. 지역주의 경향은 더욱 강화되고 있으며, 세계의 경제 중심은 동아시아로 급속히 이동하고 있다. 이것이 바로 대외경제전략을 새롭게 설정해야 하는 배경이다. 또한 한국 경제가 맞닥뜨린 어려움들이 있다. 그중에서도 세계화 위험, 안보 위험, 인구학적 위험은 국내적으로만 해법을 찾을 수는 없는 난제들이다. 대외경제전략을 이러한 문제들에 대한 해법과 연결해서 구상해야 한다. 이러한 관점에서 필자는 한국이 동아시아의 경제통합을 적극적으로 활용할 것을 제안한다.

7

최근 필자는 『경제119』(시사IN북, 2011)라는 조그만 책을 냈다. 경제 민주화를 위한 정책들을 알리고 이를 지지하는 여론을 형성하기 위한 시도였다. 이미 본서를 준비하고 있던 때였는데 갑자기 경제 민주화 정책을 알려야 할 시급성을 절감했기 때문이다. 그 사정은 『경제119』의 서문에 나와 있다. 밤잠을 아끼며 원고를 썼는데, 분량이 적다보니 그 책이 먼저 출간되었다. 『경제119』라는 제목은 물론 경제 민주화를 규정하고 있는 헌법 제119조에서 따온 것이지만, 다른 한편 '119구조대'라는 상징성도 내포하고 있다. 아우성치는 민생의 현장으로 달려가는 '경제119'라는 것이다.

혹시 『경제119』를 읽으면서 보다 체계적이고 이론적인 기반을 아쉬워한 독자가 있다면 본서가 어느 정도 아쉬움을 채워줄 것이라고 생각한다. 그리고 본서를 읽으면서 다소 장황하다는 느낌을 받은 독자들에게는 『경제119』를 일독하기를 권하고 싶다. 본서가 장편소설이라면, 『경제119』는 단편소설이다.

8

세상 모든 일이 그렇듯이 이 책이 나오는 데 많은 도움이 있었다. 피곤이 쌓여 예민해져 있는 내게 미소를 잃지 않고 대해준 아내가 그 중 으뜸이다. 자신이 책임지고 있는 시민단체 일로 스트레스를 받고 있으면서도 항상 나를 격려하고 배려해주었다. 함께 쓴 글의 일부를 필자가 활용하는 것에 흔쾌히 동의해준 중앙대학교의 하준경 교수와, 원고 정리 및 자료 찾기를 도와준 권혜연 조교에게도 고마운 마음을 전하고 싶다. 기존에 발표된 원고를 이 책에 수록하는 데 동의해주신 모든 관계자들에게도 감사드린다. 무리한 일정에 맞추어 책을 만드느라 고생하신 모티브북의 양미자 대표에게도 감사드린다.

2011년 12월 25일
유종일

1장

진보와 시장경제[*]

흔히 보수는 시장을 좋아하고 활용하려 하며, 진보는 시장을 싫어하고 규제하려 한다고 여겨진다. 이는 반쯤은 맞고 반쯤은 틀린 얘기다. 대체로 정치적 보수는 시장을 맹신하거나 심지어 시장만능주의적 입장을 취하는 경향이 있고, 정치적 진보는 시장경제의 한계와 단점을 강조하며 비시장적 영역과 시장 규제의 필요성을 주장하는 것이 사실이다. 하지만 시장의 한계와 단점을 인식하는 것이 곧 시장경제 자체를 반대하는 것은 아니다.

사실상 우리 사회 일각에는 진보의 이름으로 시장 논리를 부정하고 시장 자체를 배척하는 일도 있다. 모든 시장 논리를 신자유주의라며 반대하는 경향도 있다. 하지만 이는 결코 올바른 진보의 입장이 아니

---

[*] 이 글은 2009년에 경제정책연구회에서 '민주화를 위한 변호사 모임' 회원들을 대상으로 실시한 경제학 강좌의 일환으로 필자가 준비한 강의록을 보완한 것이다.

다. 진보의 입장에서도 시장경제의 한계와 단점 못지않게 시장경제의 가능성과 장점을 인식하는 것이 중요하다. 시장경제는 무엇보다 개인의 자유로운 선택을 기초로 하고 있다. 자유는 너무나도 근본적인 가치이기 때문에 이것 하나만으로도 시장경제의 정당성은 상당히 확보된다. 개인의 자유로운 선택에 기초한 시장경제는 개인의 창의성이나 사적인 정보를 활용하는 데 뛰어난 경제시스템이다. 그런 까닭에 역사적으로 시장경제는 경제발전과 부의 축적을 이룩하는 데 뛰어난 성과를 나타냈다.

시장 논리에 모든 것을 종속시켜야 한다는 시장만능주의적 입장은 경계하고 비판해야 마땅하지만, 그렇다고 시장 논리를 함부로 무시하는 것도 옳지 않다. 진보적 가치를 실현하는 길목에서 시장의 가능성과 장점, 그리고 한계와 단점을 모두 정확히 인식하는 것이 중요한 까닭은 두 가지다. 첫째, 시장경제가 잠재적으로 가지고 있는 진보성 자체를 잘 발현하는 것이 필요하기 때문이다. 둘째, 이러한 인식은 다양한 분야에서 구체적 정책을 설계하는 데 매우 유용하게 활용될 수 있기 때문이다.

이 글에서는 우선 시장경제를 이해하고 그 장단점을 평가하기 위한 기본 개념을 살펴본다. 경제적 선택의 근저에 놓여있는 희소성과 합리성에 대해 검토한 후 사회적 가치판단의 기준이 되는 효율, 성장, 형평, 안정 등의 개념을 논의한다. 다음으로 이러한 기준에 입각해서 시장경제의 장단점, 가능성과 한계를 평가한다. 마지막으로 시장경제와 자본주의, 그리고 민주주의 사이의 관계에 대해 논의한다.

1. 근대경제학의 출발점: 희소성과 합리성

희소성과 선택의 문제

물은 생명 유지를 위해 필수적인 정말 귀중한 것인데도 공짜고, 다이아몬드는 보기에 아름다울지는 몰라도 없어도 불편할 것이 없는 물건임에도 불구하고 매우 비싸다. 이른바 물과 다이아몬드의 역설이다. 이러한 역설이 생기는 까닭은 희소성 때문이다. 물은 사람들이 원하는 양 이상으로 풍부하게 존재하기 때문에 공짜고, 다이아몬드는 공급량이 적어서 비싼 것이다. 요즘에는 물도 공짜가 아니고 값이 점점 올라가고 있는데, 인구 증가 등의 이유로 물도 점점 희소한 자원이 되어가고 있기 때문이다.

근대경제학에서 경제문제란 곧 희소성의 문제를 말한다. 희소성이 없다면, 즉 자원이 우리가 원하는 양 이상으로 존재한다면 우리는 아무런 고민 없이 그저 원하는 대로 가지면 된다. 하지만 자원은 유한하고 욕망은 무한하기 때문에 자원의 희소성이 존재하며, 자원의 희소성은 우리에게 선택을 강요한다. 여기서 희소한 자원을 효율적으로 활용하는 선택에 관한 학문이 바로 근대경제학이다.[1] 실제로 어떤 조건 아래서 어떤 선택이 이루어지는가를 연구하는 분야를 실증경제학이라고 하고, 어떤 선택이 바람직한지를 연구하는 분야를 규범경제학이라고 한다.

---

[1] 근대경제학의 이러한 자기규정은 매우 협소해서 경제적 선택과 사회적 관계의 상호의존성을 충분히 담아내지 못한다. 반면 사회구조와 권력관계를 강조하는 정치경제학은 개인의 선택과 그 선택들 사이의 상호작용에 대한 정치한 분석을 누락하는 경우가 많다.

경제적 사고의 핵심은 모든 선택에는 비용이 따른다는 것이다. 흔히 하는 말로 "공짜 점심은 없다"는 것이다. 여기서 비용의 개념은 기회비용이다. 이는 곧 하나를 선택함으로써 포기해야만 하는 대안의 가치를 일컫는다. 예를 들어 오늘 저녁에 영화를 보기로 했다면 그 비용은 단순히 극장에 내는 돈만을 의미하는 것이 아니다. 거기에는 교통비도 포함되며, 무엇보다도 영화를 보는 대신 다른 일을 했을 때 얻을 수 있었던 가치가 포함된다. 아르바이트를 해서 용돈을 벌 수도 있고, 책을 읽으면서 지식을 쌓을 수도 있다. 또 다른 여러 가지 선택이 가능하지만 영화를 선택함으로써 이 모든 대안들을 포기했다는 사실을 감안해야 한다. 물론 여러 대안을 한꺼번에 선택할 수 있는 것은 아니기 때문에 기회비용은 그 모든 대안들 중에서 최선의 대안이 가지는 가치만을 반영한다.

이기적 인간과 합리적 선택

근대경제학에서 합리성은 비용 대비 최대 만족을 추구하는 것이다. 소비자들은 주어진 소득과 가격체계 아래서 자신의 선호 체계에 따라 효용을 극대화하기 위한 선택을 한다고 가정된다. 소득이 높을수록 높은 효용을 얻을 수 있기 때문에 생산자들은 소득을 극대화하려고 할 것이다. 노동자들은 임금률 등 주어진 노동 소득 기회와 노동을 많이 할수록 힘들어지는 점을 감안해서 효용을 극대화하는 선택을 하는 것이고, 기업은 생산요소의 가격과 생산물의 판매 여건이 주어진 상황에서 비용을 최소화하고 이윤을 극대화하는 선택을 한다는 것이다. 이러한 효용 및 이윤 극대화로 나타나는 경제적 합리성은 결국 자기 이익의 추구가 핵심이다. 근대경제학이 상정하는 경제적 인간 homo economicus

은 이기적 인간이다. 근대경제학이 반드시 이기적 인간을 상정하는 것은 아니라는 주장도 있지만 그것은 말장난에 불과한 것이고, 실질적으로는 전체 이론 체계가 이기적 인간상에 입각하고 있음은 분명하다.

물론 이기적이라는 것이 곧 합리적인 것을 뜻하는 것은 아니다. 이기적 목적을 위한 선택 중에서도 어떤 특성을 가져야만 합리적 선택이라고 할 수 있다. 그 특성은 바로 선택의 일관성이다. 여기서 일관성이란 매우 기술적인 개념인데, 예컨대 A와 B 중에서는 B를 선택하고, B와 C 중에서는 C를 선택하고, C와 A 중에서는 A를 선택한다는 모순된 상황이 발생하지 않아야 한다는 것이다. 이렇게 형식적인 일관성을 만족시키는 선택에 대해서 근대경제학은 선택의 배후에는 개인의 선호가 존재하고, 개인은 당연히 자신의 선호를 가장 잘 충족시키기 위해 선택을 한다고 해석한다.

이러한 합리성 개념은 우리가 흔히 이해하는 합리성 개념과는 크게 다르다. 선택의 배후에는 어떤 것을 좋아한다는 선호와 함께 어떤 선택이 어떤 결과를 낳을 것이라는 믿음이 존재하는데, 이러한 믿음과 선호 자체의 합리성은 고려 대상이 전혀 아니다. 아무리 비상식적이고 비과학적인 선택을 하거나 혹은 자기 파괴적이거나 반사회적인 선택을 한다고 하더라도 선택의 일관성만 있다면 합리적 선택이라고 보는 것이다.[2]

---

[2] 프랑크푸르트 학파의 자본주의 비판은 이러한 기술적 의미의 합리성 혹은 '도구적 합리성(instrumental rationality)'에 대한 비판에 기초하고 있다. 궁극적 가치에 대한 논의는 회피한 채 이기적 목적을 효율적으로 달성하는 방법으로서만 인식되는 합리성이 지배하는 자본주의에서 이성은 수단으로 전락하고 만다는 것이다(Horkheimer 1983).

'합리적 바보'

희소성에 직면해서 효용 극대화를 위해 합리적 선택을 하는 인간상이 과연 인간에 대한 올바른 인식인가, 경제 현상을 이해하기 위한 출발점으로서 과연 타당한 것인가에 대해 수많은 비판과 논란이 있었다. 이 글에서는 자세한 논의를 할 수는 없지만 몇 가지 핵심 문제들만 짚어보기로 한다.

우선 사회적 상호작용과 독립적으로 각 개인에게 고유한 선호 체계가 주어진다고 가정하는 것부터가 문제다. 이 가정에서는 사회적 관계와 상호작용의 영향을 받아 선호가 변화할 가능성이 무시된다. 또한 자기 성찰에 입각해서 스스로 선호를 변화시키고자 노력하는 것이 인간됨의 중요한 측면이라는 사실도 무시된다. 그리고 자신의 선호만을 고려해서, 즉 이기적인 관점에서만 모든 선택을 한다는 것도 지극히 편협한 가정이다. 어떤 가치나 원칙을 지키기 위해 명백하게 자신의 이익에 반하는 선택을 하는 경우도 흔히 있다. 사실 이러한 원칙에 입각한 선택이 없이 누구나 항상 기회주의적으로 이기적 목적만 추구한다면 공동체가 유지되기는 아마도 어려울 것이다. 또 그렇게 행동하는 사람은 공동체에서 배제될 것이다. 최후통첩 게임을 비롯해서 많은 실험의 결과로 사람들은 흔히 이익 극대화를 추구하지 않는다는 사실과 근대경제학에 많이 노출된 사람일수록 반사회적인 이기적 선택을 상대적으로 많이 한다는 사실이 드러났다.[3] 경제이론이 잘못되었을 뿐만 아니라, 이른바 '합리적 바보'를 만들어내고 있다는 것이다(Sen 1977).

물론 많은 경우 인간은 이기적인 목적을 추구한다. 그러나 이 경우에도 근대경제학이 상정하는 합리성이 타당한 가정이라고 보기는 어렵다. 실제로 인간의 계산 능력은 제한되어 있으므로bounded rationality 효용 극대화를 추구하기보다는 적정선의 만족을 추구한다는 비판이 있는 반면에(Simon 1982), 불확실성과 씨름하는 기업가나 투자가들의 경우에는 합리적 계산보다는 '야성적 충동animal spirits'이 결정을 좌우한다는 케인스의 주장도 있다. 최근의 행동경제학에서는 이런 케인스의 통찰을 뒷받침하기라도 하듯이 금융시장에서의 투자 행위가 비이성적인 충동에 의해 좌우된다는 연구들이 속속 나오고 있다(변햄 2008). 이러한 금융시장의 비합리성을 무시하고 합리적 선택에 의한 효율적 시장이라는 환상을 키워놓은 경제이론이 금융위기가 재발하는 까닭이라는 주장도 있다(애커로프·쉴러 2009).

효용 극대화라는 틀에 담겨있는 무한한 욕망의 정당화에 대한 근본적인 문제 제기도 있다. 무한한 욕망은 자연환경의 파괴로 이어질 수밖에 없다는 것이 환경론자들의 주장이다. 불교 사상가들은 욕망을 통제하지 않고 행복에 이를 수는 없다고 가르친다. 욕심은 채울수록 커져서 결코 만족을 모르기 때문이다(법정 1999; 슈마허 2002).

---

3 최후통첩 게임이란 한 사람에게 천 원짜리 열장을 주고, 이를 옆 사람과 나누어 가지도록 하는 게임이다. 단, 돈을 받은 사람이 어떻게 나눌지를 결정하며, 옆 사람은 그 결정을 수용할지 여부만을 선택한다. 결정을 수용하면 그대로 돈을 나누어 갖고, 거부하면 돈은 전부 압수당하며 두 사람은 모두 아무것도 받지 못하게 된다. 이익 극대화의 논리에 의하면 9:1로 나누어 가지는 것이 합리적이지만, 실제로 이런 식의 불공평한 제안을 하는 경우는 거의 없고 대다수는 5:5 혹은 6:4 정도로 나누어 갖는다는 것이 실험 결과로 나타났다. 제안을 받는 입장에서도 이익 극대화의 논리에 따르면 아무리 불공평한 제안을 받았어도 단돈 천 원이라도 받아 챙기는 것이 유리하지만, 많은 사람들은 불공정한 제안을 거부함으로써 자기 손해를 감수하면서 상대방에게 손해를 끼친다. 이러한 '비합리적'인 행동들이 사회규범을 유지하는 데 중요한 역할을 한다.

2. 사회적 가치판단의 기준: 효율·성장·형평·안정

우리가 어떤 일에 대해 가치판단을 하려면 기준이 필요하다. 기업의 행위나 정부의 정책, 새만금 간척사업이나 4대강 사업과 같은 국책사업, 또는 유럽식 모델이나 미국식 모델과 같은 시장경제의 유형에 대한 평가와 판단의 기준은 무엇이 되어야 할까? 경제학에서 가장 흔히 사용되는 기준은 효율성과 성장(소득의 증가)이다. 이와 더불어 중요시되는 가치 기준으로 형평과 안정이 있다. 형평은 일정한 시점에서 사회 구성원 사이에 경제적 가치의 분배를 고르게 하는 것이며, 안정은 한 개인이나 경제적 단위에 있어서 시간의 흐름에 따른 경제적 가치의 분배를 고르게 하는 것이다.

파레토 효율성과 그 한계

경제학에서 사용하는 효율성의 개념은 '파레토 효율성'이라고 불리는 매우 엄밀하고 좁은 의미의 효율성이다. 어느 누구의 효용도 감소시키지 않으면서 누군가의 효용을 증가시키는 것을 '파레토 개선'이라고 하며, 파레토 개선이 불가능한 상태를 '파레토 효율적'이라고 정의한다. 한마디로 '너 좋고, 나 좋고 win-win'의 거래가 가능하다면 이는 파레토 효율적이지 않다. 더 이상 그런 식의 자원 재배분이 가능하지 않은 상태가 되어야 파레토 효율적인 것이다. 일반적으로 시장 거래는 윈-윈 거래이기 때문에 파레토 개선을 가져온다. 물론 거래 당사자들 이외의 제3자에게 나쁜 영향을 미친다거나 — 이를 경제학에서는 외부효과라고 한다 — 강요에 의한 거래 contract under duress인 경우는 해당되지 않는다. 이러한 직관을 일반화한 것이 후생경제학의 제1정리로서 완전경쟁시장의 균형은 파레토 효율적이라고 하는 것이다. 단, 완전경쟁시장이란 대단히 까다롭고 비현실적인 조건 아래서 성립하는 것으로서 현실의 시장과는 거리가 있다는 점을 명심할 필요가 있다.

파레토 효율성은 반대하기 어려운 강력한 개념이지만, 많은 경우 판단 기준을 제공하지 못하는 매우 불완전한 기준이다. 두 개의 자원배분 상태를 비교할 때 대부분의 경우에는 어느 누군가는 이득을 보고 다른 누군가는 손해를 보는 상황이 발생하며, 이때 파레토 효율성은 어떤 것이 더 효율적이라는 식의 판단을 내리지 못한다. 이러한 문제를 극복하기 위해 손해를 보는 사람들에게 이익을 보는 사람들이 보상을 해준다고 가정하고, 그럴 경우 파레토 개선이 되는지 여부를 따져 보는 잠재적 파레토 개선이라는 개념을 활용한다. 예를 들어 한미 FTA로 제조업 종사자가 이익을 얻고 농민들이 피해를 입는다고 가정해보자. 이는 당연히 파레토 개선이 아니다. 하지만 제조업 부문의 이익이 농업 부문의 피해보다 크다면 잠재적 파레토 개선이라고 하는 것이다. 국책사업 평가의 방법으로 사용되는 비용-편익 분석Cost-Benefit Analysis도 잠재적 파레토 개선이라는 개념에 입각하고 있다. 물론 FTA 같은 정책이나 국책사업을 평가할 때 수많은 가정이 동원되기 때문에 정확성을 기하기 어려우며 정치적인 왜곡이 개입할 소지가 다분하다는 것을 주의해야 한다. 그리고 이론적인 계산만 할 것이 아니라 실제로 피해자들에게 적절한 보상이 이루어지도록 하는 것도 필요하다.

파레토 효율성은 분배 정의를 완벽하게 무시한다. 가장 철저하게 불평등한 자원배분도 얼마든지 파레토 효율적일 수 있다. 가령 사과 10개를 A와 B가 나누어 갖는데, A가 10개를 모두 갖고 B는 1개도 가지지 못하는 자원배분도 파레토 효율적이다. A의 사과를 감소시키지 않고 B의 사과를 증가시키는 방법이 없기 때문이다. 효율성은 분배와는 완전히 독립된 개념이므로 분배 형평성은 효율성을 따진 이후에 따로 고려하면 된다는 것이 근대경제학의 입장이다. 문제는 대부분의 경우 분배 문제에 대한 고려는 계속 뒤로 미루기만 하고 효율성에만 집착하는 경향이 있다는 점이다. 나아가 효율성과 분배가 독립적이라는 주장의 근거가 되는 후생경제학의 제2정리도 비현실적인 완전경쟁을 가정하는 경우에만 성립되는 것이고, 특히 정보가 불완전한 경우 분배 상태가 효율성에 큰 영향을 미칠 수 있다.

경제성장과 그 비용

경제성장은 곧 생산의 증가를 뜻하며, 거시적으로 생산과 소득은 동일하므로 소득의 증가를 뜻하는 말이기도 하다. 효율성이 어느 한 시점의 자원배분에 대해 판단하는 정태적인 개념인데 반해, 성장은 시간의 흐름에 따라 소득이 증가하는 것을 가리키는 동태적인 개념이다. 흔히 성장을 절대적 선善으로 보는 경우가 많지만, 성장이 무조건 좋은 것만은 아닐 수도 있다.

우선 경제성장의 요인을 크게 두 가지로 나누어 살펴볼 필요가 있다. 노동, 자본, 자연자원과 같은 생산요소 투입의 증가에 의해 생산이 증가할 수도 있고, 동일한 양의 생산요소를 가지고도 이를 더욱 효율적으로 사용해서 생산이 증가할 수도 있다. 전자를 '요소투입 주도 성장', 후자를 '생산성 주도 성장'이라고 부른다. 요소투입 주도 성장에는 당연히 요소 투입의 증가에 따른 비용이 수반된다. 노동 투입의 증가는 곧 우리가 여가를 희생하고 더 많이 일해야 한다는 것을 의미하며, 자본 투입의 증가는 곧 그만큼 현재의 소비를 희생한다는 것을 의미한다. 에너지와 원자재 등 자연자원 투입의 증가는 부존자원을 소모하고 환경을 파괴한다. 따라서 이러한 비용에 비해 성장이 더 가치 있는 것인지 따져보아야 한다.[4]

생산성 주도 성장은 주로 기술의 발전에 의해 이루어지고, 규모의 경제를 실현하거나 구조조정 등으로 자원배분의 효율성을 개선해 얻어지는 부분도 있다. 이러한 성장은 원칙적으로 경제적 비용을 수반하지 않기 때문에 지속가능한 성장이다. 생산성이 증가하면 생산을 늘려 소비를 증대할 수도 있지만 노동시간을 줄이고 여가를 늘려서 삶의 질을 높일 수도 있다. 자본주의 시장경제는 역사상 어떤 제도보다 높은 생산성 증가를 가져왔지만, 자본의 이윤 추구 논리가 지배적으로 작용함에 따라 생산성 증가의 활용과 관련해 두 가지 문제를 노정하고 있다. 하나는 노동자들의 선호에 비해서 생산성 증가가 노동시간 단축으로 전환되는 비중이 작다는 것이다. 강력한 노동조합에 의해 노동자들의 선호가 어느 정도 관철될 수 있는 나라에서는 비교적 노동시간 단축이 많이 이루어지만, 그렇지 못한 나라들에서는 노동시간 단축이 더디게 일어났다. 나아가 생산성 상승이 취업자 1인당 노동시간 하락보다 실업의 증가로 이어지는 경향이 나타날 수도 있다. 소위 '고용 없는 성장'의 문제가 대두하는 것이다.

만약 성장이 형평이나 안정과 같은 다른 가치들과 충돌하는 경우에

---

[4] 사회적 노동시간 증가가 실업률의 하락에 기인한다면 이 부분은 비용으로 볼 수 없다. 실업은 보통 자발적으로 선택한 여가가 아니라 비자발적으로 강요된 노동 기회의 박탈이기 때문이다. 미래 소비를 위해 현재 소비를 희생하는 의미를 지닌 투자의 경우, 지나친 투자는 그로 인한 미래 소비 증가가 가져오는 효용의 현재 가치가 현재 소비의 감소에서 오는 효용의 하락에 미치지 못할 수도 있다. 이를 '동태적 비효율성'이라고 한다.

어떤 기준에 의해서 선택할 것인지는 쉽지 않은 문제다. 성장·형평·안정은 거시경제의 3대 목표인데 한국에서는 노무현 정부의 국민소득 2만 달러 목표, 이명박 정부의 '747 공약'(연 7% 경제성장, 국민소득 4만 달러, 7대 경제대국) 등 성장만을 최고선의 가치로 추구하는 경향이 강하다. 성장지상주의에 빠지면 과잉투자, 과소비, 과잉 부채, 자산 버블 등 경제안정을 위협하는 요소에 대한 선제적 대응을 하기가 매우 어려워진다. 그러다가 경제위기가 발생하면 중장기적으로는 평균 성장이 오히려 감소하기 십상이다. 성장지상주의는 또한 '선성장 후분배'를 내세우지만 자칫 잘못하면 분배의 악화가 성장을 가로막는 결과를 초래할 수도 있고, 성장이 이루어진 후에도 분배되지 않을 수도 있다.[5]

분배의 형평성

분배의 형평성에 대해 모두가 동의하는 기준이란 존재하지 않는다. 형평equity은 동일함을 의미하는 평등equality과는 달리 정당한 차등을 인정하며, 또 부당한 차등은 적극적으로 시정하는 것이다. 그런데 과연 무엇이 정당한 차등이고 무엇이 부당한 차등인지를 정하는 데는 주관적 판단이 개입할 수밖에 없고, 따라서 결국 사회정의에 대한 한 사회의 정치적 합의에 의해서 결정될 수밖에 없다. 일례로 비정규직을 보호

---

[5] 우리나라는 1인당 국민소득이 수백 달러에 불과할 때부터 '선성장 후분배'를 내세웠으나, 2만 달러가 달성되고 나서도 분배는 뒤로 미뤄지고 있다. 그러다가 심화된 양극화 문제가 내수 침체를 불러오는 등 성장의 발목을 잡고 있는 지경이 되었다. 미국의 경우에도 레이건 정부와 부시 정부가 기업과 고소득층에게 혜택을 주어 성장을 하면 그 과실이 자동적으로 하위계층으로 분배된다는 이른바 적하 효과(trickle-down effect)를 내세웠지만, 결과는 그저 그런 성장률과 극도로 악화된 분배였다(유종일 2008).

하기 위한 법률에서 '동일노동 동일임금'의 원칙이 수용된 바 있다. 이 원칙은 노동의 성격이 다르면 차등임금을 정당한 것으로 받아들인다는 것을 전제한 것으로서 불평등한 형평성의 원리를 담고 있다. 그런데 구체적으로 어디까지를 동일노동으로 볼 것인가에 대해서는 법원의 판례로 나타나는 사회적 판단에 의존하게 된다. 일부 대학에서 도입한 지역균형선발제도나 장애아교육특별지원과 같은 소수자 우대 조치 affirmative action는 기계적 평등을 넘어서서 불리한 여건에 처한 사회적 약자를 위한 특별 배려를 담은 형평성 원리를 보여주는 예다.

이러한 형평성의 개념을 한 사회 전체에 대해 거시적으로 적용하기는 매우 어렵다. 따라서 거시적으로 분배의 형평성, 분배적 정의를 논할 때는 결국 평등을 기준으로 하게 된다. 평등이라고 해도 간단한 문제는 아니다. 평등에는 기회의 평등, 소득의 평등, 역량의 평등, 의사결정권의 평등, 소유의 평등과 같은 다양한 차원이 존재하기 때문에 무엇의 평등을 추구하느냐에 따라 평등의 구체적 내용은 달라진다(유종일 2008). 경제학에서 가장 중시하는 것은 기회의 평등과 소득분배의 평등이다. 기회의 평등은 공정경쟁과 유사한 개념으로 수치로 측정할 수 없는 정성적인 개념이다. 반면에 소득분배는 비교적 손쉽게 측정이 가능한 것이어서 가장 많은 분석의 대상이 되고 있다. 정당한 차등을 인정하는 형평성의 관점에서 볼 때 소득이 누구나 똑같은 완전한 평등을 이상적이라고 볼 수는 없다. 하지만 어느 정도의 불평등이 정당한 차등을 반영하는가에 대한 구체적인 연구는 거의 없고 현실의 소득분배는 상당한 불평등을 보이기 때문에, 일반적으로 불평등도가 낮은 것이 분배의 형평성이 높은 것으로 간주된다.[6]

소득분배를 얘기할 때 한 가지 주의할 것은 정부에 의한 재분배다.

표 1-1. 소득불평등도의 국제 비교(시장소득 기준 및 계수 변화율)

	시장소득 지니계수(A)	가처분소득 지니계수(B)	변화율(%) (B-A)/B×100
OECD 평균	0.380	0.272	41.6
한국(1996년)	0.302	0.298	1.3
한국(2000년)	0.374	0.358	4.5

비고: OECD 평균은 15개국의 평균치이며, 각국 자료는 1979~1988년 자료.
자료: 유경준, "소득분배 국제비교를 통한 복지정책의 방향", KDI, 2003. 9

시장경제활동의 결과 얻어진 소득, 즉 시장소득의 분배와 조세와 이전소득을 통한 재분배 이후 얻어지는 가처분소득의 분배를 구별해야 한다. 시장소득의 분배는 토지, 자본, 노동 등 생산요소의 분배와 그 가격에 의해 결정되며, 토지나 자본에 비해 평등하게 분배되어 있는 노동의 상대가격이 올라갈수록 분배의 평등도가 제고되는 경향이 있다. 가처분소득의 분배는 재분배의 효과에 따라 크게 달라지는 데, 스웨덴처럼 지니계수가 절반 이하로 줄어드는 고강도 재분배 체제부터 미국처럼 22%정도 줄어드는 약한 재분배 체제까지 다양하다. 〈표 1-1〉에서 보이는 것처럼 우리나라의 경우는 재분배 효과가 지극히 미미하다. 간접세 위주의 조세체계도 문제지만 매우 낮은 사회지출이 주된 이유다.

흔히 '성장이냐 분배냐'라는 이분법적 시각에서 경제정책을 논하기도 하지만, 이는 올바른 접근방법이 아니다. 분배의 형평이 어떤 요인에 의해서 확보되는가에 따라 그 효과가 다를 수 있기 때문이다. 따라

---

6 분배의 불평등도는 국가들 사이에 매우 큰 편차를 보인다. 가장 흔히 사용하는 불평등의 척도인 지니계수를 보면 불평등도가 낮은 국가들은 0.2~0.3, 보통은 0.3~0.4 정도이고, 0.4를 넘어가면 불평등이 심하다고 볼 수 있다. 불평등이 극심한 일부 남미 국가들의 경우에는 지니계수가 0.6을 상회하는 경우까지 있다.

서 분배가 성장에 어떤 영향을 미치는지에 관해 이론적으로는 상반된 견해가 존재하지만, 모든 경우에 통하는 일률적인 해답은 없다. 단, 역사적 경험은 대체로 더 평등한 분배가 경제성장에도 유리하다는 것을 보여준다. 과거 경제 수준이 유사했던 북미와 중남미가 오늘날 커다란 경제적 격차를 보이게 된 근본 원인은 중남미의 대토지 소유제로 인한 극심한 불평등 때문이라는 견해가 설득력 있게 제기되고 있다(Engerman and Sokoloff 2002). 동아시아가 중남미를 추월하게 된 근본적인 요인도 분배의 상대적 형평성에 있다는 견해가 유력하다. 1950~60년대 선진국들의 장기적인 고성장도 복지국가의 발달 등으로 분배의 형평성이 매우 높아진 시기에 있었던 일이었다. 보다 평등한 분배는 대체로 기회의 균등과 사회적 이동성을 높이게 되므로 누구나 열심히 노력하고자 하는 동기를 유발한다. 반면에 지나친 분배 불평등은 저소득층의 인적자본 형성을 저해할 뿐더러, 부의 집중은 정치적 영향력의 집중을 낳아 소수 엘리트가 국민경제 발전을 위한 투자를 하기보다는 자신들의 이익만을 위해 정책을 왜곡시키는 결과를 초래하기 십상이다.

형평성 제고를 위한 재분배 정책이 성장을 해칠 수도 있다. 사회주의식으로 무조건 동일한 배급을 받는다면 열심히 일할 유인이 사라지고 효율성이 크게 저하될 것은 명백하다. 그 정도는 아니더라도 고소득자에게 세금을 많이 걷어서 저소득층에게 혜택을 주게 되면 근로 의욕 저하 등 복지병이 발생한다는 주장도 있다. 그러나 현실에서는 이러한 부정적 효과가 최소화되도록 복지 프로그램이 설계되고, 재분배가 인적자본 형성을 제고하는 등 성장 촉진 효과도 지니기 때문에 전반적으로 복지국가의 발달이 성장을 해치지 않았다고 평가된다(Lindert 2004).

안정의 가치

 삶의 안정은 설명이 필요 없는 기본적인 가치이다. 이 가치를 실현하기 위해 경제적으로는 고용과 소득의 안정이 중요하다. 실업은 소득의 감소뿐만 아니라 자존감 상실, 가정 해체, 건강 악화에 이르기까지 심각한 결과를 초래할 수 있다. 축적된 부가 없는 상태에서 소득이 감소하면 중산층 이하 계층들은 삶에 심각한 타격을 받는다. 개인의 행복에 영향을 미치는 경제적 변수들에 대한 연구들에 따르면, 고용과 소득의 안정이 개인의 행복에 가장 중요하다. 또한 상대적 비교가 행복감을 결정하는 데 큰 영향을 미치기 때문에 분배의 형평성이 다음으로 중요하고, 소득의 증가는 가장 미약한 영향을 끼친다고 한다(Layard 2005).

 경제학에서 불안정을 야기할 가능성을 위험risk이라고 한다. 안정에 대한 욕구는 위험을 최소화하는 노력으로 나타난다. 개인이나 기업이 보험에 가입하는 것이 가장 직접적인 예다. 또 투자를 할 때 분산투자를 하거나 직장을 선택할 때 고용안정을 중시하는 것도 마찬가지다. 그러나 아무리 개인이 위험관리를 잘 해도 개인적 노력에는 한계가 있다. 자연재해 등의 재난이나 금융위기와 같은 거시경제적 충격이 발생하면 많은 개인들이 희생될 수밖에 없기 때문이다. 그래서 정부는 방재와 아울러 거시경제적 위험관리를 기본적인 책무로 삼아야 한다. 후자에는 금융시스템의 안정을 위한 건전성 규제 및 감독을 비롯해서 물가안정과 완전고용을 위한 거시경제 정책, 그리고 경상수지와 자본수지 등 대외 위험관리 등이 포함된다. 그러나 정부가 아무리 노력하더라도 거시경제적 위험이 완전히 제거될 수는 없으며, 또한 거시적인 안정성이 유지되더라도 시장경제의 속성상 개별 기업 단위에서는 흥

망성쇠가 있기 마련이어서 개인들이 위험에 노출되는 것을 피할 수는 없다. 그래서 사회 안전망이 필요한 것이다. 흔히 사회 안전망을 소득 분배의 형평성을 높이기 위한 것으로 인식하는데, 그보다는 삶의 안정성을 제고하기 위한 것으로 보아야 한다.

안정에 대한 선호, 즉 위험회피 성향과 반대되는 것이 바로 모험심이다. 모험심은 기업가 정신의 한 요소다. 기업가 정신이란 새로운 사업을 일으키는 정신을 말하는데, 새로운 사업에 따르기 마련인 위험을 감수하는 자세가 필요하다. 굳이 사업이 아니더라도 모든 분야에서 대부분의 새로운 시도들은 불확실성을 가질 수밖에 없기 때문에, 모험심은 변화 발전의 원동력이라고 볼 수 있다. 물론 모험심이 없어도 실패의 위험은 비교적 작고 성공했을 때의 보상은 비교적 큰 시도들은 하게 될 것이다. 그러나 위험이 큰 시도들은 뛰어난 모험심이 없이는 이루어지지 않는다. 더 많은 사람들이 과감하게 새로운 시도들을 함으로써 사회의 변화 발전을 촉진하기 위해서는 위험의 사회화가 필요하다. 개인이 감당하기 어려운 위험을 사회가 나누어 갖는 것이다. 작게는 주식회사 제도와 같은 유한책임 투자가, 크게는 앞서 말한 사회 안전망이 위험을 사회화한 예다.

안정, 특히 고용안정은 유연성과 대비되는 개념으로 인식되기도 한다. 효율성과 성장을 위해서는 기술, 조직, 자원배분, 산업구조 등의 신속한 변화가 필요한데, 이러한 변화는 안정을 해치는 경향이 있고, 역으로 안정을 강조하면 변화를 억제할 수 있다. 그러나 변화를 가로막는 것은 경직성이지 안정성은 아니다. 개별 직장에서의 해고는 자유롭게 하되 강력한 사회 안전망을 통해서 실업이 삶에 타격을 주지 않고 재취업이 잘 이루어지도록 하는 덴마크의 유연 안정성 flex-security 모델이 이를 입증하고 있다. 시장은 유연하고 삶은 안정되는 방향, 평생 직장은 탈피하지만 평생고용은 이루어지는 방향으로 나가는 것이 바람직하다.[7] 그리고 흔히 노동시장의 유연성만 강조하는 것이 일반적이지만, 새로운 아이디어와 기술과 기업가에 대한 적절한 자금 지원이 이루어지도록 하는 자본시장의 유연성도 효율성과 성장을 위해 매우 중요하다.

3. 시장경제의 장점과 한계

시장경제는 인류 역사의 초기부터 발달해왔으며 자본주의 경제체제가 성립하면서 전면적으로 발달했고, 사회주의 계획경제를 실시한 경우에도 대부분 제한적이나마 '제2경제'로 존재했다. 어떠한 경제적 대안체제에 대한 구상도 시장경제를 완전히 배제하는 것은 상상하기 힘들다. 시장에는 엄청난 장점들이 있기 때문이다. 반면 시장에는 중대한 문제점과 한계들이 있어서 시장을 과신하고 경제를 시장에만 맡긴다면 결코 바람직한 결과를 얻지 못한다. 금융 규제 완화의 결과 재앙적 금융위기를 초래한 미국의 경우가 단적인 예다. 앞 절에서 논의한 기준에 입각해서 시장의 장점과 한계를 알아보기로 하자.

효율과 성장의 관점에서 본 시장경제

시장경제의 장점으로 가장 우선적으로 꼽히는 것이 효율성이다. 시

---

[7] 그렇다고 덴마크 모델이 모든 경제에 적용될 수 있는 것은 아니다. 구체적인 정책은 각국의 상황과 여건에 맞추어 설계되어야 한다.

장경제의 효율성에는 세 가지 원천이 있다. 첫째, 애덤 스미스의 유명한 바늘 공장 이야기에서 보는 바와 같은 분업의 이익이다. 시장이 확대되면 분업이 발달하고, 이는 전문화를 낳아 생산성이 높아진다는 것이다. 둘째, 역시 애덤 스미스가 말한 '보이지 않는 손'이다. 시장에서는 공급이 부족하면 가격이 오르고, 그러면 공급은 확대되고 수요는 줄어들게 되어 결국 수급 균형을 향하게 된다. 공급이 과잉일 경우에는 반대 현상이 생긴다. 이를 가격기구(혹은 시장 메커니즘)라고 하는데, 이에 따른 수요와 공급의 균형은 자원배분의 효율성을 가져온다. 완전경쟁이라는 매우 특수하고 까다로운 조건을 전제로 시장균형은 파레토 효율적이라는 것을 증명할 수 있는데, 이를 후생경제학의 제1근본 정리라고 한다.[8] 셋째, 효율성의 원천은 하이에크 등 오스트리아 학파가 주목한 것으로서 분산된 정보의 활용이다. 사회에는 공유된 정보도 있지만 개인들만이 알고 있는 무수한 정보가 존재하는데, 이를 중앙에 집적하지 않고 가장 잘 활용하는 것이 바로 시장이라는 것이다. 위의 제1정리에서 완전한 정보를 모두가 공유하고 있다는 전제 아래 시장균형의 효율성을 논하는 것과는 완전히 다른 시각에서 시장의 효율성을 파악하는 것이다. 중앙계획경제를 실시한 나라들이 겪었던 경제 계획의 어려움을 생각해보면 시장의 놀라운 정보 활용 능력을 부정할 수는 없다.

    근대경제학이 금과옥조처럼 여기는 시장의 효율성보다도 어쩌면 시

---

[8] 제2정리는 어떠한 파레토 효율적 자원배분도 초기 조건만 적절히 조정하면 경쟁 균형으로 얻어질 수 있다는 것이다. 이는 효율성과 분배는 서로 독립적이어서 각각 따로 다루어도 된다는 주장의 근거가 된다. 그러나 완전한 정보 등 완전경쟁의 조건이 모두 만족되지 않는다면 이러한 주장도 성립되지 않는다.

장의 더욱 큰 장점은 시장의 역동성이 아닐까 싶다. 정태적으로 얼마간의 비효율성이 있다고 해도 동태적으로 높은 성장을 한다면 그 효과는 훨씬 크기 때문이다. 자본주의 시장경제의 역동성에 누구보다 주목한 사람이 칼 마르크스다. 과거의 지배계급은 대부분의 잉여가치를 전쟁 비용과 사치성 소비에 탕진했으나, 자본가계급은 경쟁의 압력 때문에 적극적으로 재투자하지 않을 수 없으며, 따라서 자본주의 시장경제에서는 급속한 자본축적과 경제성장이 이루어진다는 것이 그의 시각이었다. 마르크스가 자본축적을 강조했다면 슘페터는 혁신innovation으로부터 나오는 역동성을 강조했다. 그는 제1정리와 같은 경쟁 균형의 효율성이 아니라 오히려 혁신에 따른 경쟁 균형의 파괴에 주목했다. 새로운 기술이나 아이디어로 혁신을 이룬 기업은 다른 기업들이 이를 제대로 모방하기까지 일시적으로 독점적 이윤을 누리게 된다. 이러한 초과이윤을 얻기 위해 끊임없이 혁신을 도모하는 것이 경제발전의 원동력이라는 것이 슘페터의 주장이다. 그는 이를 '창조적 파괴creative destruction'라고 표현했다(슘페터 2005).

시장의 효율성과 역동성은 역사적으로 부의 창출에 크게 기여했지만 그것이 절대적인 것은 아니다. 시장의 효율성을 입증하려던 근대경제학은 시장의 비효율성도 함께 부각시키고 말았다. 위에서 언급한 제1정리는 완전경쟁 균형의 파레토 효율성을 증명했지만, 역으로 완전경쟁이 성립하기 위한 지극히 까다로운 조건들이 모두 만족되지 않을 때는 시장균형이 파레토 효율적이지 못하다는 것을, 즉 '시장의 실패market failure'를 보여주었다. 시장 실패의 요인으로는 공공재, 외부 효과, 불완전경쟁, 정보 비대칭 등이 꼽힌다. 이런 시장의 실패가 발생할 때는 정부의 개입과 규제 등에 의해 효율성을 제고할 수 있다. 그러나 정부라고 해서 문제가 없는 것은 아니다. '정부의 실패'를 고려해야 하고, 개입과 규제의 효율성을 따져보아야 한다. 무조건적으로 시장을 신뢰하고 정부를 배척하는 것도 잘못이지만, 무조건 시장을 배척하고 정부에 기대어 문제를 해결하려는 것도 잘못된 것이다. 케인스 이론에서는 유효수요의 부족에 의한 비자발적 실업을 시장의 실패로 규정한다. 고전파 경제이론에서 비자발적 실업은 노동조합에 의한 인위적인 고임금이나 해고 제한 등 노동시장의 경직성이 초래하는 것이어서 노동시장 유연화로 해결해야 할 문제라고 보지만, 케인스는 정부가 재정·통화정책으로 유효수요를 확대해 비자발적 실업을 해결할 수 있다고 주장했다.

경제성장은 미래를 위한 투자와 기술 개발 등이 중요한 결정 요인인데, 여기에는 불가피하게 정보의 불완전성과 비대칭성이 개입되므로 시장의 역동성과는 무관하게 가장 바람직한 만큼 투자가 이루어진다고 보기 어렵다. 특히 연구개발에는 외부 효과가 따르기 때문에 대부분의 정부가 세제 혜택 등으로 이를 장려하고 있다. 역사적 경험에 비추어 볼 때 시장과 정부가 서로를 보완하는 적절한 혼합경제가 효율성이나 경제성장을 가장 잘 달성한 것을 알 수 있다.

형평성과 안정성의 관점에서 본 시장경제

효율성과 성장이 시장의 상대적 강점이라면 형평과 안정은 시장의 상대적 약점이 되기 쉽다. 시장경제는 자원을 잘되는 쪽으로 집중시킴으로써 '부익부 빈익빈'에 의한 분배의 양극화를 초래하는 경향이 있다. 반면에 특정 자산이나 노동에 대한 보상이 높아지면 공급이 팽창해 보상이 내려가고, 보상이 낮아지면 수요가 팽창해 보상이 높아지는 식으로, 마치 물이 '높은 곳에서 낮은 곳으로' 흐르듯이 평준화를 이루는 경향 또한 존재한다. 고임금 지역에서 저임금 지역으로 공장 이전이 일어나는 것이 비근한 예다. 그렇기 때문에 시장경제가 원리상 분배를 특정한 방향으로 규정짓는다고 말하기는 어렵다. 그런데 현실의 시장경제는 추상적으로 존재하는 것이 아니라 역사적으로 존재하는 것으로서 제반의 역사적 조건에 따라 분배의 향배가 결정된다.

첫째, 토지와 자본 등을 비롯한 자산의 분배가 역사적으로 어떻게 형성되었느냐가 중요하다. 소수 특권계급에 의한 부의 집중이 역사적 유산으로 내려온 경우와 중농계층이 발달한 경우는 매우 다르다. 우리나라처럼 토지개혁이 실시되어 자산 분배의 형평성이 크게 제고되는 경우도 있다. 공교육에 대한 투자로 평등한 교육 기회를 제공하는 것은 인적자본의 분배를 고르게 하는 데 결정적인 중요성을 가진다.

둘째, 현대의 시장경제가 대부분 그런 것처럼 자본주의로 구현될 경우 자본주의의 속성에 따르는 양극화 경향성이 나타난다. 마르크스는 자본의 집중화 경향과 아울러 노동계급의 빈곤화 경향을 예측했는데, 전자는 대체로 현실화되었으나 후자는 대체로 빗나간 예측이 되었다(마르크스 2005). 자본주의가 발달한 선진국에서는 산업예비군의 소멸, 대중민주주의의 발전에 따른 사회복지의 발달, 그리고 노동조합의 강화 등에 따라 노동생산성 증가에 상응하는 실질임금의 상승이 이루어지게 되었다. 하지만 지난 30년간 미국의 예에서 보듯이 재분배 정책과 노동조합이 후퇴하면 실질임금의 정체가 나타날 수도 있다. 제3세계에 저임금 노동력이 거의 무한정으로 존재하기 때문이다.

셋째, 시장경제가 단순히 시장 논리로만 움직이는 것은 아니다. 교과서에 나오는 모형과도 같은, 정치를 떠난 시장이란 현실에 존재하지 않는다. 정치권력의 성격에 따라 분배가 많은 영향을 받는 것은 불문가지다. 최근 한국이나 미국과 같이 재계나 금융계의 소수 엘리트에 의해 정치권력이 상당 부분 포획되는 경우 부의 집중이 일어나는 것은 당연한 결과다. 반대로 북유럽을 위시한 사회민주주의 체제에서는 시장경제라고 하더라도 노동자 권력이 정부에 많은 영향을 미치기 때문에 분배의 형평성이 제고된다.

한편 시장의 역동성은 그 자체가 상당한 정도의 불안정성을 내포하고 있다. 경쟁에서 낙오하기도 하고, 구조조정에 따른 일시적 타격을 받기도 하고, 기술 변화에 따라 기존에 보유한 숙련이나 자산이 무용지물이 되어버리기도 하는 등 시장경제에는 여러 가지 위험이 도사리고 있다. 나아가 호황과 불황이 반복되는 경기순환에 따라서 소득과 고용의 변동성이 발생한다. 그렇다고 해서 시장경제가 반드시 자급자족 경제나 계획경제와 같은 비시장경제보다 불안정성이 높다고 할 수는 없다. 후자의 경우에도 기후 조건에 의한 농업 생산의 변화나 일반화된 물자 부족 현상 등 고유한 위험과 불안정성이 존재하기 때문이다. 특히 안정적인 정책 운용과 사회 안전망이 잘 갖추어지면 시장경제가 가져오는 높은 생산성을 활용해서 다른 어떤 경제보다 삶의 안정성을 제고할 수 있다.

사회 구성의 원리로서의 시장경제

시장경제가 가진 근원적 장점 중의 하나는 사회적 강제가 아닌 개인의 자유로운 선택에 의한 경제활동을 토대로 성립한다는 것이다. 애덤 스미스는 '보이지 않는 손'에 대한 설명에서 "우리가 저녁식사를 할 수 있는 것은 푸줏간 주인이나 양조장 주인의 박애심 때문이 아니라 각자

자신의 이익을 위해 노력한 결과 때문"이라고 했는데, 이는 곧 사회적 목적을 위해서 개인의 행동을 통제할 필요가 없다는 것을 의미한다(스미스 2008). 사회적 목적을 위한 개인의 경제활동에 대한 통제는 비단 계획경제에만 있는 것은 아니다. 프리드리히 하이에크는 케인스주의적 국가 개입도 사회적 목표를 위해 강제적 힘을 동원한다는 점에서 사회공학적social engineering 설계주의라고 규정하고, 이는 결국 전체주의로 나가게 될 것이라고 주장했다(하이에크 2006). 또 다른 극단적 자유시장론자인 밀턴 프리드먼도 선택의 자유를 가장 근본적인 시장경제의 장점으로 파악했다(프리드먼 1999).

시장경제가 근본적으로 개인의 자유로운 선택에 기초한 질서라는 점은 일견 자명한 듯하나, 결코 절대적인 것은 아니다. 시장이 제대로 작동하기 위해서는 물론 법질서가 강제되어야 한다. 나아가 법으로 강제하기 어려운 직업윤리나 상도덕 등 일정한 사회적 규범이 지켜지지 않으면 시장경제는 와해될 수 있다는 것을 미국의 금융위기가 잘 보여주고 있다. 이와는 매우 다른 시각에서 시장의 자유에 대한 비판이 제기되기도 한다. 시장이 보장하는 자유는 형식적 자유일 뿐 실질적 자유는 되지 못한다는 것이다. 예를 들어 아마르티아 센은 경제발전이란 결국 실질적 자유substantive human freedom의 확대라고 정의하는데, 이때 자유는 개인들이 실질적으로 하고 싶은 일들을 할 수 있는 역량capability과 사회적 여건을 갖추는 것이라고 본다(센 2001). 이러한 실질적 자유와 형식적 자유의 구분은 이사야 벌린의 적극적 자유positive freedom와 소극적 자유negative freedom의 구별과도 일맥상통하는 것이다(벌린 2006).

시장 사회에 대한 또 다른 예찬론으로 18세기에 매우 유행했던 '부드러운 상업doux-commerce'론이 있다. 상거래를 많이 하다보면 매너가 좋아진다는 것이다. 여기서 한 걸음 더 나가면 상도덕의 발달로 이어진다. 즉, 시장의 발달은 개인들의 책임성을 제고하고 사회적 신뢰를 발달시킨다는 것이다. '부드러운 상업'론이 19세기에 들어서서 퇴조한 것은 아마도 산업혁명과 함께 공장에서 비참한 노동 착취가 만연한 탓인 듯하다. 이후에는 오히려 시장에 의한 사회의 도덕적 기반 파괴를 비판하는 주장들이 많이 제기되었다. 시장은 이기심에 입각해서 인센티브, 즉 유인 체계에 반응하는 개인들에 의해 작동한다. 이러한 시장 논리가 삶의 다양한 영역으로 확산되면 이기적 태도와 배금주의가 퍼지게 되고, 이는 정직, 배려, 연대, 검소 등과 같은 도덕적 가치의 쇠퇴를 가져올 수 있다. 수많은 실험을 통해 경제적 인센티브를 강조하는 제도는 열심히 일하려는 동기를 강화하는 효과뿐만 아니라 불법적이거나 부정직한 방법을 동원해서라도 성과를 높이려는 태도도 함께 유발한다는 것이 확인되었다. 탐욕에 물든 월가의 금융계가 저지른 일들을 보면 이는 단지 실험실에서 일어나는 현상만이 아니라 현실에서 그대로 드러나고 있다고 하겠다.[9]

이기적 동기를 무시하고 개인의 도덕심, 사랑과 연대에 호소하는 것만으로 좋은 사회가 유지될 리 없다. 하지만 개인의 이기심에만 입각해서 좋은 사회가 유지될 수도 없다. 이스라엘의 한 탁아소에서 있었던 일이 좋은 예다. 아이들을 데리러오는 부모들이 자꾸 늦는 것을 방

---

[9] 시장경제의 사회적 특징에 관한 사상사적 논의는 허쉬만이 잘 정리하고 있다(Hirschman, 1986). 애리얼리(2008)는 행동경제학의 시각에서 시장 논리가 어떻게 소중한 사회규범을 파괴하는지를 보여주고 있다.

지하기 위해 지각에 대한 벌금 제도를 실시했더니, 늦는 것에 대한 미안함이 사라진 부모들이 더 많이 지각을 하더라는 것이다. 즉, 이기적 동기만 강조하면 배려와 절제를 내재화한 사회규범이 파괴된다. 애덤 스미스가 『국부론』에서 이기심에 입각한 '보이지 않는 손'의 작동 원리를 설명하기 전에, 『도덕감정론』에서 공감sympathy에 입각한 도덕의 보편성을 주장한 것을 유념할 필요가 있다. 이는 타인에 대한 배려와 이에 따른 이기심의 절제를 바탕으로 할 때 '보이지 않는 손'도 제대로 기능할 수 있다는 것을 말해준다. 다시 말해, 시장 기구만이 아니라 사회적 연대와 탐욕의 억제를 위한 제도를 동시에 발달시켜야 좋은 사회가 유지될 수 있다.

4. 시장경제, 자본주의, 민주주의

현대 시장경제는 대부분 자본주의 및 민주주의와 결합되어 존재한다. 아래에서는 이들 간의 관계를 살펴보고, 이들의 미래에 관해 생각해본다.

시장경제와 자본주의

시장경제와 자본주의는 구별해야 한다. 시장경제는 상품의 자유로운 거래에 기초한 경제조직을 의미한다. 이에 비해 자본주의는 훨씬 구체적인 요건 아래 성립한다. 자본주의의 핵심적인 요건은 자본의 사적 소유와 자유로운 노동, 그리고 자유계약이다. 자유계약은 곧 시장경제를 의미한다. 자유로운 노동은 인간의 노동력도 상품화되어 시장에서 거래된다는 것을 의미한다. 여기에 자본의 사적 소유가 더해짐으로써 자본주의경제에서는 자본의 이윤 추구 동기에 입각해서 생산 활동이 조직되고, 자본이 노동을 고용하는 임노동 관계가 형성된다. 그리고 기업의 경영권도 시장에서 거래된다. 이렇게 해서 시장경제가 전면적으로 발달한다.

시장경제는 노예제사회나 봉건사회, 그리고 사회주의에서도 부분적으로 존재했다. 그러나 현대 세계에서 대다수의 나라들은 자본주의 시장경제 제도를 채택하고 있다. 북한이나 쿠바와 같은 일부 사회주의 계획경제가 존재하기도 하고, 부분적으로는 자급자족적인 공동체 경제도 여기저기에 존재한다. 하지만 대세는 자본주의다. 동구 사회주의가 1990년대 들어서서 몰락하고 자본주의로의 이행이 시작된 이후로는 더더욱 그렇다. 세계 2위의 경제대국이 된 중국의 경우에는 공식적으로 '사회주의 시장경제'를 표방하고 있으나, 사회주의적 특성은 점차 사라지고 자본주의적 특성은 점차 확대되고 있다. 그렇다고 자본주의가 영구불변한 것은 아니다. 현실에 존재하는 자본주의 시장경제는 공기업, 협동조합, 사회적 기업 등 비자본주의 부문과 공존하는 혼합경제이며, 이러한 부문의 비중과 국가의 역할이 증대함에 따라 자본주의의 성격도 변화할 것이다.

자본주의 시장경제와 국가의 역할

자본주의의 발달 과정에서 국가는 핵심적 역할을 했다. 사실 근대적 국민국가 자체가 자본주의 발달의 토대인 시장통합을 이룩하기 위해 필요한 정치적 기능을 수행하면서 형성된 것이다. 이후 자본주의의 발달과 더불어 국가의 역할은 점차 확대되는 경향을 보여왔다.

자본주의의 초기에는 국가의 기능이 시장의 통합과 원활한 작동을 위해 필요한 최소한의 기능에 국한되었다. 이러한 국가를 야경국가 night-watch state라고 부른다. 시장이 기능하기 위한 최소한의 조건으로 국가는 사법 질서를 확립해 재산권과 생명을 보호하고, 계약 이행을 강제하는 역할을 해야 한다. 또한 시장통합을 위해서 국가는 화폐의 주조, 도량형의 통일, 교통·통신 등 인프라 시설에 대한 투자 등을 하게 된다.

자본주의 발달 과정에서 이와 동시에 규제 국가 regulatory state가 발달한다. 도량형의 통일과 같이 시장의 원활한 작동을 위해서는 정부의 규제가 필요하다. 국가가 규격 표준이나 품질 표준을 정한다거나 각종 인증 제도를 시행하는 것도 이와 유사한 조정 기능을 수행하는 것이다. 그리고 시장 실패에 대한 인식이 증대되면서 독과점 규제, 환경 규제, 입지 규제, 소비자 보호를 위한 규제, 금융시스템의 건전성을 위한 규제 등 시장 실패에 대응하기 위한 다양한 규제들이 발달했다. 민주주의가 진전됨에 따라 인권과 재산권이 충돌하는 상황에서 인권을 보호하기 위한 규제, 즉 사회적 약자를 보호하기 위한 규제도 발달하게 되었다. 노동권 보호, 차별 금지, 최저임금, 이자 제한, 아동노동이나 장기 매매 등 자기파괴적 거래를 금지하는 것이 이에 해당된다. 산업발전을 위한 국가의 역할이 확대되면서 특정 산업의 보호 육성을 위한 규제들도 출현했다. 우리나라의 통신산업에 대한 규제가 그러한 예다.[10]

---

10 국가 주도로 이루어진 한국의 경제발전 과정에서 산업정책은 매우 중요한 역할을 했는데, 국가는 산업 육성의 수단으로 금융 지원과 더불어 진입 규제, 수입 규제 등 규제정책을 병행했다.

대공황 이후에는 국가의 시장 개입이 매우 확대된 개입 국가 interventionist state가 발달했다. 케인스주의에 입각해서 국가가 총수요를 관리하고 완전고용을 추구하는 것이 국가의 새로운 경제적 기능으로 추가된 것이다. 그리고 2차 대전 이후 신생 독립국들을 포함해서 많은 후발 산업화 국가들은 국가가 주도적으로 산업을 육성하는 발전 국가 developmental state의 양상을 띠게 되었다. 박정희 시대의 한국도 전형적인 발전 국가의 모습이었다.

그리고 국가 역할의 결정적 확대가 복지국가 welfare state 분야에서 일어났다. 19세기 후반 독일의 비스마르크 정부가 실시한 사회정책을 효시로 해서 국가에 의한 사회복지 제공과 재분배가 발달하기 시작했다. 20세기 들어서서 선거권이 확대되고 대중민주주의가 발달함에 따라 복지국가가 더욱 발달했고, 2차 대전 이후에는 사회민주주의가 서구 정치의 주류를 이루면서 복지국가가 고도로 발전했다. 물론 나라마다 편차가 있었던 것은 사실이지만, 모든 선진국에서 사회보험과 공공 부조를 통한 소득 보장을 실시했을 뿐만 아니라, 교육·의료·주거 등 기본적인 서비스에 대한 공공 공급을 확대했다.

이와 같이 국가의 역할이 다방면에서 확대되는 것에 대해 1980년대에 강력한 반동이 일어났다. "정부는 문제를 해결하는 것이 아니고 문제를 만들어낸다"는 레이건 대통령의 유명한 구호와 함께 국가의 역할을 축소하고 시장의 역할을 강화하려는 사조가 만연하게 된 것이다. 과거 19세기 야경국가 시대의 자유주의를 고전적 자유주의라고 하고, 20세기 후반에 재등장한 시장만능주의를 신자유주의라고 한다. 나라에 따라 정도의 차이가 크게 있었으나, 여러 나라에서 규제 완화, 민영화, 복지 축소 등이 시도되었다. 영미권 나라들이 신자유주의 개혁에 앞장섰고, 분야별로는 금융 분야에서 규제 완화가 두드러졌다.

자본주의와 민주주의

자본주의 시장경제와 민주주의 정치체제 사이에는 상보 관계와 긴장 관계가 공존한다. 자본주의나 민주주의 모두 개인주의 및 자유주의를 기초로 한다는 면에서 상보 관계가 존재한다(프리드먼 1999). 하지만 민주주의의 근본 이념인 평등 사상과 인권 개념은 시장의 자유 및 재산권과의 충돌을 낳게 된다. 특히 자본주의의 핵심 특성은 노동력의 상품화인데 노동력은 인간과 분리될 수 없기 때문에 인권의 문제가 불가피하게 대두된다. 따라서 노동시장에서는 재산권을 바탕으로 한 계약의 자유와 인권의 충돌이 불가피하다. "내 돈 주고 사람 쓰는 것이니 내 맘대로 하겠다"는 논리가 더 이상 통하지 않는다는 것이다. 민주주의 발전에 따라 인권이 확대되면서 재산권과의 충돌은 심화된다. 소위 민주주의의 '1인 1표주의'와 자본주의의 '1원 1표주의' 사이에 긴장이 발생하는 것이다.

사회주의자들은 자본주의와 민주주의는 근본적으로 양립불가능한 것으로 판단하고, 시장만능주의자들은 경제 논리와 정치 논리의 분리를 주장하면서 사실상 경제 영역에 있어서 재산권과 계약의 자유를 인권보다 우선시해야 한다는 입장을 취한다. 그러나 역사적으로 자본주의와 민주주의는 상보 관계와 긴장 관계를 내포하면서 동시에 발달했다. 민주주의 발달이 시장에 대한 국가 개입의 일정한 확대로 나타난 것도 사실이지만, 그렇다고 시장을 무작정 억압한 것은 결코 아니다. 사실 민주국가치고 시장경제를 폐기한 나라는 없다. 민주주의는 과잉 정치화를 막아내는 자정 능력을 보였으며, 정치권력이 경제권력과 결탁해 시장을 왜곡하고 파괴하는 것을 견제함으로써 건전한 시장경제 발달을 돕는 면도 있다. 일시적 진퇴는 있으나 긴 역사적 흐름은 시장경제의 효율성과 역동성 등 장점을 살리는 가운데 민주주의의 평등 이념을 확장시키려는 경제 민주화가 진전하는 과정이다(유종일 2008).

민주주의가 경제성장에 미치는 영향에 관해 많은 논란이 있지만, 역사적으로 큰 흐름을 보면 민주주의는 경제성장에 도움이 되었다(Lindert 2003). 우선 민주주의는 시장경제 작동의 기본 전제인 재산권과 인권의 보호를 가져왔고, 다음으로 자유롭고 공정한 경쟁을 보장함으로써 기회의 평등과 자원배분의 효율성을 향상시켰다. 인권의 범주가 사회권까지 확장되고 복지국가가 발달하면서 인적자원의 질이 높아진 것도 경제성장에 크게 기여한 것으로 평가된다(Goldin 2001). 또한 대중민주주의는 정부 정책의 우선순위를 통화안정에서 고용안정으로 이행시킴으로써 경제성장을 제고하는 효과를 가져오기도 했다.

역사의 종언?

1990년대 들어서서 구소련과 동구권의 사회주의 체제가 몰락하고 냉전이 종식되면서 '역사의 종언'이라는 담론이 풍미했다(Fukuyama 1992). 정치는 민주주의로, 경제는 시장경제로 큰 틀에서 정리되었고, 더욱 이상적인 체제를 위한 이념적 갈등과 투쟁은 끝났다는 것이다. 남은 것은 민주주의와 시장경제를 완성하는 것뿐이라는 주장이다. 이러한 주장의 핵심적인 약점은 자본주의와 시장경제를 구분하지 않았다는 것이다. 먼 훗날에는 시장경제에 대한 대안이 나올 수 있을지 모르지만 적어도 우리가 앞을 내다볼 수 있는 미래에는 시장의 역할을 전면적으로 대체하는 경제체제를 상상하기란 어렵다. 민주주의도 더욱 발전시키고 완성해나갈 제도지 대체될 제도는 아니다. 하지만 자본주의는 조금 다른 문제다.

민주주의의 심화는 자본의 이윤 추구 동기에 입각해서 생산을 조직하는 것이 공공의 목적과 어긋나는 부분에 대한 통제로 이어질 것이다. 앞서 가는 기업들은 이러한 분위기를 인식하고 환경, 인권, 부패 문제 등과 관련해 사회적 책임성에 주의를 기울이기 시작했다. 앞으로 이윤 추구가 사회적 책임성에 의해 제약되는 정도를 놓고 자본의 요구와 대중의 민주적 요구 사이에 대립과 갈등은 불가피할 것이다. 특히 지구온난화 등 환경문제가 심각한 재앙이 될 가능성이 점차 현실화됨에 따라 환경 관련 기준과 규제를 둘러싼 갈등이 부각될 전망이다. 궁극적으로는 청정 기술의 개발에 의해 환경파괴를 최소화하려는 노력과 함께 생산성 향상의 과실을 소비 증대보다 노동시간 단축을 위해 사용하는 것이 필요하다. 이는 이윤을 늘리려는 자본의 요구와 정면으로 충돌하는 것이어서 자본과의 갈등이 불가피할 것이다.

임금노동을 기반으로 하는 자본주의에서 노사 갈등 또한 피하기 어렵다. 자본과 노동은 생산을 위해 협력해야 하는 관계이지만 생산과정에 대한 통제와 생산물에 대한 분배를 놓고 대립 관계에 있기 때문이다. 물론 노사 문화가 성숙한 나라들은 대화와 타협을 통해서 갈등을 최소화하면서 협력을 강화하는 노사 관계와 이를 뒷받침하기 위한 다양한 노동시장 제도를 발전시키고 있다. 하지만 잠재적 갈등과 대립까지 없앨 수는 없기 때문에 노사 갈등은 사회 변화의 한 요인으로 지속적으로 작용할 것이다.

더 멀리 내다본다면 임금노동 관계 자체의 근본적 변화도 상상할 수 있을 것이다. 자본이 노동을 고용하지 않고 노동이 자본을 고용하는 노동자 주도 기업이나 독일식의 공동결정제도와 유사한 형태가 확산될 수도 있다. 갈수록 가치 생산의 더 많은 부분이 노동자들의 지식과 창의성에 의존하는 방향으로 이루어지는 것은 이러한 경향을 재촉할 것이다. 이러한 임금노동 관계의 변화는 기회와 분배의 평등을 넘어서서 의사결정권과 소유의 평등을 추구하는 단계로 경제 민주화가 고도화되는 과정에서 반드시 제기될 문제다. 보다 나은 경제시스템을 향한 인류의 노력은 결국 자본주의를 넘어서는 새로운 제도를 창출할 것이다.

2장

진보와 세계화

1. 세계화의 재인식

세계화란 무엇인가?

세계화를 어떻게 정의할 것인가? 앤서니 기든스Anthony Giddens는 세계화란 "서로 멀리 떨어진 지역들을 연결하는 전 세계적인 사회관계의 심화"라고 정의했다. 데이비드 헬드David Held에 따르면 세계화는 "대륙 간 혹은 지역 간에 행위, 상호작용, 권력의 행사 등의 흐름과 연결망을 낳음으로써 사회관계와 교환의 공간적 조직을 전환시키는 과정"이다. 세계화는 "세계의 압축과 세계 전체에 대한 의식의 심화를 의미"한다는 의견(롤란드 로버트슨Roland Robertson)이 있는가 하면, "사회관계의 시간적, 공간적 차원을 압축"하는 것이 세계화라고 보는 이(제임스 미텔먼James Mittelman)도 있다. 이러한 다양한 정의들을 종합해보면, 세계화의 핵심적 의미는 '세계 각 지역 사이에 교환이 증대하고 가속화해 상호의존성이 높아지고, 이에 대한 의식이 고양되는 과정'이라고 할 수 있다.

세계화란 경제적 차원뿐만 아니라 정치적 차원, 문화적 차원 등 다차원적으로 진행되는 현상이다. 경제적 세계화는 전 세계적으로 경제적 상호 관계가 심화되고 확장되는 과정을 의미한다. 상품과 서비스의 교역 및 자본, 노동, 기술 등 생산요소의 이동을 통해 전 세계적으로 시장이 통합되고 상호의존성이 높아지고 있다. 초국적 기업들이 생산과 유통을 전 지구적으로 조직하고 있으며, 이들의 힘이 점점 더 거대해지고 있다. 한편으로는 경제적 세계화가 낳은 부작용에 대한 반발도 거세지고 있다. 아직까지는 지역화regionalization 현상이 개방된 지역주의open regionalism를 유지하고 있지만, 앞으로는 외부에 대해 차별적인 블록화로 발전할 가능성도 상존한다.

정치적 세계화는 전 세계적으로 정치적 상호 관계가 심화되고 확장되는 과정을 의미한다. 근대적 국민국가 및 국가주권 개념이 지닌 한계가 부각되면서 초국가적 기구가 급증하고 지구적 거버넌스가 확장되고 있다. 지구 민주주의global democracy라는 장밋빛 전망과 지구적 차원의 시장 독재에 대한 우려가 공존하고 있으며, 현실적으로는 국가 간, 지역 간 갈등과 혼란이 일어날 가능성도 상존한다. 한편 문화적 세계화는 전 세계적으로 문화적 교류와 상호작용이 심화되고 확대되는 과정을 의미한다. 의미의 상징적 구축, 표현, 전달을 핵심으로 하는 문화적 교류의 결과로 문화적 동질화homogenization 현상이 진행되고 있다. 맥도날드, CNN, 월드컵, 영어 등이 그 대표적인 예이다. 문화적 세계화와 관련한 논쟁의 핵심은 문화적 세계화에도 불구하고 문화적 다양성이 그 전통을 고수할 수 있는지 또는 교배hybridity를 통해 보존될 수 있는지 여부다.

세계화 이데올로기

세계화는 역사적 현상과는 별도로 하나의 이데올로기로 기능한다. 정치이론에 입각한 이념체계로서의 세계화 이데올로기가 존재하는 것은 아니지만, 세계화에 대한 일련의 단순화되고 왜곡된 주장들의 집합을 세계화 이데올로기로 규정할 수 있는 것이다. 이러한 세계화 이데올로기는 특정한 기능, 즉 신자유주의적 세계화를 정당화하는 기능을 수행한다. '세계화는 자연적이고 불가항력적이며, 비가역적인 현상'이라는 주장이나 '세계화가 모든 사람들에게 혜택을 준다'는 주장, 또는 '세계화가 민주주의의 확산을 가져온다'는 주장이 세계화 이데올로기의 핵심 명제들이다.

세계화는 자연적이고 불가항력적인 현상이라는 주장은 세계화가 자연스러운 시장의 확장이고, 교통·통신의 발달 등 기술 발전의 결과로 나타나는 것이며, 특정한 개인이나 집단의 의지가 개입되지 않는다고 한다. 물론 교통과 통신기술의 발달이 세계화에 결정적인 도움을 준 것은 사실이지만, 세계화는 어디까지나 정책적 선택의 결과로 나타난 것이다. 예를 들어, 노동시장의 세계화는 아직도 극도로 제한되어 있다. 시장통합이라는 면에서 보면 세계화가 '보이지 않는 손'에 의해 조직되는 측면도 사실이지만, 초국적 기업, 정부, 국제기구 등이 내린 정책적 결정이 세계화를 추동하는 것 또한 사실이다.

'세계화는 불가항력적'이라는 주장에는 당연히 '세계화는 돌이킬 수 없는 비가역적 현상'이라는 명제가 뒤따르게 되고, 이 명제는 '세계화를 설사 고통스럽더라도 적응해야만 하는 현상으로 받아들여야 한다'는 논리로 이어진다. 이런 논리는 흔히 정치인들이나 지도층들이 '대안이 없다'고 주장하는 근거로 사용되고 있다. 그러나 유럽에서 르네

상스 시대의 통일적 세계가 16세기의 종교개혁과 반종교개혁으로 붕괴된 사례나 19세기 후반 고도로 진전된 경제적 세계화가 양차 세계대전과 대공황의 시기에 붕괴되었던 사례 등을 볼 때 세계화는 얼마든지 가역적인 역사적 현상이라는 것을 알 수 있다.(제임스 2011)

세계화가 모든 사람들에게 혜택을 준다는 주장이나 민주주의의 확산을 가져온다는 주장은 명백하게 사실을 왜곡하는 것이다. 세계화로 인해 국제적 불평등이 커졌고, 많은 경우 국내적 불평등도 커졌으며, 상당수의 사람들이 실업과 소득 감소를 겪어야 했음은 주지의 사실이다. 세계화는 폭압체제를 무너뜨리고 민주주의를 확산시키기도 하지만 투자자의 이익이 보호되는 한 얼마든지 독재를 용인하고, 세계화에 대한 반동으로 오히려 독재가 강화되기도 한다. 그러나 기존의 신자유주의적 세계화에 기득권을 가진 정재계의 리더들은 세계화가 모두에게 이롭고 민주주의를 확산시킨다는 왜곡된 주장을 반복하고 있다. 세계화는 하기에 따라 좋은 결과를 가져오기도 하지만 나쁜 결과를 초래할 수도 있다는 인식이 출발점이 되어야 한다.

세계화의 역사

세계화는 오랜 역사를 통해 진행되었지만 본격적인 경제적 세계화는 자본주의 시장경제의 발달과 맞물려있다. 자원과 시장을 찾아 끊임없이 확장을 시도하는 자본주의의 속성과 교통 및 통신 기술의 발달, 그리고 자유화 정책 등에 힘입어 경제적 세계화가 본격적으로 전개된 것이다. 경제적 세계화의 가장 중요한 국면들은 19세기 후반부터 20세기 초기까지의 '제1의 물결', 2차 세계대전 종전 이후부터 1970년대 초까지의 '제2의 물결', 그리고 1980년대 이후의 '제3의 물결'로 나누어볼 수 있다.

제1의 경제적 세계화 물결은 '고전적 자유주의 세계화'이다. 1846년 영국의 곡물법Corn Law 폐지를 계기로 유럽 전역에 자유무역이 확산되면서 경제적 세계화가 본격적으로 시작되었고, 1914년 1차 세계대전이 발발할 때까지 지속적으로 심화되었다. 이 시기는 고전적 자유주의가 지배하던 시대로 국내적으로는 자유방임주의 정책이 주를 이루었고, 국제적으로는 자유무역, 금본위제에 입각한 자유로운 자본 이동, 용이한 노동 이동 등이 실시되었다. 이러한 내용의 세계화 물결은 양차 세계대전과 대공황을 포함한 전간기의 경제적 혼란 등으로 인해 후퇴했다. 특히 대공황이 발발한 이후 보호무역주의의 확산과 동유럽과 라틴아메리카의 개도국 외채위기 등으로 무역이 크게 위축되고 국제자본시장이 붕괴되었다.

2차 세계대전 이후 미국 주도의 안정적인 세계질서Pax Americana가 형성되었고, 그에 상응하는 세계경제시스템으로서 브레튼우즈 체제가 작동하는 기간 동안 다시 경제적 세계화가 전개되었다. 이것이 제2의 경제적 세계화 물결인 '케인스주의 세계화'이다. 1970년대 초에 이르면 주요국에서 무역의 대 GDP 비중이 1차 세계대전이 발발하기 이전의 수준을 회복했다. 전후 글로벌 경제시스템을 재건하기 위해 구축된 브레튼우즈 통화체제는 달러를 기축통화로 하는 고정환율제로서 자본거래의 통제를 당연시하고 경상거래의 자유화만을 추구했다. 국제무역의 관리를 위해 국제무역기구ITO를 설립하기로 했으나 무산되었고, 1995년 세계무역기구WTO가 설립되기 전까지 국제기구가 아니라 다자간 무역협정체제에 불과한 관세와 무역에 관한 일반협정GATT 체제 아래서 관세 인하 및 비관세 장벽 완화가 추진되었다. 이 시기는 케인스주의가 지배하던 시기로서 국가에 의한 적극적인 경제관리에 입각한 완전고용의 실현과 복지국가의 발달에 정책이 우선순위가 되었으며, '자본주의의 황금기'라고 불릴 정도로 성장·고용·안정·분배 등 여러 면에서 경제적 성과가 대단히 좋았다.

전후 황금기를 누렸던 세계경제는 1960년대 말부터 노사 갈등 심화와 생산성 증가 둔화 등에 따른 이윤 압착 profit squeeze, 브레튼우즈 고정환율체제의 붕괴, 두 번에 걸친 석유파동 등을 겪었고, 결국 이것은 1970년대 경제위기로 폭발했다. 1980년대부터는 영미권 국가들이 선두로 나서 정부의 역할을 축소하고 시장의 역할을 극대화하는 신자유주의 정책 기조로 선회했다. 1970년대 경제위기가 발발한 이후 1980년대부터 전개된 신자유주의의 물결을 타고 2008년 글로벌 금융위기에 이르기까지 경제적 세계화가 가속화하고 심화되었으며, 세계화 이데올로기가 지배적 담론으로 등장했다. 이것을 제3의 경제적 세계화 물결 또는 '신자유주의 세계화'라고 부른다.

신자유주의의 확산은 신자유주의적 개혁의 성과라기보다는 여타 경제 모델들이 직면한 어려움들에 기인한 바가 컸다. 즉, 북유럽의 금융위기, 독일 통일의 후유증, 일본의 장기불황, 유럽 단일통화 달성 과정에서의 고실업, 개도국 외채위기와 이에 따른 워싱턴 합의 Washington Consensus의 확산, 동구 사회주의권의 몰락 등이 신자유주의의 확산을 촉진했다.

신자유주의 세계화는 완전고용보다 노동규율을 중시하고 시장만능주의를 숭상했다. 레이건의 관제사노조와의 대결, 대처의 탄광노조와의 대결로 대표되는 반노조 노선과 노동시장 유연화 정책으로 노동규율의 회복을 꾀하는 것이 신자유주의 세계화의 핵심이었다 — 초기에

그림 2-1. 대외 총자산 및 부채의 대 GDP 비중

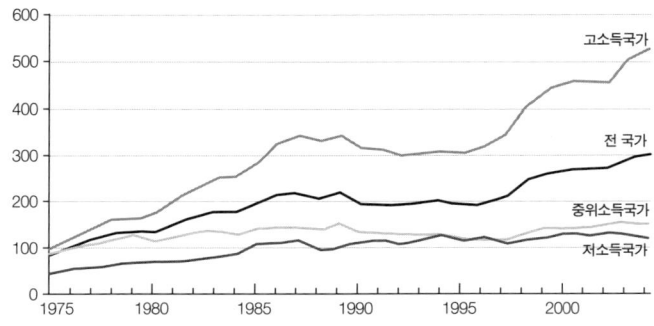

자료: IMF, World Economic Outlook

는 통화주의에 입각해 경제의 확장보다는 규율을 중시하는 통화정책을 전개했지만, 미국의 경우 노동규율이 회복된 이후에는 확장적 통화정책을 남발했다. 이와 더불어 정부가 문제의 해결책이 아니라 문제의 원인이라는 주장에 입각해서 정부의 역할을 축소하고 시장의 역할을 확대하는 시장만능주의 정책이 추진되었다. 케인스의 수요중심 정책에 대항하는 공급중심 정책이라는 미명하에 감세와 복지 축소, 그리고 규제 완화 정책이 추진되었고, 시장 기능을 최대화하기 위해 무역·투자·금융 등 시장자유화 정책이 추진되었다. 영국의 경우에는 공기업 민영화가 주요 정책으로 등장했고, 미국의 경우에는 건전재정주의와 재정적자 사이의 긴장관계가 계속되었다.

신자유주의적 세계화는 생산보다 무역이, 무역보다 해외 직접투자가, 해외 직접투자보다 포트폴리오투자가 훨씬 빠르게 진행되는 금융 주도의 세계화였다. 국내총생산GDP 대비 대외 금융자산이 급증했으며, 특히 파생상품 거래가 폭발적으로 증가했다.(〈그림 2-1〉, 〈그림 2-2〉 참조)

그림 2-2. 파생상품 거래의 증가

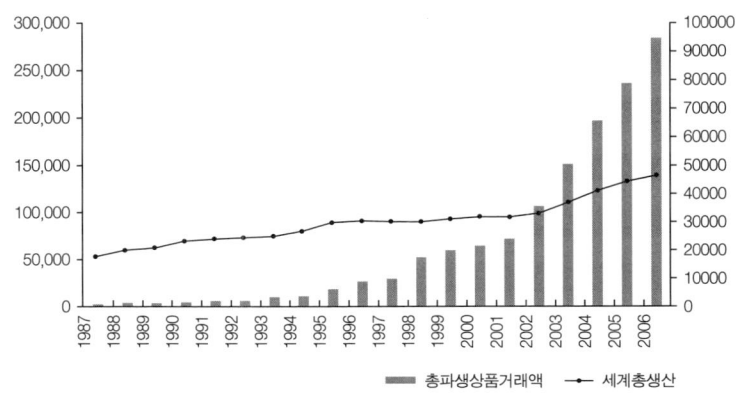

출처: Petrov(2008)

　브레튼우즈 체제 아래서는 자본 이동에는 제한을 두면서 경상거래 자유화만을 추구했으나, 1980년대부터는 미국과 국제통화기금IMF이 주도적으로 자본거래 자유화를 추진하여 세계 자본시장의 통합이 진전되었다. 1980년대에는 글로벌 채권시장이, 1990년대에 글로벌 주식시장이 형성되었다.

　금융 주도의 세계화는 미국을 중심으로 주주자본주의가 강화되는 결과를 초래했다. 교역과 투자에 대한 가시적인 장벽의 철폐를 넘어서서, 교역 및 투자와 관련된 각국 국민경제의 제도와 정책까지 통일시키려는 '깊은 통합deep integration'이 진전되었다. WTO 체제는 상품 교역과 관련된 각국의 국내 정책과 제도가 수렴을 추구했고, 다자간투자협정Multilateral Agreement on Investment, MAI은 개별 국가가 자국의 정치적·경제적 목적에 따라 교역과 투자에 어떠한 제한이나 조건을 부과하는 것을 금지하려는 시도였다.

2. 신자유주의 세계화의 문제점

금융 불안정

신자유주의 시대 금융주도 세계화가 자본 흐름의 급격한 반전 등 변덕성volatility과 위기의 전염성contagion을 보이면서 금융 불안정 문제가 부각되기 시작했다. 1970년대 초 브레튼우즈 체제가 붕괴하고 금융자유화가 시작된 이래 1980년대부터 금융 규제 완화와 자본거래 자유화가 급속히 전개되면서 대형 금융위기가 빈번하게 발생했다. 1975년 이후 세계적으로 주요 금융위기가 200여 회 발생했고, 특히 은행위기의 발생 빈도가 급증했다(〈그림 2-3〉 참조). "세계적으로 금융자유화 정책은 거의 예외 없이 크고 작은 금융위기를 야기했다"는 존 윌리엄슨John Williamson의 지적은 과장이 아니었다.

이 시기에 발발한 주요 금융위기 사례들로는, 1980년대 초 남미 3국의 초대형 금융위기, 1980년대 말 미국의 저축대부조합Savings & Loans Association 위기, 1980년대 말 일본의 부동산 거품 붕괴에 이은 장기침체, 1990년대 초 스웨덴과 핀란드의 금융위기, 1994년도 멕시코 금융위기, 1997년도 아시아 금융위기, 1998년 미국의 헤지펀드 LTCM 위기, 2001년 아르헨티나 금융위기 등이 있다. 금융위기의 발발 외에도 빈국으로의 안정적인 자본 이동 부재, 최강대국으로의 최대 자본 유입 등 신자유주의 세계화는 많은 문제점을 보였다.

클린턴 전 미국 대통령 등 서구의 주요 정치 지도자나 〈이코노미스트Economist〉를 비롯해 세계화를 적극 옹호하는 기관이나 매체 등에서도 금융 불안정 문제는 신자유주의 세계화가 초래한 중대한 문제라고 인정했다. 1997년 아시아 금융위기 이후 국제통화기금IMF은 자본자유

그림 2-3. 금융위기의 빈도

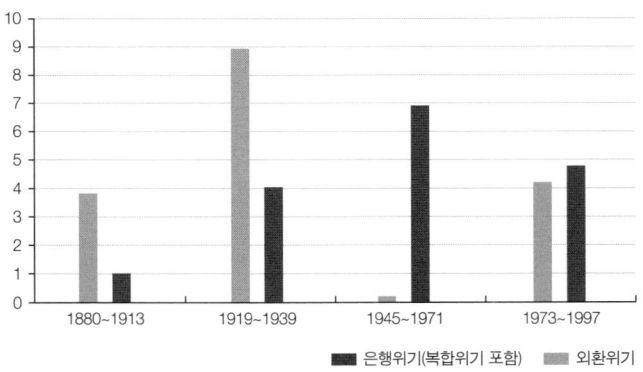

■ 은행위기(복합위기 포함) ■ 외환위기

조사 대상 21개국: 그리스, 네덜란드, 노르웨이, 덴마크, 독일, 미국, 벨기에, 브라질, 스웨덴, 스위스, 스페인, 아르헨티나, 영국, 오스트레일리아, 이탈리아, 일본, 칠레, 캐나다, 포르투갈, 프랑스, 핀란드
출처: Eichengreen and Bordo(2002)

화의 추구를 공식적으로 폐기했고, 신국제금융구조New International Financial Architecture에 관한 활발한 논의가 이루어지기도 했다. 그러나 금융자본의 영향력으로 개혁은 무산되었다.

신자유주의 시대 금융위기의 결정판은 2008년 미국발 글로벌 금융위기였다. 미국발 글로벌 금융위기는 미국식 금융 주도 자본주의와 금융 주도 세계화가 지닌 불안정성을 극명하게 드러냈다. 미국식 금융 주도 자본주의는 탐욕을 부추겨 소수 엘리트의 도덕적 해이와 부의 집중을 초래했고, 자금 중개와 위험관리라는 금융의 본류에서 이탈해 투기에 치중함으로써 대형 금융 사고의 씨앗을 키웠던 것이다. 미국발 금융위기는 금융 세계화의 연결망을 타고 순식간에 세계로 확산되어 외자 유입에 의존하던 일부 신흥시장국 경제가 외환위기에 빠지고, 선진국들은 극심한 금융 경색과 버블 붕괴에 따른 자산 효과로 실물경기가 하강했으며, 이는 다시 금융 부실을 증가시키는 악순환을 초래했다.

글로벌 금융위기는 이미 영향력이 퇴조하기 시작한 신자유주의의 퇴장을 재촉하며 미국과 달러의 헤게모니를 약화시키는 역사적 계기가 될 전망이다. 이번 위기를 계기로 케인스 경제학이 복권되고, 통화주의·공급중시 경제학, 합리적 기대론, 신고전파 경제학, 워싱턴 합의 등 각종 이름으로 등장한 시장만능주의적 사조가 퇴색할 것이다. 미국의 신정부도 부유층 증세, 금융 규제 강화, 노조 권한 강화, 전 국민 의료보장 정책을 추진하는 등 이미 방향을 선회했다. 규제의 강화, 금융 거래의 투명성 제고, 국가 간 규제 격차의 해소 등 금융 안정성을 제고하기 위한 일정한 변화가 이루어질 전망이다. 이번 위기로 달러화의 기축통화 지위는 더욱 흔들릴 것이며, 앞으로는 더 이상 미국식이 세계표준global standard이라는 공식이 통하기 어려울 것이다.

비대칭과 불공정

신자유주의 세계화 시대에는 자본의 이동성은 고도로 증가한 반면 노동력의 이동은 엄격하게 제한되고, 상품과 서비스의 교역은 자유화되는 반면 기술의 이전은 통제되는 '비대칭성'이 존재했다. 자본 이동성과 노동 이동성 사이의 비대칭으로 말미암아 자본에 대한 노동의 협상력이 약화되었다. 세계적으로 자본 소득에 대한 세율은 인하되고 노동 소득에 대한 세율은 인상되는 경향이 나타나는 것도 이와 동일한 이유에서 비롯되었다. WTO는 내국민대우 등 투자자의 권리 보호만 앞세우고 투자자의 의무에 대해서는 외면했다. 한미 자유무역협정FTA의 경우에도 투자자와 지적재산권은 과보호하고, 노동자와 지적 창조물에 대한 사용자의 권리는 상대적으로 제한했다. WTO가 지적재산권 보호를 떠맡은 반면 기술이전을 촉진하기 위한 체계적인 시스템은 부재했다. 국제적으로 지적재산권 보호체제를 강화하는 것은 소수의 선진국들에게만 이익이고 대다수 국가들에게 손해가 되는 것은 자명한 일이다. 개도국과 빈국으로의 기술이전이 지체됨으로써 빈곤과 비참함과 환경파괴가 불필요하게 지속되고 있다.

글로벌 경제 거버넌스에서 핵심적인 역할을 하는 IMF나 WTO와 같은 다자간 국제기구들이 선진국의 이해관계를 과도하게 반영함으로써 선진국과 개도국 사이에 커다란 '불공평'이 존재했다. 제도화된 국제 경제 거버넌스는 과거의 포함 외교gunboat diplomacy에 비해서는 진전된 것이기는 하지만, 여전히 소수 강대국의 입김이 과도하게 작용하고 있다. IMF는 채무국의 목소리를 실질적으로 배제하고 채권국들의 입장에서 운영됨으로써 채무국에게 가혹한 부대조건conditionality을 요구해왔다. 유럽의 선진국들이 주된 채무국이었던 IMF 창립 초기에는 부대조건이 거시정책과 관련한 극히 제한된 수준에서 부과되었으나, 사적 자본시장의 발달로 선진국들이 더 이상 IMF의 자금을 빌릴 필요가 없게 된 이후로는 부대조건이 점점 많아지고 세세해지고 가혹해져서 주권침해 논란까지 불러일으켰다 — 원래 브레튼우즈 회의에서 케인스 플랜은 흑자 국가에 패널티를 부과할 것을 주장했다. 선진국에는 경기조정형counter-cyclical 정책이, 개도국에는 경기순행적pro-cyclical 정책이 적용되었다. 우리나라 환란 당시에는 고금리, 균형 예산, 급격한 구조조정을 요구했던 IMF가 미국이 위기에 처하자 저금리와 재정 팽창을 권고하고 구제금융을 용인했던 것이 그 대표적인 예이다.

투자자 권리나 지적재산권의 보호를 제외하고 순수한 교역과 관련해서만 보더라도 WTO 체제는 개도국에 불공평한 체제이다. WTO 협정을 보면 제조업 분야에서는 가장 노동집약적인 섬유·의류·신발

그림 2-4. 선진국들의 대상 지역별 관세, 2000년

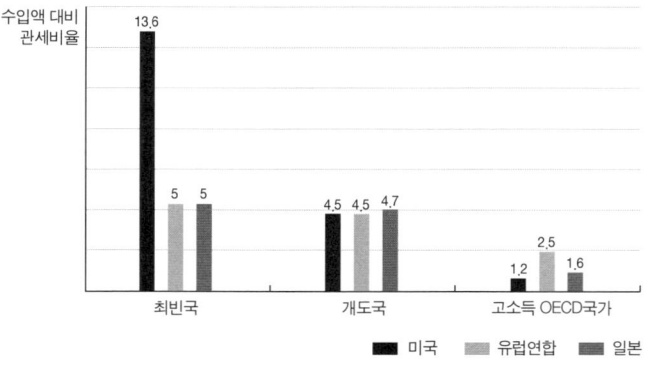

자료: UNDP, Human Development Report, 2005.

등이 가장 늦게 자유화되고, 서비스 분야에서는 금융서비스 등 선진국이 강한 분야의 개방이 강조되었다. 건설과 해운처럼 노동집약적인 부분에서 개도국이 경쟁 우위를 갖는 분야는 아예 개방 대상에서 제외해 버리고, 농업 분야에서도 선진국 우위 분야는 개방을 강요하면서 자신들은 막대한 보조금을 지급받는 등 매우 불공평한 교역체제였다. WTO 체제에서는 여타 선진국들에 비해서 개도국들에 더 높은 관세를 부과하며, 최빈국들에는 더 높은 관세를 부과하는 것이 현실이었다 (〈그림 2-4〉 참조).

개도국들의 불만을 반영해 도하개발라운드Doha Development Round, DDA가 시작되었으나, 미국과 유럽연합EU이 개도국들의 바람을 무시하고 오히려 선진국들의 관심 사항인 싱가포르 이슈에 매달림으로써 협상은 결국 실패로 돌아갔다.

경제적 세계화로 인한 비대칭성과 불공정성의 문제도 있지만, 아예 경제적 세계화로부터 소외되어 빈곤의 덫에 빠진 지역도 광범위하게

그림 2-5. 국제적 소득 격차의 증대, 1960-2005년

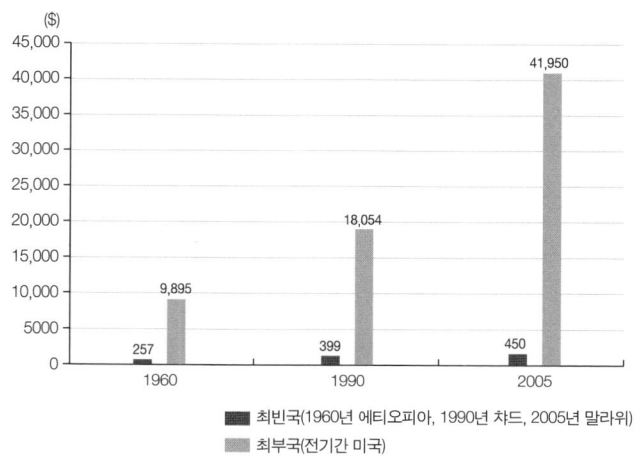

자료: Prichett(1997), World Bank, World Development Report, 2006.

존재하고 있다. 그 결과 부국과 빈국 사이의 불평등은 갈수록 심화되고 있다(〈그림 2-5〉 참조). 각국의 인구 편차를 감안해 세계 소득분배를 측정하면 근래에 지니계수가 하락한 것으로 나오지만, 이는 거대한 인구를 가진 중국의 고도성장을 반영한 것으로, 중국을 제외하면 인구 가중치를 둔 세계 소득분배도 불평등이 심화된 것으로 나타나고 있다.

정책 자율성의 제약

경제적 세계화는 정부가 정책을 자율적으로 결정할 수 있는 여지를 제약하는 경향을 보인다. 경제적 세계화가 경제의 상호의존성을 증대시킴으로써 정책을 통해 경제 변수를 조작할 수 있는 여지를 축소하는 것은 사실이다. 자본 이동성이 보장된 상황에서는 환율정책이나 금리정책에 제약 — 개방경제의 트릴레마 trilemma — 을 받게 되고, 대외의

존이 심화된 경제에서는 총수요관리 정책에도 어려움이 따른다. 이에 따라 거시경제 정책의 국제 공조가 필요해진다. IMF나 WTO 같은 국제기구들과 국제적 협정들에 의해 개별 국가의 정책 선택권은 점점 더 제약을 받게 된다. 유동적인 자본에 대한 매력도를 높여야 한다는 요구로 인해 정책 자율성이 제약을 받는 면도 있다. 내수 시장, 인적자원, 인프라, 법적 안정성, 투명성 등에서 앞서 있는 선진국에 비해 개도국은 친자본 정책에 대한 압박을 더 많이 받을 수 있다.

일부 진보 진영에서는 이렇게 세계화로 인해 정책 자율성 혹은 정책 선택권이 제약됨으로써 실질적으로 민주주의가 형해화形骸化되고 있다고 하지만, 이는 과장된 주장이다. 심지어 이러한 일부의 비판 논리는 신자유주의적 정책을 정당화하기 위한 논리로 사용되기도 한다. 토머스 프리드먼Tomas Friedman이 세계화에 올라타는 순간 "경제는 성장하고 정치는 축소된다"면서 세계화를 '황금 구속복golden straightjacket'이라고 부르는 것이나, 대처 수상이 "대안은 없다There is no alternative, TINA"며 대안부재론을 선언한 것, 노무현 전 대통령이 "권력은 시장에 넘어갔다"고 이야기한 것이 바로 그 예이다. 이런 논리는 종속이론과 마찬가지로 국내 정치의 문제를 외부의 탓으로 돌리는 오류의 소지가 다분하다.

하지만 세계화의 와중에도 자본주의의 다양성diversity of capitalism은 건재하다. 일례로 가장 개방된 경제인 북유럽의 경우 복지국가 모델을 견고하게 유지하고 있다. 1990년대에는 신자유주의를 추종하던 라틴아메리카 국가들이 최근에는 대부분 좌파 정부를 선출하고 정책 변환을 시도한 것도 그러하다.

그림 2-6. OECD 국가들의 임금 격차, 1980-2000년

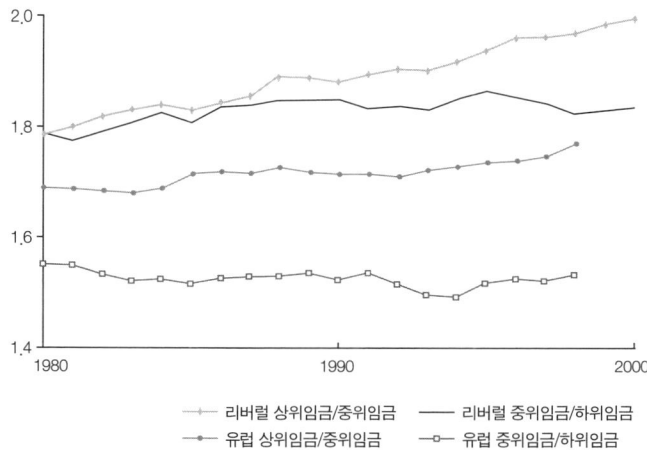

주: 리버럴(미국, 영국, 호주), 유럽(독일, 프랑스, 네덜란드, 스웨덴, 핀란드)
상위임금: 임금소득 분포에서 밑에서부터 90%에 위치한 임금
중위임금: 임금소득 분포에서 밑에서부터 50%에 위치한 임금
중위임금: 임금소득 분포에서 밑에서부터 10%에 위치한 임금
자료: Glyn(2006)

소득분배의 악화 등

신자유주의 세계화는 소득분배를 악화시키는 경향을 나타냈다. 신자유주의 세계화의 시기에 많은 나라들이 소득분배의 악화를 경험했다. 노동조합 약화, 복지 축소, 부유층 감세 등 역진적 조세개혁, 사회적 보호 장치 약화와 시장자유화 등 신자유주의 정책을 적극 추진한 앵글로색슨계 나라들에서 불평등이 크게 증대했다. 선진국에서는 세계화가 숙련노동에 대한 수요를 증대시키고 비숙련노동에 대한 수요를 감소시킴으로써 임금격차를 확대시키는 경향이 있으나 그 정도는 매우 미미한 것으로 평가되고 있다. 반면 개도국에서는 무역자유화는 불평등을 감소시키고 직접투자는 증대시키는 경향이 있는데, 후자가 더 강한 영향을 미치는 것으로 평가된다.

그림 2-7. 5개국의 최상위 0.1%의 소득 비중의 역사적 추이

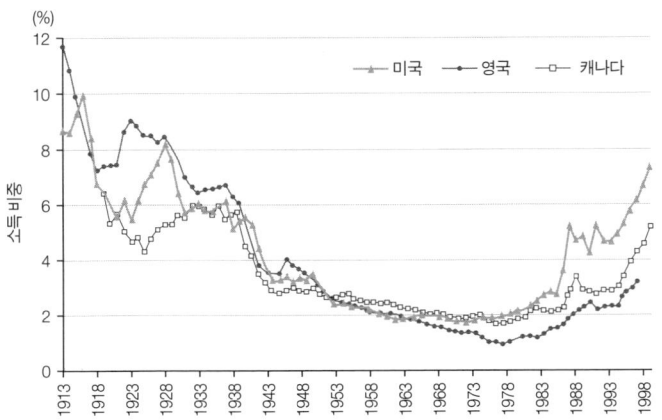

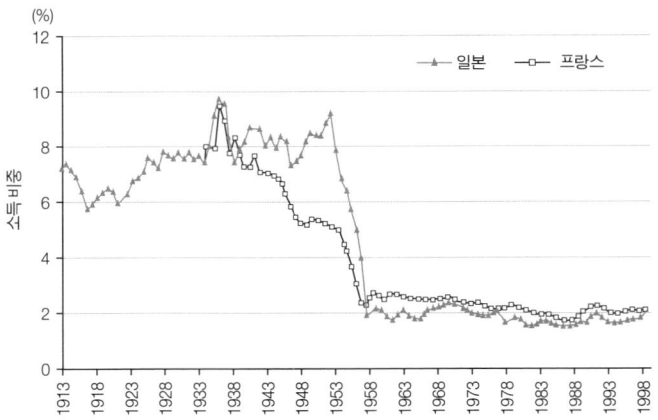

자료: Piketty and Saez(2006)

    세계화로 인해 분배 악화가 불가피하다는 주장은 사실에 부합하지 않는다. 세계화가 소득분배에 약간의 악영향을 미칠 수는 있겠지만 이는 얼마든지 제도와 정책으로 통제할 수 있는 것이다. 기본적으로

동일한 조건 아래 있는 OECD 국가들 가운데서도 앵글로색슨계 국가들과 유럽계 국가들 간에는 뚜렷한 차이가 존재한다(〈그림 2-6〉 참조).

크루그먼의 지적처럼 앵글로색슨계 국가들에서 막대한 소득이 상위 0.1%에 집중된 것은 세계화(혹은 심지어는 정보화 등의 기술 변화)로 설명될 수 있는 것이 아니라 정책과 문화의 변화에 의한 것이라고 보아야 할 것이다(〈그림 2-7〉 참조). 신자유주의 세계화 시기가 아닌 케인스주의 세계화 시기에는 대다수 국가들이 소득분배의 개선을 경험했다는 사실은 1980년대 이후 심화된 분배 악화가 세계화 자체의 문제라기보다는 신자유주의의 문제임을 시사한다.

세계화로 인해 빈곤과 실업이 늘어난다는 주장도 특정 정책의 결과를 잘못 일반화한 것으로 보아야 한다. 중국처럼 세계화에 편승해 빈곤이 감소하고 고용이 확대된 명백한 사례들이 존재한다.

이밖에도 세계화가 환경파괴를 가속화한다는 문제제기가 있다. 환경파괴는 경제활동의 크기와 방식의 문제이지 세계화 자체의 문제는 아니다. 각국의 정책, 국제적 협력을 통해 환경친화적 경제활동이 이루어지도록 하면 해결될 것이다.

한편으로는 환경문제의 세계화에 따른 친환경 세계화의 필요성이 대두했다. 충분한 생산성 증가는 노동 투입과 환경파괴의 감소를 가능하게 해주므로 환경과 성장을 반드시 적대적 관계로 볼 필요는 없다. 사실 환경파괴의 진정한 주범은 성장이라기보다는 오히려 가난이다. 저소득 사회는 대체로 높은 인구 증가율을 보이며 가난 때문에 지속불가능한 수준으로 자원을 착취하게 된다. 가장 잘사는 북유럽 국가들이 환경보전에서도 가장 앞서있다.

3. 세계화에 대한 진보의 대응

세계화에 진보가 어떻게 대응할 것인지와 관련해서는 정치적·문화적 세계화 등 비경제적 차원의 세계화에 대해서는 논의를 생략하고 경제적 차원의 세계화에 국한시켜 논의하고자 한다.

세계화와 진보적 가치

개인의 자유와 기회를 확장시키는 것은 진보의 근본적인 가치이며, 따라서 세계화도 기본적으로는 진보적 가치에 부합하는 것이다. 지역사회나 국가의 경계를 근거로 지식, 정보, 사상이나 재화, 서비스, 생산요소 등을 교환할 기회를 인위적으로 제한하는 것은 출생지에 따른 기회의 불평등을 제도화하는 것으로 본질적으로 진보적 가치에 반한다. 아마르티아 센의 말대로 "국가라는 정치적 경계를 근본적이고 실질적인 제약으로 여길 뿐 아니라 윤리적·정치철학적으로도 중요한 경계로 여기는 것은 다분히 전제적이고 포악한 생각"이다(센 2009). 개인이 태어난 나라와 상관없이 당대에 세계가 제공하는 모든 기회에 다 가갈 수 있도록 한다는 점에서 세계화는 매우 진보적인 가치를 내포하고 있다.

세계화는 일반적으로 부의 증진, 기회와 자유의 확대, 문화의 풍부화 등을 가져올 수 있으며, 실제로 그러한 효과를 본 지역들도 있다. 경제적 세계화는 일반적인 시장통합과 마찬가지로 개인에게는 새로운 경제적 기회를 가져다주고, 경제 전체로는 효율성을 높이고 경쟁과 혁신을 촉진함으로써 경제성장을 제고할 수 있는 가능성을 지니고 있는 것이다.

문제는 세계화가 많은 경우 지역사회 공동체나 전통문화를 파괴하고 경제적 불평등과 경제의 불안정성을 증대시키며 환경을 파괴하고 민주주의를 제약하는 등 진보가 소중하게 여기는 여러 가치들을 훼손한다는 데 있다. 이로 인해 상당수의 진보주의자들이 경제적 세계화를 저임금, 실업, 빈곤, 불평등, 환경파괴, 금융위기 등 모든 악의 근원으로 규정하고 세계화 자체를 반대하고 있는 것이다. 노동단체, 농민단체나 사회운동단체들이 반세계화 시위에 나서고, 또 국내에서는 한미 FTA에 강력하게 반대함으로써 일반 국민들에게 진보는 세계화나 개방에 반대한다는 인상을 심어주었다.

오늘날 경제적 세계화가 낳고 있는 대부분의 문제들은 세계화 그 자체의 문제라기보다는 신자유주의적 오류가 낳은 문제라고 할 수 있다. 신자유주의 시대에 경제적 세계화가 급진전됨으로써 세계적으로 시장 통합이 가속화되는 데 반해 세계적인 차원의 금융 안전망과 사회 안전망 등 시장의 실패에 대응하는 제도적 안전장치와 보완장치는 매우 부실했던 것이다. 신자유주의가 지배적 담론으로 자리 잡으면서 미국을 비롯한 많은 나라들이 국내적으로도 이러한 제도적 안전장치와 보완장치를 허물어뜨린 결과 경제의 불안정성과 양극화가 심화되었고, 이것이 결국 2008년 미국발 글로벌 금융위기로 폭발한 것이다.

금융 불안정, 비대칭과 불공평, 정책 자율성 제약, 소득분배 악화 등 신자유주의 세계화가 낳은 문제점들은 세계화 자체를 되돌리지 않더라도 제도개혁을 통해서 대부분 해소할 수 있다. 금융 불안정의 문제는 투기성 자본 이동에 대한 규제를 비롯한 국제적인 금융 규제의 강화와 주요 국가들의 정책 공조체제 강화, 그리고 기축통화시스템 개혁 등으로 해소할 수 있는 문제다. 세계경제질서에 내재하는 비대칭과 불공평의 문제도, 노동 이동과 기술이전을 관리하는 국제기구의 신설, 개도국들의 입장을 공평하게 반영하는 방향으로 IMF, 세계은행, WTO 등의 국제기구 개혁, 빈국에 대한 실효성 있는 경제원조 확대 등을 통해 대부분 해결할 수 있다. 정책 자율성의 일정한 제약 역시 세계화의 불가피한 대가임이 분명하지만 그렇다고 민주주의를 형해화하는 수준은 아니다. 특히 분배의 악화는 결코 불가피한 것이 아니고 제도와 정책으로 충분히 방지할 수 있는 것이다.

세계화가 자율, 안정, 평등, 환경, 민주주의 등의 가치를 훼손하는 것도 불가피한 일이 아니다. 세계화가 올바르게 관리된다면 오히려 이러한 가치를 증진시킬 수도 있다. 따라서 세계화에 대한 진보의 입장은 세계화 자체는 찬성하되 '나쁜 세계화를 배격하고 좋은 세계화를 추진하자'는 것이어야 한다.

진보적 세계화를 위하여

경제적 세계화가 기회의 확대와 부의 증진으로 이어지기 위해서는 시장 실패를 보완하기 위한 적절한 정책적 개입을 필요로 한다. 동아시아처럼 세계화에 편승함으로써 경제성장률 제고를 실현한 경우도 있고, 라틴아메리카나 아프리카처럼 그러지 못한 경우도 있다. 시기적으로도 1950~60년대의 케인스주의적 세계화 시기와 1980년대 이후 신자유주의 세계화 시기를 구분해보면, 후자의 경우 성장 측면의 성과가 부진했다는 것을 알 수 있다(〈그림 2-8〉 참조). 시장통합은 사회통합을 전제로 하는 것이기 때문에 자유시장이 가지고 있는 불안정성과 양극화 경향에 대응해서 금융 안전망과 사회 안전망, 그리고 환경파괴 등 각종 시장의 실패에 대한 정책 대응이 발달해온 바, 국내적으로는

그림 2-8. 소득 그룹별 경제성장률의 시기별 비교

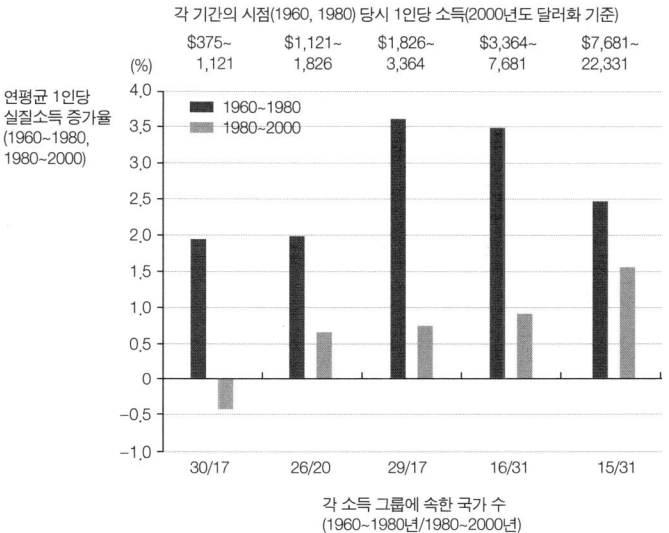

자료: Penn World Table, IMF

물론 글로벌 경제 거버넌스에도 이러한 원리를 적용해야 할 것이다. 적절한 정책적 개입은 안정, 평등, 환경 등의 가치를 지키기 위해서일 뿐만 아니라 지속적 성장을 위해서도 필요하다. 구체적인 정책적 개입의 내용과 정도를 결정하는 과정에서 자율과 민주주의라는 가치도 지키고 발휘할 수 있다. 유럽연합의 시장통합 과정에서도 낙후지역에 대한 보조금 등 유럽연합 차원의 재분배 정책 도입, 사회헌장Social Charter의 채택, 환경 규제의 강화 등 다양한 보완장치가 병행되었던 점에 주목해야 한다.

이와 더불어 현재의 글로벌 경제 거버넌스에 내재되어 있는 비대칭과 불공평을 개혁해야 한다. 선진국과 초국적 자본의 이해에 치우친 기존 질서를 공평하게 하기 위해 무역체제, 국제금융체제, 기술이전체제 등을 개혁할 필요가 있고, 발언권이 약한 빈국과 미래 세대를 위해서 원조체제와 환경보전체제를 강화할 필요가 있다. 이러한 개혁은 '글로벌 민주주의'의 발전을 통해서 가능할 것이다.

한국이 세계화의 방향에 크게 영향을 미칠 수는 없다. 따라서 우리는 '세계화에 대한 주체적 대응'이라는 관점에서 세계화에 접근해야 한다. 즉, 개방의 순기능을 살리되 부작용을 제어하기 위해서 금융 안전망, 사회 안전망 등 제도적 보완장치를 강화하면서 그 수준에 부합하는 점진적인 개방을 추진해야 하는 것이다. 무조건적인 개방이 아니라 국가경쟁력을 제고하기 위한 전략적 목표에 입각한 전략적인 개방을 추진해야 한다. 동아시아 지역의 경제협력, 나아가 경제통합을 추진하여 소규모 개방경제의 불안정성을 완화하고 새로운 성장 동력을 확보해야 한다. 나아가 글로벌 거버넌스 개혁을 위해 국제 무대에서 적극적 역할을 수행해야 할 것이다.

3장

진보와 지속가능한 성장[*]

1. 진보와 경제성장

진보 세력은 경제성장에 대해 어떠한 입장을 취하는 것이 옳은가?

진보 진영은 성장을 경시하거나 희생시킨다는 대중의 인식은 진보 진영의 정치적 입지를 매우 어렵게 하는 요소다. 흔히 보수 세력은 진보가 성장을 경시하거나 심지어는 성장에 적대적이라고 공격한다. 그들이 즐겨 쓰는 논법은 진보가 분배를 중시하기 때문에 성장을 소홀히 하거나 성장의 발목을 잡고 만다는 것이다. 이명박 정부 인사들이 김대중·노무현 정부 10년간을 '잃어버린 10년'이라고 부르는 것이 좋은 예다.

---

[*] 이 글은 김형기·김윤태 엮음, 『새로운 진보의 길』, 한울, 2009에 실린 졸고 "새로운 진보와 지속가능한 성장"을 전재한 것이다.

이것은 사실에 부합하지도 않을 뿐더러 논리적으로 타당하지도 않다. 김대중·노무현 정부를 진보 정권으로 규정하는 것부터 무리라는 점은 접어두고라도, 이 두 정권이 분배와 복지에 치중하다가 성장의 발목을 잡았다고 하는 것보다는 오히려 성장에 치중하느라 분배와 복지를 충분히 고려하지 못했다고 하는 편이 훨씬 더 정확할 것이다. 분배를 중시하면 성장이 희생된다는 주장의 근거도 불분명하다. 분배의 개선을 위한 정책 수단 중에는 성장에 부정적인 영향을 미치는 것도 있지만, 성장에 중립적이거나 오히려 성장촉진적인 것들도 있기 때문에 그렇게 일률적으로 주장하는 것은 논리적으로 옳지 않다. 역사적으로도 분배 혹은 재분배는 경제성장에 부정적인 영향보다는 긍정적인 영향을 끼친 것으로 나타났다(Lindert 2004).

하지만 이러한 사실이나 논리와는 무관하게 대중의 뇌리에는 성장과 분배의 이분법이 강고하게 자리 잡고 있어서 보수 측의 공격이 먹혀들어가는 것이 현실이다.[1] 이는 한편으로는 보수 언론과 보수 기득권층의 담론 장악 능력이 우위에 있음을 반영하는 것이며, 다른 한편으로는 진보 진영이 대중의 그러한 인식을 정당화시킬 만한 빌미를 제공하기 때문이기도 하다. 진보 진영 일각에서는 실제로 성장을 그다지 중시하지 않는 경향이 있다.[2] 생태계 보전을 중시한 나머지 경제성장을 경시하거나 경계하는 흐름도 엄연히 존재한다. 성장에 더 적극적인

---

[1] 미국의 경우에도 사정이 유사하다. 공화당 정권에 비해 상대적으로 진보적인 민주당 정권이 경제성장 면에서 훨씬 좋은 성과를 냈는데도(Kinsley 2008), 민주당은 '큰 정부'를 추구해 세금을 올리고 정부지출을 늘리기 때문에 경제성장을 저해한다는 식의 통념이 뿌리 깊이 박혀있다.

[2] 일례로 〈중앙일보〉 2009년 1월 19일자에 실린 인터뷰에서 민주노동당 강기갑 대표는 "성장보다 평등이 중요하다"고 명확히 말하고 있다.

입장이라고 하더라도 보수에 비해서는 상대적으로 성장을 덜 중요시하는 것이 일반적이다.

진보는 경제성장에 대해 매우 적극적인 입장을 취해야 한다. 그러나 단지 정치적으로 유리한 입지를 차지하기 위해서 보수파가 주장하는 성장론을 받아들이는 것은 곤란하다. 그러면 성장이 진보의 프랑켄슈타인이 되고 말 것이다. 사실 노무현 정부가 정부 출범 첫해에 삼성경제연구소에서 제시한 '국민소득 2만 달러'를 국정 목표로 천명한 것이 바로 이런 경우였다. 이로써 참여정부의 정체성은 결정적으로 훼손되고 말았다. 스스로 '좌파 신자유주의'라는 말을 할 정도로 정체성 혼란에서 헤어 나오지 못했다. 이와는 다른 경우지만 미국의 클린턴 정부도 성장을 위해 시장의 자유를 확대한다는 정책을 추진한 결과 많은 문제를 낳은 것이 사실이다. 재임 당시에 경제 호황을 누리기는 했지만 IT 버블을 낳았고, 2007년 서브프라임 위기가 발발하면서 클린턴 정부 당시의 금융 규제 완화가 주요 원인으로 지목되기도 했다.[3]

진보가 영혼을 팔아서 성장을 추구해서는 안 된다. 하지만 따지고 보면 진보는 원래 성장친화적이다. 원래 성장과 변화를 추구하는 것이 진보다. 단, 성장을 위한 성장, 즉 성장지상주의는 배격해야 한다. 성장이 결코 궁극적 가치가 될 수 없음은 자명하다. 보수가 성장지상주의적 입장을 취하는 것은 사실상 기업의 성장, 이윤극대화를 그렇게 포장한 것이다. 진보는 무엇을 위한 성장을 추구하는지 분명히 해야 한다. 그러면 왜 성장이 필요하고 중요한 것인지도 명확하게 드러날

---

[3] 클린턴의 정책 참모였던 스펄링은 이러한 정책을 '친성장 진보(the pro-growth progressive)'라고 불렀다(Sperling 2006). 클린턴의 경제정책의 문제점은 클린턴 1기 행정부에서 백악관 경제자문회의 의장을 지냈던 스티글리츠가 신랄하게 비판한 바 있다(Stiglitz 2003).

것이다.

성장은 고용 창출과 삶의 질 향상을 위해서 필요하다. 고용은 소득의 원천일 뿐만 아니라 자긍심의 원천이고, 나아가 자아실현의 중요한 수단이 되기도 한다. 따라서 일할 의지와 능력이 있는 모든 사람에게 일자리를 제공하는 것은 경제정책의 최우선적인 목표가 되어야 한다. 경제시스템에 따라서는 성장이 없이도 완전고용을 달성할 수 있을 것이다. 예를 들어 사회주의 계획경제나 자급자족형 농업경제의 경우가 그렇다. 그런데 자본주의 시장경제에서는 성장 없이 고용을 창출하기란 불가능에 가깝다. 기업은 경쟁에서 우위를 점하기 위해 끊임없이 생산비를 절감하고자 한다. 생산성은 높아지는데 경제가 성장하지 않는다면 일자리는 줄어들 것이다. 물론 노동시간을 줄이는 방법도 있다. 그러나 특수한 상황이 아니고서는 경제성장이 없이 노동시간 단축을 이루는 것은 불가능하다. 고용주는 노동자 수를 늘리는 것을 원하지 않고, 노동자는 임금 삭감을 원하지 않기 때문이다.

경제성장은 삶의 질을 향상시키기 위해서 필요하다. 물질적 풍요가 행복을 가져다주는가에 대한 논의는 별도로 하고, 일반적으로 경제성장이 더 풍부한 삶과 자아실현에 도움을 주는 것은 분명하다. 경제성장은 또 노동시간 단축을 가능하게 한다. 생산성이 충분히 증가할 때 비로소 이를 이윤과 임금의 증가, 그리고 여가의 증가로 나누어 쓸 수 있게 된다. 케인스가 '우리 손자들 세대의 경제적 가능성'이라는 유명한 글에서 장기적인 경제성장을 전망한 것이 좋은 예다(Keynes 1930). 그는 생산성이 굉장히 높아지는 21세기 초가 되면 돈 버는 일에만 매달리는 것은 저열한 인간들이나 하는 짓이 될 것이며, 일자리를 모두가 나누어 갖기 위해서 주 15시간 정도로 노동시간 단축이 이루어질 것이라고 예측했다. 그의 노동시간에 대한 예측은 빗나가고 말았지만 경제성장에 대한 전망은 정확했다.[4] 경제성장은 또한 인권이나 환경보전 등 비경제적 가치를 추구하는 것도 더 용이하게 해준다. 경제성장은 개인이나 사회가 추구하는 가치를 위해서 더 많은 시간과 자원을 투입할 수 있도록 해주기 때문이다.

진보가 성장을 추구함에 있어서 또 하나 분명히 할 것이 있다. 지속가능한 성장을 추구해야 한다는 것이다. 이 말은 지속가능성을 위해서 성장을 조금 희생시키자는 것이 결코 아니다. 오히려 성장이 고용 창출과 삶의 질 향상을 위해서 매우 중요한 것이기 때문에 장기적으로 더 성장하기 위해서 지속가능성을 중시해야 한다는 것이다. 지속가능성이 중요한 까닭은 세 가지로 구분해볼 수 있다. 첫째, 빨리 가다가 낮잠을 자는 토끼보다 느리지만 꾸준히 간 거북이가 경주에서 이겼다는 우화처럼, 장기적으로 보면 지속가능한 성장이 지속불가능한 성장보다 더 효율적이다. 둘째, 개인의 후생이라는 면에서 안정적인 성장이 중요하다. 예기치 않은 소비의 하락이 초래하는 효용의 감소가 예상보다 높은 소비 증가가 가져오는 효용의 증가보다 더 크기 때문이다.[5] 소득의 변동에 대한 사적 보험은 도덕적 해이 문제로 인해 제대로 발달할 수 없으며, 사회보험이 발달하면 큰 도움이 되기는 하지만 이것도 거시적 충격이 크면 한계에 부닥칠 수밖에 없다. 셋째, 지속가능한 성장은 미래 세대에 대한 배려를 의미한다. 미래에 대한 정확한 예

---

[4] 선진국에서 상당한 노동시간 단축이 이루어진 것은 사실이다. 20세기에만 평균노동시간이 절반 가까이 줄어든 것으로 평가된다. 단, 소비문화가 고도로 발달하고 노동조합의 힘이 약화된 미국에서는 1970년대 이래로 노동시간이 오히려 늘어났다고 한다(Schor 1991).
[5] 이러한 사실은 효용함수의 볼록함(convexity), 즉 위험회피(risk aversion) 성향의 결과다.

측은 불가능한 것이지만 우리에게는 최대한 과학적인 예측을 토대로 지금의 경제성장이 미래 세대의 경제적 가능성을 훼손하지 않도록 최선의 노력을 해야 할 윤리적 의무가 있다.

진보가 경제성장에 대해 취해야 할 입장을 요약하자면 이렇다. 새로운 진보는 경제성장에 대해 매우 적극적이며, 성장의 목적이 고용 창출과 삶의 질 향상을 위한 것임을 명확히 하고, 지속가능한 성장을 추구한다는 것이다. 이 글에서는 성장의 지속가능성 문제를 검토하고자 한다. 지속가능성을 저해하는 요인들을 짚어보고, 이에 대한 해법을 모색해본다.

2. 지속가능한 성장의 적들

1) 금융위기

한국 경제는 주기적으로 심각한 금융위기를 겪어왔다. 최근만 하더라도 1997년 아시아 금융위기 당시에 겪었던 IMF 외환위기, 2003년에 우리 금융시장을 마비시켰던 카드채 위기, 그리고 미국의 서브프라임 위기의 여파로 2008년에 겪은 제2의 외환위기까지 세 차례나 중대한 금융위기가 발생했다.

금융위기가 발생하면 일시적인 경기후퇴에 그치지 않고 소득(경제성장) 면에서 항구적인 손실을 초래한다. 즉, 경제성장이 추세선을 타고 가다가 일반적인 경기순환 사이클에 따라 잠시 하향 이탈했다가 다시 복귀하는 것이 아니라, 경기 침체가 매우 심각해서 추후 회복이 되더라도 위기 이전의 추세선으로 돌아가지 못하고 추세선 자체가 하향 이동을 하게 된다. 〈그림 3-1〉은 지난 외환위기와 카드채 위기로 인한 경

그림 3-1. 금융위기에 따른 항구적 GDP 손실

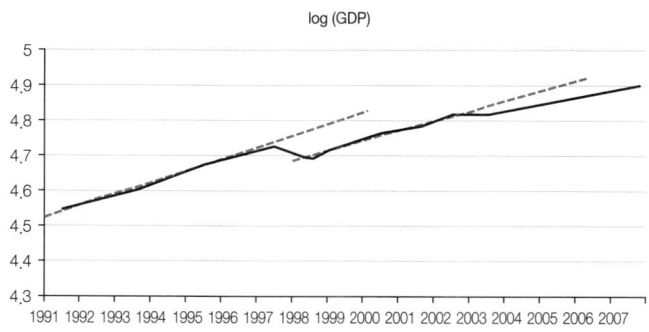

자료: 한국은행

제성장 추세선의 하락과 이로 인한 항구적인 GDP 손실을 보여준다.

경제가 세계화된 시대에 외부적인 요인에 의해 금융위기가 발생하는 것은 불가항력이라는 시각은 잘못된 것이다. 물론 지난 IMF 외환위기나 2008년의 경제위기가 외부 요인에 의해 초래된 것은 사실이다. 하지만 카드채 위기는 순수 국산 작품이었다. 그리고 해외 요인에 의해 위기가 초래된 경우에도 따지고 보면 국내 경제의 취약성 때문에 위기가 대형화된 것을 알 수 있다. 1997년의 아시아 금융위기 당시에도 크게 영향을 받지 않았던 아시아 경제들이 많이 있었고, 2008년에도 상대적으로 안정된 나라들도 많이 있었다. 한국 경제가 유달리 금융위기에 대한 취약성을 안고 있다는 점을 인식해야 한다. 여기에는 몇 가지 이유가 있다(유종일 2008).

첫째, 우리 경제는 경제 규모에 비해 대외의존도가 지나치게 높다. 〈그림 3-2〉는 국민총소득GNI 대비 무역액의 비중을 나타내는 대외무역 의존도가 지속적으로 상승해 2007년에는 무려 120%에 가까이 이른 것을 보여주고 있다. 해외시장에 대한 의존도가 높다보니 해외 충

그림 3-2. 무역의존도의 추이: 1988~2008년

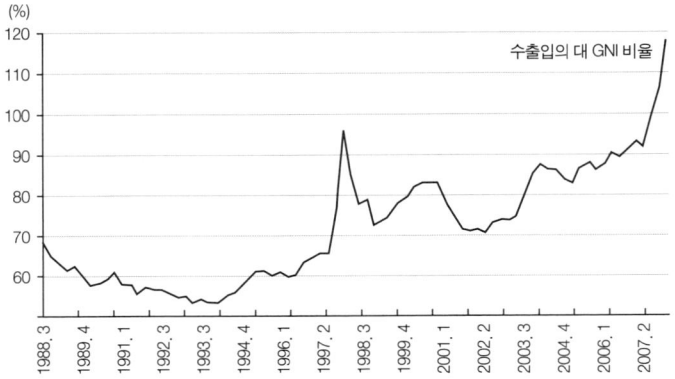

자료: 한국은행

격에 그만큼 더 많은 영향을 받을 수밖에 없는 것이다. 둘째, 자본시장이 대폭 개방되어서 국제적인 금융 불안에 의해 크게 흔들리게 되었다. 거시경제 운용이나 금융 감독 면에서 위험관리가 잘되고 있으면 모르겠거니와, 그렇지 못한 상황에서 자본시장이 개방되어 있다보니 단기 외국자본, 소위 핫머니의 급격한 유출입이 경제의 심각한 교란 요인으로 작용하는 것이다. 셋째, 정부를 운영하는 정치권력의 담당자들이나 관료집단의 근시안적 태도로 인한 거품경제의 가능성이 상존한다. 먼 미래를 내다보기보다는 눈앞의 성과만을 중시하기 때문에 무리한 경기 부양을 추진하기도 하고, 또 거품이 발생했을 때 이를 조기에 꺼뜨리는 일을 주저한다. 넷째, 금융 감독 당국, 금융기관, 일반 투자자를 포함해 금융권 전반의 수준과 문화에 문제가 있다. 특히 '빨리빨리'를 좋아하고 안전 불감증이 만연한 한국 사회의 특성이 투자 문화에도 고스란히 배어있는 것이 현실이다. 일례로 한국 주식시장은 초단기 매매인 데이트레이딩의 비중이 세계에서 가장 큰 시장이다.

금융위기가 지속가능한 성장의 적으로 떠오른 것은 최근의 일이 아니다. 사실은 고도성장에 집착해 불균형 성장을 비롯해서 무리한 정책을 밀고나갔던 박정희 시대부터 주기적인 금융위기는 지속가능한 성장에 대한 최대의 위협이었다. 1960년대 말에 해외 차관을 들여와 투자했던 외국 투자기업의 대규모 부실 사태가 발생한 바 있고, 1970년대 초에 또 다시 기업들이 채무를 감당하기 어려운 상황이 벌어지자 정부는 1972년 사채 동결을 비롯해서 기업 채무상환 유예조치를 취했다. 이 초헌법적 조치가 흔히 8·3 조치라 불리는 것이다. 이후에도 중화학공업화를 추진하면서 과잉투자가 이루어진 결과 1970년대 말부터 기업 부실이 심화되었고, 여기에 제2차 석유위기가 닥치자 1980년대에는 급전직하하여 마이너스 성장을 하게 되었다. 이러한 대규모 기업 부실 사태들이 은행위기로 표출되지 않았던 것은 당시에는 은행들을 국가가 소유했으며, 8·3조치나 한국은행의 특별 융자를 동원한 중화학 투자 조정 등 비민주적이고 비시장적인 방법에 의한 자원의 이전이 용이하게 이루어졌기 때문이다.[6]

2) 양극화

근래에 한국 경제의 지속가능한 성장을 가로막는 장벽으로 등장한 것이 양극화다. 양극화의 원인과 효과에 대해서는 이견이 있으나 양극화가 심화되고 있다는 인식만큼은 모두가 공유하고 있다. 〈그림 3-3〉은 소득계층별 비중의 추이를 나타낸 것인데, 중산층의 비중은 줄어들

---

[6] 1997년의 외환위기 이후 공적자금 투입도 국민의 호주머니를 털어 은행과 기업을 살린 것은 마찬가지였지만, 국회의 동의 등 최소한의 민주적 절차를 거쳤다. 이에 따라 미흡하나마 부실에 대한 책임 추궁과 공적자금 사용에 대한 감시가 이루어졌다.

그림 3-3. 소득계층별 비중의 추이: 1992~2007년

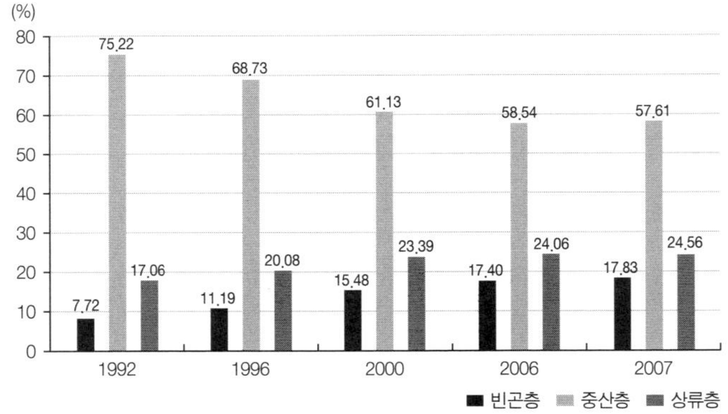

(%)
연도	빈곤층	중산층	상류층
1992	7.72	75.22	17.06
1996	11.19	68.73	20.08
2000	15.48	61.13	23.39
2006	17.40	58.54	24.06
2007	17.83	57.61	24.56

자료: 한국개발연구원(1992년 자료는 도시 가계, 나머지는 전국 가계의 가구 총소득 기준)

고 빈곤층과 상류층의 비중은 늘어나는 전형적인 양극화 현상이 지속적으로 심화되어왔음을 보여준다.

흔히 양극화는 외환위기가 초래한 현상으로 이해하는 경우가 많은데, 이는 사실이 아니다. 양극화는 외환위기 이전에 시작되었고, 또 외환위기 이후에도 계속해서 심화되고 있다. 〈그림 3-3〉은 1990년대 초부터 양극화가 시작되었음을 보여준다.[7] 1990년대 초에 산업정책이 폐기되고 규제 완화가 진행되는 등 자유화 정책이 추진되었고, 다른 한편 재벌들이 세계화 바람을 타고 해외 아웃소싱을 늘리면서 국내 고용을 축소하는 전략을 채택했기 때문인 것으로 보인다. 한편 〈그림 3-4〉는 양극화가 2000년대에 들어선 이후에도 지속되고 있음을 보여준다. 2000년에서 2007년까지의 기간 중 ① 명목국민소득, 국민계정제도 부문별 소득계정에 따른 ② 비금융법인의 영업 잉여, ③ 금융법인

---

[7] 필자는 외환위기 이전부터 양극화 현상을 지적한 바 있다(You and Lee 2001).

그림 3-4. 국민소득의 제도 부문별 분배: 2000~2007년

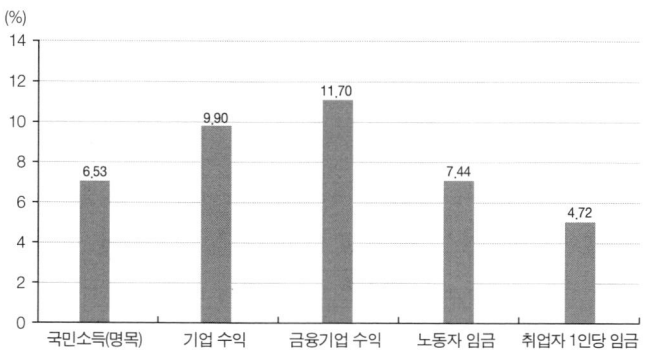

자료: 한국은행, 통계청

의 영업 잉여, ④ 임금 및 급여, 그리고 ⑤ 임금 및 급여를 경제활동인구로 나눈 취업자 1인당 임금 등의 연평균 증가율을 비교한 결과, 국민소득의 분배가 노동소득에 비해 기업, 특히 금융기업 부문으로 점점 더 쏠리고 있음이 뚜렷이 나타났다.

이렇게 양극화가 심화되는 것은 경제성장을 지속하는 데 결정적인 장애가 될 것이다(유종일 2005). 첫째, 양극화는 사회통합을 저해하고 각종 사회적 갈등을 유발한다. 우리나라의 경우 이미 노사 관계가 대립적이고 적대적인 관계로 굳어진 것이 겉으로 쉽게 측정되지 않는 엄청난 경제적 비용을 유발하고 있는 것으로 보인다. 연대와 통합이 약화되고 갈등이 만연하면 각종 집단이기주의가 발호하게 되면서 커다란 해악을 끼친다. 특히 경제위기가 발생하면 사회적 합의와 연대가 매우 중요한데, 양극화가 심화된 지금 사회적 합의의 기반은 매우 취약한 것으로 보인다. IMF 외환위기 당시에 부족하나마 노사정 합의로부터 고통 분담과 개혁이 시작되었던 것과 대조적인 현실이다.[8] 양극화가 극단적으로 심화되면 사회적 갈등이 폭발할 수밖에 없다. 노동계

급의 빈곤화 경향 때문에 혁명이 일어날 것이라는 마르크스의 예언이 현실화될 수도 있는 것이다.

둘째, 양극화는 인적자원의 질과 양을 감소시킴으로써 미래의 성장 잠재력을 갉아먹는다. 우리 경제의 성장 잠재력을 결정하는 가장 중요한 요인이 인적자원임은 두말할 나위가 없다. 과거 개발연대 시대에는 저임금 노동자들의 근면과 숙련 축적이 성장의 주된 동인이었고, 지식기반경제 시대인 지금은 지식노동자들의 창의력과 혁신이 성장의 견인차 역할을 해야 한다. 그런데 양극화는 인적자원을 심각하게 훼손하고 있다. 외환위기 이후 소득과 고용불안이 증대되면서 출산율이 급격히 하락한 데서도 나타나듯이 양극화는 우리나라의 출산율이 비정상적으로 낮아지는 데 중요한 요인으로 작용하고 있다. 양극화는 인적자원의 양뿐만 아니라 질도 훼손한다. 미래의 인적자본을 담보로 하는 대출시장이 존재하지 않는 상황에서 잠재적으로 효율적인 저소득층의 인적자본 투자가 실현되지 않는 것은 전형적인 시장 실패의 사례이다. 양극화는 당연히 이 문제를 악화시키며, 심각한 계층 간 교육비 지출의 격차 및 소위 일류대학 진학률 격차가 이를 증명하고 있다. 이렇게 기회 균등의 원칙에 입각한 공정경쟁이 불가능해지면, 상대적으로 기회 박탈을 경험하는 계층의 근로 의욕과 인적자본에 대한 투자 의욕은 저하되고 심지어 범죄·마약·가정폭력 등 파괴적 행동을 유발할 수도 있다. 파괴적 행동의 가장 극단적인 형태인 자살이 OECD 국가 중

---

8 Rodrik(1999)은 한국의 민주주의가 고통 분담과 사회적 합의를 바탕으로 개혁을 추진하는 기반이 되었고, 이것이 성공적인 위기 극복의 열쇠였다고 지적한다. 당시 우리와 같이 IMF의 자금 지원을 받았던 태국이나 인도네시아에서는 폭동이 일어나고 정권이 무너지는 등 큰 사회정치적 혼란을 겪으며 경제 회복이 늦어진 것과 대조된다는 것이다.

그림 3-5. 참여정부 5년 간 경제성장의 내용

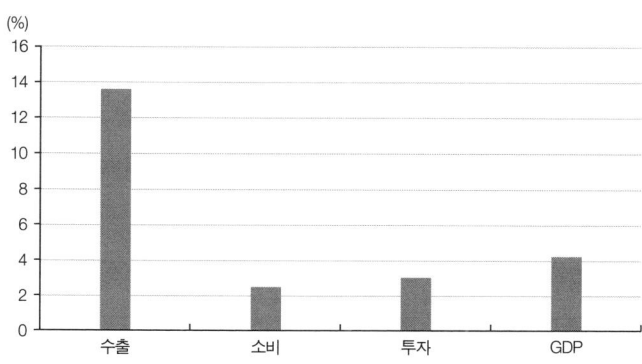

자료: 한국은행

가장 빈번하게 일어난다는 사실을 심각하게 받아들여야 할 것이다.

셋째, 양극화는 내수 기반을 약화시켜서 성장에 지장을 초래한다.[9] 소득분배의 양극화는 소비성향이 높은 저소득계층으로부터 소비성향이 낮은 고소득계층으로의 상대적인 소득 이전을 의미하므로 여타 조건이 동일하다면 경제 전체의 소비 수요를 감소시키기 때문이다. 그렇게 되면 수출에 과도하게 의존한 성장이나 부채와 거품에 기댄 불안한 성장을 하기 십상이다. 1980년대 이후 미국 경제가 여러 번의 거품과 붕괴를 거듭하다가 무너진 것도 양극화가 중요한 배경으로 작용했다. 우리나라의 경우에도 수출 의존과 거품 의존 성장을 한 결과 위기에 취약한 구조가 된 것이다. 〈그림 3-5〉는 참여정부 5년간 수출과 내수의 연평균 성장률을 비교한 것이다. 수출은 엄청나게 성장했지만 내

---

[9] 소위 과소소비(underconsumption)의 문제는 일찍이 19세기 말에 홉슨(J. A. Hobson)에 의해 제기되었고, 이후 버런과 스위지(Baran and Sweezy 1968) 등이 정체의 원인으로 지목했다.

수, 특히 소비 수요가 매우 저조했음을 극명하게 보여준다.[10]

넷째, 양극화는 정책 왜곡을 초래하여 경제의 효율성과 성장을 저해할 수 있다. 특히 소수의 부유층에게 부가 집중되어 그들의 정치적 영향력이 비대해지면 경제 전체에는 나쁘더라도 특권층에게는 유리한 정책이 추진되는 경우가 많아진다. 우리나라에서도 투기 세력에게 유리한 부동산 관련 정책이나 과다한 건설 관련 예산 편성 등이 이러한 예가 될 수 있다. 미국의 경우 천문학적 소득을 올리는 헤지펀드 매니저들이 로비를 통해 세제 특혜를 받는 법안을 통과시킨 예도 있다(Krugman 2007). 오늘날 중남미 경제가 낙후된 근본 원인은 대토지 소유에 입각한 플랜테이션 농업이 발달함에 따라 부의 편중이 심화된 데 있다는 경제사학자들의 지적도 이러한 논리에 입각한 것이다(Engerman and Sokoloff 2002).[11] 토지소유계층은 자신들의 특권 유지에만 급급했지 대중교육이나 사회간접자본 투자와 같이 경제발전을 위해 효과적이지만 노동 착취에는 유리하지 않은 정책은 외면했고, 그 결과 중산층을 기반으로 제조업을 발전시킨 지역에 비해 경제가 낙후되었다는 것이다.

근래에 들어서는 형평성 혹은 공평한 기회가 지속가능한 경제성장을 위해서 필수적인 요소라는 인식이 확산되고 있다. 일례로 과거에는

---

10 현 정부를 포함해 많은 논자들이 투자율 저하를 한국 경제의 핵심적인 문제로 꼽고 있으나, 투자보다도 소비 수요의 부진이 심각하다는 것이 통계로 확인된다.

11 18세기 초까지만 하더라도 경제 수준이 유사했던 북미와 중남미 사이에 오늘날 커다란 격차가 벌어진 이유에 대해 과거에는 영국식 법 제도와 스페인식 법 제도의 차이에 주목했다. 영국식 법 제도가 자유시장경제의 발달에 유리하다는 주장이었다. 하지만 남북전쟁 이전의 미국 남부나 자메이카와 같은 경우 영국식 법 제도에도 불구하고 중남미형 경제적 낙후를 면하지 못했다는 사실은 이러한 설명에 의문을 제기하는 근거가 되었다.

표 3-1. GDP 성장률과 잠재성장률

구분(년)	실제 GDP 성장률(%)	잠재 성장률 추정치(%)	잠재 성장률 전망치(%)
1963~80	8.5		
1981~85	7.5	7.7	
1986~90	9.1	7.9	
1991~95	7.2	6.6	
1996~00	4.8	6.0	
2001~05	4.5		
2003~07			4.8 (5.4)
2008~12			4.5 (5.1)

주: 전망치는 제도개혁 및 대외개방이 현 수준일 경우이고, 괄호 안은 높아질 경우
자료: 한진희 등(2002) 표 2, 27, 28; 한국은행 경제통계 각 년도

성장을 통한 빈곤 해결을 고집해오던 세계은행도 불공평이 심각한 나라에서는 경제성장이 저해될 수밖에 없으며 빈곤 문제 해결뿐만 아니라 성장을 촉진하기 위해서도 반드시 불공평을 해결해야만 한다고 역설하고 있다(World Bank 2006).

3) 수확체감의 법칙

1990년대 이래 한국 경제의 잠재성장률은 빠른 속도로 하락하고 있다. 〈표 3-1〉은 1960년대 이래의 실제성장률과 1980년대 이래의 잠재성장률 추정치, 그리고 2003년 이후의 잠재성장률 전망치를 연대별로 비교해 보여주고 있다. 〈표 3-2〉는 이렇게 잠재성장률이 하락하게 된 주요 원인이 취업자 수 증가율의 감소에 있었음을 보여주고 있다. 그러나 이것만이 다는 아니다. 취업자 수 증가에 의한 성장을 제외한 나머지(A−B)를 보아도 상당히 하락하고 있음을 알 수 있다. 이 부분이 바로 수확체감의 법칙이 작용하는 부분이다. 자본축적으로 인해 취업

표 3-2. 잠재성장률의 성장 요인별 분해

구분	1981~1985년	1986~1990년	1991~1995년	1996~1900년
잠재성장률(A)	7.7	7.9	6.6	6.0
취업자 수(B)	1.7	1.7	1.3	1.0
A-B=C+D+E	6.0	6.2	5.3	5.0
인적자본(C)	0.8	0.8	0.9	0.9
물적자본(D)	3.4	3.8	4.0	2.4
총요소 생산성(E)	1.8	1.6	0.4	1.7

자료: 한진희 등(2002)

자 1인당 자본이 증가하면 취업자 1인당 생산도 증가한다. 자본이 희소할 때는 이러한 생산 증가가 크지만 자본축적이 진행되어 1인당 자본량이 많아질수록 추가적인 생산 증가량은 점점 작아지게 된다. 이것을 수확체감의 법칙이라고 부른다.[12]

그런데 〈표 3-2〉를 자세히 보면 1990년대 전반기에 매우 이례적인 현상이 나타났음을 알 수 있다. 물적자본 축적의 성장 기여는 올라간 반면 생산성 상승의 성장 기여는 대폭 낮아졌다. 이는 1980년대 후반에도 물적자본 축적의 성장 기여가 증가했지만 생산성 상승은 거의 하락하지 않았던 것과 매우 대조적이다. 이는 1980년대 후반에는 소위 '3저 호황'으로 투자율과 가동률이 동시에 높았으나, 1990년 전반에는 투자율은 계속 상승하는데 중복 과잉투자가 많았던 사실을 반영하는 것이다. 외환위기 이후에는 과잉투자의 해소 과정에서 투자율이 급격

---

[12] 수확체감의 법칙에 의해 자본 투자에 대한 수익률이 하락하게 되고, 이에 따라 이자율도 하락한다. 그래서 케인스가 금리생활자의 안락사(euthanasia of rentiers)라는 말을 한 것이다. 그러나 총요소 생산성의 증가가 있을 경우에는 반드시 투자 수익률이나 이자율이 내려가는 것은 아니다.

그림 3-6. 성장률, 저축률 및 투자율

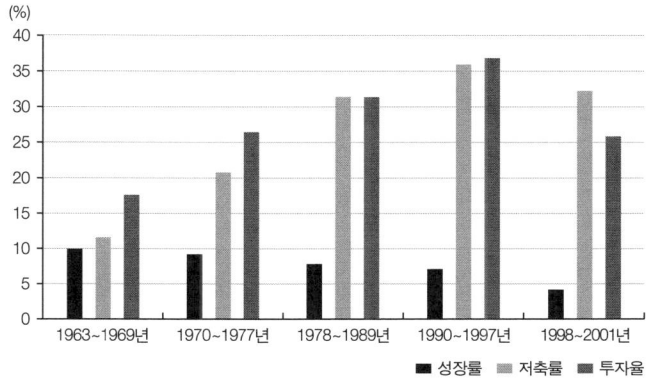

자료: 한국은행

히 하락했고, 이에 따라 물적자본 증가율의 감소가 두드러졌다. 이러한 시기별 변동을 넘어서서 장기적인 추세를 보면 자본축적에 의존하는 성장이 점점 어려워지는 수확체감의 법칙이 작용하고 있음을 볼 수 있다. 노동 공급이 빠르게 증가하고 추격catching-up에 의한 기술 진보가 용이한 산업화 단계에서는 급속한 자본축적을 통해 고도성장을 이룩할 수 있었지만, 이 단계가 지나면 급속한 자본축적은 한계수확체감의 법칙에 의해 이윤율의 하락과 성장률의 하락으로 이어질 수밖에 없었던 것이다.

이를 보다 분명하게 보여주는 것이 〈그림 3-6〉이다. 외환위기 이전까지는 지속적으로 투자율이 증가한 탓에 수확체감의 법칙이 표면화되는 것이 지연되었을 따름이었다. 결국 1990년대에는 외환위기 직전까지 투자율이 무려 37%에 이르렀고, 이는 중복 과잉투자로 인한 비효율성과 기업 부실을 낳았다. 1997년의 외환위기를 기화로 한 경제위기는 이러한 모순이 노정된 것이며, 경제위기 이후 과잉투자가 해소되는 과정에서 투자율은 하락하고 실제성장률이 잠재성장률 이하로 하락하게 되었다.

사실 외환위기가 전면적 경제위기로 이어진 것은 과거 고도성장기에 형성된 자본축적을 극대화하는 시스템이 지속된 탓에 성장 패턴의 질적 전환을 이룩하지 못한 데 기인한다고 볼 수 있다.[13] 과거 개발연대의 고도성장기에는 투자 증가가 손쉽게 성장으로 전환되었으므로 자본축적을 극대화하는 시스템이 형성되었다. 국가 주도하에 산업은 가족 지배와 문어발식 다각화를 특징으로 하는 재벌체제로 편성되고, 금융은 산업종속적 금융으로 편성됨으로써 산업 투자를 극대화했다.[14] 그리고 노동 탄압을 비롯한 각종 정부 정책이 소비 억제와 저축 증대를 도모함으로써 이를 뒷받침했다. 이러한 경제시스템은 고도성장을 가져왔지만 안정성과 효율성 면에서 심각한 문제를 안고 있었으며, 고도성장의 여건이 소진된 이후에는 수확체감의 법칙이 거대한 장벽처럼 다가왔던 것이다. 물론 외환위기가 발생한 직접적인 원인은 세계화에 제대로 적응하지 못하고 섣부른 자본시장 개방을 단행한 것이지만, 외환위기가 환율의 급격한 조정에 그치지 않고 전면적 금융위기, 나아가 총체적 경제위기로 비화된 것은 성장시스템 자체의 모순이 폭발한 결과였다.

잠재성장률의 지나친 하락을 방지하고 성장의 지속성을 확보하기 위해서는 조속히 혁신 역량을 강화해 생산성 증가 위주의 성장체제를

---

[13] 외환위기가 반드시 금융위기와 실물경제위기를 초래하는 것은 아니다. 일례로 1992년 영국의 파운드화 위기는 평가절하에 의한 영국 산업의 국제경쟁력 향상과 이에 따른 경기 활성화를 가져왔다.
[14] 제1금융권은 관치에 의해 통제되었고, 제2금융권은 상당 부분이 재벌의 소유 및 지배에 놓여 독립적인 자원배분 기능이 취약했다.

확립해야 한다. 〈표 3-2〉가 보여주는 바와 같이 우리 경제의 성장은 생산성 증가로 인한 부분은 미약하고 대부분 자본축적 등 요소 투입의 증가에 의존하고 있다. 이러한 성장은 노동 공급 증가가 둔화되는 조건에서는 수확체감의 법칙으로 인해 한계에 다다를 수밖에 없는 것이다. 이것이 바로 동아시아의 성장에 대한 크루그먼의 유명한 비판의 핵심적 내용이다(Krugman 1994).

사이먼 쿠즈네츠가 분석한 선진국들의 역사적 경험을 보면, 성장의 대부분이 자본축적보다는 기술 진보 등에 의한 생산성 증가에 기인하는 것이었으므로 수확체감의 법칙이 큰 영향을 미치지 않고 지속적 성장이 가능했다고 한다. 그러나 이는 선진국들이 이미 산업화를 이룬 이후의 시기에 대한 분석이므로 산업화 초기 단계에 대한 분석은 아니다. 일본의 경우를 보면 산업화 초기 단계와 후기 단계는 상이한 패턴을 보인다. 즉, 초기 단계에는 자본과 노동 등 요소 투입 증가에 의한 성장이 주를 이루다가 경제발전 수준이 일정한 단계에 이른 후에는 생산성 증가가 주된 성장 요인으로 등장하게 되었다(Hayami 1997). 한국의 경우에도 일본처럼 성장 패턴의 질적 변화를 성취할 수 있는가 여부가 지속가능한 성장의 관건이 될 것이다.

4) 환경 제약

지속가능한 성장에 대한 가장 근원적인 위협은 환경 제약으로부터 나온다. 애초에 '지속가능한 발전sustainable development'이라는 개념은 환경적인 제약에 초점을 맞추어 제기된 것이다(United Nations 1987).[15] 일찍이 1972년에 로마클럽이 '성장의 한계'를 제기했을 때는 화석연료나 광물과 같은 재생불가능한 자원의 고갈에 따른 문제를 지적했으나, 그

후에는 물·토양·공기·삼림·생물 다양성과 같은 재생가능한 자원의 오염과 고갈이 더 심각한 문제로 떠오르고 있다. 특히 기후변화는 이제 피할 수 없는 현실로 다가오고 있어서, 이를 막는 것은 불가능하다고 보고 여기에 어떻게 적응해야 할지가 관심거리로 부각될 정도다(World Watch Institute 2009).

자원 고갈이나 환경오염, 기후변화 등이 한국 경제에 구체적으로 어떤 피해를 줄지에 대한 연구가 부족한 실정이다. 또한 지구적인 차원에서도 많은 불확실성이 존재하는 것이 사실이다. 하지만 갈수록 에너지 등 자원의 상대가격이 올라갈 것은 분명해 보인다. 화석연료의 생산량이 거의 정점에 달했다는 '피크 오일peak oil론'은 갈수록 설득력을 높여가고 있다. 글로벌 금융위기 이후 대침체의 여파로 유가나 원자재 가격, 곡물 가격 등이 하락했지만 2008년 초반까지만 해도 이들 일차산품들의 가격 급등으로 우리 경제는 큰 부담을 안아야 했다. 어쨌든 원자재 가격 상승은 피할 수 없는 장기적 추세가 될 것이다.[16]

우리나라에서는 아직도 환경 제약에 대한 철저한 인식이 부족한 것이 현실이다. 공업화가 급속하게 진행되면서 물과 공기 오염을 포함한 환경오염이 극심해진 1970년대부터 자연환경 보호의 필요성에 대한 인식이 확산되었고, 1990년대에는 여기서 한 걸음 더 나아가 마구잡이식 개발에 따른 생태계 파괴 문제의 심각성이 부각되었다.[17] 하지만

---

15 브룬트란트위원회(Brundtland Commission)가 작성한 이 보고서는 지속가능한 발전이란 "미래 세대가 그들의 필요를 충족시킬 능력을 훼손하지 않는 범위 안에서 현재 세대의 필요를 충족시키는" 발전이라는 유명한 정의를 제시했다.
16 〈한국일보〉 2009년 1월 22일자 보도에 의하면 일본 정부는 '세계식료수급전망'을 발표해 2018년에는 곡물 가격이 2006년보다 최고 46% 오를 것으로 예측하기도 했다.
17 우리나라의 경제발전 과정에서 환경문제의 전개에 관해서는 You(1995)를 참조.

그림 3-7. 세계 각국의 곡물 자급률

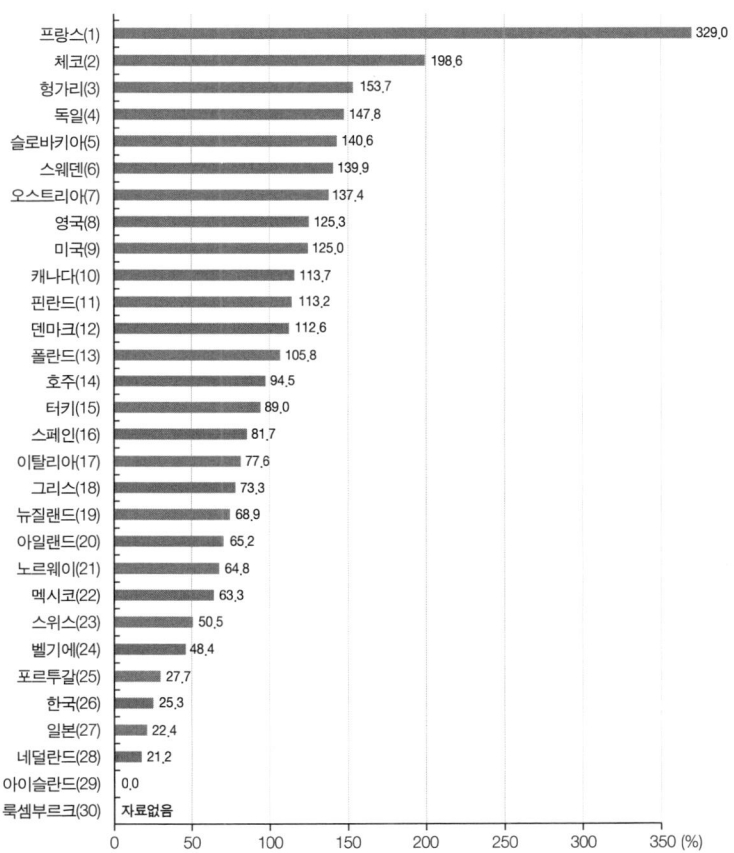

자료: 국제식량농업기구(FAO), 2003년 기준

아직까지도 환경보호는 개발과 성장과는 배치된다는 사고가 지배적이며, 환경파괴가 실제로 경제성장을 가로막는 장애가 될 것이라는 인식은 매우 미약한 실정이다. 이런 와중에도 최근에는 환경 제약에 대한 인식이 서서히 고양되고 있다. 지구온난화로 인한 기후변화를 우리가 현실에서 체감하게 되었고, 지구 환경 변화가 남의 일이 아님을 깨닫기 시작했다. 정부도 비록 그 내용은 잘못되었으나 적어도 구호로는 '녹색 성장', '녹색 뉴딜'을 내세우기에 이르렀다.

특히 한국 경제는 모든 경제활동에 앞서 가장 기본적인 생존 조건인 식량과 모든 경제활동을 위한 기본적인 투입물인 에너지를 절대적으로 해외에 의존하고 있어서 지속가능한 성장에 큰 위험 요인이 되고 있다. 〈그림 3-7〉은 우리나라의 식량자급도가 OECD 최하 수준임을 보여주고 있다. 그나마 쌀을 제외하면 단 5% 정도밖에 되지 않는다. 에너지는 더욱 완벽하게 해외에 의존하고 있다. 설사 환경 제약이 재앙적 수준의 문제를 일으키지 않는다고 하더라도 인구 증가와 소득 증가를 고려할 때 자원의 희소성이 심화되고, 이에 따라 식량과 에너지의 가격이 상승하여 우리 경제의 발목을 잡을 것은 거의 분명한 사실이다. 더군다나 국제질서의 불안정이 더해지면 자원민족주의가 발호해 해외 수입이 원활하게 이루지지 않는 사태가 얼마든지 발생할 수 있다. 자원의 희소성 증대 자체만으로도 자원민족주의를 강화시켜서 국제질서를 교란하는 요인으로 작용할 수도 있다. 식량·에너지·원자재 가격이 크게 상승한 2007년에 이미 이러한 현상이 나타났고, 2008년에는 여러 나라들이 식량과 에너지의 수출을 제한하는 조치까지 취했던 사실을 명심해야 할 것이다.

3. 지속가능한 성장의 조건

1) 안정성장

지속가능한 성장의 첫 번째 조건은 안정성장 stable growth 이다. 반복되는 금융위기를 최소화하고 건실한 거시경제 운용으로 안정적인 성장을 이루는 것이다. 이를 위해서는 경제적 안정을 확보하기 위한 제도적 장치의 강화가 필요하다.

거시경제적 안정성 확보를 위해 다음의 세 가지를 고려해야 한다. 첫째, 신중하고 안정적인 거시경제 정책 운용을 일상화하고 무리한 경기 부양이나 유동성 과잉 및 자산거품 발생을 회피해야 한다. 둘째, 대내외적 위험 요인에 대한 조기경보 시스템을 구축할 필요가 있다. 이를 담당할 기구는 정치적 중립성이 요구되며 행정부를 견제할 수 있어야 하므로 국회의 관리 감독 아래 두는 것이 바람직할 것이다.[18] 셋째, 자본시장 개방에 따른 위험관리 차원에서 금융거래세Financial Transaction Tax, FTT 혹은 외화가변예치제Variable Deposit Requirement, VDR와 같이 과도한 단기외자 유입을 억제할 수 있는 강력한 정책 수단을 마련할 필요가 있다. 외화가변예치제도는 외환위기 이후에 외환 자유화를 실시하면서 만약의 사태에 대비한 보완 장치로, 법 규정은 마련되었으나 정부의 시행 의지 미흡으로 시행령 제정 등 시행 준비가 전혀 되어 있지 않은 상태다.[19]

금융시스템의 안정성 제고를 위한 조치들도 필요하다. 실패를 거듭하고 있는 금융시스템 전반에 대한 재설계가 필요한 시점이다. '빛 좋은 개살구'가 되어버린 동북아 금융허브나 금융 선진화를 내세우기에

---

[18] 물론 기구만 만든다고 능사는 아니다. 외환위기 이후에 바로 이런 기능을 위해 국제금융센터(FIU)를 창설했지만 당시 재경부 산하 기구로 만들었기 때문에 정부 정책에 경종을 울리는 독립적인 기능을 거의 수행하지 못하고 있다.
[19] 이는 과거 칠레에서 효과적으로 사용했던 제도로서 외국자본 유입 시 일정 부분을 일정 기간 무이자로 예치하게 함으로써 투자 기간이 짧을수록 실질적인 부담이 늘어나게 하는 제도다. 칠레는 경상수지 적자로 인해 외자 유입 촉진이 필요했던 상황에서 이 제도를 폐기했다. 국제수지 상황에 따라 탄력적으로 제도를 운영할 수 있도록 설계하면 좋을 것이다.

앞서 소비자 보호, 금융시스템 안정성, 효율적 자원배분이라는 3대 원칙에 입각해서 금융 시스템의 기본을 재정비해야 한다는 것이다. 키코 KIKO 문제나 펀드 불완전 판매로 드러난 금융 소비자 보호의 부실, 은행들의 외형 확대 경쟁 속에서 빚어진 유동성 관리 실패, 유망 중소기업 및 벤처기업에게 자금이 공급되지 않는 자원배분의 문제 등을 우선 해결해야 한다는 것이다. 이를 위해 각종 금융 관련 규제와 감독을 한층 효과적으로 집행해야 한다. 특히 미국을 비롯한 선진국들의 금융 규제 강화 방안을 참고해, 파생상품과 투자은행업 등을 촉진하기 위해 제정된 자본시장통합법 실시 이후에 나타날 수 있는 제반 문제들에 대비해 나가야 할 것이다. 그리고 이명박 정부가 추진한 금산분리 완화 등 금융 규제 완화 정책은 전면 철회하고 원상회복시켜야 한다. 이미 제2금융권은 상당 부분이 재벌의 소유와 통제 아래 놓여있는 상황에서 은행마저 재벌이 지배할 수 있는 길을 터준다면 막대한 시스템 리스크를 만들어낼 소지가 다분하기 때문이다.

　이와 같이 국내적으로 안정성장을 도모하기 위한 정책을 추진하는 가운데 국제금융 환경을 개선하기 위한 노력도 기울여야 한다. 우리로서는 우선 동아시아 지역의 금융통화 협력을 강화함으로써 유사시를 대비한 가용 자원을 확대하는 것이 필요하며, 다음 단계로는 역내의 환율 안정화를 위한 보다 긴밀한 협력체제의 구축이 필요하고, 장기적으로는 역내 시장통합을 추구해 소규모 개방경제가 운명적으로 겪는 불안정성을 완화할 필요가 있다. 또한 자본 이동의 변덕성과 불투명성 등 국제금융질서 개혁에도 적극 나서야 한다. 한국도 G20 포럼의 일원이 되었으므로 이를 십분 활용해 국제금융 환경을 보다 투명하고 안정적으로 만드는 데 기여해야 할 것이다.

안정성장이란 일차적으로 금융시스템의 안정성을 기초로 거시경제적인 안정을 확보한 토대 위에서 꾸준하고 지속적인 성장을 하는 것을 가리키지만, 이것만으로 개인의 삶의 안정성이 확보되는 것은 아니다. 자본주의 시장경제의 역동성은 곧 거시경제적으로는 안정되어 있더라도 여전히 개별 경제주체들은 많은 변동성에 노출되어 있다는 것을 의미한다. 따라서 효과적인 사회 안전망을 갖추어서 개인의 삶의 안정성을 제고하는 것도 빼놓을 수 없는 과제다.

2) 동반성장

지속가능한 성장을 위한 두 번째 과제는 동반성장shared growth이다. 양극화 문제를 극복하고 성장의 과실이 고르게 분배되는 동반성장을 이루기 위해서는 구조개혁이 필요하다. 일각에서는 양극화가 정보화 등 기술 변화나 세계화에 의해 나타나는 불가피한 경제적 현상이라고 주장한다. 하지만 양극화가 이러한 기술 변화와 세계화를 동시에 경험하고 있는 모든 나라에서 공통적으로 나타나지 않고 정책과 제도에 따라 다르게 나타나고 있다(Atkinson 2000). 또한 미국의 경우 소득분배 변화의 구체적인 양상을 볼 때 최상위 극소수에게 막대한 부가 쏠리는 현상은 결코 경제이론으로 설명될 수 없는 것이며, 정치적 변화에 의해 초래된 것이라는 주장이 설득력 있게 제기되고 있다(Krugman 2007). 한국 경제의 경우에도 잘못된 정책과 제도로 인해 양극화를 심화시키는 경제구조가 고착화되었다. 따라서 성장률을 올리는 경기 부양만으로 이른바 적하 효과trickle-down effect를 통해 동반성장을 이룰 수는 없다. 산업구조, 고용구조, 재정구조를 바꾸는 구조개혁을 이루어내야만 진정한 동반성장이 가능하다.[20]

대기업과 중소기업이 함께 발전하는 동반성장형 산업구조를 만들어 가기 위해서는 다음의 세 가지 개혁 과제를 추진해야 한다. 첫째, 국내 산업 간 연관 관계를 강화하는 것이다. 일부 수출지향적 대기업들은 엄청난 이익을 거두는 가운데 내수 부문의 중소기업들은 수익성이 날로 악화되어가는 상황을 방치하고서는 양극화 문제를 해결할 수 없다. '수출 증가 → 투자 및 고용 증가 → 소비 증가'의 선순환 메커니즘이 작동하여 성장의 과실이 골고루 퍼질 수 있도록 원천기술 개발, 부품소재산업 육성 등을 통해 국내 산업 간 연관 관계를 강화할 필요가 있다.

둘째, 대기업과 중소기업 간의 공정거래 확립, 특히 하도급거래의 공정거래 관행 확립이 중요하다. 하청기업은 대기업의 눈치를 살피지 않을 수 없는 현실이기 때문에 당국이 하도급 거래에 대한 주기적이고 정밀한 조사 등을 통해 하도급 거래의 투명성을 높여야 한다. 불공정 하도급 거래에 대한 징벌적 배상제도와 중소기업단체에 대한 분쟁조정협의권 부여 등이 필요하다.

셋째, 중소기업 지원정책의 개혁이다. 과다한 정책 금융은 중소기업의 구조조정을 저해하고 오히려 과당 경쟁에 따른 수익성 저하를 초래하고 있으므로, 공적 보증에 의한 금융 지원 위주의 정책을 탈피하고 혁신형 중소기업 육성에 의한 경쟁력 강화를 추진하는 방향으로 중소기업 지원정책이 바뀌어야 한다. 민간 벤처캐피탈 및 중소기업금융 육성, 신용대출 활성화 등을 꾸준히 추진하고, 인력 개발과 법무·회

---

[20] 동반성장을 위한 구조개혁 정책과 이어지는 혁신성장을 위한 성장체제 개혁에 관한 논의는 유종일(2006)에 상당 부분 기반을 두고 있다.

계·경영 컨설팅 등의 지원도 활성화해야 한다.

동반성장을 위해 고용구조 개혁도 필수적인 부분이다. 저생산성과 저임금 및 높은 고용 불안정성으로 특징지어지는 질 낮은 고용의 비중이 과다한 고용구조를 개혁해야 한다. 고용구조 개혁이란 곧 질 높은 고용 창출에 주력함으로써 '생산성 증가 → 기업 경쟁력 강화 → 기업 이윤 증가 → 임금 및 고용 안정성 증가'의 선순환 메커니즘이 작동하여 성장의 과실이 골고루 퍼질 수 있도록 하는 것이다. 이를 위해 우선적으로 다음의 세 가지를 추진할 필요가 있다.

첫째, 최저임금을 인상하고 비정규직에 대한 사회적 보호를 강화함으로써 저임금·저생산성 영역의 축소 조정을 유도하고 전반적인 고용의 질을 제고하는 것이다. 우리나라의 경우 저임금·저생산성 부문의 고용이 과잉된 상태로서 이 부문의 고용 비중의 축소 조정을 유도하고 고용의 질을 높일 필요가 있다. 이러한 정책이 심각한 고용 감소를 초래할 우려는 거의 없는 것으로 판단된다.[21]

둘째, 적절한 임금과 사회적 보호 수준을 갖춘 사회 서비스 부문, 즉 공공 행정, 교육, 보건의료, 복지 서비스 부문의 일자리를 공공 부문 주도로 창출하는 전략이다. 이는 양질의 일자리 창출과 광범위한 복지 사각지대의 존재라는 복지정책의 실패에 대한 대응, 그리고 사회 서비스의 과소 공급이라는 시장 실패에 대한 대응이라는 3중의 역할을

---

[21] OECD(1998)는 최저임금이 평균 이상인 국가들의 경우 저임금 근로자 비중과 빈곤율도 낮은 것으로 나타나고 있다고 분석하고 있고, 최저임금 인상이 일자리 창출에도 장애 요인이 되지 않는 것으로 보고 있다. 또한 Card and Krueger(1995)의 연구는 미국에서 최저임금의 인상은 청년층의 고용 감소를 초래하지 않으면서 청년층의 임금을 5~10% 높이는 효과를 가져온 것으로 평가하고 있다.

할 것이다.[22] 사회 서비스 부문의 일자리 창출이 무조건 재정 투입을 기반으로 하는 것은 아니며, 상당 부분은 규제개혁을 통해서도 이룰 수 있다. 또한 가사노동의 사회화·시장화는 새로운 시장의 창출 및 확대에 따른 직접적인 효과와 노동력 공급 증가에 따른 간접적인 효과를 포괄하는 세원 확대 효과를 초래하여 재원을 일정하게 스스로 조달할 것이다. 또한 복지 서비스 부담을 기업보다 국가가 책임짐으로써 기업 단위의 노동비용의 축소 조정을 유도하여 기업의 경쟁력 제고와 고용 창출에 기여할 수도 있을 것이다.

셋째, 노동시장 유연화는 사회정책을 통해 노동자의 생활안정이 보장되는 범위 안에서 제한적으로 추진해야 한다. 경제의 세계화는 노동시장 유연화 전략을 필요로 하지만, 적절한 사회정책과의 정책 조합 등을 고려하지 않는 일방적인 노동시장 유연화 전략은 중소기업들의 생산성 향상에 장애 요인으로 작용하는 등 그 성과는 크지 않았다고 평가된다(ILO 2005). 유연한 노동시장으로의 공정하고 효과적인 이행을 위해서는 사회정책과의 효과적인 결합 및 노동력의 수요자와 공급자 사이의 사회적 타협이 필요하다. 수요자 중심의 평생학습 네트워크를 구축해 인적자본 축적 및 활용 기회를 광범위하게 제공하고, 재교육, 구직 지원 등 적극적 노동시장정책을 확대해야 한다. 특히 비정규 근로자, 중소기업 근로자, 영세 자영업자 등 노동시장의 유연화에 따라 부각되고 있는 새로운 취약계층을 대상으로 사회 안전망 강화와 함

---

22 우리나라의 경우 사회서비스업 취업자 비율이 12~13% 수준으로 20~30%에 이르는 OECD 주요국에 비해서 턱없이 낮은 편이다. 국민소득 수준, 부양인구 비율, 정부지출 비중 등을 고려할 경우에도 그 비중이 크게 낮은 수준인 것으로 나타난다(김혜원·안상훈·조영훈 2006).

께 직업능력 개발과 생산성 향상을 위한 교육훈련 강화가 요구된다.

동반성장을 위해서는 재정의 역할도 재정립해야 한다. 재정의 소득 재분배 기능을 획기적으로 강화하면서도 경제성장을 촉진할 수 있는 방향으로 재정개혁이 이루어져야 한다. 이를 위해서는 부가세 간이과세 폐지, 1가구 1주택 양도소득세 면세 폐지, 금융실명제 강화 등 소득 파악률 증대를 위한 조치와 비과세 감면제도 정비 등 조세의 단순화 등이 우선적으로 추진되어야 한다. 이는 과세 기반을 넓히는 것이기도 하거니와 과세의 투명성과 형평성을 확보함으로써 조세 저항을 완화시키는 역할도 할 것이다. 그리고 모든 조세수입과 조세지출의 재분배 효과를 의무적으로 공표할 필요가 있다.

재정지출에 있어서도 경제개발비에서 사회지출로, 물적자본에 대한 투자에서 인적자본에 대한 투자로 지출구조를 개혁해야 할 것이다. 특히 사람들에게 인적자본의 축적 기반을 제공함으로써 분배와 성장을 동시에 개선하는 '성장촉진형 재분배growth-enhancing redistribution' 정책을 시행할 필요가 있다. 이러한 정책은 미국, 유럽 등 선진국에서는 이미 오래 전부터 시행되어왔으며, 여러 실증 분석들도 성장촉진형 재분배가 가능함을 보여주고 있다. 일례로 피터 린더트는 역사적으로나 통계적으로 소득 재분배가 경제성장을 저해하지 않았으며 오히려 재분배가 경제성장과 양의 상관관계를 갖고 있다는 점을 보였는데(Lindert 2004), 국가 전체적으로 조세를 통한 소득 재분배의 순비용은 사실상 0이며 사회적 지출은 다분히 성장촉진적이었다고 한다.[23]

3) 혁신성장

지속가능한 성장을 위한 세 번째 과제는 자본축적이 아니라 혁신에 의한 생산성 향상이 성장의 주된 원동력이 되는 혁신성장innovative growth 체제를 확립하는 것이다. 외환위기 이후 투자율이 떨어진 것을 한국 경제의 핵심 문제로 진단하는 경우가 많지만, 아직도 한국은 OECD 최고 수준의 투자율을 보이고 있다. 진짜 문제는 혁신의 부진에 있다. 그리고 투자율 제고에 의한 성장은 곧 수확체감의 법칙으로 인해 그 효력이 사라질 것이다. 혁신에 입각한 성장만이 지속가능한 성장의 열쇠다. 혁신을 잘하기 위해서는 혁신 역량의 확충, 혁신 인센티브의 강화, 그리고 혁신을 위한 자원배분의 개선 등이 이루어져야 한다.

혁신 역량은 곧 인적자원의 질과 축적된 지식 및 노하우, 그리고 연구개발 시스템의 효율성 등을 포괄한다. 혁신 역량의 강화는 인적자원과 연구개발에 대한 투자에서 나오는데, 우리나라는 선진국에 비해 투자 규모 면에서는 뒤떨어지지 않으나 효율성은 매우 낮다. 예를 들어 우리나라의 고등교육 진학률은 세계 최고 수준을 보이고 있으나 고등교육의 질이 낮다. 연구개발에 대한 투자도 마찬가지다. 총 연구개발비의 GDP 대비 비중은 2006년 3.23%로 이스라엘(4.57%) 스웨덴(3.89%) 핀란드(3.42%) 일본(3.33%)에 이은 세계 5위고, 미국(2.61%)이나 호주(2.47%)보다 월등히 높지만, 경제적 성과는 선진국에 비해 턱없이 부족하다. 일례로 R&D 투자 대비 기술료 수입의 비중이 1.5%에

---

23 이 밖에도 Easterly and Rebelo(1993), Perotti(1996) 등은 재분배 정책 지표들(한계 및 평균세율, 다양한 사회보장 지출 등)과 경제성장률 간에 양의 상관관계가 존재함을 보여주고 있다. Fernandez and Rogerson(1998)은 미국의 경우 계층 간 학자금 이용가능성을 완전히 평등하게 할 경우 장기균형 GDP 수준이 3.2% 증가하는 것으로 분석하고 있고, Benabou(2002)는 GDP의 6%를 재분배(상위 30% 소득계층이 하위 70% 계층을 지원하는 방식)에 사용할 경우 주로 하위계층의 인적자본 투자가 증가해 미국의 장기 경제성장률이 0.5% 상승하는 것으로 추정한다.

그쳐서, 미국의 1/3, 유럽의 1/2에도 못 미치는 수준이다. 한 계량 경제학적 연구에 의하면 우리나라 R&D의 경제성장 기여도가 미국의 1/4 수준에 불과하다(하준경 2005).

인적자본 투자의 효율성 제고를 위해서는 모방형 인적자본에서 창조형 인적자본으로 패러다임을 바꾸는 것이 우선이다(김세직·정운찬 2007). 과거에 모방에 입각한 선진국 따라잡기로 경제를 발전시킬 당시에는 기존 지식의 습득과 약간의 응용력 정도를 익히는 것으로 충분했지만 이제는 창의력을 갖춘 인재가 필요하다. 혁신 역량의 확충이라는 관점에서 볼 때 공교육 문제의 핵심은 교과과정에 있다. 비판적 사고력, 창의력, 문제해결능력 등을 키워주는 교육을 위해서는 교과과정이 획기적으로 바뀌어야 하며, 이는 평가 방법을 개혁하지 않고는 불가능한 것이다. 대부분의 유럽 국가들이 채택하고 있는 주관식 논술형 학력고사를 치르는 것이 한 방안이다.[24] 또 하나 중요한 것은 직업교육의 조기 도입이다. 불필요하게 대학입시에 시달리지 않고 더 일찍 직업 세계로 진입할 수 있도록 질 높은 직업교육을 많은 학생들에게 제공해야 한다. 대학교육의 질을 제고하고, 대학이 평생교육의 장으로서 직업 현장과 보다 밀접하게 결합되어 교육이 이루어지는 곳으로 탈바꿈하는 것도 중요하다. 기업의 인적자원 개발 투자를 더욱 장려하고, 숙련노동자·지식노동자의 양성을 위한 사회적 시스템을 체계적으로 구축하는 것도 빼놓을 수 없는 핵심 과제다.

연구개발 투자의 효율성 제고를 위해서는 기초연구에 대한 과소 투

---

[24] 이러한 평가 방법은 상당한 자원의 투입을 필요로 한다. 그러나 이렇게 하면 점수 따기 기술을 향상시키는 것이 무의미해지기 때문에 과도한 사교육비 문제도 상당히 해결되고 따라서 사회적으로 효율적인 투자가 이루어질 가능성이 높다.

자, 중저위 기술에 대한 투자 부족, 산학 연계의 부족, R&D 지원 자금에 대한 철저한 평가 관리 시스템 결여 등이 해결되어야 할 문제다. 기술 수준이 선진국 수준에 근접할수록 기술 모방보다는 기술 창조가 중요해지며 이에 따라 개발 연구보다는 기초연구가 더 중요해지므로, 기술 모방을 중심으로 한 양적 성장 방식에서 탈피하지 못하고 있는 현재의 연구개발 투입 구조를 개선해야 할 것이다. 또한 성공 확률이 매우 낮은 첨단기술 high-tech 분야에만 치중하지 말고 중저위 기술 mid-tech 분야에 대한 R&D 투자를 확대해야 한다. 실제로 생산성 향상의 많은 부분은 숙련노동과 연구 인력이 결합해 중저위 기술 분야에서 점진적인 혁신을 누적해 나가면서 이루어지는 것이다. 산학 연계를 활성화하고 연관 산업의 집적 industrial cluster에 의한 확산 효과 spill-over effect 극대화 및 기술 융합을 통한 시너지 효과를 극대화하는 지역혁신 시스템 구축을 내실화하는 것도 매우 중요하다. 허술한 연구관리 시스템을 정비하여 효율적인 R&D 기획과 철저한 평가 관리 시스템을 수립할 필요가 있다.[25]

혁신을 촉진하는 방향으로 적절한 자원배분 및 유인 제공을 하기 위해서는 투명하고 공정한 경쟁 질서를 구축하는 것이 선결 요건이다. 로비, 투기, 독점 등 혁신이 아닌 다른 방법으로 초과 수익을 거두는 기회를 최대한 차단해야 한다는 말이다. 정경 유착이나 관치가 횡행하는 경제에서는 각종 지대 추구 행위가 혁신에 의한 생산성 향상보다 손쉽고 보상이 크기 때문에 그만큼 혁신에 대한 유인이 손상된다. 금

---

[25] "R&D 예산 10조원 시대라지만…"이라는 제하의 〈한국경제신문〉 특집 기사(2007. 11. 12~14.)는 단기적 평가나 정량적 평가 등 평가 기준의 문제로 인한 문제점들을 포함해 연구 현장에서 어떻게 R&D 투자의 비효율성이 초래되는지 자세히 보도하고 있다.

융개혁과 규제개혁 및 공정거래 질서 확립 등을 통해 경쟁의 압력에 기초한 시장 규율을 강화하는 것은 자원배분의 효율성과 경제의 안정성을 제고할 뿐만 아니라 혁신으로의 유인을 강화시켜준다. 또한 안정적 거시경제 운용으로 부동산 등 투기소득에 대한 기대 심리를 제거하는 것이 곧 혁신 유인을 강화하는 것이다.

혁신을 유도하기 위해서는 지적재산권 보호가 중요하다.[26] 우리나라의 경우에 지적재산권은 심각한 문제다. 대기업이 협력업체들에 대해 가지는 힘의 우위를 바탕으로 각종 부당한 방법에 의해 중소기업들이 개발한 기술을 탈취하는 사례가 빈번히 발생하고 있다고 한다. 이것은 경제정의와 분배의 문제일 뿐만 아니라 기술혁신에 대한 유인을 무너뜨림으로써 경쟁력과 성장 동력을 해치는 문제이기도 하다. 굳이 기술을 직접 빼앗아가는 것이 아니라 하더라도 대기업들은 중소기업의 혁신 활동의 열매를 편취함으로써 혁신 유인을 파괴시키기도 한다. 새로운 공정기술 개발 등 혁신에 의해 협력업체가 생산 단가를 낮추었을 때 이에 맞추어 납품 단가를 내리는 경우다. 따라서 하도급 거래의 공정거래 확립은 혁신주도형 성장체제 수립을 위해 필수적인 정책이다.

담보나 실적이 부족하지만 혁신적인 중소·벤처기업에 자금이 지원될 수 있도록 금융시스템을 발전시키는 것도 중요한 과제다. R&D 고유의 불확실성을 극복하여 연구개발 초기자금 공급을 강화할 수 있도

---

26 무조건 지적재산권 보호를 강화하는 것이 바람직하다는 것은 아니고, 하청업체나 직무 발명가, 개인 발명가 등 경제적 약자의 지적재산권 보호를 강화할 필요가 있다는 것이다. 경제적 후생의 극대화를 위해서는 신기술의 발명자뿐만 아니라 사용자의 권리도 고려되어야 하며, 과거 제록스 사의 경우에서 보듯이 특허권을 남용하여 독점력 강화에 이용하면 오히려 지속적인 혁신과 기술 발전을 저해한다.

록 하고 R&D 금융 관련자들 간의 이해관계를 조정할 수 있는 장치를 마련하는 방향으로 제도를 정비해야 한다(하준경 2007).

4) 책임성장

지속가능한 성장의 마지막 열쇠는 자연환경과 미래 세대에 대한 책임을 다하는 책임성장responsible growth이다. 책임성장을 위해서는 다음의 다섯 가지 과제를 추진해야 한다.

첫째, 에너지 및 자원 다소비형 경제구조를 절약형으로 전환해야 한다. 중장기적으로 에너지 및 자원 다소비형 산업의 비중을 축소하고 에너지 및 자원 절약형 산업의 비중을 확대하는 방향으로 산업구조를 전환하기 위한 정책을 펴나가는 한편, 에너지 등 자원에 대한 수요 억제와 효율성 제고를 보다 신속하게 추진해야 할 것이다. 에너지 가격 개편으로 보다 효율적인 사용을 유도하는 정책도 필요하다. 대체에너지 및 대체 소재를 개발해 화석연료에 대한 수요를 감소시키는 것도 중장기적으로 추진할 과제다. 신재생 에너지의 개발은 에너지원을 절대적으로 해외에 의존하고 있는 상황을 개선하기 위해서도 필요하다. 정부가 '저탄소 녹색 성장'이라고 내세운 계획에서 원자력의 비중에 비해 신재생 에너지의 비중은 왜소하기 이를 데 없다.[27] 신재생 에너지 확대를 위한 더 적극적인 정책이 요구된다.

---

[27] 정부의 계획은 2030년에 가서야 2006년 대비 2%의 석유 소비량 감소를 가져오는 미온적인 내용에 그쳤있다. 에너지 소비 증가에 대한 강력한 억제책이 없이 효율성 증가만을 꾀하기 때문이며, 실제로는 석유 대체 효과를 갖지 못하는 원자력의 비중을 높이는 데 중점을 두고 신재생 에너지는 2030년까지 고작 11%로 확대하겠다는 계획의 한계를 드러낸 것이다. 이런 식으로는 국제적인 재생에너지 통계에서 0.5%로 OECD 국가들 중에 꼴찌인 현재의 위치를 크게 벗어나기 어려울 것으로 보인다(김은경 2009).

둘째, 식량자급도와 식품안전도를 동시에 높이기 위한 노력이 긴요하다. 물론 자급자족하자는 것은 결코 아니다. 하지만 시장과 국제무역에만 의존하기에는 너무나 큰 위험이 도사리고 있다. 식량 안보의 중요성은 아무리 강조해도 지나침이 없을 것이다. 가격 상승, 국가신인도 하락이나 외환 부족 사태에 따른 수입 불능, 수출국의 수출 통제 등 식량 안보를 위협하는 각종 위험이 도사리고 있다(김명환·김태곤·김수석 2008). 그뿐 아니라 지난 2008년 미국산 쇠고기 수입에 따른 광우병 위험과 관련한 논란이나 중국산 유제품과 관련한 멜라민 파동에서도 확인되었듯이 식품 안전성 문제도 매우 심각하다. 위험관리 차원에서 다방면의 노력이 필요한 상황이고, 그 일환으로 지나친 대외 의존을 시정해나가는 것도 필요하다. 이미 선진국에서는 친환경적인 지역 내 생산 식량 활용을 촉진하기 위한 '로컬 푸드local food'운동이 활발하게 일어나고 있다. 국내의 로컬 푸드 운동은 아직 걸음마 단계에 있는 바 이를 활성화하는 것이 절실하게 요구된다. 경작 면적은 좁고 인구밀도는 높은 우리나라의 경우 국내 생산만으로는 자급이 불가능하기 때문에 안전한 식품 생산과 관련한 지역협력체제를 잘 구축하거나 해외 생산 기지와 유통망을 확보하는 등 다양한 방법으로 자립적 기반 강화를 도모해야 할 것이다.[28]

셋째, 소위 연성 파워soft power에 입각한 외교력을 확대함으로써 경제력만으로 해결하지 못하는 식량·에너지·자원의 대외 의존 문제를 완화해야 할 것이다.

---

28 우리나라처럼 식량자급도가 낮은 일본의 경우 자급도를 높이려는 치밀한 계획을 추진하고 있다. 우리의 농협에 해당하는 젠노(全農)를 곡물 일류 기업에 맞먹는 세계적인 농산물 유통 기업으로 키우는 등 식량 안보 문제에 적극 대처하고 있다.

넷째, 환경파괴와 오염을 감소시키기 위한 환경 투자를 강화해야 한다. 기후변화협약 등 국제협력체제의 강화에도 적극적으로 기여할 필요가 있다. 또한 황사 문제를 비롯한 동북아 지역의 환경문제에 대응하기 위한 역내 환경 협력을 강화하는 일에도 앞장서야 할 것이다.

다섯째, 궁극적으로는 끊임없이 물질적 소비를 증대시키고자 하는 욕망을 적절히 통제하고 환경적으로 책임적인 소비 행태를 유도하기 위한 노력이 필요하다. 환경 교육 등을 통한 가치관의 변화를 비롯해서 친환경 소비나 사회적 책임 투자 등에 대해 정책적으로 유인을 제공하는 것도 필요하다.

4. 지속가능한 성장을 위한 경제정책 거버넌스

지속가능한 성장을 위해서는 안정성장, 동반성장, 혁신성장, 책임성장 체제를 만들어내야 한다. 이것이 시장 메커니즘만을 가지고 달성되지 않는다는 것은 아주 분명하다. 금융 규제 완화가 반복되는 금융위기로 나타나는 것은 가장 치열한 경쟁이 일어나고 가장 치밀한 계산이 작용하는 금융시장조차 전혀 효율적이지 않다는 것을 증명하고 있다. 이러한 시장 실패는 표준적인 경제이론이 설파하는 대로 단지 정보 불완전성에 기인한 것은 아니다. 표준경제학에서는 이기심이 경제주체들을 합리적인 의사 결정으로 이끌 것이라고 가정하지만, 오히려 욕심은 판단을 흐린다는 전통적인 지혜가 훨씬 더 정확한 현실 인식을 담고 있다. 탐욕에 눈이 어두워 위험천만한 짓들을 하다가 망해버린 월가의 투자은행들이 합리적으로 행동했다고 보기는 어려울 것이다. 사실 이런 대형 위기가 아니더라도 금융시장의 일상적 현실을 지배하는 것은 합리적 판단보다는 충동과 감정이라는 것이 금융 행태를 연구하는 행동경제학자들의 견해다(번햄 2008). 시장 경쟁은 혁신을 낳고 따라서 시장경제는 어떤 경제시스템보다 역동적이지만, 시장에 맡기는 것이 최선의 혁신 정책은 아니다. 공정한 경쟁 여건을 조성해야 함은 물론이거니와 지식의 공공재적 성격이나 인적자본 및 연구개발 투자가 가지는 외부 효과 등으로 인한 시장의 실패도 존재하기 때문이다. 효과적인 공공정책이 필요한 까닭이다. 동반성장과 책임성장은 시장에 의해 달성될 수 없다는 것은 두말할 나위가 없다. 아무리 시장을 찬양하는 이론이라 하더라도 분배와 환경보전만큼은 시장이 해결하지 못하는 문제임을 인정한다.

지속가능한 성장을 위해서 사회적으로 합리적이고 책임적인 경제활동을 유도하기 위한 제도적 장치와 정책적 개입이 필요하다는 것은 명확하다. 그런데 이것은 명석한 경제학자가 제도와 정책을 고안한다고 해서 해결될 일은 아니다. 기득권의 강력한 저항이 있을 것이며, 또 그 이전에 각자의 이해관계와 인식의 편차 때문에 다양한 견해와 해법들이 존재할 것이기 때문이다. 따라서 모두가 동의할 수 있는 완벽한 해결책은 있을 수 없다. 사회적 공론과 민주적 절차를 거쳐 한 걸음씩 전진해나가는 수밖에 없다. 이러한 과정은 단순히 기존의 견해와 선호를 유지하면서 타협을 이끌어내는 것을 넘어서서 관련된 이슈들에 대한 교육적 효과와 더불어 시민적 책임 의식을 고양하는 효과도 가져올 것이다(Sen 2001).

우리나라의 경제정책이 반복되는 금융위기를 초래하고, 양극화를 심화시키고, 혁신의 부진을 야기하며, 환경적으로 무책임한 현실은 바로 경제정책 거버넌스의 비민주성에 기인한다고 볼 수 있다.[29] 우리나라 경제정책의 주된 내용을 보면 성장지상주의, 시장만능주의, 친기업·반노동·반복지 경향 등 지극히 보수적인 편향을 보이면서도 체계적인 정책 이념이나 이론을 반영하기보다는 기득권을 보호하고 강화하는 정책이 곳곳에 투영되고 있다. 또한 먼 미래를 내다보는 안목은 부족하고 단기적 성과주의에 매몰되어 부작용이 많은 정책들을 추진하는 사례가 많다. 이와 같이 경제정책이 편향적이고 취약한 원인은 경제정책 거버넌스가 매우 왜곡되어 있는 현실을 반영한다. 무엇보다 재벌의 사회 전반에 대한 막강한 영향력이 정책의 보수 편향과 기득권 편향을 추동하고 있다. 게다가 관료 충원 시스템과 인사 시스템이 낙후되어 있어 특히 고위직의 전문성이 부족하고, 고위직으로 갈수록 정권에 줄대기 등 퇴행적 행태가 나타나는 것도 문제다. 민주화 이행 과정의 여러 가지 한계로 인해 주요 정당 간의 경쟁이 이념과 정책이 아니라 지역과 인물을 중심으로 이루어져왔기 때문에 정치권력이 재벌과 관료의 힘을 제어할 역량을 지니지 못한다는 것도 핵심적인 문제다.[30]

경제정책 거버넌스의 민주화가 없이는 지속가능한 성장은 불가능하다. 이를 위해 일차적으로 중요한 것은 경제정책 형성 과정에서의 참여민주주의를 제고하는 것이다. 학계와 전문가 집단이 구체적이고 설득력 있는 정책 대안을 제시하고, 경제정책과 관련한 일반 국민들의 논의를 활성화해야 한다. 전문성을 지닌 전문가 집단의 역할이 중요하기는 하지만 일반 국민들 사이의 활발한 논의도 이에 못지않게 중요하

---

29 경제정책 거버넌스의 개념은 유종일(2008) 참조.
30 김영삼 정부부터 이명박 정부에 이르기까지 한결같이 정권 출범 1년 이내에 주요 경제 포스트에서 비경제 관료 출신 인사들이 밀려나는 일이 반복된 것을 우연으로만 볼 수는 없을 것이다.

다. 폭넓은 여론 형성이 없이는 현재 존재하는 경제정책의 보수·기득권·단기 편향을 극복하지 못할 것이며, 미네르바 신드롬에서 알 수 있듯이 일반 국민들은 경제 현상이나 정책에 대한 이해에 강한 욕구를 지니고 있다. 특히 인터넷 공간은 경제정책 거버넌스의 민주화를 위한 중요한 거점이 될 수 있을 것이다.

경제정책의 형성 과정에 조직화된 사회적 대화를 포함시키는 것도 추구해야 할 과제다. 지역별·산업별 노사정 대화 채널부터 구축해나가고, 이러한 토대 위에서 전사회적인 정책협의기구를 만들어나가야 한다. 이러한 사회적 대화의 장에서 대기업과 중소기업 간의 공정거래 및 상생 협력, 중소기업 역량 강화, 평생학습체제 구축, 노사협의 활성화, 고용친화적 사회보장체제 구축 등을 주요 의제로 삼아 논의하게 된다면 경제정책 거버넌스 민주화에 크게 기여할 것이다.

경제정책 거버넌스 민주화를 위해서 궁극적으로는 정치개혁·재벌개혁·언론개혁이 이루어져야 한다는 점은 부연 설명을 필요로 하지 않을 것이다.

5. 맺음말

진보는 경제성장에 대해 매우 적극적인 입장을 취해야 할 것이다. 이는 보수와 타협하는 것도 아니고 신자유주의에 굴복하는 것도 아니다. 고용 창출과 삶의 질 향상이라는 보편적 가치를 실현하기 위해 성장을 추구하는 것이며, 본디 변화와 발전을 추구하는 진보가 성장에 적극적인 것은 당연한 일이다. 그러나 성장에 눈이 멀어 성장을 위한 성장을 추구하거나 지속불가능한 성장을 추구하는 것은 피해야 한다.

이는 진보가 자멸하는 길일 뿐만 아니라 중장기적으로는 경제의 발목을 잡는 일이 될 것이기 때문이다.

이 글은 한국 경제에서 지속가능한 성장의 주요 위협 요인으로 네 가지 현상을 지목했다. 반복되는 금융위기, 날로 심화되는 양극화, 보이지 않게 작동하고 있는 수확체감의 법칙, 그리고 서서히 현실화되고 있는 환경 제약 등이다. 지속가능한 성장은 이러한 위협을 극복하고 안정성장, 동반성장, 혁신성장, 책임성장을 이루어낼 때 가능해진다. 안정성장은 거시경제적 안정, 금융 안정 및 개인 생활의 안정을 확보하기 위한 치밀한 제도개혁을 요구한다. 동반성장은 산업구조, 고용구조, 재정구조 등 구조개혁을 요구한다. 혁신성장은 혁신 역량 강화와 혁신 유인 강화를 위한 교육·연구 시스템과 시장 시스템을 포괄하는 광범위한 체제개혁을 요구한다. 책임성장은 제도개혁, 구조개혁, 체제개혁에서 나아가 가치의 변화까지 요구한다.

지속가능한 성장을 이루기 위해서는 모든 경제활동이 사회적 합리성과 미래에 대한 책임성을 지녀야 한다. 여기에 필요한 정책·제도·체제를 설계하는 것은 결코 쉬운 일이 아니다. 더구나 변화를 만들어 가는 과정에서 기득권의 저항을 극복하기 위해서는 사회적 합의가 중요하다. 따라서 경제정책을 둘러싼 민주적 논의가 전문가 집단뿐만 아니라 일반 국민들 사이에서도 활성화되어야 한다. 나아가 경제정책 형성 과정에 사회적 대화가 중요한 통로가 되도록 하여 경제정책 거버넌스의 민주화를 진전시켜야 한다.

지속가능성은 흔히 환경적인 측면과 경제적인 측면, 그리고 사회적인 측면의 세 가지 영역으로 구성되는 것으로 이해된다. 이 글은 지속가능한 성장을 논하기 때문에 경제적인 측면에 초점을 맞추었다. 양극화와 관련해 사회적인 면이 일부 고려했고, 환경 제약과 관련해 환경적인 면도 다루었지만, 이 두 측면이 본격적으로 취급된 것은 아니다. 사회적인 지속가능성이라는 면에서 지역균형발전이나 양성평등, 다문화주의 등 공동체적 삶의 유지를 위한 고려가 필요할 것이다. 그리고 생태적인 지속가능성에 대한 심도 있는 고려도 보완되어야 할 것이다.

마지막으로 지속가능성과 관련해 한 가지 더 언급할 사항이 있다. 출산율 문제다. 지금과 같이 극도로 낮은 출산율이 지속된다면 한국은 이민의 나라가 되든지 아니면 실질적으로 소멸하게 될 것이다. 한국 경제의 지속가능성을 논하는 것 자체가 사치인 상황이 되어버릴 것이다. 한편으로 출산율 제고가 필요하고, 다른 한편으로는 보다 개방적인 이민정책이 필요할 것이다. 이러한 관점에서도 양극화 해소, 양성평등, 다문화주의 등이 지속가능성의 중요한 요소가 된다.

4장

분배의 경제학*

    1970년대에 박정희 대통령은 1인당 국민소득 1천 달러를 경제성장의 목표로 제시했다. 김영삼 대통령은 1만 달러를 내세웠고, 노무현 대통령은 2만 달러를 내세웠다. 이명박 대통령은 유명한 747 공약을 통해 4만 달러를 약속했다. 이명박 대통령의 747 공약은 허황된 것임이 드러났지만 앞선 정부들이 제시한 목표들은 모두 목표 기간 내에 달성되었다. 이러한 고도성장을 통해 한국은 세계 최빈국의 대열에서 벗어나 부자 클럽이라는 OECD 회원국의 지위까지를 얻게 되었다. 그런데 과연 삶의 질은 나아졌는가? 과연 우리들은 더 행복해졌는가? 어린이와 청소년의 행복도는 OECD 최하위이고, 자살률은 OECD 최고다. 특히 노인들의 자살률은 OECD 평균의 무려 5배가 넘는다. 비정규직 비중은 OECD 최고이며, 역시 OECD 최고인 사교육비 부담 때

---

* 이 글은 정치경영연구소 제3회 대안담론포럼에서 발표한 것이다.

문에 국민들은 등골이 휘고 있다. 소득 대비 집값이 너무 높아서 저축해서 집을 사는 건 꿈도 못 꾼다. 우리는 도대체 무엇을 위해 그토록 경제성장에 목을 맸단 말인가?

문제는 분배다. 경제성장의 혜택이 고르게 분배되지 않기 때문에, 혜택이 소수 특권 집단에 집중되고 대다수 국민을 외면했기 때문에 경제성장에도 불구하고 삶의 질이 향상되지 않았다. 기업소득과 개인소득 사이에 괴리가 커지고 있다. 기업소득은 크게 증가해도 개인소득은 소폭 증가에 그치는 현상이 지속되고 있다. 기업 중에서도 특히 대기업의 당기순이익은 엄청난 증가세를 보이고 있는 반면, 개인소득에서도 실질임금은 최근 수년간 하락하기까지 했다. 노동시장의 문제도 심각하다. 정규직과 비정규직 사이의 임금격차, 대기업과 중소기업 사이의 임금격차가 날로 커지고 있다. 국제노동기구ILO에 의하면 우리나라의 저임금 근로자 비중이 25.6%에 이르러 주요국 중 가장 높다고 한다. 소득분배의 양극화는 다양한 지표로 확인된다. 통계청 자료에 의하면 상대적 빈곤율은 1997년 8.7%에서 2010년에는 14.9%로 크게 증가했다. 또한 같은 기간에 5분위배율은 3.97에서 6.02로 증가했으며, 지니계수는 0.264에서 0.315까지 증가했다.

이러한 분배의 양극화 현상은 이미 1990년대 초반에 시작되었고, 외환위기 이후에 가속화되어 지금까지 지속되고 있다. 이 사실만 보더라도 양극화 현상이 경기변동적 요인보다는 추세적·구조적 요인에 의해 일어나는 것임을 알 수 있다. 소득분배의 불평등은 삶의 질을 저하시키고 사회적 갈등을 조장할 뿐더러, 경제성장에도 장애가 되고 있다. 이명박 정부는 성장이 최선의 분배정책이며, 분배를 강조하는 정책은 성장을 저해한다는 성장우선론에 입각해서 부자 감세나 규제 완화 등의 정책을 추진했지만, 그 결과는 참담하다. 성장도 신통치 않았거니와 분배는 갈수록 악화되고 있다. 뒤늦게 동반성장이니 공생 발전이니 외치면서 사후약방문에 분주한 모습이지만, 그나마도 구호에 그치는 경우가 많고 실효성 있는 정책은 찾아보기 힘들다.

분배 문제를 해결하는 것은 한국 경제가 전진하기 위한 가장 중요한 선결 과제가 되었다. 물론 분배를 개선하기 위해서 사용할 수 있는 정책은 다양하지만, 중요한 것은 분배와 성장 사이의 선순환 관계를 형성하는 것이다. 이를 성장친화적인 분배정책과 분배친화적인 성장정책을 추진함으로써 달성할 수 있다는 것이 이 글의 핵심적인 주장이다. 아래에서는 우선 분배 정의의 기준과 분배의 사회적 기능을 살펴본 후, 분배와 성장 사이의 관계에 대한 이론적 검토와 경험적 분석을 통해 성장과 분배의 선순환을 이룩하기 위한 조건들을 규명한다. 마지막으로 한국 경제에서 그러한 선순환 구조를 만들기 위한 다섯 가지 전략적 정책 과제를 제시한다.

1. 분배 정의의 기준과 사회적 기능

1) 분배 정의의 기준

도덕적 평등과 진보적 자유주의 분배 정의는 아리스토텔레스 이후로 정치철학 혹은 도덕철학의 중심적 주제였다. 분배 정의의 핵심은 평등이다. 단순 평등이든 비례적 평등이든 평등이 출발점이다. 어떤 형태의 차등을 정당화할 때에도 그 출발점에서는 무언가에 관해서 평등을 가정한다. 그런데 무엇의 평등을 이루어야 하는가에 관해 다양한 견해가 존재한다.

서양철학에서는 계몽주의의 천부인권사상 이래로 모든 인간의 존엄성은 평등하게 존중되어야 한다는 명제가 확립되었고, 이러한 평등 사상은 프랑스혁명 이래 민주정치의 핵심적 가치가 되었다. 이를 도덕적 평등moral equality이라고 한다. 자유주의적 전통에서 인간의 존엄성은 개인의 선호 및 선택과 그에 따른 책임의 영역이 존재함을 의미한다. 따라서 사후적 평등 혹은 결과의 평등보다 사전적 평등 혹은 기회의 평등을 강조하게 된다.

한편, 공리주의utilitarianism는 모든 사람의 선호와 이익을 동일하게 취급한다는 면에서 도덕적 평등을 구체화하는 하나의 접근법으로 이해할 수 있다. 그러나 도덕과 정의의 기준에 의해 용납하기 어려운 선호와 이익(예를 들어 타인의 권리를 해치거나 특별히 많은 자원을 필요로 하는 선호)의 존재에 관해 공리주의는 적절한 답을 제공하지 못한다. 따라서 공리주의는 모든 개인에 대한 동일한 존중이라는 도덕적 평등을 올바르게 구현하는 접근법이라고 보기 어렵다.

이러한 공리주의의 문제를 극복하기 위해서 존 롤스(Rawls 1971)와 로널드 드워킨(Dworkin 1977) 등은 자원의 평등equality of resources을 주장한다. 이들은 개인이 자신의 결정과 행동에 대해서는 책임을 져야 하지만 인종·성·유산·지능·가정환경 등 자신의 통제를 벗어난 변수들에 의해 발생하는 불평등은 부당하다고 본다. 롤스는 이런 자의적인 요인들의 영향을 제거하기 위해서는 모든 개인이 '기본적 재화'에 대한 동일한 기대치를 가지도록 해야 한다고 주장한다. 물론 이 동일한 기대치는 사전적 평등이고, 각자의 결정과 행위에 따른 사후적 불평등은 용인된다.

진보적 자유주의 전통의 출발점은 위에서 언급한 도덕적 평등이다.[1]

사람은 각자 개성이 있고 서로 다르지만 누구나 존엄한 인간으로서 똑같이 존중받아야 한다는 것이다. 그리고 존엄한 인간이 누려야 할 가장 기본적인 것은 자유다. 자유를 최대한 평등하게 누리는 것, 이것이 진보적 자유주의의 이상이다.

현대의 진보적 자유주의 사상에서 가장 선구적 연구를 한 사람은 바로 롤스다. 롤스는 고전적인 저작이 된 『정의론』에서 정의의 두 가지 원칙을 제시한다. 첫 번째 원칙은 "각 개인은 다른 사람의 자유와 양립하는 범위 내에서 가장 광범위한 기본적 자유를 누릴 동등한 권리가 있다"는 원칙이다. 여기서 말하는 기본적 자유란 투표권, 언론의 자유, 집회와 결사의 자유, 양심의 자유, 인신의 자유, 소비재에 대한 사유재산권 등의 정치적 자유를 일컫는다. 생산수단에 대한 사유재산권이나 자유방임적 계약의 자유 등은 기본적 자유에 해당하지 않는다. 이 첫 번째 원칙은 두 번째 원칙에 우선하는 절대적인 원칙이다.

두 번째 원칙은 경제적 불평등에 관한 것으로서 다음의 두 가지 원칙에 따라 경제적 불평등을 허용한다. 하나는 사회 최약자의 이익이 되는 경우에 한해서 불평등을 허용한다는 유명한 차등 원칙 difference principle이다. 또 하나는 공직을 비롯한 선호하는 직위에 관해서는 모든 사람에게 공정한 기회가 보장되어야 한다는 것이다. 여기서 기회균등이란 단순히 누구나 지원할 수 있다는 것이 아니라 모두가 그 자리에 필요한 능력을 획득할 적절한 기회를 가진다는 것을 의미한다. 예를 들

---

1 진보적 자유주의란 모든 사람이 자유를 평등하게 누리는 것을 지향하는 이념을 일컫는다. 자유지상주의 혹은 경제적 자유주의와는 달리 평등의 가치를 위해 경제적 자유를 일정하게 제한할 수 있다고 믿는 정치적 자유주의가 바로 진보적 자유주의다(최태욱 편 2011).

어 어느 누구라도 법관이 되고 싶다면 로스쿨에 다닐 기회와 자원이 주어져야 하고, 로스쿨의 선발 시험을 준비하기 위한 사전 교육과정을 이수할 기회와 자원이 주어져야 한다는 것이다. 롤스는 이러한 원칙들은 원초적 평등의 상태에서, 즉 자신의 사회적 지위가 어떻게 될지 모르는 '무지의 장막veil of ignorance' 뒤에서 선택할 경우 이성적인 인간이 선택할 가장 합리적인 대안이라고 주장한다.

센의 정의론과 그 함의 분배 정의에 관한 논의에서 노벨상에 빛나는 경제학자로서 정치철학 분야에서도 많은 업적을 이룩한 아마르티아 센Amartya Sen의 이론을 빼놓을 수는 없다. 센은 그의 정치철학 연구와 방대한 경제학 연구를 집대성한 『정의의 개념』에서 롤스의 진보적 자유주의 전통을 계승하면서도 이를 극복하기 위한 비판적 성찰을 전개한다(Sen 2009).

그의 비판은 크게 두 가지다. 하나는 자원 혹은 기본적 재화를 분배 정의의 기준으로 삼는 것에 관해서다. 센은 기본적 재화의 분배만이 아니라 각 개인이 얼마나 효과적으로 그 재화를 이용해서 삶을 영위하고 자신의 목적을 달성할 수 있는지를 함께 고려해야 한다고 주장한다. 예를 들어 장애인의 경우 이동권을 보장하기 위한 배려가 별도로 필요하다는 것이다. 이는 그가 후생경제학과 사회선택이론을 연구하면서 개발한 역량 접근법capability approach의 입장에서 분배 정의를 바라보기 때문이다. 선호나 주관적 이익은 물론이고 소득이나 재화와 같은 기준보다도 삶을 영위하는 역량을 기준으로 분배나 복지의 문제를 판단해야 한다는 것이다. 역량이란 구체적으로 말하자면 영양 상태와 건강, 교육 수준과 기대수명, 이동권, 남부끄럽지 않게 사회생활을 할 수 있는 능력 등을 의미하는 것이다.

센의 두 번째 주요 비판은 롤스 이론의 형식주의다. 롤스의 정의론은 정의로운 사회제도에 관한 매우 정치한 논리와 모형으로 치달았다. 이에 대해 센은 완벽한 제도란 없고 중요한 것은 개인들의 구체적인 삶으로 나타나는 사회적 결과를 평가하는 것이라는 입장이다. 따라서 그는 정의를 추구하는 과정에서 이성과 민주주의의 역할을 강조한다.

포괄적인 정치적 자유의 보장을 절대적 전제로 실질적인 기회의 평등을 주장하며 경제적 불평등은 사회 최약자에게 이익이 되는 한 용인한다는 롤스의 정의론은 진보적 자유주의의 입장을 매우 훌륭하게 이론화한 것이다. 센의 비판은 롤스의 부정이 아니라 비판적 계승이다. 단, 고답준론에 치우친 철학자가 아닌 현실 문제를 가지고 씨름하는 경제학자로서 롤스의 사상을 현실에 적용하려 할 때 수정하고 보완해야 할 점들을 지적한 것이다. 특히 한국적 맥락에서 센의 논점은 시사하는 바가 크다.

최근 우리 사회에서 복지 논의가 활발해지면서 일각에서 복지보다 정의가 우선이라는 주장이 제기되고 있다(김대호 2010). 복지 이전에 시장과 사회의 불공정을 개선하는 것이 급선무라는 것이다. 재분배 이전에 시장소득의 분배 자체를 개선해야 한다는 주장도 같은 맥락에서 제기된다. 필자도 과거에 이와 같은 주장을 제기한 바 있다(유종일 2006). 정의우선론은 분명 원칙적으로 타당한 논리이다. 하지만 현실적인 정책 구상의 차원에서는 정의우선론을 고집하는 것은 올바른 태도가 아니다. 무엇보다 정의의 실현은 어렵다는 것이다. 인류 사회는 끊임없이 정의를 추구해왔지만 아직도 현실은 불의하기 이를 데 없다. 물론 핵심적인 불의의 구조를 개혁함으로써 획기적인 진전을 이룰 수도 있다. 하지만 현실에서 불의는 쉽게 사라지지 않고 또 다른 형태로 부활하기 쉽다. 쉽게 되지 않는다고 포기하자는 것은 결코 아니다. 단지 정의의 실현은 장기적 과제라는 것, 꾸준히 추진해나감으로써 점진적인 진보를 이룰 수 있을 따름이라는 점을 망각해서는 안 된다는 것이다. 공정한 시장, 동반성장을 위한 경제구조 개혁도 마찬가지로 다면적인 접근과 상당한 시간을 요하는 문제다. 반면에 복지는 정치적 의지만 있으면 비교적 쉽게 실현될 수 있다. 법을 만들고, 세금을 걷고, 정책을 집행하면 되는 것이다. 따라서 정의우선론을 내세우며 시간적으로 정의 실현부터 먼저하고 복지를 추구해야 한다고 보는 것은 매우 잘못된 사고방식이다. 그보다는 복지를 확대해 나가면서 끊임없이 정의를 향해 나가야 할 것이다. 센이 완벽하게 정의를 구현하는 사회제도social institutions에 대한 연구에 몰두하기보다는 삶의 현실 또는 사회적 결과social outcomes에 더 관심을 갖자고 주장한 것은 이러한 맥락에서 이해할 수 있을 것이다.

한국 사회는 복지 확대의 방향과 관련해서도 선택의 기로에 서있다. 소득 보장에 치중할지 아니면 사회 서비스 제공에 치중할지의 문제다. 전통적인 사회보장 정책은 소득 보장을 중심으로 구축되었다. 그런데 노무현 정부의 복지정책과 구상에 상당 부분 반영되었고 박근혜의 복지 구상에도 반영되어 있는 사회투자론에서는 보육 · 교육 · 의료 등 사회 서비스를 강조한다(김원섭 2011; 김연명 2011). 기본적 재화의 분배를 기준으로 하는 롤스의 접근법이 소득보장론에 해당한다면, 실질적인 삶의 역량을 강조하는 센의 접근법은 사회투자론과 유사하다고 볼 수도 있을 것이다. 그러나 한국의 현실은 광범위한 사각지대가 존재하며 혜택 수준이 낮은 탓에 기본적인 소득 보장이 매우 부실한 형편이다. 이런 상황에서 소득 보장 문제를 뒷전으로 미루고 사회 서비스를 앞세우는 것은 잘못된 일이다. 이보다는 기본적인 소득 보장을 이룬 토대 위에서 사회 서비스 확대를 도모해야 옳다. 센의 주장도 소득이나 기본적 재화만으로 동일한 역량을 보장할 수 없으므로 역량의 관점에서 추가적인 고려를 해야 한다는 것이지 기본적 재화의 분배는 중요하지 않다는 것이 아니다. 센의 역량 이론은 소득 보장이 이루어지는 바탕 위에서 추가로 사회 서비스가 필요하다는 뜻으로 해석되어야 마땅하다.

2) 시장경제와 분배 정의

시장경제이론과 분배 정의 자유지상주의 입장에서 보면 사적재산권과 계약의 자유, 즉 경제적 자유주의에 기초한 자유방임적인 시장경제에 입각한 소득과 부의 분배는 그것이 아무리 불평등하더라도 정당한 것이다. 누구에게나 경쟁의 기회가 평등하게 주어진 상황에서 자발적인 거래는 원천적으로 등가교환이고, 따라서 이에 기초한 자유시장경제의 분배는 정당하다는 것이다. 일반적인 거래뿐 아니라 상속하거나 증여하는 경우에도 주는 사람은 상대방에게서 동일한 가치의 만족을 얻기 때문에 주는 것으로 간주한다.

그러나 이러한 견해에는 심각한 문제점들이 존재한다. 이른바 '시장의 실패'로 인해 시장 거래가 공정한 등가교환이 되지 못할 수도 있다는 점이다. 첫째, 시장에서 독점적·지배적 힘을 가진 경제주체들이 경쟁을 제한하는 행위를 할 경우 부당한 독점가격을 취하게 되고 거래 상대방은 그만큼 가치를 빼앗긴다. 자금력·정보력·교섭력·로비 능력 등 여러 가지 힘의 불균형을 토대로 경쟁의 왜곡 혹은 착취 — 일방에게만 유리한 거래 — 가 발생하는 경우도 마찬가지다. 둘째, 시장의 실패로 인한 양적 할당rationing도 기회의 평등과 등가교환을 파괴하는 원인이 된다.[2] 정상적인 시장경제에서 상품시장에서는 양적 할당이 흔히 발생하지 않지만, 노동시장과 금융시장에는 일상적으로 존재한다. 효율 임금에 의한 일자리 할당 — 그리고 그 결과로서 발생하는 비자발적 실업 — 과 정보 비대칭에 의한 신용 할당이 그것이다. 이러한 경우에 시장에서 배제된 사람들, 즉 비자발적 실업자와 금융 소외자들은 자발적인 거래를 할 기회마저 박탈당하는 것이다.

설사 위와 같은 시장 실패가 없는 완벽한 시장경제가 존재한다고 가정하더라도 진보적 자유주의의의 관점에서 보면 완벽한 시장경제의 분배도 정의로운 분배와는 거리가 멀다. 이는 두 가지 이유 때문이다. 첫째, 진보적 자유주의가 말하는 기회의 평등은 단순히 경쟁의 문이 누구에게나 열려있다는 형식적 평등이 아니다. 경쟁을 준비할 수 있는 여건이 누구에게나 제공되어야 한다는 실질적인 기회의 평등이다. 자유방임적 시장경제에서는 태어난 환경에 따라 경쟁을 준비하는 여건이 큰 편차를 보이게 된다. 실질적인 기회가 불평등하다면 그 결과로 나타나는 불평등은 정의로운 것이 아니다. 둘째, 본인의 노력이나 스

---

[2] 양적 할당이란 가격기구에 의한 자원배분의 조정이 이루어지지 않는 상황을 말한다. 일반적으로 수요가 공급을 초과하면 가격이 상승하고, 이러한 가격 상승은 수요를 줄이고 공급을 늘려서 애초의 수요 초과를 없애고 수급 균형을 가져온다. 하지만 정보의 비대칭이 존재하는 경우 가격의 변화에 따라 거래의 질적 내용이 달라짐으로써 가격기구의 작동이 실패할 수 있다. 일례로 현재의 이자율에서 신용 수요가 신용 공급을 초과하지만 이자율의 상승에 의한 시장균형 달성이 불가능한 경우를 신용 할당이라고 부른다. 신용 수요를 만족시키지 못한 수요자가 더 높은 이자율을 제시하며 자금을 빌리려고 할 때 신용공급자 입장에서는 이렇게 높은 이자율을 제시하는 소비자라면 신용 위험이 매우 높을 것이라고 판단하고 신용 공급을 거부하게 되는 경우다.

스로 계발한 능력과는 무관하게 금전적·유전적 유산이나 사회적 지위, 운 등의 자의적 변수에 의해 초래되는 불평등은 정의롭지 못하다. 시장경제에서 소득과 부의 차이는 대체로 네 가지 요인에 의해 비롯된다. 본인의 능력과 노력, 운, 그리고 상속받은 재산 등이다.[3] 일반적으로 본인의 능력과 노력에 의한 차이는 상당 부분 정당한 것으로 받아들인다. 운 또한 소득과 부의 편차를 유발하는 중요 요인인데 운에 의한 부는 정당성이 조금 결여된 것이라고 할 수 있다. 하지만 운은 대개 본인의 선택과 연관되어 작용하기 때문에 운에 따른 차이도 비교적으로 용인되는 편이다. 하지만 부의 대물림에 의한 편차에 대해서는 본인의 선택이나 노력이 전혀 작용하지 않은 것이라는 점에서 정당성을 인정하기 어렵다.

이러한 까닭으로 진보적 자유주의의 입장에서는 일반적으로 시장경제에서 나타나는 일차적 분배(시장소득 분배)의 불평등이 분배 정의가 허용하는 불평등보다 훨씬 크고, 따라서 국가의 개입에 의한 소득의 재분배가 필요하다고 본다. 특히 인적자본에 대한 투자가 개인의 책임으로 돌아가면 부의 대물림이 강화될 뿐만 아니라 사회적으로 효율적인 인적자본 투자가 달성될 수 없다. 따라서 기본적인 보육 및 교육과 건강에 대한 지출은 개인소득에서 감당하지 않고 공공재정이 감당하는 것이 당연한 것이다.

---

[3] 사실 능력도 상당 부분 타고난 것이기 때문에 능력주의도 올바른 분배 정의는 아니라는 것이 진보적 자유주의의 입장이다. 그러나 이런 식이라면 노력하는 것도 타고난 성격이나 양육 환경 등 본인의 선택과는 관계 없이 결정된 것이라고 볼 수 있기 때문에 너무 극단적으로 가면 곤란하다.

현실 시장경제의 분배 시장경제는 자원을 결과가 좋은 쪽으로 집중시킴으로써 '부익부 빈익빈'에 의한 분배의 양극화를 초래하는 경향이 있다. 반면에 특정한 자산이나 노동에 대한 보상이 높아지면 공급이 팽창해 보상이 내려가고 보상이 낮아지면 수요가 팽창해 보상이 높아지는 식으로, 마치 물이 '높은 곳에서 낮은 곳으로' 흐르듯이 평준화를 이루는 경향도 존재한다. 고임금 지역에서 저임금 지역으로 공장 이전이 일어나는 것이 비근한 예다. 그렇기 때문에 시장경제가 원리상 분배를 특정한 방향으로 규정짓는다고 말하기는 어렵다. 그런데 현실의 시장경제는 추상적으로 존재하는 것이 아니라 역사적으로 존재하는 것으로서 제반 역사적 조건에 따라 분배의 향배가 결정된다.

첫째, 토지와 자본 등을 비롯한 자산의 분배가 역사적으로 어떻게 형성되었느냐가 중요하다. 소수 특권계급에 의한 부의 집중이 역사적 유산으로 내려온 경우와 중농계층이 발달한 경우가 다를 것이다. 우리나라처럼 토지개혁이 실시되어 자산 분배의 형평성이 크게 제고되는 경우도 있다. 공교육에 대한 투자로 평등한 교육 기회를 제공하는 것은 인적자본의 분배를 고르게 하는 데 결정적인 중요성을 가진다.

둘째, 현대의 시장경제가 대부분 그런 것처럼 자본주의로 구현될 경우 자본주의의 속성에 따르는 양극화 경향성이 나타난다. 마르크스는 자본의 집중화 경향과 아울러 노동계급의 빈곤화 경향을 예측했는데, 전자는 대체로 현실화되었으나 후자는 대체로 빗나간 예측이 되었다. 자본주의가 발달한 선진국에서는 산업예비군의 소멸, 대중민주주의의 발전에 따른 사회복지의 발달, 그리고 노동조합의 강화 등에 따라 노동생산성 증가에 상응하는 실질임금의 상승이 이루어지게 되었다. 하지만 지난 30년간 미국의 예에서 보듯이 재분배 정책과 노동조합이 후퇴하면 실질임금의 정체가 나타날 수도 있다. 제3세계에 저임금 노동력이 거의 무한정으로 존재하기 때문이다.

셋째, 시장경제가 단순히 시장 논리로만 움직이는 것은 아니다. 교과서에 나오는, 정치를 떠난 모형과도 같은 시장이란 현실에 존재하지 않는다. 정치권력의 성격에 따라 분배가 많은 영향을 받는 것은 불문가지다. 최근 한국이나 미국에서 본 바와 같이 재계나 금융계의 소수 엘리트에 의해 정치권력이 상당부분 포획되는 경우 부의 집중이 일어나는 것은 당연한 결과다. 반대로 북유럽을 위시한 사회민주주의 체제에서는 시장경제라고 하더라도 노동자 권력이 정부에 많은 영향을 주기 때문에 강력한 재분배에 의해 불평등이 줄어든다. 시장경제 혹은 자본주의에도 제도적 특성에 다라 다양한 종류가 있다(Hall and Soskice 2001). 그 결과 시장경제에서의 소득분배도 천차만별이다. 지니계수로 특정한 불평등도가 0.3 이하인 매우 평등한 시장경제도 존재하고, 반대로 0.4 혹은 0.5를 상회하는 매우 불평등한 시장경제도 존재한다.

3) 분배의 사회적 기능

분배와 행복 경제학에서는 전통적으로 소득 수준의 향상을 삶의 질을 향상시키는 가장 결정적인 요인으로 간주해왔다. 근대경제학은 공리주의에 입각한 효용 극대화 가정에서 출발하며, 효용은 소비의 함수이고 소비는 소득이 있어야 하는 것이다. 따라서 근대경제학에 의하면 소득의 증가, 곧 경제성장이 효용을 증대하고 행복도를 높이는 첩경이다.[4] 이를 반영해 대부분의 국가들은 경제성장을 핵심적인 국가 목표로 설정하고 있다.

실제로 각국의 행복도를 비교해보면 소득수준이 증가함에 따라 행복도가 상승하는 것을 확인할 수 있다. 그러나 1인당 국민소득이 일정한 수준을 넘어서면 더 이상의 소득 증가가 행복도나 삶의 질 향상에 별다른 영향을 미치지 못한다는 것이 밝혀졌다. 이러한 분기점이 되는 소득수준을 리처드 이스털린은 7천 달러, 리처드 레이아드는 1만 5천 달러, 그리고 리처드 윌킨슨과 케이트 피케트은 2만 달러로 각각 제시하고 있다(Easterlin 1974; Layard 2005; Wilkinson and Pickett 2010). 각 주장이 제기된 시점이 달라서 액수에 큰 차이가 나타나지만, 그동안의 물가 상승을 고려하면 사실 엇비슷한 실질소득 수준을 가리키고 있다.

일정 수준 이상의 소득 증가가 행복도를 증가시키지 않는 까닭에 관해서는 여러 가지 가설이 존재하지만 가장 중요한 것으로 꼽히는 것은 적응 효과adaptation다. 기본적 필요와 욕구가 충족된 이후에는 소비 증가에 의한 행복감은 일시적으로 존재할 뿐이고 이내 새로운 소비수준에 적응이 되면서 사라진다는 것이다. 부유한 국가들을 비교해보면 소득의 수준이 아닌 분배의 형평성(낮은 불평등도)이 행복도를 증진시킨다는 결과가 나온다. 행복감을 결정하는 데 절대적인 소비수준보다 상대적 비교가 더 큰 영향을 미치기 때문이다(Layard 2005).

최근에는 삶의 질을 측정하는 수많은 사회지표가 소득 불평등도와 밀접한 상관관계를 지닌다는 주장이 제기되고 있다. 대표적인 예로 윌킨슨과 피케트는 국가들 사이의 비교나 미국과 캐나다의 주들 사이의

---

4 최근 경제학에서 행복에 관한 연구가 활발하다(Frey and Stutzer 2002). 주로 심리학자의 연구 대상이었던 행복에 대해 경제학자들도 관심을 가지게 되었다. 근대경제학의 철학적 기초인 공리주의의 목표는 '최대다수의 최대행복'이다. 이런 면에서 경제학이 행복을 연구해야 하며, 또한 주관적 행복은 복지의 중요한 요소라고 볼 수 있다는 것이다.

비교를 통해서 각종 사회지표와 불평등도 사이의 높은 상관관계를 보여주고 있다(Wilkinson and Pickett 2010). 사회지표로는 사회적 신뢰 수준, 정신병, 기대 수명, 유아사망률, 비만율, 교육 수준, 십대 임신, 살인, 수감률, 사회적 이동성 등을 분석하는데, 불평등이 낮을수록 삶의 질은 높다는 결과가 일관되게 나온다. 더욱 놀라운 사실은 불평등도가 낮을수록 저소득층의 삶의 질이 높고 평균적인 삶의 질도 높을뿐더러 심지어 고소득층의 삶의 질까지 더 높아진다는 것이다. 예를 들어 정신병 발생률, 비만율, 수감률 등은 불평등이 높으면 모든 소득계층에서 더욱 높은 것으로 나왔다.

소득분배의 불평등을 축소하는 것이 행복도나 삶의 질을 향상시키는 열쇠가 되는 이유에 대해서는 아직 충분하게 연구되지 않았다. 개인의 심리 상태와 사회구조 사이의 상호작용에 그 원인이 있을 것이다. 윌킨슨과 피케트에 따르면, 불안, 자존감 결여, 스트레스 등이 부유한 나라들에서 증가하고 있으며 불평등이 높을수록 이런 문제가 심하다고 한다.

분배와 민주주의 만약 시장경제의 결과가 소수 엘리트에 의한 부의 독점으로 나타나면 민주주의를 위협할 것이다. 부를 독점한 소수 엘리트가 특권계급이 되어 민주주의의 발달을 저지하거나 민주주의를 왜곡시킬 가능성이 높다. 경제적 불평등을 제한하고 축소시키는 것은 민주주의의 발달을 위해서 반드시 필요하다. 22개 국가를 대상으로 한 프레데릭 솔트의 실증 연구에 따르면 일반적으로 소득 불평등이 높아지면 최상위 엘리트층을 제외한 나머지 대중의 정치 참여가 저하된다(Solt 2008). 엘리트층은 우월한 자원을 동원해 자신의 이해관계를 관철시키고 정치적 논의의 의제를 선정하는 데도 막대한 영향력을 행사하고, 결과적으로 저소득층은 정치 참여가 무의미하다고 느끼게 되어 투표율이나 정치적 논쟁에 대한 참여 등이 저조해진다는 것이다. 한마디로 경제력 집중은 권력의 집중을 낳고 민주주의를 위협한다.

최근 미국 경제가 이러한 문제를 잘 드러내고 있다. 1980년대 이후 미국 경제에서 최상위계층으로 소득과 부의 집중이 일어난 것은 잘 알려진 사실이다. 최근에는 상위 1%가 전체 소득의 24% 가량을 차지하고, 그중에서도 최상위 0.1%가 전체 소득의 10% 가량을 가져갈 정도로 분배가 악화되었다. 이것은 과거 대공황 이전 강도 귀족Robber Baron의 시대 혹은 약탈자본주의 시대에 버금가는 극심한 불평등이다. 이렇게 불평등이 심화된 원인에 관해서 무수한 논의가 있지만, 가장 유력한 가설로 이른바 기업 정치corporatocracy가 지목되었다. 1980년대 이래 전개된 신자유주의 시대에는 정치에 대한 대기업의 영향력이 대폭 강화되어 정부 정책과 사회문화 전반에 걸쳐 다양한 변화를 가져왔고, 이것이 분배의 악화로 귀결되었다는 것이다(Noah 2010; Ferguson 2011).

이렇게 경제력이 집중된 결과 민주주의가 후퇴하는 현상이 나타났다. 크루그먼은 "만약 이 나라에 미국 정부를 소유할 수 있을 만큼의 부자들이 있다면 그들은 실제로 정부를 손아귀에 넣을 것이다"라고 한 1913년 우드로 윌슨 대통령의 말을 인용하면서, 최근에도 미국의 소득 불평등 심화가 정치의 부패와 타락으로 이어지고 있다고 주장한다(Krugman 2007). 그는 엄청난 고액 연봉을 받는 헤지펀드 매니저들이 대부분의 소득을 최고세율이 35%인 소득세가 아니라 15%의 세율이 적용되는 자본이득세에 따라 과세하는 2007년 법안을 하나의 예로 들고 있다. 클린턴 정부의 노동부 장관을 지낸 로버트 라이시도 기업의 영향력 확대로 자본주의는 강화되고 민주주의는 위축되었다고 지적한다(Reich 2007). IMF 부총재를 지낸 사이먼 존슨도 금융위기와 구제금융 사태를 보면서 월가의 금융자본이 미국 정치를 좌지우지하는 '조용한 쿠데타quiet coup'가 일어나 '월가-워싱턴 유착Wall Street-Washington Corridor'이 형성되었다고 주장한다(Johnson 2009).

우리나라의 경우도 기업 정치, 금권정치의 문제는 심각하다. 재벌의 성장과정이 정경유착으로 얼룩져있다. 김대중 정부는 민주주의와 시장경제의 병행 발전을 주창하면서 정경유착의 종언을 고했지만, 그것으로 재벌의 과도한 영향력이 차단된 것은 아니었다. 최고 권력층과 재벌 총수가 직접 뇌물과 특혜를 주고받는 적나라한 정경유착은 억제되었지만, 정부와 사회에 대한 재벌의 영향력은 오히려 과거보다 더 확대되고 있다. 행정부의 정책 결정과 입법부의 입법 활동, 사법부의 법 집행에 이르기까지 재벌의 힘이 과도하게 영향을 미치고 있으며, 언론을 비롯해서 학계와 문화계에 이르기까지 막강한 영향력을 과시하고 있다. 소위 '현대공화국'이니 '삼성공화국'이니 하는 말이 나올 정도가 되었다. 단적으로 '삼성 X파일 사건'과 김용철 변호사의 폭로는 재벌이 민주주의를 어떻게 공중 납치해 왜곡하는지를 보여주었다.

2. 경제성장과 분배의 관계

1) 분배가 경제성장에 미치는 영향

소득분배와 자본축적 분배가 경제성장에 미치는 영향에 관한 고전적인 논의들은 소득분배가 자본축적에 영향을 미쳐 결국에는 경제성장에 영향을 주게 되는 경로에 주목한다. 여기서 소득분배는 통상 기능적 소득분배, 즉 임금 몫과 이윤 몫 사이의 분배를 지칭한다. 하지만 임금 몫의 증가는 일반적으로 가구별 소득분배의 불평등도를 낮추는 경향이 있으므로, 간접적으로는 가구별 소득분배와 자본축적의 관계에 관한 이론으로 볼 수 있다.

자본주의에 대해 비판적이었던 마르크스나 케인스가 분배와 성장 간의 상충이론을 전개한 것은 자연스러운 일이었다. 마르크스는 고전적인 생계비 임금 가설에 따라 임금은 모두 소비되고, 저축은 이윤에서 나온다고 보았다. 이 논리에 따르면 노동시장이 포화 상태에 이르러 임금이 상승하게 되면 이윤 몫이 줄어들어 자본축적이 저하되고 따라서 경제성장이 지체된다. 반대로 임금 하락, 즉 분배의 악화는 자본축적과 성장을 증가시키는 역할을 한다. 케인스도 『평화의 경제적 귀결』이라는 저서에서 자본주의의 극심한 불평등이 정당화되는 유일한 이유는 고소득을 얻는 자본가들이 이를 소비하기보다는 저축하고 투자함으로써 성장을 가져오기 때문이라고 주장했다(Keynes 1995). 이러한 인식이 니콜라스 칼도어 등 여러 케인스학파의 학자들에 의해 발전되었다(Kaldor 1957). 이윤 몫이 높으면 고소득자의 소득이 커져서 저축이 증가하기보다 개인에 비해 기업의 저축(내부 유보)성향이 높기 때문에 저축이 증가한다는 새로운 주장도 제기되었다(Passinetti 1962). 이뿐만 아니라 이윤 몫의 증가는 투자 유인의 강화를 의미하기 때문에 자본축적이 가속화될 수 있으며, 따라서 분배와 성장 간에 상충 관계가 존재한다는 것이다.

이와 유사하게 임금과 소비, 이윤과 저축의 연결 고리에 주목하면서 결론은 정반대로 내리는 이론이 바로 저소비 이론 underconsumptionist theory

이다.[5] 이 이론에 따르면, 이윤 몫의 증가, 즉 분배의 악화가 저축률의 증가를 가져오지만 그것은 바로 소비 수요의 하락을 의미하기 때문에 유효수요의 부족과 공급과잉으로 나타나고, 이는 곧 투자를 저하시켜 성장을 낮춘다는 것이다. 이는 바로 케인스가 말한 '절약의 역설paradox of thrift'을 동태적인 이론으로 전환시킨 것이라고 할 수 있다. 요제프 스타인들이나 폴 스위지는 이러한 이론에 입각해 현대 독점자본주의가 이윤 몫을 증가시키고, 이는 결국 자본가들에게 성장률 저하라는 부메랑이 되어 돌아올 것이라고 주장했다.

로버트 솔로우가 개발한 신고전파 성장론에서는 분배가 중요한 변수로 취급되지는 않는다(Solow 1956). 그러나 정상상태steady state에 이르는 과정에서는 저축률이 성장률을 결정하는 주요 변수이고, 저축률은 소득분배의 영향을 받게 된다. 단지, 마르크스나 케인스주의 전통에서는 기능적 소득분배에 주목하지만, 신고전파에서는 소득의 원천과 상관없이 상대적 소득수준과 저축률의 관계에 주목한다. 일반적으로 가난한 가계의 저축률은 낮고 부유한 가계의 저축률은 높기 때문에 소득분배가 불평등할수록 저축률과 성장률이 높아진다는 결론이 나온다.

소득분배가 저축률에 미치는 영향에 있어서 임금은 모두 소비되고 이윤에서만 저축이 이루어진다는 가설도, 고소득자일수록 반드시 저축성향이 높다는 가설도 지나친 단순화임이 틀림없다. 만약 고소득계층이 자기과시적인 사치성 소비에 몰두하는 경우에는 저축률이 높지 않을 수도 있다. 따라서 소득분배와 저축률의 관계는 궁극적으로는 주

---

[5] 이 이론의 대표적인 저작은 스타인들의 책이다(Steindl 1952), 홉슨(Hobson)과 스위지(Sweezy) 등도 유사한 주장을 펼쳤다.

어진 경제의 구체적 특성을 파악하는 경험적 연구에 따라서 결론을 내려야 할 문제다.

이론적으로 제기되는 또 하나의 문제는 저축률과 성장률의 관계다. 신고전파 이론에서처럼 완전고용을 전제로 하지 않는 한, 저축률의 증가가 반드시 투자의 증가 및 성장률의 증가로 이어진다고 볼 수는 없다. 오히려 단기적으로는 소비수요 감소에 의한 경기 침체의 가능성이 있는 것이 사실이다. 장기적인 경제성장을 다루는 데는 단기적인 수요 변동이 고려 사항이 아니라는 것이 신고전파의 주장이지만, "장기는 곧 단기의 연속에 불과하다"는 칼레츠키의 말을 상기한다면 성장이론에서도 결코 유효수요의 문제를 무시할 수 없다. 그러나 유효수요이론에 입각해서 보더라도 소비 수요의 감소가 반드시 투자 및 성장의 저하로 이어지는 것은 아니다. 투자에 대한 보상은 판매량와 더불어 단위당 마진에 의해서도 결정되기 때문이다(Marglin and Bhaduri 1990; You 1994). 결국 기능적 소득분배가 성장에 미치는 영향은 투자함수의 구체적인 형태에 따라 달라진다. 투자에 대한 '가속 효과accelerator effect'가 큰 경우에는 분배와 성장이 상호보완 관계를 이루며, '마진 효과margin effect'가 큰 경우에는 분배와 성장 사이에 상충 관계가 형성된다.

갈러와 모아브에 의하면 소득 불평등도와 경제성장의 관계는 경제발전 단계와도 관련이 있다(Galor and Moav 2003). 물적자본의 축적이 주된 성장 동력이 되는 경제발전의 초기 단계에서는 소득 불평등이 자본축적에 필요한 저축량의 증대를 통해 경제성장에 도움을 줄 수 있을지도 모르나, 인적자본의 축적과 기술혁신이 주된 성장 동력이 되는 단계에서는 소득 불평등이 원활한 인적자본 투자를 저해하고 기술혁신 여건을 악화시켜 성장 잠재력을 훼손한다는 것이다. 결론적으로 소득분배와 자본축적의 연결 고리는 각 경제에 있어서 저축함수나 투자함수의 구체적인 특성에 따라 다르게 나타날 수 있고, 인적자본 축적에 미치는 영향을 통해서도 다르게 나타날 수 있다. 선험적 이론만으로 결론을 내릴 수 없고 각 경제가 처한 상황과 특성을 구체적으로 파악해야 한다.

소득분배와 유인 구조 미시경제학 이론에 의하면 개인의 의사 결정은 유인 구조 structure of incentives에 의해 결정된다. 소득분배가 유인 구조에 영향을 미침으로써 특정한 경제적 행위를 유도하고 이로써 경제성장에 영향을 미칠 수 있다는 논리에 입각해 전개된 이론들을 살펴보자. 먼저 공급중시이론에 의하면 불평등도가 높을수록 고생산성 계층의 노동 유인이 강화되고 고소득층의 저축 및 투자 유인이 제고되어 결국 경제성장을 촉진한다. 이 논리는 부자 감세와 규제 완화의 논리로 흔히 활용된다. 하지만 지나친 불평등은 시장구조의 왜곡과 함께 발생하는 경우가 많아 오히려 근로 의욕을 저하시키는 등 유인 구조를 왜곡할 수도 있다. 보험이론의 관점에서 보면 보수가 생산성에 지나치게 민감하게 반응하면 불확실성이 높아지므로 위험 기피적인 경제주체들의 경제활동이 위축될 수도 있다.

소득분배와 경제성장의 연결 고리를 자본시장의 불완전성에서 찾는 이론들이 있다(Galor and Zeira 1993; Banerjee and Newman 1993; Aghion and Bolton 1997). 이들은 소득분배의 불평등이 인적·물적자본에 대한 원활한 투자를 저해하여 경제성장률을 낮춘다고 지적한다. 자본시장이 불완전해 인적자본 — 특히 자녀의 인적자본 — 에 대한 투자를 담보로 차입하는 것은 사실상 불가능하므로 신용 제약에 직면한 저소득층은 적정 수준의 교육 투자를 실행하기 곤란하다는 것이다. 한편 인적자본 축적에 한계수익체감의 법칙이 작용하기 때문에 분배가 악화하면 저소득층의 투자 감소 효과는 고소득층의 투자 증가 효과를 압도해 전반적 인적자본 투자가 감소한다는 것이다.[6] 나아가 학습 능력은 떨어지지만 고소득층의 자녀로 태어난 사람들에게는 과잉투자가 일어날 수 있고, 학습 능력은 뛰어나지만 저소득층에 속한 사람에게는 과소투자가 발생해 인적자본 투자의 효율성을 저해할 수 있다. 물적자본의 경우에도 초기 부존자원의 분포에 불평등이 커지면 신용 제약에 직면한 소규모 기업가들은 최적 수준의 투자 계획을 실현시킬 수 없게 되므로 자본축적이 저해된다.

최근에는 소득 불평등이 금융위기를 유발할 수 있다는 이론이 제기되고 있다. 미국의 대공황 이전에 소득분배가 매우 불평등했으며, 지난 30년간 불평등도가 증가해 최근에는 불평등도가 대공황 이전 수준에 버금갈 정도에 이르렀고 이런 극심한 불평등에 이어서 2008년의 글로벌 금융위기가 발발했다는 사실에 착안한 이론이다. 나아가 소득 불평등도의 증가 패턴과 가계부채의 증가 패턴이 매우 흡사한 것도 이 이론의 근거가 되고 있다. 불평등의 증가는 고소득층의 과시적 소비와 더불어 중산층 이하의 흉내내기 소비를 초래한다. 소비자 금융의 발달로 중산층 이하 계층은 소득은 오르지 않아도 부채에 의존한 소비를

---

[6] 인적자본 축적의 한계수익체감은 두 가지 원인에서 비롯된다. 첫째, 인간 수명은 유한하므로 교육 기간을 늘림에 따라 교육의 과실을 누릴 수 있는 기간이 체감한다. 둘째, 교육의 양에 따른 한계적 학습 효과가 체감한다.

하게 된다. 이로써 소득 불평등의 증가가 오히려 가계 저축을 낮추고 가계 부채를 증가시키며, 금융 불안의 궁극적 원인이 된다는 것이다(Kumhof and Rancière 2010).

소득분배와 정책 형성 소득분배가 정치나 정책 형성 과정에 영향을 미침으로써 경제성장에 영향을 미치는 경로에 주목한 이론들도 있다. 근래에 가장 주목받고 있는 정치경제학적 접근의 이론들이다. 이러한 이론들은 모두 소득 불평등이 성장을 저해한다는 입장을 취한다.

소득분배가 물가상승률에 영향을 줌으로써 경제성장에도 영향을 끼치는 경로에 주목하는 이론으로는 갈등 인플레이션 이론conflict theory of inflation과 사회조합주의 이론theory of social corporatism이 있다. 갈등 인플레이션 이론은 남미에 많이 적용된 이론으로서 인플레이션을 사회 갈등의 산물로 파악한다(Rowthorn 1977; Ros 1989). 이에 따르면 불평등은 갈등을 심화시키고, 특히 소득에 대한 명목상의 지분 요구를 증가시켜 인플레이션을 가속화한다. 결국 통화 당국은 인플레 억제를 위한 긴축 정책을 사용할 수밖에 없고, 이로써 성장이 저하된다는 것이다. 사회조합주의 이론은 1980년대에 개발된 이론으로서 저실업·저물가를 실현한 나라들의 특징이 중앙집중적 임금 교섭을 핵심적 특징으로 하는 사회조합주의 제도임에 착안해, 중앙집중적 교섭은 노사 간의 전략적 협력을 가능하게 함으로써 물가 상승을 통제할 수 있다고 주장한다(Bruno and Sachs 1985).

자산분배가 나쁘면 소득분배가 나빠지고 재분배에 대한 정치적 압력이 거세진다. 그런데 자산 재분배는 정치적으로 어렵기 때문에 비효율적인 조세에 의한 소득 재분배를 추진해 결국 성장률의 저하를 초래한다는 주장이 있다(Alesina and Rodrik 1994; Persson and Tabellini 1994). 각종 조세의 왜곡 효과로 투자수익률이 저하된다는 이들의 주장과 더불어, 소득 불평등도가 높아질 경우 사회·정치적 불안정성이 높아져 소유권 보장에 대한 믿음이 줄어들게 되므로 투자의 기대수익률이 하락한다는 주장도 제기되었다(Alesina and Perotti 1996). 그러나 페로티의 실증 분석에 의하면 조세 증가가 성장을 저해하는 경로는 확인되지 않으며, 오히려 재분재가 성장을 촉진하는 것으로 나타난다(Perotti 1996).

분배의 불평등은 정치적 상황에 따라 다양한 형태의 정책 왜곡을 초래하고, 그리하여 경제의 효율성과 성장을 저해한다. 가장 심각한 경우는 경제적 양극화가 특권층의 영향력을 비대화하여 경제 전체에는 나쁘더라도 특권층에게는 유리한 정책이 추진되는 경우다. 이러한 정책 왜곡이 남미의 발전을 가로막은 결정적인 원인으로 흔히 제시되고 있다. 우리나라에서 재벌과 토건土建 세력에게 유리한 정책들이 반복되는 것도 이러한 예로 볼 수 있다. 정책 왜곡의 한 형태가 이른바 포퓰리즘이다. 높은 불평등이 저소득층을 위한 재정지출 팽창을 유발하는 한편 고소득층은 세부담 증가를 회피하는 경우 재정적자와 물가 상승으로 인한 거시경제 불안이 나타난다(Sachs 1989).

역사적 경험과 실증 분석 아래에서는 소득분배가 성장에 미치는 영향을 긴 역사의 흐름 속에서 파악해보고, 초기의 소득분배가 이후의 경제성장에 어떠한 영향을 주었는지에 관한 실증 분석을 소개한다.

18세기 초까지만 하더라도 북미와 중남미 간에 경제 수준은 유사했다는 것이 정설이다. 그런데 오늘날 북미는 세계에서 가장 부유한 경제를 자랑하고 있는 반면 중남미는 아직도 빈곤과 빈발하는 경제위기에 시달리고 있다. 무엇이 이러한 차이를 만들어냈을까? 과거의 통설에 의하면 북미의 경제적 성공은 영국식 법 제도의 산물이고, 중남미의 실패는 스페인식 법 제도에 기인한다고 한다. 그러나 이러한 가설은 남북전쟁 이전의 미국 남부나 자메이카 등의 경우는 영국식 법 제도에도 불구하고 중남미형 경제적 낙후를 면하지 못했다는 사실과 상충된다.

그래서 새롭게 제기된 이론은 북미와 중남미 사이의 경제적 격차 확대의 근본 원인을 중남미의 양극화에서 찾고 있다(Sokoloff and Engerman 2000). 대토지 소유에 입각한 플랜테이션 농업이 발달한 지역에서는 대다수 국민들은 노예적 착취에 시달렸고, 이는 특권층에게는 한없이 좋은 제도였지만 중산층을 기반으로 제조업을 발전시킨 지역에 비해 경제 전체는 낙후되었다는 것이다. 이들 특권층은 자신들의 특권을 유지하는 데만 급급했지 대중교육을 실시한다든지, 사회간접자본 시설에 투자한다든지, 경제발전을 위해 매우 효과적이지만 노동 착취에는 유리하지 않은 정책은 시행하지 않았다. 중남미뿐 아니라 대부분의 식민지에서 유사한 상황이 벌어졌고, 불행하게도 식민지 본국에서 독립한 대다수 신생국가들은 소수 엘리트에 의해 정책이 좌우되면서 양극화된 경제구조를 그대로 유지했다. 이것이 수많은 개도국들이 '후발자의 이익'을 실현하지 못하고 경제적 낙후에서 벗어나지 못하고 있는 근본 원인이다(Scott 2001).

반면에 20세기 후반에 동아시아 국가들이 고도성장을 할 수 있었던 중요한 원인은 토지개혁 등에 따른 소득분배의 형평화였다. 일본, 한국, 대만은 사회주의혁명이 없이 철저한 토지개혁을 한 예외적인 경우였고, 홍콩과 싱가포르는 도시국가로서 심각한 토지 소유의 불평등 문제가 없었다. 싱가포르는 그나마 토지를 대부분 공공 소유로 남겨뒀다. 개혁 개방 이후 급성장하고 있는 중국과 베트남은 공산혁명으로 토지 문제를 해결한 경우다.

한편 1990년대 이후 다양한 실증 분석이 소득 및 부의 불평등이 경제성장에 부정적인 영향을 미친다는 사실을 입증했다. 대표적인 연구 몇 가지만 소개한다. 페르손과 타벨리니는 56개국 자료를 이용한 실증 분석에서 최상위 20% 계층의 소득 비중을 7%(1 표준편차) 늘릴 경우 평균성장률이 0.5% 가량이 하락함을 보여주었다(Persson and Tabellini 1994). 알레시나와 로드릭은 70개국의 자료를 이용한 분석 결과 토지 소유의 지니계수를 1 표준편차만큼 늘릴 때 1인당 국민소득 증가율이 매년 0.8% 하락한다는 것을 발견했다(Alesina and Rodrik 1994). 이외에도 소득 불평등과 경제성장 간에 음의 상관관계가 존재함을 보여주는 많은 연구들이 나왔다(Clarke 1995; Perotti 1996).

2) 경제성장이 분배에 미치는 영향

성장의 유형과 소득분배 경제성장의 유형에 따라 성장 과정에서 분배가 불변, 악화, 개선의 양상을 보일 수 있다. 이를 각각 분배중립적 성장, 양극화 성장, 분배친화적 성장이라고 부른다. 일반적으로 고생산성 부문이나 고소득층에게 성장이 집중되는 경우에는 양극화 성장이 발생한다. 반면 저생산성 부문이나 저소득층에 성장의 혜택이 많이 가는 경우에 분배친화적 성장이 일어난다. 일례로 소득이 낮지만 평준화된 전통적인 경제에서 근대적 고생산성 부문이 점진적으로 팽창하는 경우를 생각해볼 수 있다. 이때 성장의 초기에는 저소득층의 일부가 고소득층으로 전환되면서 과거에는 없던 소득 불평등이 발생한다. 근대적 부문이 작을 때는 이의 팽창은 곧 고생산성 부문에 성장이 집중되는 것이므로, 이 과정에서 불평등도(지니계수)가 점차 증가한다. 그러나 근대 부문이 일정한 비율을 넘어가면 고소득층이 다수가 되면서 근대 부문의 지속적인 팽창에 의한 성장은 분배친화적으로 바뀐다. 이제는 성장의 혜택이 저소득층에게 집중되는 셈이기 때문이다. 이렇게 성장이 분배에 미치는 영향은 성장의 내용과 형태에 따라 매우 다르게 나타날 수 있다.

성장이 최선의 분배정책이라는 주장이 흔히 제기된다. 이는 곧 분배친화적 성장을 전제로 하는 것이다. 분배친화적 성장의 대표적인 사례는 성장이 충분한 일자리 창출로 이어지는 경우다. 특히 저숙련 노동에 대한 수요가 증대되면 이들의 임금이 상승하면서 분배가 개선될 것이다. 노동집약적인 산업이 경제성장을 견인하는 경우나 노동 사용을 고취하는 방향으로 기술 변화가 일어날 때 이러한 효과가 발생한다. 이와는 반대로 자본집약적인 산업의 성장 혹은 노동절약적인 기술 변화 등에 의해 성장에 따른 고용 창출이 미흡한 경우도 있다. 소위 '고용 없는 성장jobless growth'이 이루어지는 것이다. 이러한 성장은 분배를 악화시키는 양극화 성장이다. 성장의 유형에 따른 분배 효과를 고려하지 않고 무조건 성장이 최선의 분배정책이라면서 성장우선주의에 빠지게 되면 분배는 오히려 악화되기 쉽다. 이 경우 흔히 성장을 제고하기 위한 수단으로 분배를 악화시키는 정책을 동원하기 때문이다.

서구의 역사적 경험 쿠즈네츠는 서구의 근대적 성장 경험에 대한 역사적인 연구에 입각해서 근대적 경제성장의 초기에는 소득분배가 악화되는 경향이 있고, 경제성장이 일정한 단계를 넘어서면 성장과 함께 분배가 개선되는 경향이 있음을 발견했다(Kuznets 1965). 이를 소위 뒤집어진 U 곡선inverted-U curve 또는 쿠즈네츠 곡선이라고 한다. 근대화 초기에 불평등이 증가하는 까닭은 위에서 예시한 것처럼 근대 부문의 초기 팽창에 따른 것이다. 이후 산업화와 도시화가 진전되면서 산업예비군이 사라지고 노동의 희소성이 증대된다. 나아가 경제발전과 함께 대중민주주의가 발전하면 분배를 개선하는 정책들이 시행된다. 특히 대중교육과 복지정책이 중요한 역할을 한다. 노동조합의 발달도 불평등 감소에 기여한다.

하지만 이러한 서구의 경험이 개도국에 일반적으로 적용되는 것은 아니다(Fields 2001). 개도국의 성장에 따른 분배 변화를 보면 나라마다, 시기마다 다른 양상이 나타난다. 개도국을 포함해서 국제 비교 분석을 하면 쿠즈네츠 곡선이 흔히 나타나는 것은 사실이다. 그러나 이는 소득이 중간 수준이면서 불평등이 극심한 라틴 아메리카 국가들 때문에 나타나는 착시 현상이다. 소위 라틴 효과Latin effect를 제외하고 나면 특별한 패턴을 찾기 어렵다.

대공황과 2차 대전을 겪으면서 서구 선진국들의 소득 불평등이 대폭 축소되었다. 이를 대압착Great Compression이라고 한다. 그러나 1980년대 이후 영미권 국가들에서는 다시 불평등이 크게 증가했다(Atkinson et al. 2011). 2차 대전 이후 전후 복구를 마치고 1970년대 초에 경제위기가 도래하기까지의 기간을 흔히 자본주의의 황금기라고 부른다(Marglin and Schor 1990). 세계경제가 다른 시기에 비해 매우 우월한 성과를 보였기 때문이다. 특히 선진국들은 경제의 3대 목표라고 일컬어지는 성장·분배·안정을 모두 달성했다. 선진국들은 복지국가에 의한 소득 재분배와 노동조합의 강화 등을 통해 대폭적인 빈부격차의 감소를 달성했다. 자본주의의 황금기는 포디즘Fordism이라고 불리는 대량생산·대량소비 체제 위에서 성립했다.[7] 생산체제 면에서는 소품종 대량생산을 함으로써 단위 비용이 하락해 급속한 생산성 향상을 이룰 수 있었다. 이러한 대량생산을 뒷받침한 대량소비는 분배 불평등의 축소에 의해 대중의 구매력이 꾸준히 향상되면서 이루어질 수 있었다.

황금기가 끝나고 1980년대부터 신자유주의 시대가 도래하면서 영미권 국가들을 중심으로 소득분배가 급격히 악화되었다. 세계화와 기술변화의 영향도 있었지만 독일이나 프랑스 등 많은 유럽 국가들이 분배 악화를 겪지 않은 것을 보면 그 영향은 제한적이었다. 오히려 부자 감세와 규제 완화 등의 정책 변화, 그리고 이와 맞물린 사회적 분위기의 변화가 큰 영향을 미친 것으로 보인다. 공급중시 경제학의 선전과 달리 신자유주의 경제정책은 불평등의 증가와 함께 성장률 상승이 아닌 하락을 초래했다(유종일 2007).

3) 한국의 성장과 분배

고도성장과 낙수 효과 한국은 과거에 개도국 중 비교적 소득분배가 고른 나라에 속했다. 그 가장 큰 원인은 본격적인 경제개발이 시작되기 이전의 특수한 역사적 상황이었다. 그리고 1960년대부터 고도성장이 이루어지면서 고용이 급속하게 확대되어 소위 성장에 따른 낙수 효과trickle-down effect가 작용했다.

---

[7] 포드자동차 회사는 1914년에 일당 5달러라는 당시로서는 파격적으로 높은 임금을 지불했다. 높은 임금으로 고생산성을 유도하고, 나아가 자동차를 소비할 수 있는 구매력을 갖추도록 하겠다는 계산이었다. 이러한 발상이 전체 경제 모델로 확대된 것을 포디즘이라고 부른다.

1960년대에 고도성장을 개시하기 이전에 이미 경제성장을 위한 대단히 유리한 여건이 마련되었고, 이러한 초기 조건은 분배의 불평등을 낮추는 요인으로도 작용했다. 해방 후 한국 경제에서는 대대적인 자산분배의 평등화가 이루어졌다. 토지개혁이 이루어졌으며 한국전쟁과 이에 따른 인플레이션으로 인한 실물자산과 금융자산의 파괴에 의한 자산의 하향 평준화가 이루어졌다. 토지개혁은 많은 농민들이 자식 교육에 투자할 수 있는 여건을 마련해주었다. 게다가 극도로 낮은 소득수준에도 불구하고 건국 초기부터 의무교육을 실시해 인적자본의 분배 또한 비교적 고른 편이었고, 교육시스템이 계층 상승의 주요한 통로가 되었다.

이렇게 유리한 초기 조건을 배경으로 1960년대의 고도성장은 실제로 동반성장의 양상을 띠었다(Ranis 1977). 노동집약적 수출산업을 중심으로 대단히 급속한 고용 창출이 이루어짐으로써 성장의 과실이 폭넓게 분배된 것이다. 1960년대 초에 20%에 육박했던 도시지역의 실업률이 한 자릿수로 떨어졌고, 도시지역 전체 고용의 2/3를 상회하던 비공식 부문도 절반 이하로 축소되었다. 분배와 관련한 박정희 정부의 정책은 전무하다시피 했고, 오히려 급속한 자본축적을 위해 노동자와 농민을 쥐어짜는 저임금·저곡가 정책을 시행했음에도 불구하고 이렇게 동반성장이 이루어졌다는 사실은 경제의 구조적 특성이 얼마나 중요한가를 반증하는 것이다.

1970년대에는 중화학공업화 정책에 의해 사정이 달라진다. 가용 자원을 자본집약적인 중화학공업에 집중 투입하면서 재벌은 고속성장을 이루었지만 수혜계층의 폭은 한정되었다. 투자재원 확대를 위해 인플레이션에 의한 강제 저축이 행해짐으로써 성장의 혜택이 반감되었고,

부동산 값이 폭등하면서 자산분배의 불평등이 심화되었다. 그래서 1970년대에는 고도성장에도 불구하고 분배의 불평등이 확대되는 양극화 성장이 발생한 것이다. 양극화를 비판하는 이들에게 정부는 아예 '선성장 후분배론'으로 응수했다. 1980년대에는 경제가 안정되고 중화학공업 분야의 수출이 '3저 호황'에 이르기까지 크게 확대됨으로써 고용 확대 효과에 의한 동반성장이 다시 한번 이루어졌다.

양극화 시대의 도래 고도성장을 지속하던 한국 경제는 1980년대 말, 1990년대 초에 이르러 자본축적의 조건이 변화하면서 잠재성장률이 현저하게 하락하기 시작했다. 이러한 변화에 적절하게 대응하지 못한 결과, 한편으로는 양극화 경향이 나타나기 시작했고, 다른 한편으로는 과잉투자와 외환위기가 일어났다. 외환위기로 인한 구조조정과 일련의 개혁 조치들은 양극화를 심화시키는 요인이 되었다. 흔히 외환위기를 양극화의 시발점으로 보고 이후 개혁 과정에서 도입된 신자유주의적 정책을 양극화의 원인으로 보는 경향이 있는데, 이는 사실과 부합하지도 않을 뿐더러 양극화의 구조적 원인에 대한 진단을 흐리게 할 위험이 있다.[8]

고도성장기 종언의 징후는 1980년대에 비해 1990년대 전반기의 잠재성장률과 자본생산성이 급격하게 하락한 데서 확인할 수 있다. 잠재성장률 하락의 기본적인 원인은 경제발전의 자연적 귀결로서 나타난 몇 가지 현상이었다. 인구증가율이 하락하고 노동시간이 단축되면서 노동

---

8 이 책의 7장에서는 1980년대에는 개선 추세를 보이던 여러 가지 분배 지표가 1990년대 초부터 악화하기 시작하는 사실을 보여주고 있다.

투입량의 증가율이 하락하기 시작했고, 산업화가 어느 정도 마무리되면서 선진국 기술 따라잡기에 입각한 후발국의 이익이 상당 부분 소진되었으며, 자본축적이 진행될수록 추가적인 자본 투자에 대한 수확체감의 법칙이 작용해 투자의 성장기여도가 점차 하락했다. 나아가 이 시기에는 정치 민주화로 인해 과거 자본축적 극대화에 입각한 고도성장을 뒷받침해주던 보완적 메커니즘이 무너졌다. 자본축적극대화는 노동탄압과 저임금에 기초해 있었다. 그런데 노동조합이 강화되고 실질임금이 급격히 상승하면서 이윤율이 하락했다. 또한 과거에는 급속한 투자 확대에 따른 부채 경영의 결과로 주기적으로 금융위기가 발생할 때마다 정부의 개입으로 기업을 살렸으나, 이러한 위기 해결 방식은 민주화 이후 활용되기 더 어렵게 되었다. 이것이 결국 1997년 아시아 금융위기 당시 한국 경제가 이를 피하지 못하고 위기로 빠져든 배경이다.

고도성장기의 종언과 더불어 분배구조에 변화가 발생했다. 동반성장이 끝나고 양극화 시대가 도래한 것이다. 이는 두 가지 핵심적인 구조적 변화에 기인한다. 첫째는 성장과 고용 간의 관계가 변한 것이다. 제조업 부문과 대기업의 고용 비중이 감소하기 시작하여 과거 핵심적인 분배의 메커니즘이었던 고용 창출에 문제가 발생했다. 제조업의 고용 비중이 감소하는 것은 경제발전 단계가 고도화되면 나타나는 탈산업화de-industrialization 현상이지만 한국의 경우에는 선진국들과는 달리 제조업의 생산 비중은 줄어들지 않았는데도 고용 비중만 급격히 감소했다. 1980년대 후반 '3저 호황' 시기에 노동시장은 완전고용에 가까운 포화 상태에 이르고 민주화에 따른 노동조합운동의 활성화로 실질임금이 급상승하고 노사 갈등이 증대함에 따라 대기업들이 자동화 설비에 과도하게 투자를 하거나 아웃소싱outsourcing을 확대하는 등 고용

회피 전략을 구사한 탓이다. 대기업들의 고용회피 전략은 다른 한편 비정규직 고용의 증대를 불러왔다.

또 다른 구조 변화는 재벌 대기업들에 의한 시장지배력 강화다. 재벌에 의한 경제력 집중과 시장 왜곡이 심화되어 고용의 절대 다수를 감당하고 있는 중소기업 부문이 갈수록 피폐화됨으로써 기업의 양극화가 심화되고, 이것이 소득의 양극화로 이어지고 있는 것이다. 1980년대 후반부터 재벌에 의한 경제력 집중이 강화된 배경으로는 1980년대 초중반에 추진된 금융자유화 정책에 따른 재벌들의 제2금융권 진출, '3저 호황'기의 중화학공업 수출 증대에 따른 이익 증가, 그리고 1990년대에 들어서서 정책 금융과 산업정책을 폐기하는 등 시장자유화 정책이 본격적으로 추진된 것을 들 수 있다. 시장자유화로 과거의 통제는 사라지는데, 이미 시장에서 지배적 위치를 구축한 재벌들에 대한 시장 규율은 제대로 부과되지 않았기 때문에 이들의 문어발식 확장과 규모 확대 경쟁에 고삐가 풀린 것이다. 이로 인한 과잉투자와 부실이 외환위기의 중요한 배경이 되었다.

1997년에 발생한 외환위기는 양극화 문제를 심화시켜 한국 경제 최대의 문제로 부각시키는 계기가 되었다. 당시 인력 조정 위주의 구조조정이 이루어지면서 금융권, 재벌 기업, 공공 부문 등 이른바 '좋은 일자리'들이 대거 없어졌고, 예기치 않은 조기 퇴직자들이 생계 대책으로 창업에 나서면서 자영업이 급팽창하게 되었다. 자영업 부문의 과당경쟁으로 영세 자영업자들이 빈곤화되었다. 대기업의 고용이 감소하는 가운데 비정규직이 급격히 늘어나는 고용구조의 악화가 진행되었고, 정규직과 비정규직 사이의 임금격차는 확대되어갔다. 재벌의 경제력 집중 문제도 악화되었다. 외환위기 직후에 구조조정을 거치면서 일시적으로 경제력 집중이 약화되었지만 2000년 이후에 개혁이 후퇴하면서 경제력 집중이 재가동되었다. 특히 이명박 정부 아래서는 친기업 정책, 규제 완화의 바람을 타고 경제력 집중이 가속화되었다.

3. 성장과 분배의 선순환: 동반성장 5대 전략

1) 성장과 분배의 선순환 구조

성장과 분배의 선순환 구조를 만들기 위해서는 성장친화적 재분배 전략과 분배친화적 성장 전략이 함께 추진되어야 한다. 이 둘이 맞물려 돌아갈 때 선순환 구조는 완성된다.

성장친화적 재분배란 성장에 도움을 주거나 적어도 장애를 주지 않는 재분배를 말한다. 분배친화적 성장은 성장 과정에서 불평등이 감소하는 유형의 성장을 말한다. 분배친화적 성장을 하면 분배는 점차 개선될 것이다. 이는 재분배와는 달리 시장소득 분배 자체를 개선하는 것이다. 따라서 분배친화적 성장 전략은 재분배 전략에 비해 더욱 효율적이고 효과적일 수 있다. 그러나 일반적으로 분배친화적 성장은 재분배에 비해 정책의 효과가 나타나는 데 훨씬 더 많은 시간이 소요되고 정책 효과를 장담하기도 더 어렵다. 따라서 성장친화적 재분배 전략과 분배친화적 성장 전략을 동시에 추진하면서 이 둘이 상승작용을 일으키도록 하는 것이 바람직하다.

앞서 검토한 분배가 성장에 미치는 영향에 관한 다양한 이론들은 역사적 초기 조건으로서의 불평등의 효과를 논하는 것이어서 직접적인 정책적 함의를 가지는 것은 아니다. 물론 자산의 재분배를 통해서 초기 조건을 변경시키는 것도 가능하지만 급격한 자산 재분배는 특수한 정치적 상황이 아니고서는 시행하기 어려운 정책이다. 분배의 개선을 위해 소득 재분배 정책을 사용하는 경우에는 위에서 검토한 여러 이론들이 그대로 적용되지는 않는다. 하지만 몇몇 이론들은 재분배에 의한 불평등의 축소에 관해서도 뚜렷한 함의를 가지고 있다. 특히 인적자본 투자와 유효수요이론이 여기에 해당한다. 소득 재분배 혹은 복지정책은 건강과 교육 수준 및 직업훈련의 향상 등 인적자본의 질을 높여서 생산성을 증가시키는 효과를 나타낼 수 있다. 예를 들어 미국의 경우 계층 간 학자금 이용 가능성을 완전히 평등하게 할 경우 장기균형 GDP 수준이 3.2% 증가할 것으로 추정되기도 했으며(Fernandez and Rogerson 1998), GDP의 6%를 재분배 — 상위 30% 소득계층이 하위 70% 계층을 지원하는 방식 — 에 사용할 경우 주로 하위계층의 인적자본 투자 증가에 힘입어 미국의 장기 경제성장률이 0.5% 상승할 것이라는 추정도 제시된 바 있다(Benabou 2002). 소득 재분배는 또한 내수를 진작해 경기 부양의 효과도 가질 수 있다. 추가적으로 소득 재분배가 삶의 안정성을 확보해줌으로써 원만한 구조조정을 가능하게 하는 효과도 기대할 수 있다.

하지만 재분배 정책이 성장에 긍정적인 영향만을 미치는 것은 아니다. 오히려 전통적인 경제이론에서는 부정적인 영향을 강조한다. 고소득자에게 세금을 많이 걷어서 저소득층에게 혜택을 주게 되면 노력과 보상 간의 관계가 약화되는 만큼 근로 의욕의 저하 혹은 노동 공급의 축소를 초래할 수 있다. 소위 '복지병'의 문제다. 사회주의식으로 무조건 동일한 배급을 받는다면 열심히 일할 유인이 사라지고 효율성이 크게 저하될 것은 명백하다. 또한 재분배가 복지 서비스 혜택으로 이루어질 때 과소비를 유도해 자원을 낭비할 수도 있다. 예를 들어 무상의

료가 과도한 의료 소비를 부추길 수 있다는 것이다. 이렇게 소득 재분배가 유인 체계를 왜곡함으로써 발생하는 비효율성은 구체적인 제도의 설계에 따라 그 크기가 결정된다. 세금을 걷을 때에도 소득세, 재산세, 소비세에 따라 경제적 효과가 달라지고, 지출할 때도 근로 유인을 유지하고 과소비를 막기 위한 제도적 장치가 존재하는지 여부에 따라 결과가 달라진다.

따라서 경제에 대한 재분배의 총체적인 효과는 구체적인 재분배 제도를 하나하나 뜯어보아야 알 수 있는 문제다. 최종 결과는 얼마나 효율적인 제도를 설계하느냐에 달려있다. 재분배가 활발하게 이루어지는 선진 복지국가들의 경우 재분배의 성장 촉진 효과는 확대하고 부정적 효과는 최소화하는 방향으로 제도가 설계되기 때문에 재분배가 전반적으로 경제성장을 해치지 않은 것으로 평가된다(Lindert 2004). 일부 연구에 따르면 재분배 정책이 경제성장에 오히려 도움이 된다고 평가한다(Easterly and Rebelo 1993; Perotti 1996). 이들은 한계 및 평균세율, 다양한 사회보장 지출 등 재분배 정책 지표들과 경제성장률 간에 양의 상관관계가 존재함을 보여주고 있다. 이러한 연구 결과들은 적어도 현명한 제도 설계에 입각한 적절한 재분배 정책을 통해 경제성장을 촉진할 수 있는 가능성을 보여준다.

한편 분배친화적 성장을 가능하게 하는 가장 유력한 방법은 성장의 고용탄성치를 제고하는 것이다. 노동시장이 완전고용에 가까이 갈수록 임금소득이 증가하고 임금 분포도 평등화되는 경향이 있음은 잘 알려진 사실이다. 이외에도 분배친화적 성장을 가능하게 하려면 대기업과 중소기업의 가치 공유에 입각한 동반성장 체제를 확립하고, 지역균형발전이 이루어져야 한다.

아래에서는 한국 경제에 있어서 성장과 분배의 선순환 구조를 확립하기 위한 성장친화적 재분배 전략으로서 인적자본 투자 전략과 내수 확대 전략, 그리고 분배친화적 성장 전략으로서 고용창출형 성장 전략, 대기업과 중소기업 간의 동반성장 전략, 지역균형발전 전략 등 5대 전략을 제시하고자 한다.

2) 동반성장 5대 전략

① **인적자본 투자 전략** 보육 지원의 확대, 특히 믿고 맡길 수 있는 공공 보육 시설의 확충은 인생의 출발 시점에서 인적자본 투자를 더 평등하게 하는 데 기여할 것이며, 특히 출산율 제고를 위해서 필수적이다. 교육과 관련해서는 사교육비 문제, 대학 등록금 문제 등 교육 기회 평등의 문제를 해결하는 것이 중요하며, 아울러 시험 성적 위주의 주입식 교육을 문제해결능력과 창의력을 기르는 고급 교육으로 전환하는 것도 필요하다. 보건 의료와 관련해서는 보건소의 확충 등에 의한 예방의학의 확대와 건강보험의 보장성 증대가 열쇠다. 이러한 정책들에 관해서는 해당 분야의 전문가들에 의해 활발한 논의가 이루어지고 있으므로 더 자세한 논의는 생략하기로 한다.

재분배나 복지정책을 논의하면서 자주 언급되지 않지만 중요한 것이 직업능력 개발 혹은 인적자원 개발 정책이다. 이와 관련해서 국가 책임 아래 누구나 자신의 적성에 맞는 분야에서 전문 직업교육을 받을 수 있도록 하고, 평생교육 체제를 갖출 필요가 있다. 특별히 주안점을 두어야 할 분야들은 다음과 같다. 첫째, 고숙련 인력과 보완적인 관계를 가지면서 점진적 혁신 과정에서 핵심적인 역할을 하는 중간숙련 인력의 양성을 위해 실업교육의 개혁과 현장훈련 강화를 추진한다. 둘째, 직업능력 개발의 주도권을 기업이나 정부보다는 개인이 가지도록 평생학습권을 법적인 권리로 보장하고, 동시에 비정규직, 자영업자, 미취업 주부 및 청년층과 같은 고용보험 사업의 범위 밖에 있는 계층에 대해서는 일반회계에서 직업능력 개발을 지원해 비정규직 친화적인 전달 체계를 구축한다. 셋째, 노동시장 신규 진입자 – 재직 근로자 – 이직 예정자 – 실직자 등의 근로 생애 단계별 학습 체계를 구축해 개인의 고용 가능성과 기업의 경쟁력 강화를 확보할 수 있도록 한다. 넷째, 국가자격제도의 개편을 통해 학위와 자격의 연계 시스템을 구축하는 등 학교와 직장을 연계하는 직업능력 개발 정책을 추진해 직무·숙련·능력 단위 노동시장의 확대에 기여한다.

이러한 정책을 추진함에 있어서 적절한 제도적 인프라를 확충해야 하는데, 기본적으로 공공 부문의 역할과 책임을 강화해야 한다. 즉, 교육 훈련 서비스를 민간에게 위탁하는 방식보다는 공공 훈련기관이 더 적극적으로 수요자인 기업과 개인의 요구를 반영하는 방식으로 개편하는 등 정부가 스스로 책임질 수 있는 부문은 책임지면서 훈련 서비스의 기준과 질을 제고해야 한다. 업종별 숙련협의회Sector Council와 같은 방식으로 직업능력 개발을 위해 산업·지역별로 초기업적인 파트너십 체제를 구축하는 것도 바람직하다.

② **내수 확대 전략** 소득 재분배는 소비성향이 낮은 계층에서 소비성향이 높은 계층으로 소득을 이전함으로써 전체적인 소비 수요를 증대시키는 효과를 갖는다. 나아가 저소득층은 고소득층이 즐기는 해외 소비나 값비싼 외제 물품을 소비하지 않기 때문에 내수 진작 효과가 추가적으로 발생한다.

재분배의 내수 확대 효과를 제대로 실현하기 위해서는 다른 정책들이 일관성을 유지해줄 필요가 있다. 예를 들어 수출산업을 위해 인위적인 고환율 정책을 실시한다면 이로 인한 내수 위축 효과 때문에 재분배의 내수 확대 효과는 상쇄될 것이다. 마찬가지로 경기 부양을 위한 유효수요 확대 정책을 펼칠 때에도 재정 투입 대비 내수 확대 효과가 극대화되는 방식을 취할 필요가 있다. 감세보다 재정지출이 효과적이고, 감세도 부유층 감세보다 서민층 감세가 효과적이며, 재정지출도 토건사업 위주로 하면 경기부양 효과가 제한적이라는 점 등을 유의해야 할 것이다.

③ **고용창출형 성장 전략** 첫째, 정부의 모든 정책에 대해서 고용 영향 평가를 실시하고, 모든 정책이 최대한 고용친화적으로 되도록 고용을 국정의 최우선순위로 삼아야 한다. 이와 관련해서 가장 중요한 것은 재정이다. 먼저 고용친화적 세제 개혁이 필요하다. 매년 투자세액 공제로 수조 원이 지출되고 있으나 고용에 대한 세제 지원은 미미한 수준에 그치고 있어서 사실상 기업이 자동화 설비에 투자해서 고용을 줄이는 것에 막대한 재정을 지원하고 있는 형국이다. 따라서 투자세액 공제를 고용세액 공제로 전환하는 등의 세제 개혁이 필요하다. 재정지출에서도 고용 효과를 중요하게 고려해야 한다. 특히 고용 창출이 미미한 대형 토목 사업을 대폭 축소하는 대신 고용유발계수가 높은 소규모 건설 투자를 확대하는 것이 바람직하다. 예를 들면 이중창 및 조명, 노후 수도관 교체 등 절전과 절수를 위한 시설 개선 투자, 식품 안전 관리, 석면 제거, 방재 시설 등 안전과 건강 증진을 위한 투자, 서민 주거지역 환경 개선 사업 등을 우선적으로 고려할 수 있을 것이다.

둘째, 중소·벤처기업의 활성화는 고용창출형 성장을 위한 핵심적 전략이다. 대기업은 글로벌 경영체제로 전환해 국내에서 고용을 줄이고 있는 실정으로서 대기업 위주의 성장은 '고용 없는 성장'으로 나타나고 있기 때문이다. 양질의 일자리를 많이 창출하기 위해서는 중소·벤처기업이 활성화되지 않으면 안 된다. 중소·벤처기업 육성을 시장 원리에 더 부합하는 방향으로, 시혜성 지원보다는 경쟁력을 강화하는 방향으로 개혁해야 한다. 대기업과 중소기업의 동반성장 관계의 구축도 중요한데, 이는 아래에서 따로 논의할 것이다.

셋째, 사회·공공서비스 분야의 고용을 공공 부문 주도로 확대하는 전략이 요구된다. 제조업의 생산성 증가에 따른 고용 감소는 불가피하므로 서비스 부문의 고용 창출이 절대적으로 필요하다. 그런데 서비스 부문에서 괜찮은 일자리들을 충분히 만들지 못하면 저생산성·저임금 일자리만 확대된다. OECD 국가들 중 압도적으로 사회·공공서비스 부문의 고용 비중이 낮은 우리 현실을 감안하면 이를 높이는 것은 대단히 유효한 고용 창출 전략이 될 수 있다.[9] 이는 시장의 실패에 대한 정부의 적극적 대응이라는 관점에서 공공 부문 주도로 추진하는 것이 바람직하다. 특히 '사회적 일자리'와 같은 저임금 노동이 아닌 임금이나 안정성 면에서 괜찮은 일자리가 창출되어야 한다. 이명박 정부도 간병, 돌봄, 보육, 장기 요양, 지역사회 서비스 등 사회 서비스 일자리 창출 방안을 발표했지만 민간 주도의 육성 방안이어서 고용 창출의 양이나 질에 대한 보장이 없다.

---

9 예를 들어 2009년을 기준으로 보건복지 분야의 고용 비중을 보면 스웨덴은 16%나 되는 데 비해 한국은 겨우 3.2%에 불과할 뿐이다.

넷째, 지식경제 고도화 전략이 없이는 중장기적으로 경제가 지속적으로 성장할 수 없으며 따라서 괜찮은 일자리 창출이 불가능하다. 중장기적으로 경제가 지속적으로 성장하기 위해서는 지식자본과 인적자본의 향상에 의한 생산성 향상이 주된 성장 동력이 되어야 한다. 교육에 대한 투자 확대와 획기적인 교육개혁이 요구되며, 국가혁신시스템도 대학 개혁을 중심으로 재설계해야 한다. 모든 일자리를 최대한 지적 콘텐츠가 많이 들어가는 일자리로 만들기 위해 노력해야 한다.

다섯째, 성장의 고용탄성치를 높이기 위한 중장기적 정책이 필요하다. 그런 정책들 가운데 하나가 바로 노사 관계의 개선이다. 적대적 노사 관계는 기업들로 하여금 과도한 자동화 투자와 아웃소싱으로 가급적 고용을 최소화하려는 인센티브가 되고 있다. 따라서 고용 창출을 위해서라도 투명 경영과 상호 존중을 바탕으로 노사가 신뢰를 쌓고 협력적 관계를 발전시켜야 한다. 아울러 점진적인 노동시간 단축도 필요하다. 지속적 기술 발전과 생산성 향상은 일자리 감소를 가져오는 경향이 있어서 근로시간 단축을 통한 일자리 나누기가 요구된다. 그런데 우리나라의 연평균 노동시간은 OECD 국가들 중 압도적인 1위를 차지할 정도로 길다. 삶의 질 향상을 위해서도, 고용 증대를 위해서도 노동시간 단축은 긴요하다.

마지막으로, 고용의 양뿐 아니라 고용의 질을 제고하는 것도 중요하다. 비정규직 문제, 근로 빈곤층 문제, 노동시장 양극화 문제가 심각하기 때문이다. 저임금 일자리를 양산하는 것은 경제의 미래를 위해서도 바람직하지 않다. 값싼 노동은 저생산성 초래하기 때문이다. 최저임금의 인상과 비정규직 사용 사유 제한, 차별 철폐 및 보호 강화 등이 요구된다.

④ **대·중소기업 동반성장 전략** 분배친화적 성장을 실현하기 위해서는 대기업과 중소기업 간의 동반성장이 필수적인 요소다. 역대 정부가 중소기업 지원 정책을 펼쳤고, 특히 참여정부와 현 정부는 상생 정책을 펼치고 있지만 현실은 개선되기는커녕 날로 악화되고 있다. 대기업과 중소기업 간의 생산성 격차와 임금격차가 날로 확대되고 있다. 새로운 접근법이 요구된다.

정부가 대기업들에게 상생 협력을 아무리 얘기해도 큰 효과는 없다. 어떤 협약을 체결하고 상생 협력을 선포해도 마찬가지다. 대·중소기업 간의 관계를 착취적 관계에서 동반성장적 관계로 바꾸려면 철저한 재벌개혁이 먼저 이루어져야 하고, 또한 중소기업의 협상력을 제고하지 않으면 안 된다. 재벌에 의한 경제력 집중을 막기 위한 대책 없이 증상에만 대응하는 요법으로는 동반성장이 이루어지기 어렵다. 재벌소유 지배구조의 개혁을 위해서 순환출자의 해소와 출자총액제한제도의 부분적인 부활이 필요하고, 지주회사에 대한 지나친 규제 완화도 교정해야 한다. 또한 '일감 몰아주기'를 비롯한 부당 내부거래를 근절하기 위한 강력한 정책이 요구된다.

중소기업의 협상력 제고를 위해 가장 중요한 것은 중소기업들이 단합해 대기업과 협상하는 것이다. 협동조합이나 수급기업협의회 등에 분쟁조정협의권이 주어져야 한다.[10] 하도급 거래 불공정 행위에 대한 징벌적 손해배상이나 하도급법 위반업체에 대한 정부 조달 계약에의 참여 제한 등의 조치도 중소기업의 협상력 제고에 도움이 될 것이다. 중소기업 적합 업종을 지정하고 이를 법으로 강제하는 것도 필요하고,

---

10 이미 입법화된 분쟁조정신청권은 실효성이 없음이 드러났다.

중소상인을 보호하기 위해 대규모 유통업체에 대한 규제를 강화할 필요도 있다.

이러한 정책들은 중소기업의 경쟁력 강화 전략과 함께 추진되어야 한다. 중소기업의 역량을 강화하기 위해서는 당장에 다급한 자금이나 인력을 지원하는 미봉책이 아니라 경영 능력, 기술혁신 역량, 디자인과 마케팅 능력 등 근본적인 경쟁력 향상을 위한 프로그램이 필요하다. 이를 위해서는 중소기업들의 사업조합을 활성화하는 것이 매우 중요한 과제다. 또한 지역혁신시스템이 효과적으로 작동하도록 정비해야 할 것이고, 금융시스템을 개선해 중소기업의 신용 접근이 용이해지도록 해야 한다. 중소기업의 노동자들에게도 평생학습의 기회가 체계적으로 보장되도록 하는 것도 중요하다.

⑤ **지역균형발전 전략** 수도권 집중으로 인한 국가 경제의 기형적 발전을 해결하는 것도 성장과 분배의 선순환 구조를 위해서 중요하다. 지역의 잠재력을 극대화하는 방향으로 균형발전 정책을 설계하면 이것이 곧 하나의 분배친화적 성장 전략이 될 수 있다. 실효성 있는 지역균형발전을 위해서는 각 지역의 여건을 반영해 가장 경쟁력 있는 분야에 특화해야 하며, 중앙정부는 낙후 지역에 대한 과감한 투자 인센티브를 제공하고, 지방정부는 이와 함께 지역의 자원을 동원해 민간투자를 유치해야 할 것이다. 여기서 주의할 것은 중앙정부는 인센티브만 제공하고 지방정부와 민간기업의 투자가 이루어지도록 해야 한다는 것이다. 중앙정부가 전적으로 재정을 투입하는 사업은 지방의 입장에서는 소위 '눈먼 돈'으로 여겨져서 사업의 경제성이나 환경 영향 등이 고려되지 않고 무조건 유치 경쟁이 일어나고 사업 추진에 대한 정치적

압력이 형성됨으로써 부작용이 심각하기 때문이다.

지역균형발전을 위해 반드시 필요한 것이 지방대학의 발전이다. 지방 국립대학을 해당 지역 출신에게는 무상으로 함과 아울러 과감한 재정 지원으로 대학 경쟁력을 제고해야 한다.[11] 각 지방의 특화 산업과 연계된 학문 분야를 집중 육성하는 특성화 전략도 필요하다. 그리고 공무원을 포함한 공공 부문 채용에 지역할당제를 전면적으로 반영함으로써 지방의 인재들이 지방대학에 진학할 강력한 유인을 제공해야 한다.

지방의 발전을 위해서는 중앙만 쳐다보는 것이 아니라 지방 스스로 기획하고 추진할 수 있는 역량을 키우도록 해야 한다. 지방대학의 발전이 도움이 될 것이다. 그러나 인재를 지방에 머물도록 하고, 지방의 역량을 강화하려면 반드시 지방분권이 획기적으로 이루어져야 한다. 지방 재정 문제를 해결해야 하고, 교육 자치를 강화하며, 지방 자치를 사법 자치까지로 확대 실시해야 한다.

4. 맺음말

양극화의 문제, 분배의 문제는 오랫동안 우리나라의 핵심적인 문제로 논의되어왔다. 그러나 적절한 정책 대응은 이루어지지 못했고 상황은 악화일로를 걸어왔다. 여기에는 여러 가지 까닭이 있지만 성장과

---

[11] 2011년 박원순 서울시장이 서울시립대학 등록금을 반값으로 인하하는 정책을 발표하자 일각에서는 시립대학 학생의 다수가 지방 출신인데 서울시 재정으로 등록금을 보조하는 것이 타당한지 문제를 제기했다. 이러한 논란을 피하기 위해서라도 지역 출신 학생에 대한 우대 정책이 필요하다.

분배에 관한 이분법적 논리가 횡행한 것이 한몫을 단단히 한 것으로 보인다. 성장과 분배는 어느 하나를 위해서 다른 하나가 희생되어야 하는 상충 관계에 있는 것으로 파악하고, 성장과 분배 사이에서 양자택일을 강요하는 관점이 바로 그것이다. 이러한 논리는 대체로 성장우선론 혹은 선성장 후분배론으로 이어지기 마련이다.

그러나 위에서 살펴본 바에 의하면 성장과 분배의 관계는 이론적으로나 경험적으로나 단순한 것이 아니고 경우에 따라 다르게 나타난다. 특히 분배가 더욱 평등할수록 성장에도 도움이 되는 다양한 경로가 존재하고, 경험적 증거를 보더라도 이러한 가능성은 충분히 입증된다. 문제는 어떤 정책을 통해서 분배를 개선할 것인가이며, 정책을 설계하는 데 있어서 이러한 선순환 경로를 최대한 활용하는 것이 중요하다. 분배를 개선하는 방법에는 재분배를 활용한 방법도 있고, 시장을 보다 공정하게 만드는 구조 개혁의 방법도 있다.

소득 재분배가 인적자본의 질을 높여서 생산성 증가에 도움을 줄 수 있다는 점, 내수를 진작해 경기 부양의 효과를 가질 수 있다는 점, 그리고 삶의 안정성을 확보해줌으로써 위험을 감수하는 기업가 정신을 북돋울 수 있다는 점 등은 성장친화적인 재분배를 이룩하기 위한 중요한 선순환 경로다. 다만, 전통적인 경제이론에서 지적하다시피, 소득 재분배가 유인 체계를 왜곡함으로써 오히려 성장을 저해하는 비효율이 발생할 가능성은 경계하고 조심해야 한다. 즉, 재분배의 성장 촉진 효과를 확대하고 부정적 효과를 최소화하는 현명한 제도 설계가 요구된다. 이와 함께 성장 과정에서 불평등을 감소시키는 분배친화적인 성장 전략을 구사해야 한다. 이는 재분배 전략보다 시간이 더 소요되는 것이기는 하지만 장기적으로는 더 효과적일 수 있다.

이 글에서는 성장친화적 재분배 전략으로서 인적자본 투자 전략과 내수 확대 전략, 그리고 분배친화적 성장 전략으로서 고용창출형 성장 전략, 대·중소기업 동반성장 전략, 지역균형발전 전략 등 한국 경제에 있어서 성장과 분배의 선순환 구조를 확립하기 위한 5대 전략을 제시했다. 향후의 연구와 논의를 통해 각각의 전략이 보다 정치한 정책들이 개발되어야 할 것이다.

5장

현대자본주의의
짧은 역사*

역사적 시각은 현실을 이해하고 대안을 탐구하는 데 언제나 유용하다. 지금 세계경제는 심각한 몸살을 앓고 있다. 금융위기, 재정위기, 불평등으로 인한 사회정치적 위기 등이 선진 각국을 괴롭히고 있다. 과학기술 문명의 발달과 부의 축적에도 불구하고 지구온난화 등 환경문제가 갈수록 심각해지는 양상이며 인류의 1/4이 여전히 절대빈곤에서 벗어나지 못하고 있다.

불과 얼마 전까지만 해도 세계는 평화와 번영을 향해서 순항하는 것처럼 보였다. 냉전이 종식되었을 때 후쿠야마는 '역사의 종언'을 선언했다(Fukuyama 1992). 이제 이념 경쟁의 시대는 끝났고, 민주주의 정치와 시장경제라는 보편적인 모델을 모두가 따라가는 일만이 남았다

---

* 이 글은 1장과 마찬가지로 2009년에 경제정책연구회에서 '민주화를 위한 변호사 모임' 회원들을 대상으로 실시한 경제학 강좌의 일환으로 저자가 준비한 강의록을 보완한 것이다.

는 주장이었다. 이러한 주장은 신자유주의적 세계화의 물결을 타고 점점 현실이 되어가는 듯했다. 규제를 완화하고 시장을 개방해 세계화를 이루면 누구나 잘살 수 있을 것이라는 믿음이 퍼져나갔다. 하지만 이것은 커다란 착각이었다. 신자유주의 정책은 이미 금융 불안과 양극화를 위시한 심각한 문제를 배태하고 있었고, 이러한 문제가 극에 달해 폭발한 것이 바로 2008년의 글로벌 금융위기였다.

이 위기는 벌써 3년을 훌쩍 넘겼지만 여전히 끝이 보이지 않는다. 그람시의 유명한 말처럼 "위기는 바로 낡은 것은 죽어가는 반면 새 것은 태어날 수 없다는 사실에 있다." 신자유주의는 죽어가는 반면 새로운 경제 패러다임은 아직 떠오르지 못하고 있다. 미국의 헤게모니는 기울었는데, 유럽은 자신의 문제에서 헤어 나오지 못하고 있고, 중국은 준비가 부족하다. 금융자본의 힘을 제어할 정도의 새로운 정치적 힘이 형성되지도 못했다. 변화는 불가피하지만 아직 그 변화의 내용은 불투명하다. 이럴 때일수록 역사를 짚어볼 필요가 있다.

이 글에서는 우선 고전적 자유주의에 입각한 제1차 세계화체제가 위기에 빠지고 대공황이 도래하는 시점에서부터 글로벌 금융위기에 이르기까지 현대자본주의의 역사를 간략하게 살펴본다. 먼저 뉴딜 개혁과 개혁자본주의의 성립, 이에 기초한 자본주의의 황금기를 먼저 논의한다. 다음으로 개혁자본주의의 위기와 신자유주의의 등장, 그리고 신자유주의적 세계화의 전개를 살펴본다. 마지막으로 글로벌 금융위기를 돌아보고 세계경제의 미래에 관해 논의한다. 아나톨 칼레츠키의 표현을 빌자면 '자본주의 1.0'의 위기에서 시작해 '자본주의 2.0'의 성립·전개·위기, 그리고 '자본주의 3.0'의 등장·전개·위기를 차례로 살펴본 후, '자본주의 4.0' 시대를 전망해볼 것이다(칼레츠키 2011).

1. 개혁자본주의의 탄생과 자본주의의 황금기

유럽에서 발흥한 자본주의 시장경제가 19세기 후반부터는 전 세계로 퍼져나가 세계경제의 연결과 통합이 크게 진전되었다. 무역자유화가 이루어지고, 자본과 노동이 자유롭게 이동했다. 게다가 증기선·철도·텔레그래프와 같은 교통·통신 기술의 혁명적 혁신이 나타나면서 세계화가 급진전했다. 예를 들어 유럽의 GDP 대비 무역 비중이나 국제자본 이동 규모는 1970년대와 맞먹을 정도까지 이르렀었다. 그러나 이러한 제1차 세계화 물결은 1914년 1차 세계대전이 발발하면서 종언을 고한다. 이후 세계경제는 전후 불안정기를 지나 대공황을 겪고 다시 2차 세계대전의 참화를 겪는다. 그러나 20세기 전반기의 이러한 시련 속에서 개혁자본주의가 탄생하고, 2차 대전이 끝난 후 세계경제는 비관적 전망을 비웃기라도 하듯 1960년대 말까지 자본주의의 황금기를 구가했다.

제1차 세계화에서 대공황으로

대공황의 배경에 대한 역사적 연구는 1차 대전의 후유증에 주목한다. 유럽에서는 전쟁의 여파로 인한 경제적 혼란과 전쟁을 거치며 증대된 민중의 정치적 요구 사이에서 안정적인 통화질서와 자유주의적인 국제경제질서의 재건에 많은 어려움이 따랐다. 전쟁을 치르면서 생산 시설은 파괴되었고 재정은 적자가 누적되었는데, 대중의 욕구를 만족시켜주려다 보니 통화 증발에 따른 인플레이션이 발생했다. 특히 패전국들은 전쟁배상의 부담까지 떠안아 바이마르공화국의 초인플레이션과 같은 심각한 경제 혼란을 겪게 되었다. 1922년 제노바회의에서 전비 조달을 위해 파기했던 금본위제를 복원해 통화안정을 회복하기로 결의했고, 이후 대다수의 유럽 국가들은 1923~26년 사이에 금본위제를 복원했다. 하지만 금본위제 복원이 경제안정을 가져오지는 못했다.

유럽과 달리 전화를 피한 미국은 1차 대전을 계기로 세계 최강의 경제대국으로 자리 잡게 되었다. 또한 1920년대의 미국 경제는 테일러의 과학적 관리 기법과 컨베이어벨트 시스템 등 생산 방법의 혁신과 전기의 보급 등 산업 기술의 혁신에 의해 생산성이 급증했다. 그러나 생산성 증가에 비해 실질임금은 정체되고 기업 이윤이 확대됨으로써 소득 불평등이 매우 심각해졌고, 투자 붐과 이에 따른 버블이 형성되었다. 결국 1929년 10월 뉴욕 증시 폭락 사태를 계기로 경기 침체가 시작되었고, 1930년 말부터 1933년 초까지 극심한 은행위기가 지속되었다. 금본위제에 얽매인 연방준비은행은 적극적인 통화정책을 거부하고 오히려 이자율을 올리기까지 했다. 은행들은 연이어 파산했고, 통화 수축과 물가하락세 deflation가 심화되었다.

미국이 위기에 휩싸이면서 미국으로부터 유럽으로의 자본 공급이 중단되었고, 이는 1931년 오스트리아와 독일의 통화위기 및 은행위기를 낳았다. 불안정한 국제자본 이동은 중부 유럽의 위기를 세계적으로 확산시켰다. 아르헨티나를 비롯한 남미 국가들의 채무불이행 default 사태가 이어졌고, 이는 영국, 미국, 프랑스 등 중심국의 금융시스템을 강타했다. 이후 금본위제 통화질서와 국제 자본시장의 붕괴가 뒤따르게 되었다. 각국이 경제위기를 맞아서 자국의 산업과 고용을 방어하겠다고 보호무역주의를 강화함에 따라 국제무역이 침체한 것도 대공황을 심화시킨 요인으로 작용했다. 1930년에 미국에서 스무트-할리 법 Smoot-Hawley Act이 발효된 이후 각국은 무역 장벽을 높이고 환율을 경쟁적으로 평가절하하는 등의 '근린 궁핍화Beggar-thy-neighbor' 정책을 채택해 상황을 더 악화시켰던 것이다.

대공황의 상처는 심각했다. 1929년에서 1932년 사이에 세계의 공업생산은 36%나 감소했으며, 특히 북미에서는 무려 46%가 감소했다. 세계 무역량은 25% 하락했고, 가격 폭락을 반영한 무역액은 무려 61%나 하락했다. 1인당 GDP가 미국에서는 29%, 독일과 프랑스에서는 16~7%, 영국에서는 6~7% 정도 하락했다. 대공황은 전대미문의 고용 악화를 초래했다. 1930~38년 사이의 평균 실업률에 대한 한 추정치는 미국 18.2%, 영국 15.4%, 프랑스 10.2%, 독일 21.8%였다.[1]

1933년에 미국에서 루즈벨트 대통령이 취임 즉시 금본위제를 중단하고 이후 뉴딜New Deal정책을 실시하면서 은행위기가 진정되고 경기가 완만하지만 회복세로 돌아섰다. 일본이나 남미 등 금본위제를 신속히 포기한 나라들이 먼저 경기회복을 달성했고, 프랑스처럼 금본위제를 최후까지 고집한 나라들일수록 경기회복이 지연된 것으로 평가된다.

뉴딜정책과 개혁자본주의

뉴딜정책은 흔히 오해하는 것처럼 대규모 공공사업을 통한 본격적인 경기 부양 정책이 아니었다. 당시 미국 정부는 균형재정을 신봉해 적자재정 편성에 의한 과감한 재정지출을 하지 못했다. 케인스가 백악관까지 찾아가 루즈벨트 대통령을 설득했으나 무위로 돌아간 일도 있었다. 뉴딜정책에 분명 테네시강 유역 개발 공사TVA와 같은 공공사업이 있기는 했지만 결코 큰 비중을 차지한 것은 아니었다. 실업자들을

---

[1] 대공황 관련 통계들은 페인스틴·테민·토니올로(2008)에서 인용했다.

위한 구호 대책도 있었지만 무엇보다도 뉴딜정책의 핵심은 개혁 조치들이었다. 뉴딜에 대한 평가를 보더라도 경기부양책은 그다지 성공하지 못했고, 구호 대책은 당면 목표를 달성했다고 할 수 있으며, 개혁 조치는 장기적·제도적 효과를 거두었다고 평가된다(Yang 1995).

뉴딜의 개혁 조치들은 경제와 사회 전반에 걸친 다양한 조치들을 포괄한다. 금본위제 철폐 이후 중앙은행의 '최후 대부자 기능' 및 상업은행에 대한 건전성 규제 및 감독을 강화했고, 상업은행과 투자은행 분리, 연방예금보험공사FDIC 설립, 증권감독기구SEC 설립 등 포괄적인 금융개혁을 단행했다. 또 하나의 근본적 개혁 조치는 노후 빈곤 문제를 해결하기 위한 사회보장제도의 도입이었다. 노동조합의 단체교섭권을 보장하고, 노동시간 및 최저임금 규제를 강화하는 노동개혁 조치들도 취해졌다. 불공정경쟁을 제거하고 임금과 가격을 올리기 위한 기업 준칙을 시행하기도 했다. 한마디로 뉴딜은 시장경제의 안정과 균형을 회복하기 위한 총체적인 경제사회적 개혁이었다. 실제로 미국 경제는 뉴딜 개혁의 결과 금융 안정성이 과거와 비교할 수 없을 정도로 향상되었고, '대압착Great Compression'이라고 불리는 빈부격차의 급격한 축소가 시작되었다.

뉴딜 개혁으로 파국으로 치닫던 경제를 안정화시키는 데 성공했지만 본격적인 경기 부양이 시행된 것이 아니어서 경기회복은 매우 더디게 이루어졌다. 1933년 25%를 기록한 실업률은 이후 떨어지기는 했지만 1940년까지도 14%를 상회하는 고실업이 지속되었다. 그러다가 2차 대전에 참전하면서 막대한 적자재정에 의한 유효수요 창출이 이루어졌고, 급속한 경제성장과 완전고용이 뒤따랐다. 1943~45년 기간 중 실업률은 평균 1.7%밖에 되지 않았다.

제2차 세계대전은 경제체제 간의 경쟁이라는 성격을 가졌다. 대공황으로 자유방임에 입각한 고전적 자본주의가 몰락한 이후 대안으로 부상한 것은 볼셰비키 혁명으로 성립된 사회주의 계획경제, 독일 등에서 발호한 국가사회주의(파시즘), 그리고 뉴딜 개혁으로 탄생한 개혁자본주의였다. 2차 대전에서 사회주의와 개혁자본주의 연합이 파시즘을 격퇴한 후 양 진영 사이에 냉전이 시작되었다. 서구에서는 전쟁 과정을 통해 대중의 민주적 권리가 더욱 신장되었으며, 이를 바탕으로 개혁자본주의가 뿌리내리게 되었다.

개혁자본주의의 특성

개혁자본주의의 특성은 세 가지로 요약할 수 있다. 첫째는 통화제도와 거시경제 정책의 변화다. 대중민주주의 발달과 노동운동의 정치적 영향력 확대를 반영해 거시경제 정책의 우선적 목표가 국제수지 방어와 통화가치 안정에서 완전고용으로 변화했다(Eichengreen 2008). 통화가치 안정에는 효과적이지만 신축적인 통화 공급은 원천적으로 불가능한 금본위제를 신용화폐제도로 대체해 적극적인 통화정책을 실시하게 되었다. 재정정책도 케인스의 유효수요 이론에 입각해서 안정화 정책을 시행하게 되었다. 즉, 경기가 나빠지면 줄어드는 세수에 맞추어 재정지출을 삭감함으로써 재정균형을 유지하고자 했던 건전재정주의에서 탈피해 오히려 재정지출을 확대함으로써 유효수요를 창출하고 민간수요를 자극하려는 정책이 시행된 것이다.

이러한 통화제도와 거시경제 정책의 변화는 물가의 움직임에 극적인 변화를 가져왔다. 〈그림 5-1〉은 영국의 300여 년간 물가상승률을 보여주고 있다. 이 기나긴 역사는 매우 흥미로운 사실을 보여주고 있

그림 5-1. 영국의 물가상승률: 1694~2007년

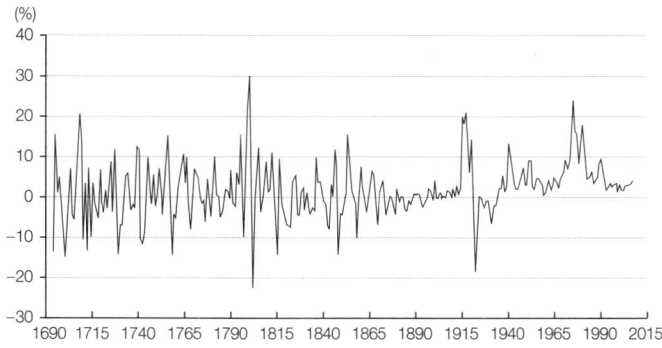

출처: Lawrence H. Officer and Samuel H. Williamson, 2008, "Annual Inflation Rates in the United States, 1775~2007, and United Kingdom, 1265~2007," MeasuringWorth, http://www.measuringworth.com/inflation/

다. 대공황 이후의 물가의 움직임은 그 이전과는 질적으로 완전히 달라졌다는 사실이다. 대공황 이전의 물가 움직임을 보면 물가가 주기적으로 오르락내리락한 것을 알 수 있다. 즉, 물가상승률이 양과 음을 반복한 것이다. 따라서 장기적으로 물가수준은 그다지 변화하지 않았다. 이는 상품화폐제도, 즉 금본위제의 당연한 귀결이었다. 금의 공급 증가가 경제성장보다 빠르면 물가가 오르고 이에 미치면 못하면 물가가 내리는 현상이 반복되었던 것이다. 그러나 대공황을 거치면서 신용화폐제도가 도입되고 적극적인 안정화 정책이 실시된 이래 물가의 움직임은 완전히 달라졌다. 물가상승률의 크기가 달라질 뿐이지 물가는 계속 오르기만 하는 것으로 바뀌었다. 과거 수백 년간 1/2의 확률로 발생하던 디플레이션이 개혁자본주의 아래서는 지극히 예외적인 경우에만 발생하는 것으로 바뀐 것이다. 이러한 변화는 영국뿐만 아니라 모든 선진국에서 공통적으로 일어났다.

이러한 거시경제적 변화는 개혁자본주의의 두 번째 특성인 계급 타

그림 5-2. 미국 연방정부 지출의 GDP 대비 비중: 1799~1997년

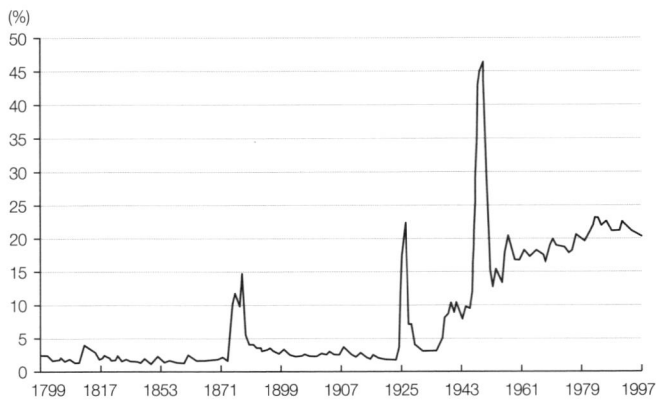

자료: Historical Statistics of the United States, Millennial Edition Online

협과도 연관되어 있다. 계급 타협이란 노동계급이 생산성 향상에 보조를 맞춘 실질임금 인상을 보장받는 대신 자본에 의한 투자 결정과 생산과정 통제를 인정하는 것을 말한다. 이러한 계급타협 체제에서 임금은 단체교섭을 통해 결정되는데, 명목임금을 생산성 상승과 생활비 상승에 연동하여 결정하기 때문에 여간해서는 물가 하락이 일어나기 어렵다. 이러한 계급 타협으로 노동운동은 더 이상 자본주의 체제를 위협하는 운동이 아닌 임금 인상과 복리 향상을 추구하는 운동으로 변모했다.

개혁자본주의의 세 번째 특성은 복지국가다. OECD 국가들의 사회복지 지출은 2차 대전 후 급격하게 증가한 후, 1990년대 중반 이후에는 평균적으로 GDP의 20% 정도를 유지하고 있다. 복지 분야뿐만 아니라 국가 기능이 전반적으로 확대되어 정부지출의 규모가 크게 증가했고, 이는 경기의 진폭을 완화하는 자동안정화 기능을 강화해주었다.

〈그림 5-2〉는 미국 연방정부 지출의 역사적 추이를 극적으로 보여준다. 예외적인 군비 지출이 있었던 남북전쟁과 양차 세계대전 시기를 제외하고 보면, 뉴딜 이전까지는 GDP의 5%도 되지 않는 미미한 수준을 유지했고, 뉴딜 기간에 약 10% 수준으로 증가했다가 2차 대전이 끝난 후에는 20%를 넘나드는 수준으로 증가했다.[2]

자본주의의 황금기

개혁자본주의의 경제적 성과는 뛰어났다. 2차 대전 이후 전후 복구를 마치고 1970년대 초에 경제위기가 도래하기까지의 기간을 흔히 자본주의의 황금기라고 부른다(Marglin and Schor 1992). 세계경제가 다른 시기에 비해 매우 우월한 성과를 보였기 때문이다. 특히 선진국들은 경제의 3대 목표라고 일컬어지는 성장·분배·안정을 모두 달성했다. 〈표 5-1〉에서 보는 바와 같이 1950~73년 사이의 경제성장률은 아시아를 제외한 세계 전 지역에서 역사적으로 가장 높은 수준을 나타냈다. 아시아 국가들만 유독 고도성장을 지속할 수 있었던 까닭은 1980년대 이후 중국, 베트남, 인도 등 새로운 신흥국들이 등장했기 때문이다.

개혁자본주의는 성장뿐만 아니라 분배와 안정의 측면에서도 뛰어난 성과를 보였다. 유럽, 미국, 일본 등 대부분의 선진국들은 대폭적인 빈부격차의 감소를 달성했다. 복지국가에 의한 소득 재분배와 노동조합의 강화, 완전고용의 실현 등이 주요한 원인으로 작용한 것으로 보

---

[2] 사회지출의 많은 부분은 정부지출에 포함되지 않는 이전지출(transfer payment)이다. 따라서 정부의 경제적 비중을 정부지출의 규모로만 파악하기는 어렵다. 조세의 규모를 보는 것도 한 방법인데, 예를 들어 EU의 GDP대비 조세 비중은 무려 40%나 된다.

표 5-1. 세계 각 지역 일인당 GDP증가율의 시대적 변화 추이 : 1820~2003년

	1820~1870	1870~1913	1913~1950	1950~1973	1973~1989	1989~2003
EC	0.9	1.4	1.2	3.5	2.1	1.7
EP	0.6	1.0	1.1	4.3	1.7	1.5
LA	0.3	1.1	1.4	2.5	0.6	1.5
Asia	0.1	0.6	-0.1	3.5	4.2	3.6
Africa			1.2	1.9	-0.3	0.8

EC: 유럽 중심국과 그 파생국(네덜란드, 노르웨이, 덴마크, 독일, 미국, 벨기에, 스웨덴, 영국, 오스트레일리아, 오스트리아, 이탈리아, 캐나다, 프랑스, 핀란드)
EP: 유럽 주변부(그리스, 러시아 연방, 스페인, 아일랜드, 체코, 포르투갈, 헝가리)
LA: 라틴아메리카(멕시코, 브라질, 아르헨티나, 칠레, 콜롬비아, 페루)
Asia: 아시아(대만, 방글라데시, 중국, 인도, 인도네시아, 일본, 한국, 파키스탄, 태국)
Africa: 아프리카(가나, 나이지리아, 남아프리카, 모로코, 케냐, 코트디부아르, 탄자니아)
출처: 1820~1889년의 통계는 Maddison(1994), 1989~2003년의 통계는 UN

인다. 〈그림 5-3〉은 미국의 최상위 소득계층에게 적용되는 소득세율과 최상위 0.1%가 전체 소득에서 차지하는 비중을 보여주고 있다. 황금기에 최고세율은 극단적으로 높아졌고, 최상위층의 소득 비중은 크게 하락한 것을 보여준다. 황금기에는 경제 안정성도 과거와 비교할 수 없을 정도로 제고되었는데, 그 한 측면은 경기변동의 진폭이 매우 작아졌다는 사실이다.[3] 이는 복지국가의 발달에 따른 자동안정화 기능의 향상과 케인스 경제이론에 입각한 총수요 관리 정책의 덕택이었다. 그리고 21개국의 금융위기 역사를 토대로 작성한 〈그림 5-4〉가 보여주는 바와 같이 자본주의 역사에 끊임없이 반복되었던 은행위기가 자

---

3 선진국들에 있어서 경기변동의 한 주기에서 고점과 저점 사이의 GDP 변동은 19세기에는 평균 -6~7%, 양차 대전 사이의 전간기에는 -12%나 되었는데, 황금기에는 경기 둔화 국면에서도 GDP가 하락한 것이 아니고 단지 증가가 둔화되어 +0.4%의 변화를 보였다 (Maddison 1994).

그림 5-3. 미국의 소득세 최고세율과 최상위 0.1%의 소득 점유 비중

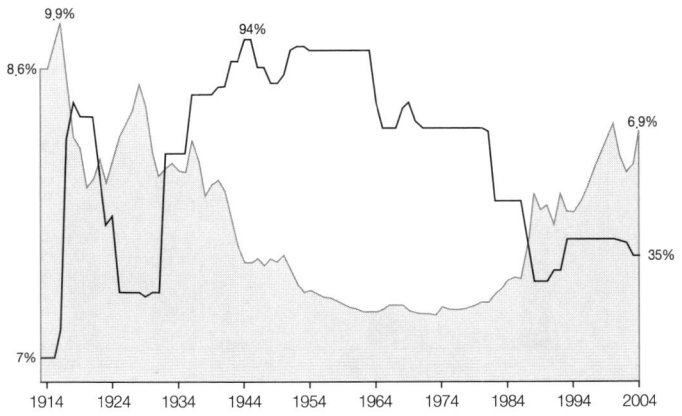

자료: 소득세 최고세율은 Historical Statistics of the United States, Millennial Edition Online. 0.1%의 소득 점유 비중은 Emmanuel Saez and Thomas Piketty, 2006, "The Evolution of Top Incomes: A Historical and International Perspective," *American Economic Review*, Papers and Proceedings, 96(2).

본주의의 황금기에 해당하는 1945년부터 1971년에 이르는 기간 동안에는 거의 사라지다시피 했다.

자본주의의 황금기는 포디즘 Fordism이라고 불리는 대량생산·대량소비 체제 위에서 성립했다.[4] 생산체제 면에서는 소품종 대량생산을 함으로써 단위 비용이 하락하여 급속한 생산성 향상을 이룰 수 있었다. 이러한 대량생산을 뒷받침한 대량소비는 개혁자본주의에 의해 대중의 구매력이 꾸준히 향상되면서 이루어질 수 있었다. 미국의 헤게모니에 의한 국제평화질서 Pax Americana가 유지되는 가운데 국제 교역이 빠르게

---

4 포드자동차 회사는 1914년에 일당 5달러라는 당시로서는 파격적으로 높은 임금을 지불했다. 높은 임금으로 고생산성을 유도하고, 나아가 자동차를 소비할 수 있는 구매력을 갖추도록 하겠다는 계산이었다. 이러한 발상이 전체 경제 모델로 확대된 것을 포디즘이라고 부른다.

그림 5-4. 21개국의 시기별 은행위기 빈도

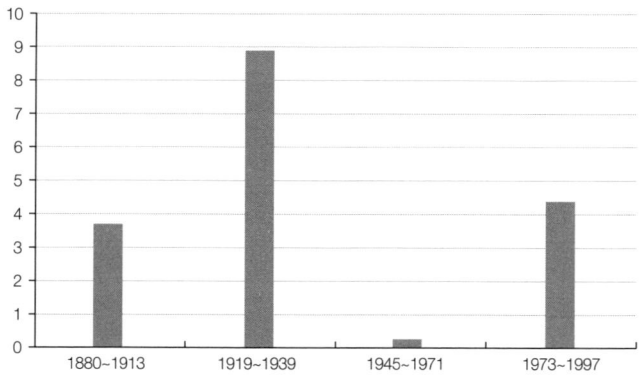

조사대상 21개국: 그리스, 네덜란드, 노르웨이, 덴마크, 독일, 미국, 벨기에, 브라질, 스웨덴, 스위스, 스페인, 아르헨티나, 영국, 오스트레일리아, 이탈리아, 일본, 칠레, 캐나다, 포르투갈, 프랑스, 핀란드
출처: Eichengreen and Bordo(2002)

확대된 것도 황금기의 성립에 중요한 역할을 했다.

2차 대전 종전 시점에 미국은 전 세계 GDP의 45%를 차지하는 등 압도적인 경제적·군사적 우위를 누렸다. 미국은 마셜플랜을 통한 전후 복구 지원 등 리더십을 행사하는 한편, 달러를 기축통화로 하는 고정환율제도인 브레튼우즈Bretton Woods 체제를 수립했다. 고정환율제도 아래서 단기적인 국제수지 불균형을 겪는 나라들에 대해 금융 지원을 하기 위한 국제통화기금IMF과 장기적인 개발 프로젝트 지원을 위한 세계은행도 함께 설립했고, 무역자유화를 위해 관세와 무역에 관한 일반협정GATT도 체결했다. 이렇게 미국의 주도로 성립된 전후 국제경제 질서 아래서 선진국들은 경상거래의 자유화를 달성했으며, 점진적으로 관세를 인하하면서 국제 교역을 확대해나갔다.

2. 신자유주의의 태동과 신자유주의적 세계화의 전개

모든 황금기가 그렇듯이 자본주의의 황금기도 영원할 수는 없었다. 경제위기의 징조들이 1960년대 말부터 등장하기 시작했다. 1973년에는 브레튼우즈 체제의 와해와 제1차 석유파동이라는 상징적이면서도 충격적인 사건들이 발생했고, 경기 침체와 물가 상승이 함께 일어나는 스태그플레이션이 뒤따랐다. 황금기가 끝난 것이다. 이후 새로운 체제를 향한 다양한 모색이 다시금 이루어지던 가운데, 1980년에 대처와 레이건이 각각 영국과 미국에서 권력을 잡으면서 신자유주의라고 불리는 시장만능주의 경향이 득세하게 되었다. 신자유주의 시대에는 규제 완화, 무역자유화, 자본자유화의 바람을 타고 세계화가 급속도로 진전되었다.

1970년대의 경제위기

위기의 징조는 정치적·문화적 영역에서부터 나타났다. 대공황과 세계대전의 기억이 없이 태평성대를 살아온 전후 세대 젊은이들은 기성체제에 염증을 느끼고 반항했다. 마약과 록 음악 등 저항 문화를 추구했으며, 월남전에 반대하는 반전운동과 신좌파 학생운동을 일으켰다. 1960년대 말경에는 선진 각국에서 노사 갈등과 파업이 급증하고, 이에 따라 임금인상률이 상승했다. 반면에 이 시기에는 '생산성 수수께끼'라 불리는 생산성 증가율의 뚜렷한 하락이 발생했다. 결과는 당연히 노동비용 상승에 따른 인플레이션이었다. 이러한 현상은 대다수 선진국에서 공통적으로 발생했다(Glyn·Armstrong·Harrison 1991).

물가 상승은 미국의 재정적자에서도 비롯되었다. 1960년대 후반에 미국은 밖으로는 월남전을 수행하면서 안으로는 '빈곤과의 전쟁'이라는 또 하나의 정부지출 사업을 수행하면서 재정적자와 경상수지 적자를 키웠다. 적자 보전을 위한 통화 증발은 미국의 물가 상승으로 이어졌고, 달러는 환율 변동이 불가능한 기축통화였으므로 달러에 환율을 고정시킨 다른 나라들로 인플레이션이 수출되는 현상이 나타났다. 1973년 말에는 석유수출국기구OPEC가 결성되고 하룻밤 사이에 원유 가격이 4배로 폭등하는 제1차 석유파동이 발생했다. 석유뿐만 아니라 대부분의 원자재 가격이 큰 폭으로 상승해 물가를 압박하고 경기를 후퇴시켰다. 호황기에 물가상승률이 올라가고 불황기에 물가상승률이 하락하던 과거의 패턴이 무너지고, 경기 침체와 인플레이션 증가가 동시에 발생하자 이를 지칭하는 스태그플레이션이라는 신조어가 등장하기도 했다. 임금 인상, 생산성 둔화, 경기 침체 등의 요인이 겹치면서 이윤율이 하락하고, 이에 따라 투자율도 저하되었다. 이렇게 해서 전후의 황금기는 끝이 났다.

  황금기의 종언과 1970년대 경제위기의 근저에는 케인스주의의 근본적인 한계가 놓여있었다. 독자적으로 유효수요이론을 개발한 미할 칼레츠키는 일찍이 재정정책으로 완전고용을 달성하는 것은 손쉬운 일이지만 정부지출에 대한 재계의 정치적 반대 때문에 완전고용 상태를 지속적으로 유지할 수 없을 것이라고 내다보았다(Kalecki 1943). 완전고용이 지속되면 해고에 대한 두려움이 사라지게 되어 노동규율이 약화되며, 강력한 노조에 의해 생산성 증가를 초과하는 임금 상승이 이루어지고, 결국 인플레이션을 유발하게 된다는 것이다. 그러면 정치적으로 영향력이 큰 재계나 금리생활자들이 들고일어나 긴축정책을 실시하지 않을 수 없으리라는 것이 칼레츠키의 예측이었다. 이 예측이 사반세기가 지난 후 그대로 실현된 것이다.

미국과 달러의 헤게모니 손상에 따른 국제질서의 불안정도 황금기를 끝내는 데 중요한 역할을 했다. 유럽과 일본의 빠른 성장으로 인해 미국의 상대적 지위가 격하되는 가운데, 월남전의 수렁에 빠진 미국이 한편으로 경상수지 적자를 누적해나가고 다른 한편으로는 인플레이션을 수출하는 지경에 이르렀다. 이로써 브레튼우즈 체제의 근간인 달러화에 대한 국제적 신뢰가 무너지기 시작했다.[5] 결국 1971년에는 미국이 일방적으로 달러화의 금태환을 정지시켰고, 1973년에는 고정환율제도를 포기함으로써 브레튼우즈 체제는 붕괴되었다. 이에 따라 환율의 변동성으로 인한 국제 거래의 불확실성이 크게 증가했다. 미국이 월남전에서 패퇴한 것도 미국 헤게모니에 큰 타격을 가했다. 이란, 과테말라, 인도네시아 등 제3세계에서 반미적 성향을 띤 민족주의 정권을 손쉽게 전복하고 친미 정권을 수립하던 1950~60년대와는 분위기가 달라졌다. 1970년대에는 석유파동을 불러온 제3세계의 자원민족주의, 비동맹 운동의 강화, 그리고 개도국에 보다 공평한 신국제경제질서NIEO에 대한 요구 등이 잇따르게 되었다.

위기에 대한 대응과 대안

정치적 성향이 극우에 가까운 닉슨 대통령마저 "우리는 모두 케인스주의자다"라고 했을 정도로 케인스 경제학이 미국을 지배하던 상황에

---

[5] 사실 브레튼우즈 체제처럼 일국의 통화를 기축통화로 설정하면 피할 수 없는 모순이 발생한다. 국제 유동성을 공급하기 위해서는 기축통화국이 경상수지 적자를 내야만 하는데, 이는 기축통화에 대한 신뢰 저하를 초래해 통화시스템의 불안을 야기한다. 이를 트리핀의 딜레마(Triffin's dilemma)라고 한다.

서 위기에 대한 애초의 대응이 케인스주의적 팽창정책이었던 것은 당연한 일이었다. 그러나 팽창정책은 인플레이션과 경상수지 적자를 낳고, 변동환율제 아래서 달러화의 대폭적인 하락을 초래했다. 미국이 환율 걱정 없이 정책을 구사하던 시대는 끝나버린 것이었다. 그래서 시도된 것이 소위 국제 케인스주의다. 미국뿐 아니라 유럽과 일본이 팽창정책에 공조한다면 특정 국가만 경상수지가 악화되고 통화가치가 하락하는 일은 일어나지 않을 것이라는 논리였다. 이러한 시도는 1970년대 후반에만 있었던 것이 아니고 그 이후에도 여러 차례 있었지만, 각국의 이해관계가 어긋나 실효성 있게 추진된 적이 없었다. 2008년 글로벌 금융위기로 모든 나라들이 심각한 위기에 처하자 겨우 팽창정책의 공조를 이루어냈다.

국제 케인스주의의 실패는 통화주의Monetarism 실험으로 이어졌다. 인플레이션과 달러화 약세를 견디지 못한 미국 정부는 1979년 가을 통화주의를 신봉하는 폴 볼커Paul Volker를 연준 의장에 임명했다. 통화주의는 기술적으로는 화폐 공급의 증가율에 의해 물가상승률이 결정된다는 이론이다. 매우 단순한 이 이론 뒤에는 자유시장에 대한 믿음이 자리 잡고 있다. 실물경제는 통화정책과 상관없이 시장균형을 달성할 것이므로 돈을 많이 공급하면 할수록 물가만 올라간다는 것이다. 거꾸로 화폐 공급을 조이면 실물경제에는 영향을 주지 않으면서 물가를 안정시킬 수 있다는 주장이다. 그러나 현실은 달랐다. 통화팽창을 극도로 억제한 결과 이자율이 천정부지로 치솟았고, 높은 이자율은 1980년에 대공황 이후 가장 심각한 세계 경기 침체를 불러왔다. 이자율은 높고 수출은 잘되지 않자 한국을 비롯해서 외채가 많은 개도국들이 외채 상환에 어려움을 겪었다. 1982년 여름 멕시코를 필두로 개도국 외채위기가 시작되었고, 중남미, 아프리카, 동구권의 수많은 나라들이 1980년대 내내 위기에 시달렸다.

통화주의 정책은 1980년대에 폭넓게 실시되었다. 미국뿐 아니라 영국의 대처 정부도 통화주의 정책을 실시했고, 유럽 대륙에서도 유럽연합의 화폐 통합 과정에서 강력한 물가 상승을 억제하는 정책을 취했다. 하지만 통화주의 정책으로 물가안정을 이루는 데는 성공했으나, 그 대신 경기가 침체하고 실업률이 대폭 상승했다. 특히 유럽에서는 1980년대 내내 고실업이 지속되었다. 일자리를 늘리자니 인플레가 올라갔고, 물가를 잡자니 실업률이 올라간 것이다.[6]

1970~80년대에 서구 주요 국가들이 인플레와 실업의 상충 관계에 시달리고 있는 동안 물가안정과 저실업을 동시에 달성한 일군의 예외적인 국가들이 있었다. 북구, 오스트리아, 스위스 등 작은 규모의 경제들도 있었지만, 독일과 일본도 예외적인 성과를 거두고 있었다. 일본의 경우를 제외하면 이들 국가들은 높은 노동조합 조직률과 임금교섭의 중앙집중화를 특징으로 하는 사회조합주의social corporatism 국가들이다. 사회조합주의 경제가 완전고용과 물가안정을 동시에 달성할 수 있었던 까닭은 강력한 노동조합이 산업민주주의나 복지의 확대를 추구하면서도 지나친 임금 인상은 자제하는 전략적 교섭을 했기 때문이다. 분산된 교섭을 하는 경우 무조건 임금 인상을 최대한 받아내려는 것이 당연하겠지만, 국민경제 전체의 임금수준을 결정하는 중앙집중화된 임금교섭에서는 임금 인상이 곧 물가 상승과 국제경쟁력 약화로 이어진다는 사실을 무시할 수 없기 때문에 오히려 노조가 임금 인상을 자제했던 것이다.

---

6 이러한 인플레이션과 실업률 사이의 반비례 관계를 필립스 곡선(Phillips curve)이라고 한다.

신자유주의 시대의 도래

영국과 미국에서 시작된 통화주의 정책은 흔히 신자유주의라고 불리는 현대판 시장만능주의로 이어졌다(Harvey 2005). 통화주의는 케인스주의와는 반대로 시장의 자율적 조정 기능을 신뢰하며 정부 개입을 배척하고, 경기의 확장보다 노동규율을 중시하는 사조였다. 통화주의 거시경제 정책은 국가의 경제적 역할을 축소하고 시장의 역할을 확대하는 미시경제 정책들과 결합해 신자유주의 정책으로 발전했다. "정부가 문제의 해결책이 아니라 문제의 원인이다"라는 레이건의 말은 신자유주의의 핵심을 잘 표현하고 있다. 시장의 실패를 당연시하고 정부가 적극적으로 총수요를 관리해야 한다고 주장하는 케인스 경제학에 대항해서, 수요공급의 균형은 자유로운 시장에서 자동적으로 달성되는 것이므로 경제적 유인을 강화해서 공급을 확대하는 것에만 신경을 쓰면 된다는 소위 공급중시 경제학이 신자유주의를 이론적으로 뒷받침했다. 구체적인 정책으로는 근로 유인과 투자 유인을 강화하기 위한 감세와 복지의 축소를 내세웠으며, 시장 기능의 확대를 위한 규제 완화, 시장자유화 및 개방정책을 추진했다. 노동시장 유연화나 공기업 민영화 등도 같은 맥락에서 추진되었다.

신자유주의는 국가의 경제 개입을 반대하고 가급적 모든 것을 시장에 맡기려고 한다는 면에서 고전적 자유주의의 자유방임 사상과 궤를 같이한다. 하지만 대중민주주의와 공존해야 하는 신자유주의는 금본위제가 아닌 신용화폐제도를 수용하고, 최소한의 사회 안전망과 금융 안전망의 필요성을 인정한다는 점에서 고전적 자유주의와는 구별된다. 사실 시장만능주의가 대중민주주의와 양립할 수는 없는 것이어서 민주주의가 발달한 서구에서, 특히 유럽 대륙에서는 신자유주의 개혁의 도입이 매우 제한된 수준에 그쳤다. 이에 비해 민주주의가 발달하지 못한 일부 개도국에서는 훨씬 과격한 신자유주의 개혁 프로그램이 추진되었다(유종일 2007).

1980년대에는 영국, 미국, 뉴질랜드 등이 신자유주의적 개혁을 추진했으나 경제적 성과가 그리 신통하지는 않았다. 오히려 1980년대에 뛰어난 경제적 성과로 각광을 받은 것은 북구와 독일 등의 사회조합주의 모델과 일본형 모델이었다. 하지만 북구가 1980년대 후반 금융자유화를 실시한 이후 금융위기에 빠져들었고, 독일은 1989년 동독과의 통일 이후 경제적 곤란에 빠졌다. 일본 역시 나카소네 정부가 추진한 금융자유화의 후유증으로 발생한 거대한 부동산 버블이 1990년대 초에 붕괴하면서 장기불황에 돌입했다. 나아가 유럽은 단일통화 달성을 위한 안정화 협약으로 인해 거시정책이 긴축 기조를 유지하면서 저성장을 지속했으나, 미국과 영국은 1990년대 초반 불황을 극복한 뒤 강력한 성장세를 보였다. 상황이 반전된 것이다. 이렇게 해서 1990년대에 들어서는 신자유주의가 새로운 지배적 이념으로서 자리를 굳히게 되었다. 클린턴 대통령의 '신민주파 New Democrat' 노선이나 블레어 수상의 '제3의 길' 등은 온건 좌파가 전통적인 노선을 포기하고 신자유주의의 대세에 따르겠다는 선언이었다.

개도국에는 신자유주의의 확산이 더욱 손쉽게 이루어졌다. 1982년 멕시코의 대외채무지불 불이행선언을 시발로 폭발한 '외채위기'는 중남미와 사하라 사막 이남의 아프리카의 대다수 나라들을 비롯해서 수많은 개도국들을 IMF의 금융 지원 체제로 몰아넣었다. 그런데 이들 나라들이 금융 지원의 대가로 시행해야 하는 구조조정 프로그램에 신자유주의 정책이 대폭 반영되었다. 당시에 미국의 수도 워싱턴에 소재한 미국연방정부, IMF, 그리고 세계은행 사이에 전통적인 국가 개입을 철폐하고 시장을 자유화하는 것이 개도국들이 취할 최선의 경제개발 정책이라는 공감대가 형성되었기 때문이다. 이것이 소위 말하는 '워싱턴 합의Washington Consensus'다. 외채위기의 결과 1980년대는 개도국들에게 빈곤 퇴치와 경제성장에서 진전을 이루지 못한 '잃어버린 10년'이 되었으며, 타율적으로 신자유주의 개혁을 강요받은 10년이 되었다. 1990년대에 들어선 이후에는 개도국들 가운데서도 신자유주의적 개혁 사상이 풍미해 자발적인 자유화가 추진된 나라들이 많았고, 세계화 정책을 내세운 한국도 그러한 경우였다.

동구 사회주의권의 몰락과 중국, 베트남 등 아시아 사회주의 경제의 개혁·개방도 신자유주의 확산에 중요한 역할을 했다. 동구 사회주의권의 몰락이 국가의 경제 개입에 대한 부정적인 인식을 확산시키는 한편, 중국, 베트남 등의 성공적인 개혁·개방정책은 시장 개혁의 효용성을 각인시켰던 것이다.

신자유주의적 세계화의 특징

신자유주의의 도래는 개혁자본주의의 계급 타협이 후퇴하고 자본에 의한 대반격이 시작된 것을 의미했다. 통화주의 정책에 따른 고실업과 반노조, 반복지 정책을 통해 노동규율을 재확립하고 이윤율을 회복하려는 시도였다. 미국의 레이건 정부와 영국의 대처 정부가 각각 관제사노조와 탄광노조와 강경한 대결 노선을 관철해 굴복시킨 사건은 이러한 변화를 상징하는 것이었다. 그런데 미국의 경우에는 노동조합의 힘이 급속하게 약화되었고, 따라서 노동규율에 대한 큰 우려 없이 경기 확장을 도모할 수 있었다. 따라서 미국은 신자유주의 기조 아래서

그림 5-5. 세계 파생상품 거래의 증가: 1987~2006년

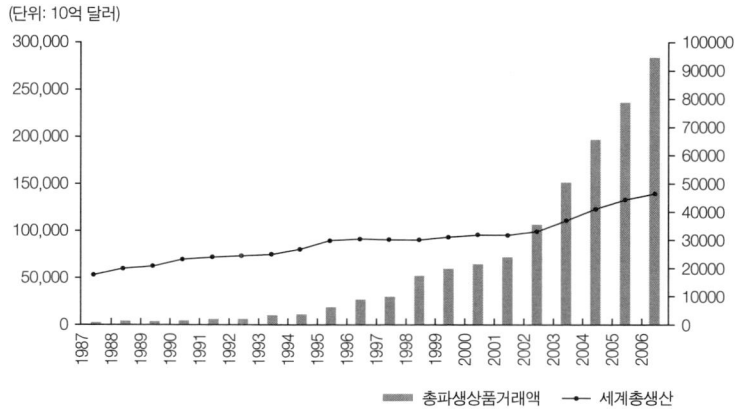

출처: Petrov(2008)

도 재정적자와 저금리 등 팽창적 거시정책을 남발했다. 하지만 노동조합이 여전히 강했던 유럽은 단일통화 추진 과정에서 보수적 통화정책을 고수할 수밖에 없었으며, 개도국들은 IMF를 통해 인플레이션 억제 중심의 긴축적 통화정책을 요구받았다.

신자유주의는 또한 헤게모니를 상실해가던 미국이 헤게모니를 재확립하는 수단이 되었다. 자원민족주의 등 목소리를 내기 시작한 제3세계를 외채위기와 이에 따른 구조조정 프로그램에 의해 무력화한 것이다. 이는 또한 일부 동구권 국가들에게도 압박을 주었다. 1980년대 말에 이르면 급기야 베를린 장벽이 무너지고 동구사회주의가 붕괴되기 시작하며 구소련이 해체하기에 이른다. 이로써 냉전이 종식되고 미국은 유일한 초강대국의 지위를 누리게 되었다. 미국은 유럽, 일본 등의 협력과 IMF 등의 국제기구를 내세워서 미국 중심의 신자유주의적 세계화를 주도해나갔다. 신자유주의 시대의 세계화는 각국의 시장자유

화와 아울러 교통·통신 기술의 혁명적 발전이 더해짐으로써 과거 브레튼우즈 체제 아래서 진행된 점진적인 세계화에 견주어 그 진행 속도가 가속화되었을 뿐만 아니라 초국적 기업들에 의한 생산 조직과 판매의 세계화로 심화되었다. 이와 더불어 신자유주의적 세계화는 몇 가지 중요한 특징들을 드러냈다.

첫째, 신자유주의적 세계화는 금융 주도의 세계화다. 무역보다는 해외투자의 증가가 더욱 빠르게 진행되었으며, 그중에서도 해외직접투자FDI보다는 주식이나 채권 등 금융상품에 투자하는 포트폴리오투자가 훨씬 빠르게 증가했다.[7] 무역도 투자도 아닌 투기적 외환거래, 특히 〈그림 5-5〉가 보여주는 바와 같이 파생상품 거래는 가히 폭발적으로 증가했다. 브레트우즈 체제 아래서는 자본 이동에는 제한을 두면서 무역과 같은 경상거래만을 자유화하는 것이 목표였으나, 1990년대에는 미국이 주도하는 가운데 자본거래의 자유화를 IMF의 새로운 목표로 설정하는 헌장 개정을 추진하는 등 공격적으로 자본자유화를 추구했다. 금융 주도 세계화는 제조업 경쟁력을 상당 부분 상실하고 금융자본주의화된 미국이 헤게모니를 강화하면서 나타난 현상이라고 볼 수도 있다. 1997년에 아시아 금융위기가 발생한 이후 자본거래 자유화에 대한 거센 비판이 일면서 이러한 움직임이 한때 주춤하기도 했으나, 금융자유화와 자본자유화의 흐름은 곧 재개되어 투기자본의 국제적 이동이 무서운 속도로 증가해나갔다.

둘째, 신자유주의적 세계화는 비대칭적이며 불공정한 세계화다(스티

---

[7] 1970년대의 국제자본 이동은 주로 은행 대출 위주였고, 1980년대에는 채권시장 위주였다. 1990년대에는 주식시장의 세계화가 부각되었다.

글리츠 2008). 세계화가 생산요소의 국경 간 이동을 자유롭게 한다고 하지만 모든 생산요소에 동일하게 적용된 것은 아니다. 자본의 이동성은 크게 증가했으나 노동의 이동성은 엄밀하게 제한되고, 상품과 서비스의 교역은 자유화되는 반면 기술이전은 통제되었다. 결과적으로 자본에 대한 노동의 협상력은 약화되었다. 세계적으로 자본 소득에 대한 세율은 인하되고 노동 소득에 대한 세율은 인상되는 경향이 나타났으며, WTO나 FTA 등 국제무역협정들도 투자자의 권리 보호만 앞세우고 의무에 대해서는 외면했다. WTO는 또한 지적재산권 보호에는 적극적이지만 저개발국으로의 기술이전을 촉진하기 위한 체계적인 시스템은 존재하지 않는다. 이는 명백하게 선진국들의 이익에 봉사하는 것이며, 기술이전이 지체됨으로써 저개발국에서 빈곤과 환경파괴가 불필요하게 지속되고 있다. IMF나 WTO와 같은 다자간 국제경제기구들이 선진국의 이해관계를 과도하게 반영해 불공평한 세계화가 진행된 것도 사실이다. IMF는 채무국의 목소리가 거의 배제되고 미국을 중심으로 한 일부 선진국들의 영향력 아래 놓여있으며, WTO 체제도 빈국일수록 더 불리한 것이 현실이다. 그 결과 부국과 빈국간의 격차는 급격하게 확대되고 있다.

셋째, 신자유주의적 세계화는 교역과 투자에 대한 가시적인 장벽의 철폐를 넘어서서 이와 관련된 국민경제의 제도와 정책까지 통일시키려는 '깊은 통합deep integration'을 진전시켰다. WTO 체제는 상품교역과 관련되는 국내 정책과 제도의 수렴을 추구하고 있으며, IMF를 통한 구조조정도 신자유주의적 제도와 정책을 확산시켜왔다. 한미 FTA와 같은 포괄적 FTA에 의해 각국의 제도가 수렴하는 현상도 존재했다. 이러한 '깊은 통합'으로 각국의 정책 자율성 혹은 정책 선택권이 제약된 것도 부정할 수 없다. 세계화에 올라타는 순간 "경제는 성장하고 정치는 축소된다"는 것이다(프리드먼 2003). 하지만 이러한 제약이 대처 수상의 대안부재론There Is No Alternative, TINA이나 노무현 대통령의 "권력은 시장에 넘어갔다"는 말처럼 신자유주의적 정책을 정당화하기 위한 논리로 사용되는 것은 옳지 않다. 신자유주의적 세계화의 와중에도 민주주의가 발전된 나라들에서는 자본주의의 다양성이 건재하고 있기 때문이다(Hall and Soskice 2001).

3. 신자유주의의 퇴조와 세계경제의 미래

2008년 리먼 브라더스 사태를 계기로 폭발한 미국발 글로벌 금융위기 이후 신자유주의적 세계화는 위기에 처했고 세계경제는 기로에 서 있다. 과거 신자유주의 정책의 전도사 역할을 했던 논자들이 앞다투어 시장만능주의의 오류와 폐해를 한탄하고 있고, 선진 각국은 금융규제 강화를 추진하고 있으며, 국제금융질서의 개혁에 관한 논의도 진행되고 있다. 사실 신자유주의의 퇴조는 글로벌 금융위기 이전에 이미 시작되었다. 현실의 시장은 결코 신자유주의자들이 믿는 것처럼 완전하지 못하며, 무분별한 개방과 자유화는 금융위기 등 많은 폐해를 이미 낳고 있었기 때문이다. 세계 자본주의의 심장부인 월가에서 시작되어 전 세계를 강타한 2008년 위기는 이미 흔들리고 있던 신자유주의의 위상에 결정적인 타격을 가한 것이며, 세계경제의 미래를 어떤 방향으로 끌고갈 것인지에 대한 심오한 투쟁이 진행되고 있다.

그림 5-6. OECD 국가들의 1인당 생산증가율: 1960~2004년

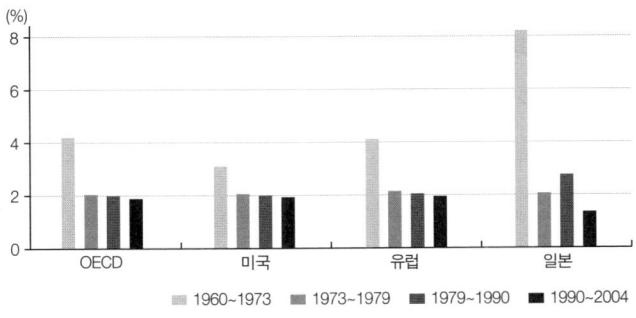

자료: Groningen Growth and Development Centre

신자유주의 시대의 거시경제적 성적표

신자유주의 시대가 1970년대의 인플레이션 문제를 정복하는 데서 출발했음은 이미 언급한 바 있다. 이후에도 선진국들의 물가안정은 대체로 잘 유지되었다. 미국처럼 방만한 통화정책이 펼쳐진 경우에도 노동조합의 약화와 더불어 중국을 필두로 한 개도국으로부터의 저렴한 수입품에 의해 물가 상승이 억제되었다. 하지만 경제성장과 고용창출, 그리고 소득분배의 측면에서는 결코 좋은 성과를 내지 못했다.[8]

〈그림 5-6〉은 OECD 국가들의 1인당 생산증가율을 시기별로 보여주고 있다. 신자유주의 시대라고 할 1979년부터 2004년까지의 기간 중에 경제성장률은 과거 황금기에 비해 현저하게 낮을 뿐더러, 미국과 유럽의 경우에는 경제위기 시기였던 1973~79년에 비해서도 낮았던 것을 알 수 있다. 흔히 신자유주의가 다른 건 몰라도 경제성장을 위해서는 필요하다는 주장이 회자된 것은 전혀 사실적 근거가 없는 주장임

---

8 신자유주의 시대의 경제 성과에 대한 분석은 Glyn(2006)에서 주로 차용했다.

그림 5-7. OECD 국가들의 실업률: 1960~2004년

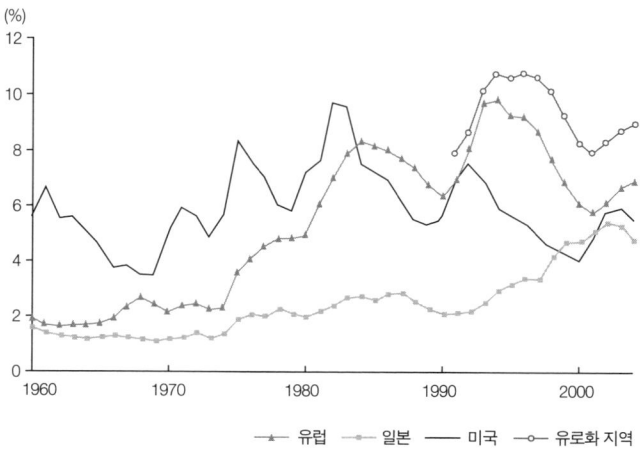

자료: OECD

을 알 수 있다. 성장의 부진은 당연히 고용 창출의 부진으로 이어졌다. 더구나 성장을 하면서도 고용 창출이 부진한 이른바 '고용 없는 성장'의 문제까지 대두했다. 결과적으로 〈그림 5-7〉에서 보는 바와 같이 실업률이 현저하게 높아졌다. 미국이 다소 예외적으로 실업률이 눈에 띠게 증가하지 않은 경우지만, 노동 능력을 갖추고서도 일을 하지 않고 있다는 의미에서 감옥에 수감되어 형을 살고 있는 사람들을 실업자에 포함시킨다면 미국의 실업이 유럽에 비해 오히려 더욱 심각하다는 지적도 있다(Buchele and christiansen 1998).

신자유주의 정책이 분배의 악화를 초래한다는 것은 제법 잘 알려진 사실이다. 〈그림 5-8〉은 OECD 국가들을 미국, 영국, 캐나다, 호주, 아일랜드 등 자유주의 국가군과 유럽 국가군으로 나누어 임금소득의 분배가 1980년 이후 어떻게 변화했는지를 보여주고 있다. 소득 불평등의 지표로는 상위소득과 중위소득의 비율, 그리고 중위소득과 하위

그림 5-8. OECD 국가들의 임금소득 분배: 1980~2000년

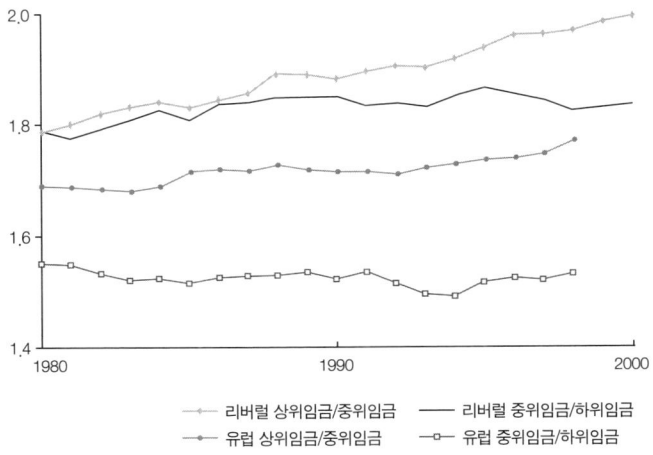

자료: OECD

소득의 비율을 사용했다. 이렇게 볼 때 몇 가지 사실이 확연히 드러난다. 우선 자유주의 국가군이 유럽 국가군에 비해 현저하게 높은 임금격차를 나타내고 있으며, 1980년 이후의 임금격차 확대도 훨씬 심했다는 점이다. 그리고 임금격차 확대가 중위소득과 하위소득 간의 격차보다는 상위소득과 중위소득 간의 격차 확대에 주로 기인한 것임을 알 수 있다. 유럽 국가군의 경우에 중위소득과 하위소득 간의 격차는 실제로 줄어든 것을 확인할 수 있다.

위의 분석이 보여주는 것은 1980년 이후 여러 나라에서 발생한 소득분배의 악화가 모든 나라에서 공통적으로 일어난 것이 아니며 세계화의 불가피한 결과도 아니라는 점이다. 유럽 국가들의 경험은 세계화 가운데서도 소득분배에 대한 잠재적인 악영향을 제도와 정책에 의해 통제할 수 있다는 것이다. 그런데 〈그림 5-8〉의 분석은 임금소득만을 대상으로 한 것이어서 전체 소득분배의 중요한 부분을 놓치고 있다.

실제로 자유주의 국가군에서는 임금소득이 주 소득원이 아닌 최상위층으로의 부의 집중이 두드러졌다. 앞서 살펴본 〈그림 5-3〉이 이를 잘 보여주고 있다. 미국의 최상위 0.1%의 소득점유율이 대공황 이전에는 8~10%에 이르렀지만, 개혁자본주의의 대압착으로 인해 2% 정도로 내려갔다가, 신자유주의 시대에 들어와서 다시 가파르게 상승해 2004년에는 거의 7%에 다다랐다. 이후에도 이런 경향이 지속되어 2008년에는 10.4%까지 올라갔다.[9] 이러한 패턴은 신자유주의 정책을 추진한 영미권 나라들에서 공통적으로 나타났고, 반면 프랑스나 독일 등 유럽에서는 이러한 급격한 소득 불평등의 증대는 없었다(Atkinson et. al. 2001).

이렇게 신자유주의 시대의 세계경제는 성장·고용·분배 등 가장 중요한 지점에서 성과가 신통하지 못했음에도 불구하고, 신자유주의 이데올로기가 강력한 힘을 발휘한 까닭은 무엇인지 묻지 않을 수 없다. 그 답은 바로 경제적 부의 집중을 바탕으로 정치와 언론에 막강한 영향력을 확보한 최상위계층의 이익에서 찾을 수 있다. 더 빨리 성장하는 경제에서 전체 소득의 2%를 갖는 것보다 조금 느리게 성장하더라도 전체 소득의 10%를 갖는 것이 훨씬 이익이라는 것이다. 분배의 중요성을 단적으로 보여주는 사례가 이른바 부시 호황이다. 2002~07년 사이에 미국의 연평균 경제성장률은 3.0%였는데, 최상위 1%의 소득은 매년 무려 10.1%씩 증가했고, 나머지 99%의 소득은 불과 1.3%씩 증가하는 데 그쳤다고 한다. 최상위 1%가 전체 경제성장분의 65%를 차지한 셈이다(Saez 2009). 최상위계층의 입장에서 보면 신자유주의

---

9 *Washington Post*, 2011. 6. 18. "(Not) spreading the wealth" 참조.

는 이런 막대한 이득을 가져다주었을 뿐 아니라, 부자를 찬양하고 미화하는 너무나 아름다운 이데올로기였던 것이다.

신자유주의의 퇴조

1990년대가 신자유주의의 전성시대였다면, 2000년대에는 신자유주의의 퇴조 국면이 시작되었다. 1997년의 아시아 금융위기가 불안한 징조였다. 이를 계기로 미국과 IMF의 자본자유화 추진이 주춤하게 되었다. 비록 아시아 금융위기 이후 제기된 국제금융질서 개혁은 용두사미가 되어버리고 말았지만, IMF의 정책적 입장에는 약간의 변화가 있었다. 금융 규제나 사회 안전망 등 최소한의 공공 기능의 중요성을 인식하고, 자본자유화 정책의 위험성도 인정했다. 사실 금융 규제 완화의 결과 1980년대 초 아르헨티나, 우루과이, 칠레 등 남미 3국의 금융위기, 1980년대 말 미국의 저축대부조합 Savings & Loans Association 위기, 1990년대 들어서면서 일본의 부동산 거품과 붕괴에 이은 장기 침체와 북유럽의 금융위기 등 금융위기가 빈발했다. 아시아 금융위기가 심각하게 받아들여진 이유는 달리 있었다. 이듬해인 1998년에 러시아, 브라질 등으로 위기가 확산되면서 급기야 미국의 대형 헤지펀드 LTCM 위기까지 발발해 세계 금융이 시스템 위기에 직면했기 때문이다.

신자유주의 시대에는 지나친 규제 완화로 인해 금융위기뿐만 아니라 다양한 시장 실패가 빈발했다. 미국에서는 엔론, 월드컴 등의 초대형 회계 부정 사태가 벌어졌으며, 많은 나라에서 부적절한 공기업 민영화가 이루어지면서 부패, 요금 인상, 안전 관리 소홀, 서비스 질 저하 등을 초래하기도 했다. 지구온난화에 대한 효과적인 대응을 하지 못했고, 이미 돌이키기 어려운 기후변화를 초래하고 있다는 사실도 신자유주의 시대의 대표적인 시장 실패일 것이다.

2000년대에 신자유주의의 퇴조가 시작되었다는 까닭은 신자유주의 정책에 가장 앞서왔던 나라들이 부분적이나마 정책을 선회하는 양상이 나타났기 때문이다. 2001년 초에 발생한 캘리포니아의 전력 공급 중단 사태로 인해 주 정부는 정부 소유의 전력회사를 건립한 일이 상징적인 사건이었다. 또 영국 정부도 빈발하는 안전사고와 서비스 질 저하로 소비자의 원성을 사고 투자비용 보조로 재정부담까지 가중시킨 철도 민영화가 완전한 실패였음을 자인하고 민영화를 되돌려놓지 않을 수 없었다. 무엇보다 흥미로운 것은 신자유주의 정책을 누구보다 앞장서서 가장 철저하게 실시했던 뉴질랜드에서 일어난 변화다. 2000년 총선 이후 뉴질랜드는 세율 인상, 연금 상향 조정, 노조 권한 강화, 민영화의 중지 및 재국유화 추진 등 신자유주의와는 반대되는 정책들을 추진하기 시작했다. 그렇다고 과거로 회귀하는 것은 아니지만 보다 실용적인 정책 노선이 등장한 것이다(유종일 2007).

신자유주의의 퇴조가 가장 확연하게 드러난 것은 중남미에서의 변화였다. 1990년대에 중남미 국가들은 대부분 신자유주의 개혁에 매진했었다. 그러나 여러 가지 폐해가 발생하면서 신자유주의에 대한 정치적 반대가 거세졌고, 2000년대에는 거의 대부분의 중남미 국가에 좌파 정부가 들어서게 되었다. 신자유주의 개혁의 모범으로 IMF의 모범생이라고 불렸던 아르헨티나가 2001년 말 외채위기 이후 IMF와의 관계를 완전히 단절하고 좌파 정책을 채택한 것이 대표적 사례다. 이 외에도 도하라운드무역협상과 미주자유무역협정 구상이 무산된 것도 신자유주의의 기세가 한풀 꺾였음을 보여주었다.

2008년의 미국발 글로벌 금융위기는 신자유주의 시대 시장 실패의 정점이었다. 금융위기는 자유시장경제의 특징이라고 할 수 있을 정도로 빈번하게 일어나다가 대공황 이후 뉴딜 금융개혁으로 거의 사라지게 된 것이다. 그러다가 1970년대 초 브레튼우즈 체제 붕괴 이후 미국에서 금융자유화가 시작되었고, 1980년대부터 금융 규제 완화와 자본거래 자유화가 전 세계로 확산되면서 대형 금융위기가 빈번하게 발생했다. 그러나 이러한 위기들은 월가를 중심으로 한 선진 금융자본에게는 또 다른 기회였다. IMF 등의 구제금융으로 자신들의 손실은 만회하는 한편, 출렁이는 금융시장에서 새로운 고수익 창출의 기회를 잡았기 때문이다.[10] 이것이 빈발하는 금융위기에도 불구하고 금융 규제 완화와 금융자본 팽창이 지속된 까닭이다. 그러다가 결국 미국의 비우량 주택담보대출 부실화를 계기로 글로벌 금융위기라는 초대형 사고가 터지고 만 것이다.

　미국발 금융위기의 이면을 보면 금융기관들이 고수익을 좇아 무모한 위험을 떠안은 사실을 발견할 수 있다. 금융기관들이 규제와 감독의 완화를 위해 로비를 하고, 정부가 이를 들어주고 하는 과정에서 내세운 논리는 금융기관들이 주주 이익을 보호하기 위해서 누구보다 스스로 위험관리를 잘할 것이라는 것이었다. 그러나 욕심이 앞서면 판단력이 흐려진다는 것은 동서고금의 진실이다. 탐욕의 문화가 지배하는 월가에서는 금융기관 내부의 통제시스템도 신용평가사들에 의한 견제 시스템도 작동하지 않았다. 감독 당국은 손을 놓고 있었고, 정책 당국

10　외환위기를 맞은 한국에서 론스타나 뉴브릿지캐피탈 등 외국 금융자본이 거둔 초과 수익이 그러한 예다. 골드만삭스가 2009년에 사상 최고의 수익을 냈다는 사실도 같은 맥락에서 나온 것이다.

은 규제를 완화하기 바빴다. 시장의 자율적 조절기능이라는 신화를 내세우며 탐욕에 몸을 맡긴 결과는 결국 대공황 이후 최대의 금융위기였다(유종일 2008). 그리고 미국의 위기는 금융세계화의 연결망을 타고 순식간에 전 세계로 확산되었다.

세계경제의 미래는?

미국발 글로벌 금융위기는 탐욕을 정당화하고 시장을 우상화한 신자유주의의 파산을 극적으로 보여주었다. 따라서 이번 위기는 이미 영향력이 퇴조하기 시작한 신자유주의의 역사적 퇴장을 재촉하는 사건이 될 가능성이 농후하다. 이번 위기를 계기로 케인스 경제학이 복권되었고, 통화주의·공급중시 경제학, 합리적 기대론, 신고전파 경제학, 워싱턴 합의 등 각종 이름으로 등장한 시장만능주의적 사조가 신뢰를 잃게 되었다. 신자유주의에 앞장섰던 미국, 영국 등의 위상이 격하되고, 신자유주의의 영향력이 제한적이었던 프랑스, 독일 등 유럽국가들의 위상이 강화되었다.[11] 금융위기 한복판에서 출범한 미국의 오바마 행정부도 부유층 증세, 금융 규제 강화, 노조 권한 강화, 전 국민 의료보장 추구 등 신자유주의와는 다른 정책을 추진하고 있다. 금융자본의 영향력이 강하게 작용하고 있고 오바마 대통령의 타협적인 리더십도 작용해서 기대했던 것만큼 과감한 변화가 이루어지지는 않고 있지만 변화가 시작된 것만은 분명하다.

---

11 물론 최근 남유럽 국가들의 재정위기로 유럽이 위기를 맞고 있는 것은 사실이다. 하지만 이것은 유로존 안에서 경쟁력이 떨어지는 남유럽 국가들과 단일통화의 문제일 뿐, 유럽 전체의 위기는 아니다. 유럽연합 차원의 경상수지에는 문제가 없기 때문이다.

국제금융시스템에도 일정한 변화는 불가피할 전망이다. 각국이 금융 규제를 강화하고, 금융 거래의 투명성을 높이며, 국가 간 규제의 격차를 좁히려는 노력이 전개될 것이다. IMF를 비롯해서 국제금융기구들의 거버넌스 개편도 이루어지고 있다. 브릭스 등 신흥 경제국의 투표권이 확대되고 투명성이 제고되었다. 글로벌 금융위기 이후의 개혁안 마련을 위해 종래의 G7이 아닌 G20이 모인 것부터가 이러한 변화를 상징하고 있다.

물론 아직 신자유주의의 완전한 퇴출을 속단할 수는 없다. 그동안 엄청난 부를 축적하면서 막강한 정치적 힘을 구축한 거대 금융자본의 힘이 그리 호락호락하지 않기 때문이다. 특히 미국에서는 월가 출신들이 정부 요직에 두루 배치되어 영향력을 행사하고 있다. 그 결과 이미 구제금융 과정에서 금융위기의 피해자인 납세자에게 천문학적인 부담을 지우면서 금융위기의 주범인 금융자본의 이익을 보호하는 일들이 벌어지고 있다. 금융개혁안도 월가의 로비 때문에 최소한으로 축소되었다. 국제금융질서의 개혁도 최소한에 그칠 가능성이 농후하다. 그러나 이것이 신자유주의의 부활을 의미하지는 않는다. 신자유주의의 영향력은 이미 결정적인 타격을 받았다. 만약 금융자본의 힘을 업고 신자유주의적 정책이 살아남는다면 더 큰 위기가 기다리고 있을 따름이다.

지난 20세기는 미국의 세기였다. 여전히 미국은 세계 유일의 초강대국으로 군림하고 있다. 하지만 미국의 헤게모니는 흔들리기 시작했다. 이번 미국발 금융위기로 말미암아 이미 서서히 약화되고 있던 미국의 헤게모니는 더욱 심하게 흔들리게 되었다. 미국은 이미 장기간 대규모 경상수지 적자를 누적해왔고, 이에 따라 중장기적으로 달러화의 약세는 불가피하다.[12] 게다가 이번 위기까지 겹쳐서 달러화가 누려

그림 5-9. 세계 GDP 비중의 변화 전망

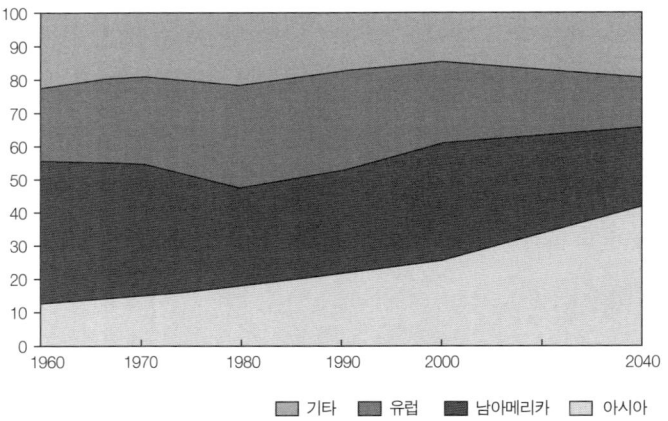

자료: 한국은행 금융경제연구원(2005)

온 기축통화로서의 지위가 약화될 것은 확실하다. IMF에서 발행하는 특별인출권SDR을 지불준비통화로 활용하는 문제는 차치하고라도, 유로나 위안화 등으로 지불준비통화가 다변화될 것은 분명하다. 마찬가지로 더 이상 미국식이 세계 표준global standard으로 통할 수 없을 것이다. 미국식 투자은행 모델은 이미 막을 내렸고, 미국식 금융주도 자본주의에 대한 회의론이 팽배해 있다.

근본적으로는 미국이 세계경제에서 차지하는 비중이 더욱 급격하게 줄어들 것이다. 지금 세계경제의 중심이 아시아로 이동하고 있는 것은 분명한 사실이다. 〈그림 5-9〉는 세계경제에서 각 지역이 차지하는 비

---

12 마치 1960년대에 미국이 월남전을 치르면서 경상수지 적자를 기록하고 달러의 지위가 흔들렸던 것처럼, 2000년대에는 이라크·아프간 전쟁의 수렁에 빠져서 경상수지 적자와 달러의 지위 하락, 그리고 헤게모니의 약화를 경험하고 있다.

중의 장기적 변화를 보여주고 있다. 1960년부터 2000년 사이에 이미 미국의 비중은 크게 줄어들었고, 아시아의 비중은 크게 증가했음을 알 수 있다. 2040년도의 비중은 골드만삭스와 한국은행 등의 전망에 기초해 작성한 것으로서(Wilson and Purushothaman 2003; 한국은행 금융경제연구원 2005), 이때가 되면 아시아 경제의 비중이 세계경제의 약 42%를 차지하면서 미국의 2배가 될 것임을 보여주고 있다. 〈그림 5-9〉에 담긴 전망은 불확실한 예측에 불과한 것이지만 그 가능성이 매우 높은 시나리오다. 더구나 글로벌 금융위기의 결과 나타나는 부의 재편 과정에서 중국을 비롯한 아시아 국가들의 입지가 더욱 강화되었기 때문에 세계경제의 중심이 아시아로 이동하는 것은 〈그림 5-9〉의 전망보다 더 빨리 진행될 가능성이 높다. 사실 골드만삭스의 2003년 보고서에서는 중국 경제의 규모가 2041년에 미국을 앞지를 것으로 예상했으나, 2009년 보고서에서는 2027년이면 앞지를 수 있다고 전망하고 있다(Wilson and Purushothaman 2003; O'Neill and Stupnytska 2009).

 세계경제의 미래를 결정지을 중요한 변수들은 지구온난화와 화석에너지 고갈 등의 환경 제약, 테러리즘과 대량살상무기의 확산, 다극화 체제에서 국제적 협력에 입각한 세계경제 거버넌스 구축 여부 등을 포함한다. 이외에도 작은 변수들이 거대한 변화를 가져올 수도 있고 종국적으로 미래는 아무도 예측할 수 없다. 다만 한 가지 확실한 것은 인류가 파괴적인 탐욕을 통제하고 서로 나누고 협력하는 제도를 발전시키지 않으면 안 된다는 것이다. "신은 우리 모두의 필요를 충족시켜 주지만 단 한 사람의 탐욕도 만족시킬 수 없다"는 간디의 가르침은 아무리 기술이 발전하고 경제가 성장해도 여전히 진실이기 때문이다.

6장

세계금융위기와 경제정책 패러다임의 변화*

1. 머리말

2008년에 발발한 세계금융위기는 대공황 이후 최대의 경제위기로서 아직 그 끝을 알 수 없는 현재 진행형 위기다. 심대한 경제위기는 경제이론과 정책의 패러다임 변화를 초래하기도 한다. 대공황과 2차 세계대전을 겪은 이후 고전파 경제학으로부터 케인스 경제학으로 주도권이 넘어갔고, 총수요 관리를 통한 완전고용 실현 및 소득 재분배 등 정부의 적극적 경제 개입을 기본으로 하는 사회민주주의적 정책 패러다임이 지배하게 된 것이 대표적인 경우다. 스태그플레이션으로 표현된 1970년대의 경제위기 이후에 케인스 경제학이 쇠퇴하고 통화주의

---

* 이 글은 2010년 2월에 발표한 것으로 당시의 시점에서 상황을 평가하고 예측한 것임을 밝힌다.

가 득세하기도 했다. 이번 세계금융위기도 경제이론과 정책 패러다임에 상당한 영향을 미칠 것으로 보인다. 이번 위기가 시장만능주의적인 신자유주의 정책의 산물인 만큼 시장의 실패를 강조하는 이론과 정부의 역할을 부각하는 정책 패러다임이 득세할 것이다.

하지만 과거 대공황 이후 케인스 경제학이 득세할 때처럼 기존의 이론과 획기적으로 다른 새로운 이론과 정책 패러다임이 등장하게 될 가능성은 낮아 보인다. 위기 이후에 시도되는 정책들이나 주장되는 이론들이나 획기적으로 새로운 것은 아직 나타나지 않고 있다. 금융 혁신에 따라 금융 부문과 관련한 이론과 정책에서 약간의 새로운 내용이 제기되고 있는 것이 사실이지만, 대체로 위기로 인한 경제이론이나 정책 패러다임의 변화는 케인스 경제학의 부활이라는 흐름 안에 있다. 폴 크루그먼의 저서 『불황의 경제학 The Return of Depression Economics and the Crisis of 2008』은 그 제목에서부터 위기로 인한 케인스 경제학의 부활을 알리고 있다(Krugman 2009a).

대형 위기가 발생했다고 해서 시장경제 자체를 폐기해야 한다고 주장하는 사람은 이제 거의 찾아보기 힘들다. 시장을 충분히 활용하면서도 광범한 시장의 실패에 대응해 정부의 적극적 역할을 결합하는 것은 대체로 케인스 경제학의 전통에 속한다. 세계경제 거버넌스에서 개도국의 발언권을 강화한다든가 지구온난화에 대응하는 녹색 성장을 추구한다든가 케인스 경제학과는 직접적인 관련이 없는 의제도 등장하고 있지만, 이러한 흐름은 금융위기와 독립적으로 존재하던 흐름이었으며 단지 위기로 인해 시장만능주의가 타격을 입음으로써 생긴 넓어진 정책 논의 공간 덕분에 주류 정책 담론 안으로 깊숙이 들어온 것일 뿐이다.

이미 위기에 대응하는 과정에서 시장만능주의 정책으로부터 정부개입주의 정책으로 극적인 변화가 있었다. 미국을 비롯한 각국 정부는 금융시장의 붕괴를 막기 위해 대형 금융기관들의 구제와 '양적 완화' 정책에 나서는 한편, 무너지는 경기를 부양하기 위해 대규모 적자재정을 편성했다. 그리고 지난 40년간 진행되어온 금융자유화 정책을 뒤집고 금융 규제 강화 방안을 마련하고 있다. 단, 이러한 정책 변화가 일시적인 변화에 그칠지 아니면 상당 기간 지속될지, 그리고 변화의 폭과 깊이가 향후 줄어들고 약화될지 아니면 확대되고 심화될지는 아직 미지수다.

정책 패러다임이 얼마나 폭넓게 그리고 장기간 변화할지는 위기의 크기, 정치적 지형의 변화, 대안적 경제이론의 발전 등에 의해 좌우될 것이다. 이번 위기가 대공황에 비하면 훨씬 미약한 것이고, 따라서 일시적인 위기 대응 이후에는 위기 이전과 큰 차이가 없는 정책 패러다임으로 회귀할 것이라는 판단은 옳지 않다. 2008년에 세계경제를 강타한 금융기관의 손실과 금융시장의 마비는 대공황 당시에 비해 결코 작은 충격이 아니었으며, 각국 정부의 적극적인 정책 대응이 있었기 때문에 대공황이 재발하는 것을 피할 수 있었던 것이다(Cordon 2009). 그럼에도 불구하고 세계경제는 대침체에 빠졌고, 앞으로도 상당 기간 어려움이 지속될 것이다.[1] 적어도 당분간은 시장만능주의적 혹은 자유방임주의적 정책 담론은 설득력을 가지기 어려울 것이다 (Cassidy 2010). 사실 신자유주의는 이번 위기가 발발하기 이전부터 쇠

---

[1] 비록 기술적으로 대침체는 2009년 가을에 종료되었다고 하지만, 2010년부터 불거진 남유럽 국가들의 재정위기 등으로 세계경제의 불안이 지속되고 있으며 소위 더블딥(Double dip) 혹은 이중 침체의 우려도 여전히 존재한다.

퇴하기 시작했으며(유종일 2007), 이번 위기로 실질적인 사망선고를 받은 것으로 보아야 할 것이다. 하지만 이러한 변화가 얼마나 지속될지, 정부의 경제 개입이 어떤 목적으로 어떤 수단을 사용하여 어느 정도로 이루어질지는 정치 지형의 변화와 대안적 이론의 발전에 의해 크게 좌우될 것이다. 위기 발발 이후 지금까지 나타난 정치적 변화나 학계의 변화를 보았을 때는 변화의 폭과 깊이가 제한적일 것으로 예상된다. 이와 관련해 가장 큰 불확실성은 위기가 머지 않은 장래에 재발할 가능성이다. 그럴 경우에는 훨씬 심각한 충격과 변화가 따를 것으로 보인다.

아래에서는 우선 위기 이후에 실시되고 추진되거나 논의되고 있는 정책 변화의 내용을 살펴보고, 정치 지형의 변화와 대안적 이론의 발전 전망을 짚어본다.

2. 글로벌금융위기 이후 정책 담론의 변화

1) 구제금융과 금융 규제 강화

이번 세계금융위기 이후 가장 두드러진 정책 변화는 시장에 모든 것을 맡기는 것이 최선이라는 시장만능주의로부터 정부가 무너지는 시장을 구제하고 그러한 사태의 재발을 방지하기 위해 시장을 적절하게 규제해야 한다는 사고로의 전환이다. 2008년 9월 리먼의 도산이 촉발한 디레버리징de-leveraging으로 전 세계 주요 금융기관들의 손실이 눈덩이처럼 불어나고 신용시장이 순식간에 얼어붙는 것을 목격한 각국 정부는 더는 시장의 자기조절 능력을 믿고 기다릴 수 없었다. 금융시장의 가격은 항상 효율적이라는 효율시장이론을 근거로 금융자유화를 추진하고 약탈적 금융과 레버리지 투자를 통해 막대한 수익을 누리던 금융자본은 초토화의 위기에 처하게 되었다.

시장만능주의자들의 지적 패닉은 금융시장을 뒤덮은 투자자들의 패닉에 못지않았다. 시장만능주의 사상이나 이론이 학계에서 패배를 선언한 것은 아니었지만 시장이 무너지고 경제가 침체의 골로 빠져들어가는 상황에서 시장만능주의를 대중 앞에 내놓고 주장하기는 어려웠다. 금융자본의 입장에서 이데올로기는 사치일 뿐이었다. 당장 생존을 위해 정부의 구제를 필요로 했다. 탐욕의 머니게임을 펼치면서 막대한 보너스를 챙길 때는 시장의 효율성과 자기조절 능력을 내세우고 규제 철폐를 외쳤던 금융계 인사들은, 버블이 붕괴하고 천문학적 손실이 발생하자 언제 그랬냐는 듯이 정부가 나서서 금융기관들을 구제하고 시장을 살려야 한다고 아우성을 쳤다.

각국 정부는 금융기관에 천문학적 자금을 투입했다. 금융기관의 특수성으로 인해 대형 금융기관들은 글자 그대로 TBTF[2]라는 데 대다수가 동의했다. 다만 정부가 자금 지원의 대가로 금융기관의 주식을 인수할 것인가의 여부, 금융기관의 경영진에 어떤 벌칙을 부과하고 향후 경영 활동에는 어떤 제약을 가할 것인가를 둘러싸고 상당한 논란이 따랐다. 금융사회주의로 갈 것인지 아니면 이익은 사유화하고 손실은 사회화한다는 과두 권력 집단의 해묵은 논리가 승리할 것인지 사이에 힘겨루기가 진행된 것이다. 미국의 경우 후자의 방향으로 사태가 전개되

---

[2] TBTF란 'Too Big To Fail'의 머리글자를 딴 것으로, 어떤 기업이 망하면 그 여파가 너무 커서 정부가 망하게 내버려둘 수 없을 정도로 규모가 크다는 뜻이다. 흔히 '대마불사'라고 번역하기도 하지만, 크기 때문에 잘 죽지 않는다는 의미로 오해할 수 있기 때문에 그냥 TBTF라는 용어를 사용한다.

었다(Johnson 2009; Stiglitz 2010).

대대적인 정부의 금융기관 구제는 필연적으로 위기 재발을 방지하기 위한 금융 규제 강화에 대한 요구를 낳았다. 하지만 규제를 얼마나 강화해야 할지, 어떤 규제를 신설해야 할지에 관해서는 많은 논란이 이어지고 있다. 미국의 움직임이 가장 중요한데, 아직까지 구체적인 성과는 미진하다. 소위 루빈 사단이라고 불리는 월가 출신 인사들을 위주로 경제팀을 구성한 오바마 행정부는 2009년 6월 규제 강화 방안을 발표했는데, 강력한 개혁과는 거리가 있는 내용이었다. 파생상품의 거래에 대한 규제, 독립적 금융소비자보호기구 Consumer Financial Protection Agency, CFPA 설치, 그림자 금융시스템 Shadow banking system의 제도권 은행에 준하는 감독과 규제 등이 주된 내용이었다. 이후 입법이 진행되면서 월가의 로비로 규제가 더욱 악화되었다(Drawbaugh 2010).

2010년 초에 오바마 대통령은 훨씬 더 강력한 금융 규제 강화 방안을 들고 나왔다. 은행의 부채에 대해 수수료를 부과해 구제금융의 대가를 치르도록 하겠다는 방안도 발표하고 또 은행이 헤지펀드, 사모투자펀드 PEF, 자기매매기관 등을 소유하거나 이들에 투자하는 것을 금지한다는 이른바 '볼커룰 Volker Rule'도 발표했다. 은행의 비대화도 규제하겠다고 했지만 구체성이 없어서 추진 의지가 강하다고 보기는 어려웠다. 우여곡절 끝에 미국 의회는 2010년 7월 금융개혁법안을 통과시켰다. 뉴딜개혁 이래 가장 광범위한 개혁 법안이라고 하지만 월가를 제대로 개혁하기에는 매우 미흡하다는 평가가 지배적이었다.

금융개혁법안은 연방준비은행 산하에 독립적인 금융소비자보호기구의 설치, 부실금융기관의 정리 방안과 자본 규제 및 차입 규제의 강화, 각종 파생상품을 비롯한 신종 금융상품의 투명성 강화, 신용평가기관에 대한 규제 강화 등의 내용을 담고 있다. 하지만 입법 과정에서 많은 예외 조항이 생기고 규제가 약화되어 개혁의 실효성이 크지 않을 것으로 보인다.

2) 재정정책의 부활

세계금융위기 이후 또 하나의 두드러진 정책 변화는 케인스주의적 재정정책이다. 세계 각국이 크고 작은 규모의 적자재정 편성과 정부지출 확대를 실시하게 되었다. IMF의 추정치에 의하면 G20 국가들은 평균적으로 2009년과 2010년에 각각 GDP의 5.5%에 해당하는 재정 팽창을 추진하고 있다고 한다(〈표 5-1〉). 이러한 팽창적인 재정정책은 신자유주의가 지배하던 지난 30년간에는 매우 예외적인 정책이었으나 위기 이후에는 IMF가 직접 권고하고 미국이 가장 앞장서는 등 주류 정책으로 확고하게 자리매김했다(IMF 2008). 세계적 차원에서 대규모로 진행된 재정정책은 세계경제를 대공황에 버금가는 실물경제의 붕괴로부터 구해주었다(Cordon 2010).

한때는 밀턴 프리드먼도 리처드 닉슨도 "우리 모두는 케인스주의자다 We are all Keynesians"라고 선언했을 정도로 전후 황금기는 케인스 경제학의 전성기였다. 대공황을 겪었고, 무엇보다 2차 대전 발발 이후 전쟁 물자 조달을 위해 적자재정을 시행함으로써 대규모 실업을 하루아침에 없애버렸기 때문에 케인스 경제학의 권위는 확고하게 구축되었다. 하지만 1970년대의 스태그플레이션 위기를 거치면서 통화주의가 득세하더니 이후 신자유주의라고 불리는 시장만능주의가 지배하면서 주류 경제학계에서 케인스 경제학은 잊혀갔다. 재정정책은 리카도의 정리 Ricardian Theorem에 입각해서 유효성이 없다고 치부되었고, 통화정

표 6-1. G20 국가들의 재정 확대

(단위: GDP 대비 %, 위기 이전 2007년 대비 변화)

구분	2009년			2010년		
	재정지수	위기대응 조치[1]	기타[2]	재정지수	위기대응 조치[1]	기타[2]
아르헨티나	-1.1	-1.5	0.4	0.7	0.0	0.7
오스트레일리아	-5.8	-2.9	-2.9	-6.8	-2.0	-4.7
브라질	-0.7	-0.5	0.0	1.2	-0.6	1.8
캐나다	-5.7	-1.9	-3.8	-5.2	-1.7	-3.6
중국	-5.2	-3.1	-2.1	-5.2	-2.7	-2.5
프랑스	-4.7	-0.7	-4.0	-4.8	-0.8	-4.0
독일	-4.1	-1.6	-2.5	-4.9	-2.0	-2.9
인도	-4.7	-0.5	-4.1	-3.3	-0.6	-2.7
인도네시아	-1.4	-1.4	-0.1	-0.9	-0.6	-0.2
이탈리아	-4.4	-0.2	-4.2	-4.8	-0.1	-4.7
일본	-7.3	-2.4	-4.9	-7.5	-1.8	-5.7
한국	-6.7	-3.6	-3.0	-7.8	-4.7	-3.1
멕시코	-2.5	-1.5	-1.0	-2.6	-1.0	-1.6
러시아	-12.2	-4.1	-8.2	-11.7	-1.3	-10.4
사우디아라비아	-11.6	-3.3	-8.3	-7.0	-3.5	-3.5
남아프리카	-4.0	-3.0	-1.0	-4.2	-2.1	-2.1
터키	-3.7	-0.8	-2.9	-3.3	-0.3	-3.0
영국	-8.9	-1.6	-7.4	-10.6	0.0	-10.7
미국	-5.6	-2.0	-3.6	-5.6	-1.8	-3.9
가중 평균[3]	-5.5	-2.0	-3.5	-5.5	-1.6	-3.8
선진국[3]	-5.9	-1.9	-4.0	-6.2	-1.6	-4.5
신흥개도국[3]	-5.0	-2.2	-2.6	-4.4	-1.6	-2.8
미국[4]	-10.5	-2.0	-8.6	-6.8	-1.8	-5.1
일본[4]	-7.8	-2.4	-5.4	-7.7	-1.8	-6.0
가중 평균[4]	-7.0	-2.0	-4.9	-5.8	-1.6	-4.2

주 1) 2007년 대비 위기와 관련한 정책의 재정비용으로 2009년 7월 중순까지 발표된 정책을 기준으로 평가. 금융 부문 지원 등을 위한 자산 획득이나 위기 이전에 발표된 정책은 포함하지 않음.
2) 자동안정화 장치의 영향, 위기와 무관한 정책비용 혹은 재정수입, 정산적인 경기변동 효과를 뛰어넘는 비정책적 재정수입 변동 ― 예를 들어 주택 가격, 원자재 가격, 금융 부문 이익 등의 극심한 하락으로 인한 재정수입 감소 ― 등을 포함.
3) 각국의 구매력 평가 GDP에 따른 가중치를 부여해서 구한 G20 전체, 그중의 선진국, 그중의 신흥개도국의 가중 평균치임.
4) 금융 부문 지원 조치 포함.
자료: Horton, Kumar and Mauro(2009)

책은 화폐 중립성 neutrality of money에 입각해서 오로지 물가안정만을 목표로 운용하면 된다 inflation targeting고 정리되었다. 경기변동은 생산성 쇼크에 시장이 합리적으로 반응한 결과일 뿐이라는 실질경기순환론 real business cycle에 입각해서 케인스의 유효수요이론이나 심리적 변수 animal spirits는 제거되었다. 이러한 신고전파 경제학에 대항하는 신케인스파 이론이 존재했지만, 기껏해야 메뉴 비용 menu cost 등에 의한 약간의 가격 경직성 때문에 일시적인 비자발적 실업이 발생한다는 설명 정도였다. 무엇보다 이들도 재정정책의 필요성이나 유효성은 내세우지 않았고, 통화정책으로 경제를 안정성장 궤도로 인도할 수 있다고 믿었다.

물가안정을 지향하는 통화정책만 있으면 시장이 자동적으로 완전고용 균형을 달성한다는 믿음이 지배하면서, 이에서 반하는 정책은 금융시장에 의해 제재를 받기 십상이었다. 1980년대 초 프랑스 최초의 사회당 출신 대통령인 프랑수아 미테랑이 재정팽창 정책을 사용했을 때 자본 이탈에 직면해서 이를 거두어들여야 했고, 클린턴 대통령도 취임 첫해 '사람 중심 경제 Putting People First' 공약을 이행하려다가 채권시장의 부정적 반응에 발목이 잡혀 포기하고 말았다. 아시아 금융위기를 비롯한 신흥시장국 또는 개도국의 금융위기 발생 시에 IMF는 경기 침체를 악화시키는 건전재정을 요구하곤 했다. 하지만 이번 글로벌 금융위기를 맞이해서는 민간수요가 위축되는 상황에서 시장의 자동조절 기능을 기다릴 것이 아니라 정부가 재정팽창에 의해 수요의 확대를 도모해야 한다는 정책적 입장이 IMF와 미국의 주도로 국제적 합의를 이루었다. 일부 보수 진영에서 정부지출의 낭비와 비효율을 비판하고 재정건전성의 악화를 우려하는 목소리를 냈지만, 정책 담론의 대세는 매우 쉽게 재정팽창을 향했다.[3]

개도국에서는 흔히 재정정책이 경기변동에 대응해 불경기 때 재정을 팽창하고 호경기 때 재정을 긴축해 경기변동을 순화시키는 정책과는 반대로, 오히려 불경기 때 재정을 긴축하고 호경기 때 재정을 팽창함으로써 경기변동을 악화시키는 경향이 있다는 지적이 있어왔다(Manasse 2006). 개도국 정부는 대개 차입 제약 borrowing constraint에 놓여 있고, 특히 IMF의 구제금융을 받는 경우 융자조건 conditionality에 의해 긴축을 요구받기 때문이다. 그런데 미국 등 선진국들이 위기에 처하자 대규모 재정팽창을 실시함으로써 선진국과 개도국 간의 또 하나의 정책 비대칭이 문제로 제기되었다. 글로벌 금융위기 이후에도 약소국들은 여전히 경기순응적 재정정책을 강요받고 있다는 비판이 제기되고 있다(Commission of Experts 2009).

3) 기타 국가 개입의 확대

대침체와 더불어 각국 정부는 자국의 고용을 보호하기 위한 각종 보호무역 조치를 취하고 있다. G20를 비롯한 각종 국제 포럼에서 지도자들이 보호무역을 배격한다고 거듭 선언하는 것과는 반대로 보호무역 정책은 빠르게 확산되고 있다. '세계무역속보 Global Trade Alert'라는 연구 그룹에서 발간한 보고서에 의하면, 2009년도 전반기에 분기당 평균 70개 정도의 보호무역 조치들이 각국 정부에 의해 취해졌으며, 전체 상품의 95%가 이러한 보호무역 조치의 영향을 받게 되었고,

---

3 시카고 학파의 재정정책 반대는 대표적으로 Cochrane(2009) 참조. 이외에도 유진 파마(Eugene Fama), 로버트 배로(Robert Barro), 그레그 맨큐(Greg Mankiw) 등 보수적인 경제학자들 다수가 재정팽창을 반대했다. 2010년에 일부 유럽 국가들의 재정위기가 표면화된 이후에는 재정건전주의자들의 목소리가 커지고 있다.

2009년 9월 시점에서 134개의 새로운 조치들이 계획되고 있다고 한다(Evenett 2009). 더군다나 2008년 11월 G20 회의에서 보호무역 배격을 선언한 G20 국가들도 그 약속을 전혀 지키지 않았다. 그 후 2009년 9월까지 G20 국가들이 취한 보호무역 조치들이 적어도 121개나 된다는 것이다. 비록 1930년대에 비해서 보호무역 조치들의 강도와 규모는 그리 크진 않지만 자유무역의 확대라는 대세가 지배하던 금융위기 이전과는 확연하게 반대되는 경향이 확산되고 있는 것이다. 크루그먼은 이런 심각한 경기 침체를 맞아서는 일정한 보호무역 정책은 불가피하다고 주장하기도 한다(Krugman 2009b).

보호무역의 확산과 궤를 같이해 녹색 성장, 미래지향적 산업 육성 등 각종 명목으로 산업정책이 또한 확산되고 있다. 코헨과 드롱은 최근 저서에서 지난 수십 년간의 신자유주의는 역사적으로 매우 예외적인 정책 사조였으며, 대부분의 나라들이 산업정책을 펼쳤음을 지적한다(Cohen and DeLong 2010). 프랑스의 떼제베TGV나 에어버스Airbus뿐만 아니라 미국의 경우도 펜타곤Pentagon을 통해 산업정책을 시행했으며, 중국을 비롯해서 동아시아 국가들은 줄기차게 산업정책을 시행했다는 것이다. 특히 글로벌 금융위기 이후 신자유주의 사조가 물러나면서 전 세계적으로 산업정책이 확산되고 있다고 한다.

또한 신자유주의가 조장한 소득격차 확대에 대한 정치적 반격이 이루어졌다. 이번 위기의 배후에는 미국을 비롯한 일부 국가들에서 나타난 극심한 소득분배의 악화가 중요한 원인으로 작용했다는 주장이 일부에서 제기되었고, 사회보장을 확대하고 재정의 소득 재분배 기능을 강화하려는 움직임도 일부 나타났다. 대표적으로 의료보험 개혁을 시도하고 있는 미국의 오바마 정부가 그렇고, '격차 사회' 시정을 내걸고 역사적인 정권 교체에 성공한 일본의 하토야마 정부가 복지 확대를 추구하는 것이 그렇다. 신자유주의 시대의 적하trickle-down이론을 전면에 내놓고 주장하는 흐름은 매우 약화된 것이 사실이다.

4) 국제금융체제 개혁론

리먼 사태가 눈 깜짝할 사이에 전 세계 금융시장을 마비시킨 것은 그동안 진행된 금융 세계화의 명암을 극명하게 보여주었다. 과거에도 위기의 전염 문제가 많이 제기되었지만 미국을 비롯한 주요 선진국들은 이를 심각하게 받아들이지 않았고 자본 이동의 자유만을 고집했다. 이제 그럴 수만은 없게 되었다. 이번 글로벌 금융위기를 계기로 수많은 국제금융체제 개혁안들이 제기되었지만 아직까지 구체화된 것은 아무것도 없다. 어느 정도 구체화될 가능성이 있는 개혁 쟁점들은 다음과 같다.

- 대형 헤지펀드에 대한 규제 등 국제적인 금융규제 강화 및 공조
- IMF와 세계은행 등 국제금융기구 거버넌스 개혁(의결권 재조정, 총재 임명 절차 등)
- 글로벌 금융시스템 감독 강화(금융안정이사회FSB 설립 등)
- 조세 피난처, 신용평가기관 규제 강화
- 금융회사의 급여와 보너스 제한

이런저런 논의가 제기되고 있지만 조만간에 구체화될 가능성이 희박한 쟁점들도 있다 — 조세 피난처와 신용평가기관 규제 강화 및 금융회사의 급여와 보너스 제한에 관한 쟁점들은 매우 미약한 수준에 그

칠 것으로 예상된다. 특히 개도국이 관심을 가지고 제기하는 쟁점들이 그런 형편이다. 선진국들이 근본적 개혁을 원하지 않기 때문이다(Bretton Woods Project 2009).

- 토빈세Tobin's tax 도입 및 단기 자본 유출입 규제
- 개도국의 정책 공간 확보(일시적 자본거래 제한, 정당한 무역 방어 조치, IMF 융자조건 개혁)
- 국제기축통화 개혁(SDR 활용, 세계통화 도입 등)

후기 케인스주의는 무엇보다 국제 기축통화 시스템의 개혁을 중시한다(Davidson 2009). 지금처럼 채무국에 국제수지 조정의 부담을 안겨 주면 수요 위축에 입각한 조정이라는 편향을 낳는다는 것이다. 브레튼우즈 시스템을 설계할 당시에 케인스의 의견은 채택되지 않았지만, 그는 채무국이 아닌 채권국에 벌칙을 부과해 수요 확대형 조정이 이루어지도록 해야 한다고 역설했으며, 국제 유동성 공급을 위해 '방코르bancor'라는 국제통화를 만들자고 주장했었다. 이러한 국제 기축통화 시스템의 개혁에 미국은 적대적이며, 유럽은 별 관심을 보이지 않고 있다. 중국이 관심을 보이고 있지만 아직 중국의 힘이 이런 문제에 큰 영향을 줄 정도는 되지 못하는 것이 현실이다.

국제금융체제 개혁과는 별도로 위기 이후에 지구환경 보전의 문제가 더욱 전면에 부각되고 있다. 기후변화에 관한 과학적 증거들이 명확해졌고, 이미 위기 발발 이전에 에너지와 식량 위기가 부각되었으며, 교토의정서의 시한이 곧 만료되는 것 등이 그 배경이 되고 있다. 미국의 정권 교체도 중요한 변화다. 각국도 앞다투어 녹색 성장을 내

세우고 있다. 그러나 지난 코펜하겐 정상회의가 보여주었듯이 아직 미국의 감축 의지가 부족하고, 선진국들과 개도국 간의 이해관계를 조정하기도 쉽지 않은 상황이다.

3. 근본적인 패러다임 전환의 가능성: 정치 지형과 경제이론의 변화 전망

1) 위기의 종결?

글로벌 금융위기가 정책 패러다임을 얼마나 근본적으로 변화시킬 것인가를 결정하는 가장 중요한 변수는 조속한 경기회복 여부일 것이다. 각국 정부의 적극적인 통화·재정정책에 힘입어 대공황은 회피했지만 대침체는 회피할 수 없었다. 하지만 세계경제는 2009년에 예상보다 빠른 회복세를 보였다. IMF가 내놓은 세계경제 전망은 장밋빛이다(〈그림 6-1〉 참조). 2010년 1월 말에 발표된 세계경제전망 업데이트 World Economic Outlook update에서 IMF는 2010년 세계경제 성장률을 2009년 10월 전망치에 비해 0.8%나 상향 조정해 3.9%로 전망했다. 선진국은 2.1%, 개도국은 6.0% 성장을 전망했다. 2011년이 되면 경기회복이 더딘 선진국들도 위기 이전의 생산 수준을 회복하고 경제성장률도 2.4%에 다다라서 위기가 완전히 종결될 것으로 전망하고 있다.

그러나 과연 이러한 낙관적 전망대로 위기가 종결될 수 있을지는 미지수다. 아직 향후 세계경제의 전망은 매우 불투명하다고 보아야 할 것이다. 2010년에 발생한 두바이의 채무위기, 그리스를 비롯한 남부 유럽의 재정위기, 동유럽 국가들이 직면하고 있는 어려움 등 세계경제에 불안 요소가 많이 있다. 아직 금융시장에도 상업용 부동산, 신용카

그림 6-1. 세계의 경제성장

(단위: 전 분기 대비, %)

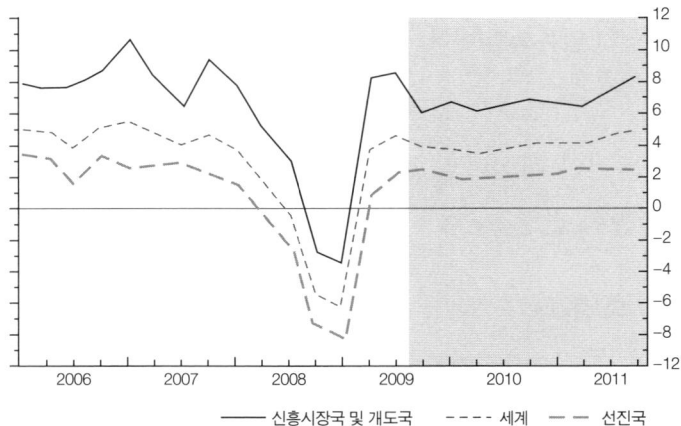

자료: IMF

드 부채 등 불안 요인들이 존재하고 있다.

보다 근본적으로 현재의 경기회복 근저에는 두 가지 심각한 한계가 존재한다. 첫째, 미국과 유럽, 일본을 비롯해서 대규모 재정적자와 국가채무 문제를 안고 있는 나라들이 조속한 민간수요의 회복이 없는 경우 과연 대규모 부양책을 지속할 수 있는지 의문이다. 민간수요의 회복과 관련해서는 주택시장 침체 및 고실업의 지속 등으로 불안 요인이 상존하고 있다. 만약 민간수요 회복을 하지 못한 상태에서 긴축재정이 시행되면 심각한 경기하강에 직면할 것이다.[4] 국제신용평가사들은 유럽 정부의 부채 문제에 잇따라 경고를 보내고 있다. 신용평가사 피치

---

[4] 미국의 경우 재정정책의 효과가 소진됨에 따라 2010년 2/4분기 성장률이 1.6%로 하락했고, 이는 L자형 장기침체 혹은 W자형 더블딥의 우려를 낳고 있다.

Fitch는 유럽 국가들의 국내총생산GDP의 거의 1/5 가량이 부채 비용 조달에 들어갈 것이며 이탈리아와 프랑스, 아일랜드 등의 국가는 그 비용이 1/4에 달할 것이라고 우려했다. 무디스는 2009년 12월 8일 미국과 영국 등에 대해서도 늘어나는 재정적자 때문에 최고 등급 유지가 위태로울 수 있으며 이들 국가의 재정위기가 앞으로 몇 년간 지속될 것이라고 우려했다.

둘째, 금융기관을 구제하면서 개혁은 제대로 하지 않아 악화된 TBTF 문제와 도덕적 해이다. 앞으로 금융 부문에서 또 다시 문제의 씨앗을 키울 수도 있다는 것이다. 중국의 경우에도 이미 버블 논란이 있으며, 미국의 경우 대형 은행들에 대한 강력한 규제가 없으면 대공황과 같은 사태가 다시 올 수 있다는 주장도 제기되고 있다(Johnson and Kwak 2010).

한편에서는 출구 전략 논의가 활발하지만 실상 아직 위기가 종결된 것은 전혀 아니다. 크루그먼을 비롯해 많은 학자들은 출구 전략의 조기 시행은 일본이 1990년대에 겪었던 것과 같은 장기불황을 불러올 것이라고 경고하고 있다.

2) 정치 지형의 변화 전망

아직까지는 글로벌 금융위기의 정치적 파장이 그다지 크지 않은 것 같다. 가장 중요한 정치적 변화는 2008년 말에 치러진 미국의 대통령 선거에서 민주당으로 정권이 넘어간 것, 그것도 최초의 흑인 대통령이 선출된 것이었다. 오바마 대통령은 선거운동 기간에 시장만능주의와 규제 완화를 비판했다. 이는 흡사 대공황 시기에 민주당 정권이 등장한 것과도 유사한 것이었다. 하지만 오바마 정권은 루즈벨트 정권에 비해 심각한 정치적 제약 조건을 안고 출발했다. 부동산 버블과 서브프라임 부실을 만들어내 위기의 직접적인 원인을 제공한 것은 부시의 공화당 정권이었지만, 위기를 조장한 보다 근본적인 원인이라고 할 수 있는 금융 규제 완화는 클린턴의 민주당 정권에서도 강력히 추진되었으며, 특히 1999년의 금융현대화법에 의해 글라스스티걸법Glass-Steagall Act를 폐기한 것은 치명적인 잘못으로 인정되고 있기 때문이다. 초당적 정치를 추구하는 오바마의 정치 스타일과 더불어 이러한 사정이 위기와 이에 따른 경제적 어려움을 공화당 탓으로 돌리면서 강력한 개혁을 추진하지 못한 원인으로 지목되고 있다.

실제로 오바마 대통령은 경제팀을 루빈 사단이라 불리는 월가 출신들을 중심으로 꾸렸으며, 선거 기간에 활약한 개혁적 경제전문가들은 한직으로 밀렸다(Taibbi 2009). 대형 금융기관들에 천문학적 액수의 구제금융을 퍼부으면서 주식 소각, 경영진 교체, 임직원 보수에 대한 제한, 경영 행태에 대한 규제 등의 제약을 거의 가하지 않았다. 2009년 6월에 내놓은 금융개혁안은 개혁론자들의 입장에서는 미약하기 이를 데 없는 것이었으며, 그나마 의회의 입법 과정에서 월가의 끈질긴 로비에 의해 상당히 약화되었다. 독립적인 금융소비자보호기구CFPA 설치는 결국 이루어졌지만, 끈질긴 월가의 로비 때문에 이 기구의 책임자로 강력한 개혁론자인 하버드 법대 교수 엘리자베스 워렌Elizabeth Warren을 임명하려던 계획은 포기하게 되었다.

오바마 정부의 친월가 정책의 결과 구제금융으로 살아난 은행들은 위기에 대한 책임을 지기는커녕 위기를 낳았던 구태를 재개했다. 고수익을 좇아 다시 위험 자산에 대한 투자에 열중하고 있으며, 임직원 보너스 잔치도 벌이고 있다. 경제 활성화를 위해 꼭 필요한 대출을 확대하기는커녕 오히려 대출을 회수하고 있다. 게다가 뻔뻔하게도 금융개혁을 반대하는 로비를 치열하게 전개하고 있다. 사태가 이렇게 되자 민심이반이 시작되었다. 위기의 원흉이자 최고의 갑부들인 월가의 금융 엘리트들에게 국민 세금을 퍼부어주었다는 비난으로부터 자유로울 수 없었다. 그러다보니 전 국민 의료보장을 위한 의료보험 개혁도 다수의 중산층에게는 정부가 세금을 올려서 가난한 사람들에게 퍼주려는 것으로 여겨졌다. 공화당과 보수 세력의 교묘한 반정부 캠페인도 한몫했다. 그 결과 최근 오바마 정부에 대한 지지도는 50% 이하로 내려갔으며, 11월의 중간선거에서 공화당에 투표하겠다는 유권자가 민주당에 투표하겠다는 의사를 보이는 유권자보다 많다. 위기를 빚어낸 공화당은 정치적으로 상승세를 타고 있고, 위기 해결에 동분서주한 민주당 정권은 위기를 맞이하는 어처구니없는 상황이 전개되고 있다. 2010년 1월에 있었던 매사추세츠 주의 상원의원 보궐선거에서 공화당의 브라운 후보가 승리한 것이 이를 가장 상징적으로 보여주었다.

매사추세츠 선거에서 패배한 직후 오바마 대통령이 이른바 볼커룰이라는 한결 강력한 금융 규제 방안을 들고 나왔지만, 티모시 가이트너 재무장관이 엇박자를 내는 등 행정부의 추진 의지가 확고하지 못하고, 의회의 협조를 얻기는 더욱 어려워 보인다. 2010년 11월의 중간선거에서 오바마 대통령의 민주당은 사상 최악의 참패를 당했다. 이미 오바마 정부의 개혁 동력은 상당 부분 상실되었고, 오바마 정부가 폭넓고 근본적인 개혁을 이루어낼 가능성은 희박해 보인다(Johnson and Kwak 2010).

미국 이외의 지역을 보더라도 글로벌 금융위기가 근본적 개혁을 지향하는 폭넓은 정치적 변화를 만들어내지 못하고 있다. 유럽의 경우 주요 국가에서 선거는 없었지만 조만간 치러질 영국의 선거에서는 노동당 정권이 보수당으로 넘어갈 가능성이 크다. 아시아에서는 2009년에 일본에서 가장 의미 있는 정치적 변화가 발생했다. 사상 최초로 선거에 의해 자민당 정권이 붕괴되고 민주당이 이끄는 하토야마 정권이 성립된 것이다. 특히 하토야마 정권은 미국식 신자유주의에 반대하는 노선을 내걸고 국민의 지지를 이끌어냈다. 하지만 민주당의 정체성이 애매모호한데다 민주당의 승리는 글로벌 금융위기의 결과라기보다는 자민당의 자멸에 기인한 면이 컸기 때문에 그 의미는 제한적이다. 인도의 총선에서 국민회의당이 낙승을 거둔 것이 아시아 지역의 또 다른 주요 선거 결과지만, 이는 특별한 변화를 의미하는 것은 아니었다. 남미의 경우에는 사실 글로벌금융위기 이전에 거의 예외 없이 각국에서 좌파 정권이 수립되었지만, 위기 이후에 큰 변화는 없었다. 최근 치러진 칠레의 선거에서는 정권이 좌파에서 우파로 넘어갔다.

이렇게 세계 주요 지역의 정치적 변화를 일별해볼 때 글로벌 금융위기가 낳은 대중의 고통과 불만이 강력한 개혁의 정치적 동력으로 이어지고 있지도 않고, 심각한 정치적 불안을 낳고 있지도 않은 것이 현황이다. 물론 조만간에 강력한 위기가 재발하면 상황은 급격하게 변할 수도 있다.

국제질서의 변화도 아직까지는 미미한 실정이다. 글로벌 금융위기로 미국의 위상이 약화되고, 브릭스BRICs와 산유국의 위상이 강화된 것은 사실이다. 이에 따라 국제적 경제정책 조정의 무대도 G8에서 G20으로 확대되었고, IMF의 투표권 배분을 조정하는 등 거버넌스 개혁에 대한 국제사회의 인식 공유도 이루어졌다. 하지만 이러한 변화는 글로벌 금융위기에 의해 가속도가 붙은 것일 뿐 원래부터 피할 수 없는 흐름이었으며, 또한 국제금융기구나 국제적 경제정책 조정의 민주화가 크게 진전되는 것은 아니다. 따라서 글로벌 금융위기의 영향은 국제질서 측면에서도 여전히 매우 제한적이다.

3) 경제이론의 변화 전망

자유시장의 효율성과 자기조절 능력을 주장하면서 시장만능주의와 규제 완화를 뒷받침한 주류경제학은 이번 위기로 크게 망신을 당했다. 부동산 시장에 버블은 있을 수 없다고 단정했던 유진 파마, 공황 예방이라는 거시경제학의 중심 문제는 완전히 해결되었다고 선언한 로버트 루카스Robert Lucas, 통화정책의 발달로 경기변동의 대완화Great Moderation를 이루었다고 자부한 벤 버냉키Ben Bernanke 등은 쥐구멍에라도 들어가야 할 것 같다. 하지만 이들은 여전히 건재하다. 물론 반성도 없다. 머지않은 장래에 주류 경제학계에서 근본적인 반성과 급격한 변화가 일어날 가능성은 별로 없어 보인다.

미디어에 반영되는 것보다 학계 내부에서의 변화는 더 제한적인 것으로 보인다. 크루그먼이나 스티글리츠와 같은 저명한 비판적 경제학자의 미디어 노출이 많고, 또 시장경제를 신봉한 자신의 지적 건축물이 무너져 내렸다는 앨런 그린스펀Alan Greenspan의 발언과 같은 극적인 고백들도 있었다. 나아가 시장만능주의 경제학의 본산인 시카고 학파의 대표적 인물 중 하나였던 리처드 포스너Richard Posner는 『자본주의의 실패A Failure of Capitalism』라는 책을 통해서 시카고 대학의 루커스나 코크런John Cochrane, 파마 같은 동료 교수들을 비판하고 케인스 경제학이 옳았다고 선언하기도 했다(Cassidy 2010).

하지만 막상 이러한 비판을 받는 이들은 요지부동이다. 이들에게 여전히 금융시장은 효율적이고, 비자발적 실업이나 신용 할당은 존재하지 않는다. 글로벌 금융위기와 이어진 대침체가 오히려 정부 개입 때문에 일어난 것이라는 주장도 나오고, 아니면 근 100년에 한 번 밖에 일어나지 않는 예외적인 사건이기 때문에 거의 언제나 옳은 주류이론을 수정할 이유가 없다고 강변하기도 한다.

양자역학의 기초를 놓은 막스 플랑크Max Planck는 제임스 맥스웰James Maxwell의 이론을 고집하는 학자들을 보며 "새로운 과학의 진실이 승리하는 것은 그것이 상대방을 설득해 그들이 납득해서가 아니다. 그보다는 상대방이 언젠가는 죽고 새로운 과학에 익숙한 세대가 등장하기 때문이다"라고 말한 바 있다. 지적으로 이미 너무 많은 투자를 한 이들이 자신의 입장을 바꾼다는 것은 그만큼 힘들다. 엄밀한 실험으로 이론을 검증하는 물리학에서도 이럴진대 해석의 여지가 많은 경제학에서 자신의 이론적 패배를 스스로 인정하고 이론의 수정을 모색하는 경우는 매우 드물 것이다.

게다가 기존 구성원이 신규 구성원을 뽑는 학계의 규칙을 고려하면 변화의 어려움은 가중된다. 그렇기 때문에 젊은 학생들에 의한 항의와 개혁의 요구가 변화의 촉매제로서 매우 중요한 역할을 할 것이다. 하지만 2000년에 프랑스 학생들을 중심으로 일어났던 것과 같은 경제학 교육개혁을 요구하는 학생들의 강력한 움직임은 아직까지 보이지 않는다.

주류 경제이론의 변화를 어렵게 만드는 요인들 중 하나는 연구 방법이 지나치게 수학화된 것이다.[5] 크루그먼이 강조한 것처럼 현대경제학은 복잡다단한 현실에 대한 천착보다는 고난도 수학으로 멋들어진 공식을 도출하는 데 몰두해왔다(Krugman 2009c). 이러한 경향에 대해서는 프리드먼도 매우 비판적이어서 "경제학은 현실 경제의 문제를 다루기보다는 점점 더 심오한 수학의 한 분야가 되어가고 있다"고 일침을 가했다(Friedman 1999). 수학화의 요구는 가정의 단순화로 이어지고, 이로써 현실로부터 유리될 개연성이 높아진다. 물론 무조건 수학화나 단순화가 오류라는 것은 결코 아니다. 많은 경우에 이러한 경향이 비현실적 이론을 낳았다는 것이다. 그 가장 대표적인 해악이 소위 대표적 개인representative individual을 상정하는 모델이다. 이것이 바로 거시경제학을 완전히 망쳤다. 대표적 개인을 상정하는 순간 정보의 비대칭이나 협상력의 비대칭, 사회관계와 분배 갈등 등 사회과학이 관심을 기울여야 할 대부분의 중요한 문제들이 일거에 사상되고 만다. 다양한 개인들과 불완전한 합리성 등 더 현실적인 가정에서 출발하면 수학화는 매우 어려워진다.[6]

마지막으로 토머스 팰리가 '비둘기 경제학cukoo economics'이라고 부르는 주류 경제학의 특성이 또한 변화의 장애물이 된다. 케인스나 마르크스 혹은 제도주의나 진화주의 전통에서 아이디어를 슬쩍 갖다 쓰면서 큰 틀은 그대로 유지하는 것이 마치 비둘기가 자기 알을 다른 새의 둥지에 낳아놓고 부화된 새끼를 찾아가는 것과 흡사하다는 뜻이다(Palley 2009). 이러저런 시장의 문제가 있지만 그건 이론적으로 흥미로운 특별

---

[5] 수학화의 한 결과는 경제학 교육과정에 고전 읽기가 배제된 것이다. 위기 이후에도 세계 유명 대학 경제학과의 거시경제학 독서 목록에서 케인스나 민스키(Hyman Minsky)의 저작을 전혀 찾아볼 수 없었다(Hodgson 2009).

[6] 아무리 어려워도 물리학 이상의 고난도 수학을 써서라도 더 현실적인 모델 분석을 하거나 아니면 제도적이고 정성적인 접근을 강화할 필요가 있다. 모양만 그럴듯하고 현실에서 유리된 수학화는 바로 리처드 파인만(Richard Feynman)이 말하는 유사 과학(pseudo-science)인 것이다.

한 현상들이고 시장의 효율성이라는 대세에는 지장이 없다는 입장이다. 비둘기 경제학의 가장 전형적이면서도 가장 심각한 사례로 팰리가 지적하는 것이 바로 신케인스주의 경제학이다. 주류 경제학의 틀은 그대로 유지한 채로 시장의 불완전성을 약간 도입하는 것으로 케인스 경제학을 타락시켰다는 것이다. 그는 "케인스의 일반이론을 읽고 그의 실업이론이 불완전경쟁과 가격 조정에 수반되는 소위 메뉴 비용에 기초하고 있다고 믿는 것은 불가능하다"고 하소연한다. 이번 금융위기를 계기로 금융경제학, 그중에도 특히 합리성 가정을 거부하는 행동경제학적 접근이 부각되지만(Whitehouse 2009), 이런 것들도 마치 메뉴 비용처럼 큰 틀과는 별 관계 없이 때때로 주목할 필요가 있는 특수한 현상 정도로 취급되면서 주류 경제학에 편입되어버릴 가능성이 농후하다.

　과연 이러한 난관들을 넘어서서 경제학은 변화할 것인가? 몇 가지 단초는 있다. 첫째, 학생들 사이에서 기존의 이론에 대한 문제의식이 높아졌다. 최근에 스티글리츠는 한 인터뷰에서 이렇게 말하고 있다. "놀랍게도 과거에 시장은 완벽하게 작동하고 자동조절 기능이 있다고 믿었던 사람들 중 많은 수가 여전히 그렇게 믿고 있다. …… 동시에 젊은이들 사이에서, 특히 미국 바깥 지역에서는 큰 변화가 있었다. 나는 콜럼비아 대학에서 대학원 거시경제학 과정을 가르치는데, 그 과정은 네 부분으로 나눠져 있다. 우리는 학생들이 모든 학파의 생각을 배워야 한다고 믿는다. 나는 마지막 부분을 가르치는데, 이는 실업이나 경기 침체에 대한 대응을 논의하는 케인스주의적 관심사를 다룬다. 코스의 전반부는 시카고 학파의 관점인 비자발적 실업은 존재하지 않는다는 전제에 입각한 이론을 다룬다. 내 강의를 마치고나면 학생들이 말한다. '도대체 왜 전반부를 하느라고 우리가 시간을 낭비해야 했던 겁니까?' 젊은이들은 위기로부터 영향을 강하게 받았다"(McCarthy 2010). 그렇지 않아도 기존의 이론에 도전할 동기를 지닌 학생들이 글로벌 금융위기로 예리해진 문제의식을 가지고 새로운 이론 개발에 박차를 가할 것이 기대된다.

둘째, 이미 경제학계 내부에 존재하는 비주류의 이론적 전통이 새로운 이론 개발의 자원이 될 것이다. 케인스나 마르크스 혹은 제도주의나 진화주의적 전통은 풍부한 이론적 자원을 제공해준다. 이러한 전통들을 기반으로 대안적 이론의 체계화와 방법론적 엄밀성을 치열하게 보완해나가야 할 것이다. 주류 경제학의 출발점인 합리성 가정부터 거부하고, 실제의 인간의 행동과 선택 양식부터 연구하는 행동주의 경제학, 실험경제학, 신경경제학 등 심리학과 경제학의 만남이 또한 대안이론 체계를 구축하는 데 중요한 단서를 제공할 것이다. 합리성 가정을 유지하면서도 광범한 불완전 정보의 문제를 분석하는 정보경제학도 대안이론에 유용하게 활용될 수 있을 것이다.

주류이론을 대체하는 대안이론을 발전시켜서 경제이론의 근본적 변화를 이루어낼 수 있을 것인가 하는 문제는 학계 내부의 노력도 중요하지만, 위기의 향후 전개 양상과 그에 따른 정치적 변화의 흐름 등이 그에 못지않게 중요한 역할을 할 것이다.

4. 맺음말

2008년 글로벌 금융위기로 시장만능주의, 신자유주의의 위상이 크게 약화되었다. 신자유주의의 역사적 쇠퇴는 이미 10년 전부터 시작되었고, 이번 위기 이후에 과거와 같은 지배적 정책 담론의 지위를 회복할 가능성은 거의 없어 보인다. 하지만 그렇다고 시장만능주의적 사조가 완전히 역사의 무대에서 퇴장한 것은 아니다. 규제 완화를 원하는 자본과 업계의 바람과 요구는 앞으로도 영향력을 미칠 것이며, 또한 시장에 대한 과도한 신뢰를 정당화하는 데 큰 역할을 한 주류 경제학의 변화도 쉽지는 않을 것이기 때문이다. 대체로 정부의 시장 개입을 확대하는 기조, 큰 틀에서 케인스주의적인 정책 담론이 당분간 영향력을 발휘하겠지만, 그것이 과연 케인스주의의 다양한 스펙트럼에서 어디까지 갈지는 미지수다.

세계경제의 회복세가 지속되고 위기가 이대로 종결된다면 아마도 정책 패러다임 변화의 폭과 깊이는 매우 제한적일 것이다. 케인스는 구제금융과 경기 부양에만 이용되고, 구조개혁과 제도개혁에는 거의 영향을 미치지 못하는 상황이 전개될 가능성이 높아 보인다. 만약 세계경제가 다시 심각한 침체로 빠져들거나 조만간 다시 위기가 찾아온다면 상황은 급변해 정치적인 면에서나 담론적인 면에서 큰 변화가 올 수도 있다. 가장 과학적이면서 설명력과 예측력이 높은 대안적 이론체계를 구축하는 것은 경제학계의 과제다.

7장
•
박정희 시대 경제성장 신화의 해부

1. 들어가는 말

조희연은 역저 『박정희와 개발독재 시대』를 마무리하면서 "1960년대에 '민주주의가 밥 먹여주냐'던 대중이 1970년대에는 역설적으로 '우리가 밥만 먹고사냐'고 말하기 시작했다"고 박정희 시대를 요약했다(조희연 2007: 230). "민주주의라는 빛 좋은 개살구는 기아와 절망에 시달리는 국민 대중에게는 너무 무의미한 것이다. 경제개발계획을 어느 정도 성공적으로 달성할 수 있는가는 비단 한국뿐만 아니라 아시아에 있어서 진정한 민주주의의 성패와 장래를 결정하게 될 유일한 관건이 될 것이다"라는 박정희의 주장이 1960년대에는 다수의 공감을 얻었지만, 1970년대에는 상황이 바뀌었다는 것이다. 다시 조희연의 말을 빌리면, 1960년대의 시대정신은 개발주의였으나 1970년대의 시대정신은 민주주의였다.

이러한 변화의 이면에는 세 가지 주요한 요인이 작용한 것으로 보인다. 첫째, 역설적이게도 1960년대의 경제개발의 결과 절대적 빈곤에서 서서히 탈피하기 시작한 국민들이 인권이나 민주주의와 같은 경제적 생존 이외의 다른 것에도 눈을 돌리게 되었다는 점이다. 특히 노동집약적 수출산업의 고속팽창으로 급격하게 고용확대가 이루어지던 1960년대와 달리 1970년대에는 수혜계층이 제한적일 수밖에 없는 자본집약적인 중화학공업화에 집중적으로 투자하고 부동산 투기가 극성을 부리면서 노동자·농민·서민층이 상대적 박탈감을 느끼게 되었다. 둘째, 1960년대에는 민주주의의 형식을 유지하면서 통치하던 박정희가 1969년의 3선 개헌 이후 독재의 길로 치닫게 되었다. 급기야 1972년에 유신체제라는 1인 영구집권 독재체제를 구축하고 정치적 반대자는 무자비하게 탄압하는 폭압정치를 함으로써 국민들이 민주주의의 소중함을 깨닫게 되었다. 셋째, 반독재 민주 세력의 숭고한 희생과 끈질긴 투쟁이 있었기 때문에 국민들이 현실에 순응만 하지 않고 민주주의에 대한 열망을 키워나갈 수 있었다.

비록 현재의 국민 여론은 박정희 시대의 경제개발을 높이 평가하고 있지만 박정희 시대 당시에 많은 국민은 유신독재를 반대하고 민주화를 염원했다. 박정희는 유신체제에 반대하는 사람들을 항상 좌경용공분자이거나 일부 몰지각한 인사라고 폄하했지만, 이는 전혀 사실이 아니었다. 1971년의 대통령 선거에서 박정희는 많은 부정선거 행위에도 불구하고 김대중에게 신승을 거두었으며, 유신 암흑기의 엄동설한에 실시된 1978년의 국회의원 총선거에서는 최초로 야당이 승리하기까지 했다.[1] 민주주의에 대한 국민들의 갈망은 박정희 사후 1980년 봄에 펼쳐진 소위 '서울의 봄'이라는 민주화 열기에서도 나타났고, 이후 전두환 군사독재의 폭압을 뚫고 마침내 1987년 빛나는 6월 항쟁으로 이어진 것이다.

그런데 2009년 10월 21일에 발간된 〈한겨레21〉 제782호가 박정희의 30주기를 맞아 게재한 특집기사의 제목이 '민주주의가 밥 먹여주냐'였다. 박정희 생가를 찾아가 '그립습니다', '고맙습니다'라는 글을 남기고 가는 방문객들에 대한 소개로 시작하는 이 기사는 '독재는 좀 했지만 경제를 발전시킨 업적에 비할 바가 아니다'라는 인식이 국민들 사이에 만연한 것으로 보도하고 있다. 실제로 국민들 사이에서 박정희가 대단히 높게 평가되고 있다는 것은 잘 알려진 사실이다. 각종 여론조사에서 일반 국민들은 박정희를 역대 대통령 가운데 가장 뛰어난 대통령으로 꼽을 뿐만 아니라 일부 조사에서는 역사상 가장 훌륭한 지도자로까지 자리매김한다.[2]

어렵게 민주화를 이루어낸 우리 국민들의 의식이 이런 양상을 보이는 것은 무엇 때문일까? 10여 년 전에 소위 '박정희 신드롬'이 나타났을 때 이에 관한 논쟁이 있었다. 한편에서는 '우리 안의 파시즘'론을 제기하면서 박정희 체제가 대중의 자발적인 동의를 기초로 한 측면이 있었다는 주장을 제기했다.[3] 반론을 제기하는 쪽에서도, 진중권(2003)

---

[1] 당시에는 유신헌법에 의해 국회의원 정수의 1/3을 대통령이 지명하는 어이없는 제도가 있었기 때문에 국회는 어차피 정부의 손아귀에 있는 것이기는 했지만 말이다.

[2] 일례로 여론조사기관 '리얼미터'가 실시한 2009년 9월의 여론조사에서 역대 대통령 중 국가 발전에 가장 기여한 인물로 박정희를 꼽은 응답자가 무려 53.4%였고, 김대중이 25.4%로 그 뒤를 이었다.

[3] 임지현(2000)의 주장이 대표적이며, 진중권(2003), 조희연(2004)을 비롯한 학자들이 많은 반론을 제기했고, 〈교수신문〉에서 반론과 재반론이 이어지는 올된 논쟁을 진행하기도 했다 (임지현 2005).

의 표현을 빌자면, '생체 권력'으로 작용한 박정희가 우리에게 심어놓은 파시스트적 정신 상태의 파편들이 남아있어서 우리 사회의 정치적 소통을 가로막는 장애 요인이 되고 있다고 인정한다. 각종 집회 현장에 나타나서 행사를 방해하는 극우 노인단체의 행동 같은 것이 일례가 될 것이다. 하지만 우리가 아직 생활 속의 민주화를 제대로 구현하지 못했고, 대중의 정치의식에는 권위주의적이거나 일부 파시스트적인 요소가 존재하는 것은 분명한 사실이지만, 이것이 박정희 신드롬의 근거가 되지는 못한다. 그러한 요소들은 박정희 신드롬이 나타나기 이전에 오히려 더욱 강했으면 강했지 약하지 않았기 때문이다.

〈조선일보〉를 중심으로 진행된 박정희 우상화 작업으로 인해 박정희의 어두운 면들이 가려지고 근거 없는 신화가 창조되어 유포된 것도 박정희에 대한 높은 평가를 만든 것은 분명하다. 그러나 그 영향은 매우 제한된 것으로 보아야 한다. 우리 국민 대다수는 아무리 '땡전 뉴스'를 매일 보아도 비판의식을 잃지 않는 의식 수준을 보여주고 있다. 18년간을 몸소 체험했던 박정희 통치에 대한 인식이 거짓 선전에 의해 영향을 받을 여지는 많지 않다고 보아야 할 것이다. 일부 정치인들과 정치 세력이 박정희 향수를 자극해 표 몰이를 하는 것도 박정희 신드롬을 반영하는 것이지 그 자체가 박정희 신드롬을 생산해내는 주된 요인은 되지 못한다.

박정희에 대한 향수가 배가되고 '민주주의가 밥 먹여주냐'는 의식이 재등장한 것은 민주화 세력이 집권한 기간 동안의 경제 실패에 따른 반작용이라는 의견이 많다. 예를 들어 2006년에 〈한겨레신문〉이 개최한 '선진대안포럼'에서는 이구동성으로 민주화 세력의 정책적 실패와 무능력이 박정희 신드롬의 바탕이 되고 있음을 지적했다. 특히 양극화 문제가 민주정부의 정책 실패의 핵심적 문제로 지적되었다. 이러한 관점에서 이병천은 "진보세력 전체가 사회경제적 양극화 등을 전향적으로 극복할 '실력'이 없다면, 박정희 신화는 계속될 것"이라고 주장했다.[4] 민주정부의 실패와 무능이 박정희에 대한 평가를 높였다는 주장은 설득력이 높다. 국정수행 지지도가 극도로 하락했던 김영삼 정부 말기 외환위기 때와 노무현 정부 후반기에 박정희 신드롬이 확산되었다는 것이 이를 뒷받침한다.

"역사는 과거와 현재와의 대화"라는 카E. H. Carr의 말처럼 최근 박정희에 대한 여론의 평가가 높아진 것도 박정희 시대라는 과거에 대한 평가에 못지않게 현재 일반 국민이 당면한 현실에 대한 평가가 반영된 것이라고 하겠다. 민주화 세력의 집권 기간 동안 벌어진 경제 현실에 대한 불만이 과거를 미화하는 동인이 된 것이다. 이러한 현실에 대한 깊은 자성이 요구됨은 두말할 나위가 없다. 그런데 이 와중에 박정희 신화가 확산되는 것은 위험하기 짝이 없다. 경제정책이나 경제 리더십에 관해서 매우 그릇된 판단을 초래하기 때문이다. 진보 성향의 학자들도 근래에는 균형 잡힌 인식을 위한다는 명분 아래 박정희 정권의 경제개발 성과를 인정하는 분위기다. 그 자체는 문제가 아니다. 오히려 올바른 태도라고 보아야 할 것이다(이병천 편 2003). 하지만 정확하게 무엇이 고도성장의 요인이었으며, 박정희식 경제가 가지는 결함이 무엇이었는지에 대한 정확한 인식이 뒷받침되지 않으면 자칫 성장지상주의, 개발지상주의, 수출지상주의 등 박정희 시대에 각인된 그릇된 경제 인식이 더욱 위세를 떨치게 될지도 모른다. 박정희 체제는 국민

---

4 〈한겨레신문〉 2006. 2. 28.

을 계도하는 '훈육 국가'의 성격을 가졌고, 의식 개조를 도모한 '생체권력'의 면모를 지녔지만, 무엇보다도 국민들 마음속에 강하게 남아있는 것은 경제발전의 성공 신화이기 때문이다.

박정희의 경제발전 성공 신화는 단순히 과거의 이야기에 그치지 않고 경제정책에 관한 몇 가지 그릇된 고정관념을 재생산하고 있다. 대표적으로 성장지상주의와 선성장 후분배론을 들 수 있다. 경제정책을 성장 위주냐 분배 위주냐 하는 이분법적 구도에서 판단하며 더 잘살게 되기까지는 일단 성장을 먼저 해야 한다는 논리가 바로 그것이다. 분배나 복지를 좋아하다가는 성장을 못하게 되어 장기적으로는 모두에게 손해라는 주장이다. 이런 주장은 경제개발 초기에는 일면 타당하기도 하지만 인적자본과 지식자본이 성장의 주된 동력이 되는 단계에 이르면 전혀 타당하지 않다. 그런데 한국에서 이 선성장 후분배론은 1인당 국민소득 1천 달러까지 기다리자, 1만 달러까지 기다리자, 2만 달러까지 기다리자 하는 식으로 한없이 반복되어왔다. 이제는 또 4만 달러까지는 기다려야 한다는 주장이 횡행한다. 이른바 '움직이는 목표'에 의해 계속 성장만을 좇게 되는 것이다. 이렇게 되니 '무엇을 위한 성장인가?'라는 물음이 제기되고, 경제는 성장하는데 자살률과 빈곤률이 OECD 최고 수준으로 치솟는 역설적인 상황이 전개되고 있다.

수출지상주의도 문제다. '수출입국'을 내세웠던 박정희의 성장정책은 아직도 위세를 떨치고 있다. 이명박 정부가 출범하면서 추진했던 747 고도성장정책의 핵심 수단이 바로 고환율정책에 의한 수출드라이브였다. 사실 수출 주도 성장정책은 1997년 외환위기 이후 지속되었다고 보아도 무방하다. 이 시기에 내수의 증가는 경제성장에 크게 미치지 못했으며, 한국 경제의 대외의존도는 급격하게 심화되었다. 한국은 경제 규모가 세계 13위권이며 인구 규모 면에서도 결코 작은 나라가 아닌데도, "나라가 작으니 수출로 먹고살 수밖에 없다"는 박정희 시대 이래의 고정관념이 아직도 팽배해있다. 하지만 수출지상주의는 심각한 문제를 내포하고 있다. 수출 주도 성장은 곧 내수의 위축과 소득의 양극화와 맞물려있기 때문이다. 한국 경제가 해외로부터의 충격에 매우 취약한 것 또한 과도한 대외의존도로 말미암은 것이다.

재벌의 폐해도 있지만 성장을 위해서는 재벌체제가 유효하다는 생각도 만연해있다. 따지고 보면 선성장 후분배론, 수출지상주의, 재벌중심주의는 논리적으로나 현실적으로 서로 밀접하게 연관되어있다. 이러한 박정희식 경제성장 모델이 아직도 우리를 지배하고 있고, 무엇보다도 이것이 오늘날 한국 경제의 최대 문제로 대두된 양극화의 연원이다. 그런데도 일각에서는 관치경제에 입각해서 경제를 통제하던 박정희 시대에는 양극화가 없었는데 민주정부가 신자유주의 정책을 실시해 양극화가 발생했다고 한다. 이 글에서는 박정희의 경제성장과 리더십의 명암과 한계를 조망하고, 특히 양극화의 역사적 연원이 박정희 시대에 있음을 논증한다.

2. 고도성장과 박정희의 지도력

박정희 시대의 경제성장에 입각해서 박정희가 평가받는 것은 당연하다. 하지만 정확하게 어디까지가 박정희의 공이었고, 어디까지가 다른 요인에 의한 것이었는지를 살펴볼 필요가 있다. 나아가 경제성장을 이루는 데 박정희의 공이란 구체적으로 무엇인가, 경제에 대해서 박정희가 끼친 해악은 또 무엇인가를 따져보아야 한다.

박정희 시대에 경제성장 면에서 한국 경제가 빼어난 성적을 보인 것은 부정할 수 없는 사실이다. 하지만 이것은 예외적인 성공이 아니었다. 동시대의 대만, 홍콩, 싱가포르 등 소위 아시아의 신흥공업국들이 유사한 성장을 이룩했으며, 조금 앞서서는 일본이, 조금 뒤처져서는 중국이 또한 고도성장을 이룩했다. 이것은 이 나라들에 공통적으로 작용한 역사적·환경적 요인이 있었다는 것을 시사하며, 한 개인의 빼어난 지도력만으로 이루어진 결과만은 아니라는 것을 말해준다.

이상의 동아시아 나라들에서 공통적으로 작용한 고도성장의 요인으로는 다음의 몇 가지를 들 수 있다. 첫째, 후발국의 이익이다. 후발국은 자본축적의 경제성장 효과가 높을 뿐만 아니라 선진국들의 기술과 경험을 모방하면서 경제성장을 할 수 있어서 잠재적으로 고도성장을 실현할 가능성을 갖게 된다. 이렇게 선진국을 모방하면서 추격하는 성장을 '따라잡기catching-up' 성장이라고 한다.

둘째, 역사적으로 축적된 사회문화적 역량이다. 후발국의 이익은 어디까지나 잠재적 가능성일 따름이고 이를 실현하기 위해서는 제도·문화·교육 등 사회적 역량이 전제되어야 한다(Rosenberg 1972). 동아시아 지역은 서세동점西勢東漸의 시기에 서구 제국주의의 먹이로 전락하기는 했지만 16세기까지만 하더라도 세계에서 가장 앞서는 문명을 발전시켰던 지역이며, 이후로도 서구에 뒤처지기는 했지만 상업적·기술적으로 꾸준히 발전해왔다.[5]

셋째, 조금 더 구체적으로는 높은 교육수준과 토지문제 해결이라는 경제발전의 초기 조건을 잘 갖추었던 점이다. 동아시아 나라들은 고도성장의 전 단계에서 경제발전 수준에 비해 훨씬 높은 교육수준을 달성하고 있었으며, 한국·일본·중국·대만 등은 모두 토지개혁으로 지주계급을 타파하고 자산분배의 형평성을 크게 제고했다. 도시국가인 홍콩이나 싱가포르에 지주계층이란 존재하지 않았으며, 그나마 싱가포르는 국가가 토지를 전면적으로 소유했다.

넷째, 세계시장의 여건이 수출지향적 성장에 매우 유리한 환경을 제공해주었다. 2차 세계대전 이후 세계경제는 빠른 수준의 성장을 지속했으며, 세계무역의 증가는 이보다 훨씬 더 빠르게 진행되었다. 특히 동아시아 국가들의 성장에는 미국 시장의 역할이 중요하게 작용했다.

다섯째, 초기에는 일본 경제 중심으로, 나중에는 중국 경제의 역할이 부각되면서 진행된 지역경제통합의 흐름이 또한 경제성장에 유리한 여건으로 작용했다.

이러한 다섯 가지의 중요한 요인들은 박정희나 다른 어떤 지도자의 역량과는 무관하게 주어진 것이었다. 물론 박정희의 리더십이 경제개발의 성공과 무관한 것은 아니다. 아무리 여건이 갖추어졌어도 그 여건을 얼마나 잘 활용하는가에 따라 성패가 결정되는 것이기 때문이다. 리더십의 역할은 비전 제시, 전략과 정책의 선택, 그리고 추진력에서 찾을 수 있다. 여기서 박정희에 대한 평가에 지나치게 인색할 필요도

---

5 이런 먼 옛날 얘기가 무슨 상관이 있느냐고 물을 수도 있겠으나 제러드 다이아몬드는 지금의 경제발전 수준을 결정한 것은 인류 문명 발달 초기의 환경적 요인이었다고까지 주장한다(Dianmond 1997). 그만큼은 아닐지라도 예를 들어 박정희가 독재를 했고 절대권력을 구축하면서 부패하기도 했지만 많은 제3세계의 독재자들처럼 국익을 도외시한 채 사익을 추구하면서 심각하게 치부를 하고 나라를 거덜 내지 않은 것도 크게 보면 박정희 개인의 특성 못지않게 우리 사회의 발전 수준을 보여주는 것이다. 박정희의 부패상에 대한 김형욱 등의 증언도 있고, 스위스은행에 40만 달러를 예치해놓았다는 설도 있지만, 많은 제3세계의 독재자들에 비하면 이 정도는 새 발의 피라고 하겠다.

없지만, 결과가 성공적이었다고 해서 모든 선택이 잘된 것이었다고 판단하는 오류도 경계해야 한다.

우선 비전 제시에 관해서는 경제개발에 일로매진함으로써 빈곤 퇴치와 조국 근대화를 이루겠다고 한 박정희의 비전은 비교적 올바른 것이었다. 형식적으로 반일反日을 내세우면서 미국의 원조에 기대어 경제를 운용하던 이승만에 비해 박정희 나름의 민족주의가 발현된 것이었다. 이것이 반공주의와 결부되어 있었던 것도 사실이지만 당시의 여건상 반공주의도 불가피한 선택이었다고 생각할 수도 있겠다. 그러나 이 정도의 비전은 제3세계 지도자에게 흔히 있는 평범한 것이며 결코 탁월한 비전이라고 할 수는 없다.[6]

비전을 구체화하기 위해 결정적으로 중요한 것이 전략과 정책의 선택이다. 박정희의 경우 세 가지 중요한 선택을 했다. 첫째, 내포적 공업화를 포기하고 대외지향적인 발전의 길을 선택했다. 이것은 매우 올바른 선택이었다. 위에서 살펴본 동아시아 지역 고도성장의 요인들 중 첫째, 넷째, 다섯째는 모두 대외지향적인 성장 전략에 유리한 것들이고, 둘째와 셋째는 중립적인 것이다. 여기에 국내시장의 협소함까지 고려하면 대외지향적인 성장 전략의 타당성은 의심의 여지가 없다. 단, 대외지향적 경제개발이 자유무역이나 무조건적 개방을 의미하는 것은 아니며 세계시장을 최대한 적극적으로 활용한다는 것이다. 실제로 박정희는 강력한 수출지원 정책과 아울러 선택적인 수입대체산업 육성을 추진했으며 강력한 자본거래 및 외환 통제를 실시하는 등 자유

---

[6] 박정희의 미미한 교양 수준이나 일본 군대에서의 경험에 기초한 정치의식 형성은 잘 알려진 바 있다.

시장 정책과는 거리가 먼 정책들을 사용했다. 세계경제와의 접합을 적극 추진하되 무조건적 개방이 아니라 매우 전략적인 접근을 한 것이다(You and Jang 2001).

그런데 박정희가 대외지향적 공업화를 선택하게 된 것이 그의 혜안에 의한 것은 아니었다. 오히려 미국에 의해 강요된 것이었고, 박정희는 현실적인 판단으로 이를 수용한 것이다. 박정희의 민족주의적 성향이 짧은 시간 안에 국내 산업 기반을 구축하겠다는 야심으로 나타나는 것은 당연했고, 이는 1970년대의 중화학공업화 정책에서 잘 드러났다. 그러나 미국은 한국 경제가 국제분업체계에 편승해 더 효율적으로 성장하기를 원했으며, 특히 한·미·일 3각 동맹 구축 전략에 입각해서 일본 경제권에 편입시키려는 의도를 갖고 있었다. 군사 및 경제원조를 지렛대로 미국은 박정희 정부에 압력을 가했다. 박정희가 처음 추진한 경제개발5개년계획에 대해서도 미국이 무리한 계획이라고 수정을 요구하면서 한일회담의 조속한 타결을 압박했다. 특히 1965년에 단행된 환율일원화, 이자율 제고, 수입 자유화 등 일련의 경제개혁 조치는 미국 주도로 이루어진 것이었다. 박정희가 수출 증대에 사활을 걸고 노력한 것은 사실이지만, 이는 대외지향적 발전전략의 산물이라기보다는 미국의 압력을 받으면서 원조경제에서 탈피해야겠다는 강력한 의지를 갖게 된 데다 산업화를 위한 자본재 도입을 위해 외화가 절실했다는 현실적 요구 등이 반영된 결과였다(Rodrik 1995).

박정희의 전략과 정책 선택에서 두 번째 중요한 선택은 국가 주도냐 시장 주도냐 사이의 선택이었는데, 그는 국가 주도를 선택했고 이를 교도자본주의라는 이름으로 정당화했다. 군국주의 일본의 영향을 깊이 받은 그로서는 너무도 자연스러운 선택이었을 것이다. 사실 지나친 국가 주도도 경제를 망치는 지름길이고, 지나친 시장 만능도 경제의 적이다. 경제발전을 위해서는 국가와 시장의 적절한 결합이 필요하며, 이때 국가가 담당해야 할 역할은 경제사회 발전 단계와 수준에 따라 달라진다. 박정희가 쿠데타 직후에 부정축재자들을 체포한 후 재산의 국가 헌납 및 경제개발 협조를 대가로 선처하게 된 이유는 분명하지 않으나, 이로써 국가 주도라고 해도 국가는 경제계획과 은행 지배를 기초로 자원 동원과 투자재원 배분을 주로 하고 생산과 마케팅은 민간 기업에 주로 맡기는 역할분담 체제를 형성하게 되었다. 또한 반공주의의 영향으로 국가가 전면적으로 경제를 지배하는 모델은 생각하기 어려웠을 것이다.

경제개발 초기 단계에서 국가가 보다 주도적인 역할은 하는 것은 올바른 선택이었다고 할 수 있다. 그러나 경제가 발전할수록 국가의 자원배분 기능은 축소되고 소득 재분배 기능은 강화되어야 마땅한데, 박정희 정부는 이와 반대로 갔다. 1970년대 말에 이르면 국가 주도의 중화학공업화가 낳은 부작용 때문에 경제가 심각한 위기에 빠진다. 또한 국가 주도 경제개발의 핵심적 수단으로 정부의 은행 소유 및 지배를 통한 소위 관치금융이 활용됨에 따라 금융시스템의 낙후와 부실의 누적 등 심각한 폐해를 초래하기도 했다.

박정희의 전략과 정책 선택에서 세 번째 중요한 선택은 기업체제에 관한 것이었다. 박정희가 선택한 것과 같이 재벌 주도도 가능하겠지만, 대만과 같이 공기업 주도일 수도 있고, 중소기업들을 위주로 산업을 육성할 수도 있었다. 박정희가 왜 재벌 주도 체제를 선택했는지는 분명하지 않지만, 일본의 영향을 크게 받았다는 점에서 전전前戰 일본의 재벌 주도 공업화의 사례를 참고했을 가능성이 크다. 그리고 앞서 언급한 쿠데타 초기 부정축재자 처리에서 재벌기업과의 협력 관계를 축으로 경제개발계획을 추진하기로 했다. 이후에 정치자금을 모금하는 과정에서도 재벌기업과의 파트너십이 긴요해졌다.[7] 무엇보다 재벌기업이 급성장하게 된 것은 1970년대의 중화학공업화정책의 추진 과정에서였다. 처음에는 막대한 투자에 따르는 위험성 때문에 중화학공업 프로젝트에 참여하기를 기피하던 재벌들이 정부의 강력한 권유로 이 계획에 참여하면서 막대한 정부 지원을 바탕으로 고속성장을 하게 되었고, 나중에는 앞다투어 중화학공업에 참여하게 된 것이다. 이렇게 재벌기업은 정부의 개발계획을 이행하는 도구가 되면서 정부의 막대한 자금 지원을 받아 성장했기 때문에 준공기업적인 성격을 지닌다고 봐야 할 것이다.

재벌 주도형으로의 선택은 개발 초기에 기업 역량 구축과 내부자본시장 활용이라는 면에서 어느 정도 이점이 있었던 것도 사실이다. 하지만 재벌 주도 체제의 부작용은 너무도 심각했고, 이 문제는 지금까지도 한국 경제의 핵심적인 문제로 지속되고 있다. 첫째, 재벌 주도 체제는 정경유착과 밀접하게 연관된 데다, 형태를 달리하면서 지속되고 있어서 경제 민주화의 가장 큰 걸림돌이 되고 있다(You 2009). 둘째, 중화학공업화 과정에서 정부가 주도한 사업을 망하게 놔둘 수는 없다는 논리에 따라 어려움에 처한 기업들을 지원하는 것이 반복되면서 '도덕적 해이'가 확산되었다. 나아가 재벌기업이 국민경제에서 차지하는 비중이 커짐에 따라 소위 TBTF— 'Too Big To Fail'의 머리글자

---

[7] 예를 들어 1960년대 중반의 '3분 폭리 사건'이나 삼성 사카린 원료 밀수 사건 등은 재벌을 통해 공화당의 정치자금을 모금하는 과정에서 발생한 것이었다.

를 딴 것으로 어떤 기업이 망하면 그 여파가 너무 커서 정부가 망하게 내버려둘 수 없을 정도로 규모가 크다는 뜻—라는 도덕적 해이의 구조화를 낳게 되었다. 셋째, 재벌 중심 산업구조는 중소기업의 성장 기반을 취약하게 만들었다. 이에 따라 부품소재산업의 경쟁력이 뒤떨어지게 되었고, 무엇보다 경제 양극화의 구조적 요인이 되었다.

마지막으로 박정희의 추진력을 과연 어떻게 평가해야 할 것인가? 매달 수출진흥회의를 직접 주재하고, 부지런히 현장을 돌아다니고, 서민적 풍모를 과시한 것 등은 긍정적으로 평가해도 좋을 것이다. 문제는 박정희의 추진력이 상당 부분 독재에 기반을 둔 것이었다는 점이다. 필요하다면 개인의 인권과 재산권을 침해면서까지 경제개발을 밀어붙였다. 또한 준전시동원체제를 구축해 속도전을 펼쳤다. 공기를 1년이나 단축해 개통한 경부고속도로가 그 상징적인 예라고 할 수 있다. 이런 예를 근거로 민주주의보다 독재가 경제성장에 더욱 유리하다는 주장이 전개되기도 한다. 개인의 권리나 분배에 대한 요구 등을 무시하고 성장 목표에 집중할 수 있기 때문이라는 것이다. 하지만 독재적 방식은 일시적으로는 효율적일 수 있지만 장기적으로는 많은 부작용을 낳으며, 민주주의는 단기적으로 비효율적으로 보일 수도 있지만 장기적으로는 훨씬 더 효율적이라는 것이 역사적으로 증명되었다 (Lindert 2002). 독재와 억압으로 경제개발을 추진하면 결국 공정한 규칙이 정착되지 못하고 갈등을 조정하는 역량을 키우지 못하기 때문에 갈수록 갈등 비용이 증폭될 수밖에 없다. 적대적 노사 관계나 각종 개발을 둘러싼 갈등 및 님비NIMBY 현상 등 사회적 갈등이 많은 비용을 유발하고 있는 것이 우리의 현실이고, 이는 상당한 정도 박정희식 추진력이 남긴 부정적 유산이다.

이상에서 박정희 시대에 고도성장이 가능했던 요인들과 함께 과연 박정희의 역할을 어떻게 평가해야 할지 살펴보았다. 기본적으로 고도성장의 성과에 대해서는 긍정적으로 바라보는 가운데 그의 공과를 논한 셈이다. 하지만 박정희 시대의 고도성장은 위험한 과속질주와 같은 것이었으며, 지속가능하지 않다는 점이 추가적으로 언급되어야 한다.

박정희 시대의 성장은 기본적으로 자본축적의 제고에 기초해서 이루어졌는데, 국내 저축이 부족한 상황에서 이를 무리하게 추진함으로써 항상 인플레이션과 국제수지 적자라는 문제를 안고 있었다. 인플레 아래서 낮은 금리의 정책 자금을 지원받는 기업들은 부채를 최대한 끌어들임으로써 부채비율이 매우 높아졌다. 이로 인해 대내외적 여건이 악화되면 언제라도 경제위기를 불러올 수 있는 위험한 경제가 되었다. 베트남전 참전을 통한 외화 획득이나 1차 석유파동 이후의 중동 특수 등 요행에 가까운 일들이나, 국민의 호주머니를 털어 기업을 지원한 1972년의 8·3 조치 등으로 위기를 넘겼다는 사실은 박정희 시대 고도성장에 대한 평가에서 반드시 감안해야 할 부분이다. 결국 박정희 사후에는 인플레와 외채 문제, 기업 부실 등이 겹치면서 심각한 경제위기가 발생했다. 외채망국론이 전혀 근거 없이 제기된 것은 아니었던 것이다.

이러한 항상적 위기가 아니더라도 박정희식 성장은 지속가능하지 못한 것이었다. 억압적 통제시장경제의 모순 때문이다. 시장경제는 원래 개인의 자발성을 기본 동력으로 삼는데, 억압적 통제가 지속되면 이러한 기본 동력이 약화될 수밖에 없다.[8] 기술은 선진국을 모방하면서 최대한 자본축적을 제고함으로써 경제성장을 이루는 '따라잡기' 성장 단계에서는 그나마 억압적 통제시장경제가 유효할 수 있으나, 이 단계가 지나면 득보다 실이 커진다. 민주화 이후에 IT 산업이나 문화 산업이 비약적으로 발전한 것도 이러한 까닭이다.

억압적 통제경제는 결국 관료에 의한 관치경제가 된다. 그런데 발전국가developmental state론의 시각에서 한국의 경제성장을 바라본 논자들은 관료적 통제의 유효성을 주장했다. 능력 기준으로 선발된 관료기구의 유능함(Wade 1995), 수출 성과라는 비교적 투명하고 객관적인 기준에 의해 정부 지원을 실행함으로써 부패를 차단하고 지원의 효과성을 확보할 수 있었다는 점(Amsden 1989) 등이 관료적 통제가 잘 작동할 수 있었던 까닭이라는 것이다. 이러한 지적은 개발독재 시기에 관치경제가 비교적 성공적으로 운영된 것을 설명해준다. 하지만 이러한 장점도 지속될 수는 없었다. 경제가 발전하고 복잡해지면서 경제개발 초기와는 달리 관료의 정보가 시장의 정보를 능가할 수 없게 되었다. 개발 초기에는 가난한 집안에서 열심히 노력해 관료가 된 사람들이 많아 국가경제 발전에 이바지하겠다는 열정도 상당했지만, 갈수록 부유한 환경에서 자란 사람들이 관료가 되는 비중이 높아지면서 이러한 열정이 퇴색되었다.[9] 또한 고위 관료들의 정치화는 피할 수 없었으며, 민주화 이후에도 돈 선거가 판을 치면서 정경유착에 의한 정책 왜곡이 초래되었다.

---

8 민주적인 절차에 의해서 제정된 법과 제도에 입각해서 이루어지는 민주적 통제의 경우에는 당연히 개인의 자발성에 대한 억압이 최소화된다.
9 외환위기 이후 공공 부문 개혁을 한다고 성과급제도를 도입한 것은 관료들의 사익 추구를 부추기는 부작용도 초래했다.

3. 양극화의 연원: 박정희 시대의 그림자

　필자를 포함해 진보 성향의 학자들은 민주정부의 가장 심각한 정책 실패로 양극화를 꼽는다. 양극화에 관한 대부분의 논의가 양극화가 1997~98년의 외환위기 이후에 전개된 것으로 보고 있으며, 대체로 김대중 정부와 노무현 정부에 의해 실시된 신자유주의적 구조조정과 제도개혁의 결과라고 주장한다.[10] 보수성향의 학자들은 저성장과 경기 침체라는 경기적 요인을 강조한다. 양극화의 해법에 대해서도 성장률 제고에서 찾아야 한다는 소위 낙수Trickle-down론의 근거로 삼는다(안종범 등 2006). 일반적으로는 세계화와 중국의 부상, IT 기술의 진보 등 환경 변화, 비정규직 증가와 구조조정에 따른 자영업자 급증 및 연봉제 확산 등 노동시장의 변화, 산업 연관 관계의 약화와 중소기업 성장 기반의 취약이라는 경제구조상의 문제, 대기업과 금융 분야에서의 제도적 변화 등이 양극화의 요인으로 꼽힌다. 그러나 양극화가 나타난 시점과 원인에 관해서 보다 정교한 논의를 하지 않으면 그릇된 결론에 도달하기 십상이다.

　우선 양극화에 관한 수많은 논의가 외환위기 이후에 양극화가 나타났다는 것을 전제로 진행되고 있다. 극히 예외적으로 유경준(2002)은 외환위기 이전부터 중산층 감소 추이가 나타났다는 것을 지적했고, 전병유·김복순(2005)이 1990년대 이후 고용구조 양극화가 심화되었음을

---

10 대표적인 예로 2005년에 참여연대에서 '양극화와 시민사회 대안전략: 시장, 비정규직, 노동연대'라는 주제로 주최한 제46회 참여사회포럼의 논의와 2006년에 경실련 산하 경제정의연구소가 '양극화, 진단과 처방'이라는 주제로 개최한 제1회 경제정의포럼의 논의를 참조할 것.

표 7-1. 소득분배 지표의 추이: 1982~2005년

연도	지니계수	ER지수	임금지니	분위수배율(P9/P1)
1982	0.3091834	0.020175		
1983	0.3094403	0.0199595		
1984	0.3110718	0.0202836		
1985	0.3114477	0.0202555	0.342	4.60
1986	0.3068946	0.0200505	0.335	4.42
1987	0.306462	0.0200332	0.330	4.29
1988	0.3021622	0.0195617	0.321	4.22
1989	0.3039297	0.0195666	0.306	4.04
1990	0.2948364	0.0190577	0.301	3.96
1991	0.2870344	0.0185794	0.296	3.91
1992	0.2836306	0.0185334	0.281	3.66
1993	0.2812496	0.0183563	0.282	3.78
1994	0.2844779	0.0185486	0.272	3.64
1995	0.2837291	0.0185809	0.273	3.67
1996	0.2907491	0.0191925	0.281	3.78
1997	0.2829933	0.0188109	0.277	3.74
1998	0.3156828	0.0210933	0.282	3.83
1999	0.3204226	0.0212075	0.286	3.86
2000	0.3169208	0.0207346	0.299	4.08
2001	0.3194654	0.0208794	0.300	4.10
2002	0.3119923	0.0204586	0.303	4.24
2003	0.305697	0.0206738	0.311	4.35
2004	0.3095864	0.0212116	0.314	4.38
2005	0.3104795	0.0211838		

출처: 노동부, KLI 노동통계, 2006.

지적한 정도다. 그런데 관련 통계를 자세히 살펴보면 양극화와 관련된 대부분의 지표들이 1991~94년 사이에 개선 추세에서 악화 추세로 전환했음을 알 수 있다.

〈표 7-1〉은 1982~2005년 기간 중 대표적인 소득분배 지표들의 시계열 자료다. 첫 두 행은 도시근로자가구 소득의 불평등도를 측정한 지니계수와 소득 양극화 정도를 수치화 한 ER지수이고, 다음 두 행은 임금소득분배의 불평등도를 측정한 지니계수와 분위수배율(P9/P1)이다. 이 모든 지표들이 1980년대 초반의 높은 수준에서 1980년대 중반 이후 완만한 하락세를 보이다가 1990년대 초반 하락세가 멈추고 미약하나마 상승세로 반전하는 것을 볼 수 있다. 지니계수와 ER지수는 1993년에, 그리고 임금 지니계수와 분위수배율은 1994년에 각각 최저점을 기록했다. 물론 외환위기 직후에 급격히 상승한 것도 사실이지만, 하락 추세의 반전이 그보다도 더욱 중요한 현상임을 강조하고자 한다.

〈표 7-2〉는 학력별·성별·기업 규모별 임금격차의 추이를 보여주고 있다. 학력별과 성별 격차는 각각 1995년과 2001년에 최저점에 이른다. 역시 격차 완화의 추세가 반전되기는 하지만 추세 반전의 시점이 소득분배 지표의 추세 반전 시점보다 늦고, 그 이후에도 임금격차의 상승이 크지 않아 1980년대 전반에 비해서는 훨씬 양호한 수준이다. 그럼에도 불구하고 대졸자들의 공급이 급격히 확대되는 가운데 이러한 반전이 일어났다는 것은 주목해야 할 일이다(You and Lee 2001). 대기업과 중소기업 간의 임금격차는 양상이 상당히 다르다. 300인 이상 대기업의 임금 비율은 1980년대 초중반에는 110% 내외에 머물다가 민주화 이후 대기업 중심으로 노동조합이 활성화됨에 따라 1988년부터 120%대로 상승하더니, 1999년에 130%대를 넘어섰고, 2004년에

표 7-2. 임금격차의 추이: 1982~2005년

(단위: %, 천 원/월)

연도	학력별			성별(비농전산업)			기업 규모별		
	고졸 이하	대졸 이상	대졸/고졸 임금비율	남	여	남/여 임금비율	300인 이상	300인 미만	대/중소 임금비율
1982	87.0	213.1	244.9	310	140	221.4	255	237	107.6
1983	88.5	214.3	242.3	341	159	214.5	286	261	109.4
1984	89.8	214.6	239.1	366	174	210.3	314	283	110.8
1985	89.7	214.7	239.5	397	190	208.9	342	310	110.3
1986	91.1	209.7	230.2	427	209	204.3	368	337	109.2
1987	92.3	209.2	226.8	467	234	199.6	408	368	110.9
1988	92.8	190.9	205.7	535	275	194.5	489	409	119.6
1989	93.6	182.3	194.9	640	337	189.9	603	485	124.3
1990	93.9	174.6	186.0	753	403	186.8	720	575	125.2
1991	94.5	168.5	178.3	882	481	183.4	848	682	124.4
1992	95.6	160.3	167.7	1,005	562	178.8	970	792	122.5
1993	96.0	153.1	159.6	1,117	633	176.5	1,117	888	125.8
1994	95.3	148.4	155.8	1,249	729	171.3	1,266	1,003	126.2
1995	95.5	146.8	153.8	1,382	823	167.9	1,423	1,122	126.8
1996	94.7	147.2	155.4	1,536	936	164.1	1,605	1,248	128.6
1997	94.3	145.5	154.4	1,635	1,015	161.1	1,697	1,348	125.9
1998	93.8	149.0	158.9	1,579	1,006	157.0	1,668	1,315	126.8
1999	94.5	151.7	160.6	1,786	1,131	157.9	1,907	1,459	130.7
2000	93.9	150.9	160.7	1,938	1,225	158.2	2,084	1,592	130.9
2001	93.7	152.3	162.5	2,044	1,315	155.4	2,224	1,690	131.6
2002	92.6	149.4	161.4	2,281	1,458	156.4	2,538	1,876	135.3
2003	92.1	151.7	164.7	2,503	1,574	159.0	2,759	2,014	136.9
2004	90.8	152.3	167.7	2,668	1,663	160.4	3,005	2,152	139.6
2005				2,837	1,778	159.6	3,182	2,286	139.2

출처: 노동부, KLI 노동통계, 2006.

는 140%에 육박했다. 이는 대기업과 중소기업 간의 임금격차가 양극화의 주요한 요인임을 시사해준다.

〈표 7-3〉은 제조업과 서비스업 간의 생산성 격차와 대기업과 중소기업 간의 생산성 격차의 추이를 보여준다. 제조업 대비 서비스업의 노동생산성이 1982년 178.26%에서 지속적으로 감소해 1995년에는 제조업의 노동생산성이 서비스업의 노동생산성을 능가하기 시작했으며, 이후에도 생산성 격차가 확대되어 2004년에는 제조업 대비 서비스업의 노동생산성이 43%에 불과해졌다. 300인 이상 고용하는 대기업과 300인 미만 중소기업 간의 노동생산성 격차는 1980년대 후반까지 감소하다 1988년에 최저점을 기록한 후 상승세로 반전했고, 이후 꾸준히 확대되어 1980년대 초반 수준을 크게 웃돌게 되었다.

〈표 7-4〉는 양극화의 시점에 관한 보다 엄밀한 분석을 위해서 1980년대 초반부터 2000년대 중반 사이에 한 번의 추세 변화가 있었고, 이전과 이후의 추세는 모두 선형 추세로 표시할 수 있다는 가정 아래 추세 전환의 시점을 회귀분석을 통해 추정한 결과를 보여준다.[11] 1991년

---

11 ① 양극화의 지표들을 Xit라고 하고 시간(t)을 독립변수로 놓고 추세를 검증한다. 추세는 선형 추세이며, 1982년부터 2005년까지 해당 기간 중 추세가 한 번 변화했다는 가정 아래, 추세가 변화한 연도를 t=τ라 하면, $Xit = \alpha i + \beta i1 min(t-\tau, 0) + \beta i2 t + Dt + \varepsilon it$와 같은 회귀 방정식을 설정할 수 있다.
여기서 i는 여러 가지 양극화 지표들에 대한 표시고, αi는 상수항, εit는 오차항이며, 독립(설명)변수는 시간(t)로서 시간의 흐름에 따른 추세를 나타내는 $\beta i1 min(t-\tau, 0) + \beta i2 t$이라는 항과 외환위기라는 특수 상황을 감안하기 위한 더미 변수(dummy variable) Dt로 구성된다.
③ 추세 전환 시점인 τ에 이르기 전까지의 추세는 $\beta i1 + \beta i2$이고, τ 이후의 추세는 $\beta i2$가 된다.
④ 외환위기 더미는 t = 1998, 1999, 2000인 경우에 1, 그 외에는 0의 값을 가지도록 한다.
⑤ τ를 1983, 1984, ⋯, 2003까지 차례로 설정하고 회귀분석을 실시하고서, 가장 설명력이 높은 τ를 선택하는 방법에 의해 추세 전환 시점을 추정할 수 있다.

표 7-3. 생산성 격차

(단위: 백만 원)

연도	산업별			규모별		
	제조업/전산업[a]	서비스업/전산업[a]	서비스업/제조업(%)	300인 이상	300인 미만	생산성 격차(%)
1982	0.87	1.54	178.26	10.47	5.21	200.9
1983	0.87	1.47	169.61	11.85	6.10	194.3
1984	0.89	1.41	158.00	13.59	6.56	207.2
1985	0.88	1.36	154.51	14.39	7.02	205.1
1986	0.89	1.35	150.69	15.76	7.77	202.9
1987	0.86	1.38	160.81	17.53	8.92	196.6
1988	0.84	1.36	162.62	19.27	11.11	173.5
1989	0.82	1.36	167.23	23.11	12.93	178.8
1990	0.85	1.32	156.11	31.59	16.81	187.9
1991	0.85	1.25	146.54	40.28	21.75	185.2
1992	0.91	1.19	130.35	47.87	25.30	189.2
1993	1.01	1.15	114.24	54.12	28.86	187.6
1994	1.09	1.11	101.31	66.17	33.18	199.4
1995	1.16	1.07	91.77	84.52	38.09	221.9
1996	1.22	1.04	85.23	96.60	43.43	222.4
1997	1.35	1.01	74.65	106.76	47.59	224.4
1998	1.46	1.01	69.29	124.28	56.31	220.7
1999	1.57	0.96	61.36	135.86	59.15	229.7
2000	1.68	0.93	55.26	141.92	62.05	228.7
2001	1.71	0.92	53.71	150.09	63.88	235.0
2002	1.77	0.91	51.45	169.90	67.58	251.4
2003	1.84	0.89	48.56	164.71	71.86	229.2
2004	1.98	0.86	43.16	196.10	77.69	252.4

*a: 제조업과 서비스업의 GDP share를 고용 share로 나누어 구한 것.
출처: 2006년 KLI 노동통계, 한국은행.

표 7-4. 추세 전환 시점 추정 결과

	외환위기 D 없을 경우	외환위기 D 있을 경우
학력별 임금격차	1994	1994
성별 임금격차	1997	1997
기업 규모별 임금격차	1991	1991
규모별 생산성 격차	1989	1993
지니계수	1995	1991
ER지수	1995	1993
임금분배 지니계수	1994	1994
소득분배 P9/P1	1994	1993

*외환위기 D: 1998~2000년

에서 1994년 사이에 양극화가 시작된 것으로 나타났다.

이제는 상식이 되어버린 외환위기발 양극화론은 양극화의 구조적 원인을 간과하게 했다. 진보파는 외국자본의 영향력이나 신자유주의 담론을 원흉으로 보고, 보수파는 경기 침체를 부각하면서 적하이론을 주장하는 결과를 낳았다. 그러나 양극화의 시발이 1990년대 초반이었다면 이러한 요인들을 양극화의 주된 원인으로 꼽을 수는 없을 것이다. 필자는 누차 양극화의 구조적 원인과 구조적 해법을 주장한 바 있다(유종일 2006a). 또한 양극화의 시발점이 1990년대 초반이라면 양극화와 관련한 민주화 세력의 책임이 무엇인지, 정책적으로 잘못한 부분은 무엇인지에 대해 새롭게 규명해야 한다. 예를 들어 구조적 변화에 대한 대응에 실패한 것을 제쳐놓고 일시적 구조조정을 탓한다거나 복지정책의 미흡만을 나무라는 것은 번지수를 잘못 찾는 일이다.[12]

양극화의 원인과 관련해서 1990년대에 급진전된 세계화와 정보화라는 거대한 외부적 환경 변화 때문에 양극화가 불가피하게 일어났다는 주장도 있다. 특히 중국을 비롯한 값싼 노동력이 존재하는 제3국으로의 아웃소싱이 증가해 숙련노동과 비숙련노동 간의 임금격차가 확대되고, 빠른 기술 변화에 적응하느냐 못하느냐에 따라 임금격차가 확대됨으로써 임금소득분배가 악화되었다는 것이다. 이는 부분적으로는 타당한 지적이지만 문제는 제도적 여과장치나 보완장치 없이 그런 현상을 방치한 데 있다. 일찍이 앤서니 애킨슨(Atkinson 2000)이 각국의 제도와 정책의 차이에 따라 양극화 현상이 차별적으로 나타나는 것을 강조한 바 있으며, 폴 크루그먼(Krugman 2007)도 미국의 양극화는 세계화나 기술 변화보다는 소수 부유층을 위한 정책에 의해 초래된 것임을 주장하고 있다.

그렇다면 1990년대 초반에 분배의 개선 추세를 반전시킨 구조적 변화는 무엇인가? 이를 규명하기 위해서는 먼저 그 이전의 동반성장 구조는 어떻게 작동했는지 살펴보아야 한다. 이는 과연 박정희 시대의 경제성장이 진정한 동반성장인가와도 관련이 있는 문제다. 우선 국제적으로 한국의 소득분배가 비교적 괜찮은 것으로 평가되는 이유는 무엇보다 본격적인 경제개발이 시작되기 전 역사적 특수 상황에 기인한다. 즉, 토지개혁이 단행되었고, 한국전쟁과 이에 따른 인플레이션으로 인한 실물자산과 금융자산의 파괴됨으로써 자산의 하향평준화가 이루어졌다. 게다가 극도로 낮은 소득수준에도 불구하고 건국 초기부터 의무교육을 실시해 인적자본의 분배 또한 비교적 고른 편이었고, 교육시스템이 계층 상승의 주요한 통로가 되었다.

---

12 인력 감축에만 집중한 구조조정은 잘못된 것이지만 구조조정 자체는 대부분 불가피한 것이었다. 그런데도 구조조정 자체를 반대하는 듯이 여겨지는 주장이 많이 제기되었다.

이렇게 유리한 초기 조건을 바탕으로 1960년대의 고도성장은 실제로 동반성장의 양상을 띠었다(Ranis and Fei 1975). 노동집약적 수출산업을 중심으로 대단히 급속한 고용 창출이 이루어짐으로써 성장의 과실이 어느 정도 분배되는 효과를 가져온 것이다. 1960년대 초에 20%에 육박했던 도시지역의 실업률이 한 자릿수로 떨어졌고, 도시지역 전체 고용의 2/3를 상회하던 비공식 부문도 절반 이하로 축소되었다. 분배와 관련한 박정희 정부의 정책은 전무하다시피 했고, 오히려 급속한 자본축적을 위해 노동자와 농민을 쥐어짜는 저임금·저곡가 정책을 폈음에도 불구하고 이렇게 동반성장이 이루어졌다는 사실은 경제의 구조적 특성이 얼마나 중요한가를 반증하는 것이다. 어쨌든 이러한 사정도 1970년대에는 중화학공업화 정책에 의해 변한다. 가용자원을 자본집약적인 중화학공업에 집중 투입하면서 재벌은 고속성장을 했지만 수혜계층의 폭은 한정되었다. 투자재원 확대를 위해 인플레에 의한 강제 저축(국민 수탈)이 행해짐으로써 성장의 혜택이 반감되었고, 부동산 값이 폭등하면서 자산분배의 불평등이 심화되었다. 1970년대에는 그래서 동반성장이 아니라 고도성장에도 불구하고 분배의 불평등이 확대되는 양극화 성장이 발생한 것이다. 양극화를 비판하는 이들에게 정부는 아예 '선성장 후분배'를 정책 방향으로 내세우기까지 했다.

1980년대에는 경제가 안정화되고 중화학공업 분야의 수출이 '3저 호황'에 이르기까지 크게 확대됨으로써 고용 확대 효과에 의한 동반성장이 다시 이루어졌으나, 1990년대 초부터 상황이 다시 반전된다. 이는 두 가지 핵심적인 구조적 변화에 기인한다. 첫째는 성장과 고용 간의 관계가 변한 것이다. 제조업 부문의 고용 비중이 감소하기 시작하고 성장의 고용탄성치가 현저하게 하락하는 등 과거 핵심적인 분배의 메커니즘이었던 고용 창출에 문제가 발생했다. 제조업의 고용 비중이 감소하는 것은 경제발전 단계가 고도화되면 나타나는 탈산업화de-industrialization 현상이지만, 한국의 경우에는 선진국들과는 달리 제조업의 생산 비중은 줄어들지 않으면서 고용 비중만 급격히 감소했다. 이것은 위에서 살펴본 제조업과 서비스업 간의 생산성 격차 확대와 동전의 양면을 이루는 현상이다. 결국 제조업의 고용 비중 축소는 서비스업 분야에 저임금 고용이 확대되는 결과를 낳았다. 1980년대 후반 '3저 호황' 시기에 노동시장은 완전고용에 가까운 포화 상태에 이르고 민주화에 따른 노동조합운동의 활성화로 실질임금이 급상승하고 노사 갈등이 증대함에 따라 대기업들이 자동화 설비에 과도하게 투자를 하거나 아웃소싱을 확대하는 등 고용 회피 전략을 구사한 탓이다. 대기업들의 고용 회피 전략은 다른 한편 비정규직 고용의 증대를 불러왔다.

또 다른 구조 변화는 재벌 대기업들에 의한 시장지배력 강화다. 재벌에 의한 경제력 집중과 시장 왜곡이 심화되어 고용의 절대다수를 감당하고 있는 중소기업 부문이 갈수록 피폐화됨으로써 기업의 양극화가 심화되고, 이것이 소득의 양극화로 이어진 것이다. 통계개발원의 보고서에 따르면, 1980~2005년의 26년간 우리나라 광업·제조업의 시장집중도와 산업집중도는 장기적 하락 추세를 보인 반면, 일반집중도는 〈그림 7-1〉에 나타난 바와 같이 1980년대 후반 이후 상승하는 양상을 나타냈다(이재형 2008). 다시 말해, 좁게 정의된 시장 내지 산업을 대상으로 했을 때는 한국 경제의 경쟁도가 제고되었다고 할 수 있지만, 소수 대기업의 국민경제적 영향력(이른바 경제력 집중)은 1980년대 말경부터 증가했다는 것이다. 특히 이 일반집중도가 대기업 각각의 개별 재무제표를 기준으로 작성된 것임을 감안할 때, 계열사를 모두

그림 7-1. 우리나라 산업의 일반집중도

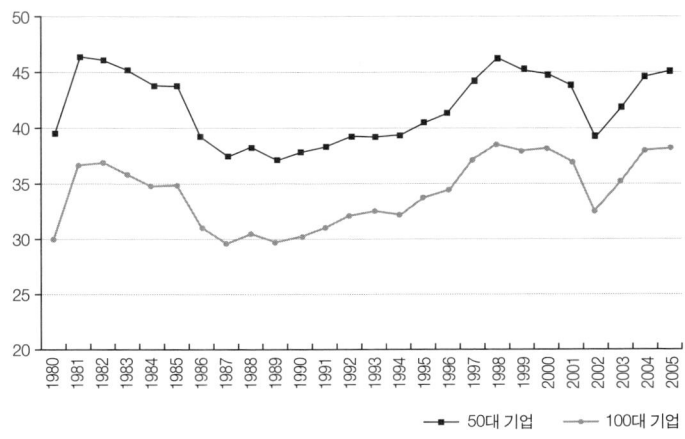

출처: 이재형(2008)

포함한 기업 집단 단위로 측정한다면 경제력 집중의 심화 경향은 더욱 뚜렷하게 나타날 것으로 추정된다.

이와 같이 1980년대 후반부터 재벌에 의한 경제력 집중이 강화된 배경으로는 1980년대 초중반에 추진된 금융자유화 정책에 따른 재벌들의 제2금융권 진출, '3저 호황'기의 중화학공업 수출 증대에 따른 이익 증가, 그리고 1990년대에 들어서서 본격적으로 정책 금융과 산업정책을 폐기하는 등 시장자유화 정책이 추진된 것을 들 수 있다. 시장자유화로 과거의 통제는 사라지는데, 이미 시장에서 지배적 위치를 구축한 재벌들에 대한 시장 규율은 제대로 부과되지 않았기 때문에 이들의 문어발식 확장과 규모 확대 경쟁에 고삐가 풀린 것이다. 이로 인한 과잉투자와 부실이 외환위기의 중요한 배경이 되었고, 위기 이후에 구조조정을 거치면서 일시적으로 경제력 집중이 약화되었지만 다시 개혁이 후퇴하면서 경제력 집중이 재가동되었던 것이다.

적대적 노사 관계로 인한 대기업의 고용 회피 경향으로 가속화된 제조업 고용의 감소와 서비스 경제로의 이행 및 재벌에 의한 경제력 집중의 강화와 중소기업의 피폐화라는 두 가지 구조적 변화가 양극화 추세의 근본 원인이다. 그리고 이와 관련된 자본시장, 노동시장, 상품시장, 기업지배구조 등 제반 제도와 정책이 또한 양극화의 요인이다. 이렇게 볼 때 양극화 구조의 저변에는 재벌 중심 성장이라는 문제와 적대적 노사 관계가 핵심적인 문제로 자리 잡고 있으며, 이는 곧 박정희 시대로부터 물려받은 유산이라는 점에서 양극화의 연원을 박정희 시대에서 찾아야 한다는 것이다. 단, 1970년대의 양극화는 국가 주도 관치경제의 강화 경향 아래서 정부 지원에 의한 재벌 팽창이 이루어지면서 일어난 데 비해, 1990년대 초반 이후의 양극화는 시장자유화에 따라 국가 통제가 약화되면서 시장의 실패를 보정하기 위한 제도는 미흡했기 때문에 이미 지배적 지위를 구축한 재벌들이 더욱 자유롭게 확장해나가면서 일어난 것이라는 차이가 있다.

'선성장 후분배'로 표현된 성장지상주의와 재벌 중심이라는 박정희 시대의 유산이 양극화의 뿌리다. 그런 의미에서 국가 주도 경제에는 없었던 양극화가 민주정부가 신자유주의 정책을 해서 발생했다고 보는 것은 잘못된 시각이다. 물론 시장자유화가 재벌의 고삐를 풀어준 것이 양극화의 요인이 된 것도 사실이고, 외환위기를 계기로 노동시장 유연화 등 신자유주의적 경제정책이 많이 도입되면서 양극화가 가속화된 것도 사실이다.[13] 그러나 시장자유화를 근본 원인으로 보면 구조적 문제를 보지 못하게 되고, 시장자유화 자체에 반대하는 논리가 된다. 그렇다면 관치경제를 계속했어야 한다는 것인가? 문제는 시장자유화 그 자체가 아니라 그에 따르는 시장의 실패를 보완하는 정책들이 제대로 시행되지 않은 것이며, 거꾸로 시장화에 따르는 양극화라는 부작용을 통제할 만한 제도적 장치가 되어있지 않는 상황에서 자유화만 서두른 데 있다.

4. 맺는 말: 우리 시대의 진보에 관한 성찰

박정희식 고도성장도, 박정희식 관치경제도 지속불가능한 것이었다(백낙청 2005). 이는 박정희 말기에 이미 분명해진 것이며, 사실 이미 1979년 봄에 경제안정화 계획이 도입되면서 박정희 스스로가 인정한 부분이기도 하다. 박정희 사후 전개된 심각한 경제위기는 전두환 정부에 개혁을 강요했다.

자원배분에 있어서 시장의 기능을 확대하고 관치경제를 청산하는 것이 반드시 자유방임주의나 시장만능주의를 의미하는 것은 아니다. 오히려 시장경제가 건전하고 효율적으로 작동하기 위해서는 기회의 평등과 공정한 경쟁을 보장하고 시장의 실패를 보완하기 위한 제도적 장치들이 필요하다. 경제력 집중 억제와 공정경쟁 질서의 확립, 금융건전성을 위한 규제 감독, 노동자·소비자·환경(미래 세대)·소액주주 등 경제적 약자의 보호, 사회 안전망 등이 필수적인 것이다. 나아가 교육·주거·의료 등 삶의 기본이 되는 서비스의 공공성을 강화하고 사회복지의 수준을 높이는 것도 실질적인 기회 균등과 인적자본 향상

---

13 외환위기 이전에도 평생고용 관행은 공공 부문이나 대기업 부문에 한정되었으며, 우리나라 노동시장 전반의 유연성은 매우 높았다. 특히 박정희 시대의 노동시장은 지극히 유연했다(유종일 1997).

을 위해 필요한 일들이다. 시장의 자유와 더불어 이러한 제도적 보완장치를 마련하는 것이 경제 민주화의 요체다.

사실 시장자유화를 처음 추진했던 전두환 정부 시절부터 공정거래법을 제정하고 환경보호와 복지사회를 주장하는 등 보완장치의 필요성에 대한 인식이 어느 정도 존재했고 부분적으로 도입되기도 했다. 그러나 이러한 보완장치를 제도화할 정치적 힘은 미약했고, 자유화를 추동하는 정치적 힘은 상대적으로 강했다. 제도적 보완장치 마련에 대한 일반 대중의 민주적 요구를 수렴할 정당과 정치 세력은 미약했으며, 자유화는 적극 찬성이지만 보완장치는 반대하는 재계의 이해관계는 정치권에 강력하게 관철되었기 때문이다. 따라서 항상 자유화가 앞서 나갔다.[14] 민주화 이후에도 이러한 사정이 본질적으로 바뀌지 않았으며, 재벌에 대한 국가의 통제가 약화되었다는 면에서 오히려 문제가 더욱 악화된 측면도 있다. 민주정부의 실패는 여기서 비롯된 것이다.

민주정부는 박정희가 남긴 경제통제체제를 해체하고 시장경제를 확산하는 일에는 앞장섰으나, 시장의 실패를 보정하기 위한 보완장치 마련은 미흡했다. 박정희식 경제의 진정한 극복을 위해 필요한 경제 민주화를 하지 못하고 시장화만 추진한 것이다.[15]

특히 재벌중심 경제구조의 문제에 대한 인식이 희박했다. 개혁진보

---

[14] 외환위기의 직접적 원인은 금융자유화와 자본거래 자유화만 추진하고 이에 따른 위험을 통제하기 위한 규제 감독의 강화와 외채 관리 등 보완장치 마련에 소홀했던 데 있다. 국내 금융개혁은 기득권 세력의 반발 등 정치적 어려움 때문에 지연되었는데, 금융자유화와 자본거래 자유화는 국민경제에 잠재적 위험을 더하기는 하지만 당장 가시적인 피해자는 별로 없고 싼 이자에 외국자금을 들여와 사용하고자 하는 재벌기업들에게는 즉각적인 혜택을 주기 때문에 일부 시민단체 외에는 반대가 없었던 것이다(You 2006).

[15] 경제 민주화의 개념에 관한 자세한 논의는 유종일(2008) 제3장을 참조할 것.

정권이라고 하는 김대중 정부나 노무현 정부도 마찬가지였다. 세간에서 김대중 정부를 현대공화국이라 부르고 노무현 정부를 삼성공화국이라고 부른 것은 근거 없는 비아냥이 아니었다. 이미 경제구조가 재벌 중심으로 되어있는 상황에서 시장자유화만을 추진하는 정책은 결국 양극화 구조를 배태했다. 이에 따라 고용 부진과 고용불안, 빈부격차 확대와 중산층 몰락 등의 문제가 등장했고, 민주화 세력에 대한 민심의 이반이 발생한 것이다.

외환위기 당시 IMF를 앞세운 국제금융자본이 한국 경제의 신자유주의적 개혁을 강요했다는 것은 분명한 사실이며(이제민 2007), 이것이 양극화를 심화시킨 요인이 되었다는 것도 사실이다. 그러나 이는 일시적인 것이었고, 양극화 추세는 이미 구조적으로 시작된 이후였다. 외환위기를 조기에 극복하면서 IMF와 외국자본의 영향력은 빠르게 퇴조했다. 하지만 신자유주의라는 미국발 외래 사조는 자유화만 원하고 보완장치는 원하지 않는 재계의 이해관계와 딱 들어맞아 계속 강화된 것이다(You 2009).

외환위기는 사실 위기라는 특수 상황과 IMF와 외국자본의 압력 덕분에 재벌개혁의 기회로 작용했다. 재벌 중심의 경제구조를 수정하기 위한 절호의 기회였다. 김대중 정부는 단순히 신자유주의적 개혁만 한 것이 아니었다. 재벌개혁과 금융개혁은 바로 보완장치 없이 추진되었던 시장자유화의 문제를 해소하기 위한 노력이었다. 또한 노사정위원회를 통해 개혁에 대한 사회적 합의를 추진했고, 부족하나마 사회 안전망을 급속하게 확대해나갔다. 그런데 이러한 김대중 정부 초기의 개혁 노선이 우여곡절 끝에 좌초되었다. 노사정 합의 정신은 정리해고를 둘러싼 갈등을 넘지 못하고 일찍이 파기되었으며, 2000년 이후 재벌개혁은 후퇴하기 시작했고, 금융 건전성도 규제 완화에 밀려 뒷걸음질 쳤다. 외환위기 이후 5년여 만에 카드채 위기라는 대형 금융위기가 또 터졌고, 참여정부에 들어서도 부동산 버블은 계속 확대일로였다. 2008년 글로벌 금융위기 당시 한국 경제는 대내외적으로 과도한 부채 더미 위에 앉아서 또 한 번의 실질적인 통화위기를 겪었다. 노사 관계의 전환에도 실패했고, 재벌개혁의 후퇴는 거듭되었으며, 한편 자유화 노력은 격상되어 한미 FTA로 정점에 이른다.

이러한 개혁진보 정부의 실패 뒤에는 재벌의 영향력과 성장우선주의 경향이 있었다.[16] 재벌의 경제적 비중 자체가 재벌에게 막강한 구조적 힘을 부여했다. 경제성장에 목을 맨 정부는 재벌의 협조가 필수적이라고 보고 투자와 고용을 구걸했다. 당연히 반대급부를 주지 않을 수 없었다. 또한 재벌의 영향력은 친재벌적인 고위 경제 관료들을 통해서도 관철되었다. 그리고 재벌은 광고시장에 대한 압도적 지배 등을 바탕으로 언론에 대해서도 막강한 영향력을 행사했다. 게다가 비자금 조성과 불법로비 사건이 끊이지 않고 발생했다. 참여정부는 국기를 흔드는 내용이 들어있는 삼성 X파일을 피상적 법리를 앞세워 덮어버리기 급급했다. 개혁진보 정부에서도 말로는 개혁이니 분배니 내세웠지만 성장을 우선시하는 경향 때문에 재벌에 투항하게 되었다. 거꾸로 재벌은 성장우선주의를 활용해 개혁을 방해했다. 참여정부 초기에 삼성 측의 영향으로 국민소득 2만 달러 달성을 국정 목표로 삼게 된 것이 극적인 사례다. 재벌의 영향력과 성장우선주의 경향은 노사 개혁에

---

16 외국자본의 영향력은 부차적이라는 것이다. 국내의 모순을 경시하고 외부의 문제를 일차적인 것으로 부각하는 종속이론이나 NL적 사고는 주객이 전도된 것이다.

도 걸림돌이 되었다. 적대적 노사 관계를 청산하고 협력적 노사 관계를 만들어내기 위해서는 무엇보다 힘의 균형을 이루도록 하고 경영 투명성의 바탕 위에서 상호 신뢰를 쌓아나가는 과정이 필수적이다. 그런데 재벌 앞에서는 한없이 작아지는 정부가 노동조합에 대해서는 인내심이 오래가지 못하고 이내 공격적인 태도를 취했다(박태주 2008).[17]

민주화 세력의 집권 후에 박정희식 통제경제는 해체되었지만 성장 우선주의, 재벌 중심 구조, 적대적 노사 관계 등 박정희 모델의 핵심적인 유산은 온존되었다. 그리고 이러한 유산은 경제 민주화를 가로막는 장애 요인이 되고 있다. 우리 안의 박정희는 우리 마음속에 파시스트적 정신 상태의 파편들로만 존재하는 것이 아니라 우리의 경제구조에 온존하고 있는 것이다. 사정이 이렇게 된 데는 민주화 과정의 특성에서 비롯된 면이 컸다. 조효래(1995)는 민주화로의 이행이 구 권위주의체제가 이행 과정에 대한 통제력을 유지하면서 이루어진 '거래에 의한 이행'이었다는 점에 주목하고 있으며, 최장집(2002)은 우리나라 정당들이 이념과 가치, 정책 프로그램의 차이에 기반을 두고 조직되기보다는 권력 획득을 위한 정치 엘리트들의 연결망에 기초하고 있기 때문에 기득권에 맞서서 경제 민주화를 추동할 동력이 미약하다는 점을 강조한다. 그러나 무엇보다도 정권을 담당하거나 직간접적으로 참여한 주체들의 책임이 가장 크다. 이에 대한 철저한 반성이 없이는 박정희의 경제발전 성공 신화의 담지자와 박정희의 육신의 후손이 양대 정치

---

[17] 노무현 대통령은 "권력은 시장에 넘어갔다"고 말했는데, 사실은 시장이 아니라 재벌을 의미한 것이었다. 참여정부의 정책 실패와 재벌의 영향력에 관해서는 유종일(2006b)을 참조할 것.

세력을 대표하는 상황을 변화시키기 어려울 것이다.[18]

지난 2007년 대선 당시 국민 여론조사에서 여러모로 박정희를 상기시켰던 이명박 후보가 진보적 후보로 인식되었다고 한다(김헌태 2009). 이는 민주화 세력에게 뼈아픈 비판으로서 읽혀져야 함과 동시에 절름발이가 되어버린 우리시대 진보의 현실을 적나라하게 드러낸 것이다. 사실 박정희도 초기에는 야당 후보와의 경쟁에서 상대적으로 진보적인 후보로 인식되었다. 빈곤 퇴치와 조국 근대화를 역설하면서 부패한 정치권의 정쟁을 지양하고 경제성장에 국력을 집중하자고 주장했던 박정희가 지주계급에 뿌리를 두고 있었던 당시 야당에 비해 상대적으로 진보적이었다고 평가하는 것도 무방할 것이다. 그러나 이는 결코 진정한 진보는 아니었다. 좋게 생각해도 절름발이 진보에 불과했다. 아마르티아 센의 주장처럼 진정한 발전은 '자유로서의 발전'인 것이며, 진정한 진보는 경제성장만이 아니라 자유의 신장을 동시에 추구해야 하는 것이기 때문이다(Sen 1999).[19] 박정희를 제대로 평가하고 올바르게 극복하는 데서 우리 시대 진보의 새 출발점을 찾아야 할 것이다.

박정희가 독재는 했지만 경제성장만큼은 제대로 했다는 인식은 물론이거니와, 박정희처럼 독재를 하면 안 되고 경제성장과 민주주의를 동시에 추구해야 한다는 인식도 부족하긴 마찬가지다. 박정희식 경제성장은 본질적으로 민주주의와 배치되는 것이며, 진정한 발전이라고

---

18 이 글을 처음 쓰던 당시 이명박 대통령이 집권하고 있었고, 대통령에 대한 가장 강력한 견제자는 박근혜였다.
19 여기서 자유는 형식적 자유뿐만 아니라 실질적 자유, 즉 하고 싶은 일을 실제로 할 수 있는 역량(capability)이 뒷받침되는 자유까지를 포괄하는 의미다.

할 수 없다. '경제성장 따로 민주주의 따로'가 아니라 민주주의 발전에 기초한 경제성장을 할 때만 진정한 진보를 이룰 수 있다. 이것이 바로 경제 민주화다. 경제 민주화를 이루지 못한 것이 민주화 세력이 실패한 핵심적 이유이고, 따라서 우리 시대 진보의 핵심적 과제 또한 경제 민주화일 수밖에 없다.

8장

신자유주의와 한국 경제*

1. 신자유주의 논란

양극화는 외환위기 이후 한국 경제 최대의 현안이 되었다. 경제총량 지표의 양적인 성장에도 불구하고 대다수 국민의 삶은 고달프고 팍팍하다. 비정규직 오남용, 고용불안, 자영업 몰락 등 고용 문제가 심각하다. 빈곤층이 증가하고, 소득 불평등이 확대되고 있다. 사교육비 부담과 물가 급등도 서민 살림을 옥죄고 있다. 재벌 대기업들은 사상 최대의 이익을 구가해도 실질임금은 뒷걸음질 치고 개인소득은 제자리걸음이다.

---

* 이 글은 "신자유주의, 세계화, 한국 경제", 『창작과비평』 2007년 가을호, "참여정부의 '좌파 신자유주의' 경제정책", 『창작과비평』 2006년 가을호, 그리고 "이명박 정부의 경제정책", 『위기의 경제』, 생각의 나무, 2008 등을 발췌해 하나로 묶은 것이다.

양극화에 지친 국민은 지난 대선과 총선에서 정권을 바꿨다. 민주개혁 정부 10년의 시기가 '잃어버린 10년'이었다고 공격하며 경제 대통령을 자임한 이명박 후보와 보수 노선을 천명한 한나라당을 선택했다. 이들은 민주개혁 정부가 조세부담률과 복지지출을 증가시키고 재벌 규제를 강화하는 등 포퓰리즘적 경제정책, 심지어는 사회주의적 성향을 띤 경제정책을 추진한 탓에 경제가 활력을 잃고 성장이 둔화되었으며, 이에 따라 일자리 창출이 저조하고 양극화도 심화되었다고 진단했다. 그래서 이명박 정부는 감세정책과 규제 완화 정책을 폈고, 고환율 정책으로 수출 주도 성장을 꾀하기도 했다. 하지만 글로벌 금융위기의 와중에서 고도성장 정책은 좌초되었고, 경제력 집중과 소득 양극화는 심화되었다.

한편 진보 진영 일부의 시각은 신자유주의를 문제의 핵심으로 파악한다. IMF 외환위기와 함께 출범한 김대중 정부는 신자유주의의 전도사 격인 IMF의 요구에 충실히 따라서 개방을 가속화하고 공기업 민영화와 규제 완화, 노동시장 유연화 등 전형적인 신자유주의 개혁정책을 추구했다는 것이다. 민영화 정책 등에서 약간의 궤도 수정은 있었지만 노무현 정부도 대체로 동일한 정책 기조를 유지했고, 한미 FTA 추진에서 나타난 것처럼 오히려 신자유주의를 더욱 강화했다고 본다. 이러한 신자유주의 정책 때문에 양극화가 심화되었음은 물론 외국자본의 공세 앞에서 기업 투자가 위축되고 성장의 침체까지 야기되었다는 것이 이들의 시각이다. 이명박 정부는 물론 더 극단적인 신자유주의 정책을 편 것으로 본다.

이 글에서는 과연 신자유주의가 한국 경제의 핵심적인 문제인지 알아보고자 한다. 먼저 개념을 분명하게 규정하는 데서 시작한다. 흔히 국가의 경제적 역할을 축소하고 시장 기능을 확대하는 정책을 무조건 싸잡아 신자유주의라고 부르는 경향이 있다. 예를 들어 최근 스웨덴, 독일, 프랑스 등 사회민주주의적 경제정책을 추구해온 유럽 국가들에서 우파가 정권을 잡게 되자 이를 신자유주의의 승리로 보는 시각이 나타났다. 하지만 경쟁과 시장의 역할을 조금만 강화하거나 복지를 조금만 축소해도 이를 신자유주의라고 부른다면 역사적 현상으로서의 신자유주의의 의미는 사라지고 만다. 따라서 신자유주의가 서구에서 등장한 역사적 맥락 속에서 그 성격을 정확히 파악할 필요가 있다.

다음으로 신자유주의가 한국 경제에 어떤 영향을 끼쳤는지 살펴본다. 외환위기 전후 시기, 참여정부 시기, 그리고 이명박 정부의 세 시기로 나누어서 한국 정부가 추진한 경제정책의 성격을 살펴보고, 그 가운데 나타난 신자유주의의 영향을 규명하고자 한다. 1997년에 맞이한 외환위기와 금융위기는 과연 신자유주의로 인한 것인가? 위기 이후 추진된 경제개혁은 과연 신자유주의 정책이었나? 분배를 강조한 노무현 정부의 경제정책은 어떠했고, 실용주의를 내세운 이명박 정부의 정책은 또 어떠했는가? 이러한 질문을 통해 개혁정책을 단순히 신자유주의로 파악하는 것이 타당하지 않음과 동시에 신자유주의의 영향력이 결코 무시할 수 없이 세력을 확장해가고 있음을 지적할 것이다. 시장의 왜곡을 시정하고자 하는 개혁정책이 신자유주의의 영향으로 인해 시장의 과잉을 낳고 말았다.

2. 신자유주의란 무엇인가

신자유주의 정책 사조

신자유주의란 시장에 대한 무한한 믿음을 전제로 시장이 경제문제뿐 아니라 거의 모든 사회문제에서도 최선의 대안이라는 시장만능주의 혹은 시장근본주의 이데올로기의 현대적 형태라고 할 수 있다. 이러한 시장만능주의적 사조는 19세기 고전적 자유주의 시대에 등장한 자유방임주의를 비롯해서 하이에크 F. A. Hayek 등 오스트리아 학파의 전통으로 이어지기도 했고, 1980년대 이후 신자유주의로 재등장한 것이다. 신자유주의의 주요 정책 의제는 규제 완화와 개방을 통해 무역·투자·금융을 비롯해서 기업 활동을 자유화하고 공기업을 민영화해 국가의 경제적 역할을 축소하는 것과, 거시정책에서 인플레 통제를 우선시하는 통화정책과 건전재정주의를 내세운 재정정책, 그리고 복지 및 노동보호 정책을 축소함으로써 경제 규율을 강화하는 것이다.

원래 2차 대전 이후 서구의 경제정책 사조는 국가의 경제 개입을 중시하는 케인스주의가 지배했다. 매우 보수적인 미국 대통령으로 여겨지는 닉슨조차 "우리는 모두 케인스주의자다"라고 했던 것처럼 좌우를 막론하고 대체적으로 케인스주의에 공감했다. 케인스주의는 경기변동에 대처하는 적극적인 재정정책과 통화정책을 주장했고, 따라서 금본위제 같은 상품화폐제도와 달리 신축적 통화 공급이 가능한 신용화폐를 당연시했으며, 국가 간 자본 이동을 포함해 투기적인 거래에 부정적이었다. 1930년대의 대공황을 겪으면서 과거의 전통이 부정된 것이다. 정치적인 지형의 변화 또한 케인스주의적 정책과 잘 맞아떨어졌다. 대중민주주의의 확산과 노동자들의 발언권 강화는 완전고용을 중요한 국가 목표로 정착시켰고 복지국가의 팽창을 불러왔는데, 이는 케인스주의의 총수요관리 정책과 잘 부합하는 것이었다.

신자유주의가 경제정책의 지배적인 사조로 작동하기 시작한 것은 1980년대 초부터다. 1980년 영국의 대처 수상과 1981년 미국의 레이건 대통령의 집권이 이러한 변화의 상징처럼 여겨지나, 실제 정책 변화의 결정적인 계기는 1979년 가을 미국 연방준비은행 이사장에 폴 볼커Paul A. Volker가 취임한 후 이른바 통화주의monetarism에 입각한 금융통화정책을 실시한 것이었다. 인플레이션과 달러화 약세를 반전시키고자 통화 팽창을 강력히 억제한 결과 이자율이 천정부지로 솟았고, 이것이 1980년대 초의 세계적인 경기 침체와 외채위기를 초래했다. 경제의 확장보다는 규율을 중시하는 정책이 시작된 것이다. 통화주의 거시경제 정책은 규제 완화, 민영화 등 국가의 경제적 역할을 축소하는 미시경제 정책들과 결합해 신자유주의 정책으로 발전했다.

1980년대에는 영국, 미국, 뉴질랜드 등 주로 영미권 나라들이 신자유주의적 개혁을 추진했으나 경제적 성과는 신통하지 못했다. 오히려 당시에 각광받은 것은 북구, 독일, 오스트리아, 스위스 등의 사회조합주의social corporatism 모델과 일본형 모델이었다. 그러나 북구가 1980년대 후반 금융·자본자유화를 실시한 이후 금융위기에 빠져들고, 독일이 1989년 통일 이후 경제적 곤란에 처했을 뿐 아니라, 일본이 1990년대 초반부터 버블 붕괴로 인한 장기 불황에 돌입하자 상황은 반전되었다. 미국과 영국이 1990년대 초반 불황을 극복한 뒤 강력한 성장세를 보인 것과 대조적이었다. 여기에 구사회주의권의 몰락이라는 세계사적인 사건이 국가의 경제 개입에 대한 부정적인 인식을 확산시킴으로써 1990년대에 들어 신자유주의가 새로운 지배적 이념으로서 등장하게 된 것이다.

　신자유주의 등장의 배경은 케인스주의의 위기였다. 케인스주의 경제정책 아래서 전후 서구 자본주의는 사상 유례없는 고성장과 완전고용, 그리고 경제안정화와 복지 확대를 달성했다. 소위 '자본주의의 황금기'였다. 그러나 이것은 지속되지 못했다. 가장 근본적인 문제는 케인스주의의 자기 한계였다. 케인스와 동시대에 독립적으로 유효수요 이론을 창안한 미할 칼레츠키는 일찍이 재정정책으로 완전고용을 달성하는 것은 어렵지 않으나 정부지출에 대한 재계의 정치적 반대 때문에 완전고용을 장기간 유지할 수 없게 된다고 주장했는데, 선견지명이라 하지 않을 수 없다(Kalecki 1943). 지속적인 완전고용 상태는 노동규율을 약화시키는 한편 임금 상승으로 인한 인플레이션을 초래하기 때문에 재계나 금리생활자들이 반대한다는 것이다. 실제로 황금기가 지속되자 1960년대 후반부터 서구에서 이러한 현상이 발생했다. 또한 복지국가의 팽창과 정부 개입의 증대가 시장의 실패와는 다른 정부의 실패를 초래했다. 이러한 이유들 때문에 1970년대에 접어들면서 선진 각국의 노동생산성 상승률과 이윤율이 저하되고 경기 후퇴가 오게 되었는데, 설상가상으로 석유파동이 닥치면서 스태그플레이션이 발생하고 경제위기가 도래한 것이다.

　이러한 배경에서 등장한 신자유주의는 고전적 자유주의 혹은 구자유주의와 시장만능주의적 성향을 공유하되 역사적 맥락이 다른 만큼 구체적인 내용은 상이하다. 첫째, 금본위제에 입각한 구자유주의와는 달리 신자유주의는 신용화폐를 기반으로 경제안정화를 위해 통화 공급을 신축적으로 할 수 있는 시스템을 채택하고 있다. 물론 인플레이션 억제에 통화정책의 목표를 두어야 한다는 입장을 취하고 있기는 하지만, 실제 정책이 이렇게 교조적으로 시행되는 경우는 매우 드물다. 둘째, 고전적 자유주의는 야경국가와 자유방임 경제를 옹호했으나 신자유주의는 사회적 긴장과 갈등을 완화하기 위해 최소한의 사회 안전망이 필요함을 인정한다. 복지 축소와 인센티브 개선을 지향하지만 복지 철폐를 주장하는 것은 아니다. 또한 금융 안전망, 즉 금융시스템의 안정성을 위한 정부 규제와 감독의 필요성도 인정한다. 셋째, 고전적 자유주의는 전제군주에 의한 정치권력의 독점과 경제활동의 통제에 맞서 시민적 자유와 경제적 자유를 추구한 전향적인 정치 이념이었지만, 신자유주의는 노동권과 시민권의 확대에 위협을 느낀 자본가와 특권계층의 반격이라는 성격을 지닌다(Harvey 2005).

신자유주의와 세계화의 미래

세계화가 반드시 신자유주의와 결합해서 나타나는 것이 아님은 세계화의 역사를 보면 쉽게 알 수 있다. 세계화가 전례 없는 완전히 새로운 현상이라고 생각하는 것은 오해다. 19세기 후반부터 이미 세계화는 시작되었다. 당시에는 자유무역이 발달했을 뿐 아니라 대다수 국가들이 금본위제를 채택했기 때문에 요즘보다도 자본의 이동성이 높았고, 실제로 막대한 해외투자가 이루어졌다. 증기선과 철도, 전신의 발명 등 획기적인 교통·통신 기술의 발전으로 시장통합이 가속화되었다. 또한 노동력의 국제적 이동은 오늘날에 비해 오히려 더 자유롭고 대규모로 이루어졌다. 이렇게 고전적 자유주의 아래서 진행된 제1차 세계화 질서는 두 차례의 세계대전과 대공황을 치르는 동안 무너져내렸다.

2차 대전 이후에 성립한 브레튼우즈 체제는 IMF, 세계은행, 관세와 무역에 관한 일반협정GATT 등의 제도적 틀을 마련하여 경제 재건과 국제경제질서 재구축을 시도했다. 전전戰前의 투기적 자본 흐름이 초래한 경제적 혼란을 피하기 위해 자본거래에 대한 통제는 유지하되 국제무역과 해외투자 등 경상거래의 자유화를 달성하고자 했다. 브레튼우즈 체제는 앞서 논의한 케인스주의적 경제 운용과 결합해 매우 성공적인 결과를 낳았고, 이에 따라 세계경제는 다시 한번 경제통합의 길을 걷게 되었다. 유럽을 기준으로 볼 때 1970년대 초에 이르면 GDP에서 무역이 차지하는 비중이 제1차 세계화 당시의 최고 수준을 회복하게 된다. 이것이 제2차 세계화로서 케인스주의의 영향 아래서 다소 점진적으로 진행되었다.

1970년대에는 브레튼우즈 고정환율제의 붕괴와 석유파동 등의 충격이 가해지면서 세계화 추세에 일시적으로 제동이 걸렸으나, 1980년대 이후 신자유주의의 등장과 시장개혁의 확산으로 인해 세계화는 다시 급속히 진전되었다. 전세계적인 시장통합이 확대되고 있으며, 생산체제의 세계화가 심화되고 있다. 특히 1980년대 후반부터 금융자유화와 자본자유화가 급격하게 이루어져 금융시장의 통합이 가속화되었고, 국제적 금융거래가 무역이나 투자에 비해 훨씬 급속하게 확대되면서 금융자본주의의 성격이 강화되고 있다. 1995년에 출범한 WTO 등 다자간 경제기구들을 중심으로 경제 규범과 제도를 수렴시키려는 노력도 진전되고 있다. 이것이 제3차 세계화다.

이렇게 신자유주의의 주도적 영향력 아래서 진행되는 세계화는 세계화의 한 국면일 뿐이다. 세계화가 필연적으로 신자유주의를 촉진한다는 것도 사실이 아니다. 어디로든 자유롭게 이동하는 자본을 자국에 유치하기 위해서는 자본이 좋아하는 경제정책을 택할 수밖에 없다는 논리는 일견 그럴듯하다. 그래서 토머스 프리드먼은 "세계화를 받아들인 나라들은 경제성장은 얻지만 경제정책의 선택권은 잃는다"고 주장하기도 했다(프리드먼 2003). 그러나 자본은 무조건 규제가 적고 법인세가 낮은 곳으로만 가지는 않는다. 경쟁력의 요소에는 인적자원이나 사회간접자본의 질, 정책의 투명성과 사회적 자본 등 신자유주의적 정책만으로는 결코 달성될 수 없는 것들도 많이 있다. 세계화가 진전됨에도 불구하고 '다양한 자본주의'가 아직도 존재하는 까닭이다(Hall and Soskice 2001). 일례로 북유럽 국가들은 세계에서 가장 개방된 경제시스템을 가지고 있지만 강력하고도 보편적인 복지체제를 구축하고 있으며, 신자유주의와는 매우 다른 평등주의적 사고가 경제정책에 큰 영향을 미친다.

신자유주의는 한 시대를 풍미했지만 그 수명이 다해가고 있는 것으로 보인다. 사실 1990년대가 전성시대였다면 2000년대에 들어서면서 신자유주의는 부분적이나마 내리막을 걷기 시작했다. 신자유주의 정책의 선두에 있던 나라들이 정책을 선회하기 시작한 것이다. 2001년 초에 발생한 캘리포니아의 전력 공급 중단 사태로 인해 주 정부는 정부 소유 전력회사를 건립했고, 또 영국 정부도 빈발하는 안전사고와 서비스 저하로 소비자의 원성을 사고 투자비용 보조로 재정 부담까지 가중시킨 철도 민영화가 완전한 실패였음을 자인하고 민영화를 되돌려놓았다. 신자유주의 정책을 누구보다 앞장서서 가장 철저하게 실시했던 뉴질랜드도 2000년 총선 이후 세율 인상, 연금 상향 조정, 노조 권한 강화, 민영화 중지 및 재국유화 추진 등 신자유주의와는 반대되는 정책들을 펴나가기 시작했다. 그렇다고 과거로 회귀한 것은 아니지만 더 실용적인 정책 노선이 등장한 것은 사실이다. 그리고 엔론이나 월드컴 등 미국 기업들의 대규모 회계 부정 사태는 다가올 신자유주의의 위기를 예고하는 것이었다. 마침내 2008년 글로벌 금융위기로 신자유주의는 파국적 위기를 맞이하게 되었다.

설사 신자유주의가 파국을 맞이했다고 하더라도, 이를 세계화의 종언으로 받아들여서는 안 된다. 신자유주의의 문제와 세계화의 문제를 혼동하면 곤란하다. 오늘날 세계화가 많은 문제점을 배태하고 있는 것은 사실이지만, '반세계화'론자들이 말하는 것처럼 세계화가 저임금·실업·빈곤·환경파괴 등 모든 악의 근원이라고 볼 수는 없다. 오히려 세계화는 일반적으로 부의 증진을 가져올 기회를 증가시킨다. 오늘날 세계화가 낳은 많은 병폐들은 세계화 그 자체의 문제라기보다는 신자유주의적인 오류로 인한 문제로 보아야 한다.

강력한 반세계화 시위가 일어났을 때나 9·11 테러가 발생했을 때 세계화가 종언을 고하는 것이 아닌지에 대한 논쟁이 일기도 했다. 현재 세계화의 질서는 다분히 다국적기업, 국제금융자본, 강대국 중심으로 형성되어 있다. WTO나 IMF 등 대부분의 주요 국제경제기구들은 미국을 비롯한 선진국 그리고 이들 나라의 초국적 자본의 이해를 주로 대변하고 있으며, 그 결과 빈국에 대한 무관심과 차별, 그리고 정책적인 면에서 신자유주의적인 편향성 등을 보이고 있다(Stiglitz 2001). 이러한 상황이 지속된다면 세계화에 대한 정치적 저항이 확산되고 과거에 그랬던 것처럼 세계화가 일시적으로 후퇴하는 사태가 벌어질 수도 있다(James 2001).

그러나 세계화는 인도주의와 보편주의라는 거역하기 어려운 대세에 부합하는 흐름으로서 장기적으로는 막을 수도 없고 막아서도 안 된다. 근본적인 관점에서 더 나은 삶의 기회나 경제적 기회 등을 추구하는 데 국경이 장벽이 되어야 할 까닭은 없다. 세계적인 차원에서 시장의 실패를 보정하고 분배와 안정화 등을 위한 제도적 장치를 발전시키는 것이 앞으로 나아갈 방향이다.

원래 시장의 발달은 정치적 통합에 의해 뒷받침되지 않으면 지속되기 어렵다. 시장은 부의 창출과 확대재생산을 가져오지만, 시장이 기능할 수 있도록 질서를 부여하고 시장의 파괴성을 순치하기 위한 제도적 장치는 정치 공동체에 의해 마련될 수밖에 없기 때문이다. 유럽의 시장통합이 유럽의 정치적 통합과 맞물려서 진전되어온 것처럼 앞으로 지구적인 차원에서 시장통합이 진전되어감에 따라 지구적인 차원에서 정부의 기능이 발달하고 실질적인 '세계 정부'가 형성될 것이다(Rodrik 2000). 이러한 '세계 정부'의 구체적 상은 기능에 따라 다양한 형태를 띠는 매우 복합적인 모습이 될 것이고, 유럽이나 동아시아 등 지역 차원의 정치경제적 통합이 중요한 디딤돌이 될 것이다. 따라서 지역적인 차원, 나아가 지구적 차원의 민주주의를 확장하면서 시장이 낳는 문제점들을 시정해가는 노력이 필요하다.

3. 외환위기와 신자유주의

외환위기 이전의 한국 경제와 신자유주의

한국은 1950년대까지만 하더라도 세계에서 가장 가난한 나라 중 하나였다. 하지만 1960년대 이후부터 1990년대 중반까지 초고속 성장을 거듭해 가장 말석이긴 하지만 부자 나라 클럽에 들어가게 되었다. 박정희 개발독재 아래서 이루어진 고속성장의 주요 특징은 다음과 같다. 첫째, 국가주도형 성장이다. 국가기구가 금융기관이나 외자 도입에 대한 통제력을 토대로 자원을 동원하고 이를 전략 산업에 배분했으며,

시장은 자원배분에서 오히려 보조적인 역할을 했다. 둘째, 대외지향형 성장이다. 투자 재원을 보충하기 위해 외국자본의 도입에 많이 의존했고, 고도성장을 위해 필요한 자본재 수입을 감당하기 위해 수출 증진을 통한 외화 획득이 중시되었다. 이로써 자본과 무역 면에서 대외의존도가 매우 높아지게 되었으나, 또한 수출주도형 산업화는 국내의 좁은 시장을 넘어서서 규모의 경제를 이룩하고 세계시장과의 접촉을 통해 선진 기술을 도입하는 데 기여했다. 이런 의미에서 한국의 고도성장은 세계화의 이점을 잘 이용한 사례라고도 할 수 있다. 셋째, 불균형 성장이다. 지역적으로는 수도권과 영남권을 중심으로 하고, 산업구조상으로는 전략 산업을 집중 지원하며, 더 미시적인 차원에서는 재벌 기업들을 성장 엔진으로 삼는 불균형 성장을 추진했다. 마지막으로, 성장지상주의 철학이 지배했다. 초고속 성장을 위해 정치적 자유와 인권은 물론 복지·환경·형평·안전·효율 등 다른 가치들은 아낌없이 희생했다.

이러한 특징을 지닌 고도성장 체제는 산업화 과정에서 압축적인 성장을 이루는 데 매우 효과적인 것이었다. 그래서 고도성장기가 종언을 고한 1990년대 중반 이후 찾아온 금융위기, 위기 극복 이후의 고용 침체와 분배 악화 등은 이러한 효과적인 체제가 신자유주의적인 개혁으로 무너진 탓이라고 보는 견해가 대두하게 되었다.[1] 그러나 이러한 견해에 동의하기는 어렵다.

사실 위기의 근본적인 원인은 개발독재가 낳은 축적체제의 구조적

---

[1] 이러한 주장의 일례로 장하준·정승일(2005)을 들 수 있다. 이러한 견해의 부당성에 관해서는 이 책의 7장을 참조할 것.

위기에 있었다(You 2006). 당시 형성된 축적체제의 큰 축은 국가 주도의 투자 계획, 관치금융을 통한 자원배분, 재벌 중심의 산업발전이었다. 그런데 이러한 축적체제의 성공은 오히려 자기 파괴의 씨앗이 되었다. 중산층과 노동계급의 물적 토대와 의식이 발전하면서 민주화로 나아가지 않을 수 없게 되었고, 자본축적의 극대화는 한계수확체감의 법칙에 부딪쳐 이윤율 저하를 불러오게 되었다. 경제구조가 고도화됨에 따라 관료적 통제의 효율성은 점차 저하되었고, 정경유착과 관치금융에 의한 부패와 비효율 그리고 국민경제의 불균형은 심화되었다.

따라서 축적체제의 일정한 변화는 불가피한 것이었다. 실제로 1980년대부터 점진적으로 민간 주도와 시장 중심의 경제운용이 도입되었다. 대외적으로 무역자유화가 추진되었고, 대내적으로는 은행 민영화와 이자율 자유화 등 금융자율화 조치들이 추진되었다. 특히 1990년대에 들어와서는 산업정책의 폐기, 금융시장 개방과 자본거래 자유화 조치들이 급격하게 취해졌다. 그 결과 한국 경제도 세계화의 물결 한가운데로 점점 다가가게 되었다. 그러나 이 과정에서 국가의 계획과 통제는 없애면서 이를 대신할 시장 규율을 강화하지 않은 것이 결정적인 오류였다. 국가의 통제와 시장 규율도 미약한 상황에서 재벌 그룹들 간의 경쟁은 시장 왜곡과 과잉투자를 불러와 금융위기를 낳기에 이르렀다. 이런 맥락에서 금융기관의 건전성과 경쟁력 강화 및 금융 규제와 감독의 고도화 등 국내적 개혁이 수반되지 않은 채 설불리 추진한 금융과 자본거래 자유화 조치들은 1997년의 외환위기와 이로써 촉발된 금융위기의 직접적인 원인이 되었다(Radelet and Sachs 1998).

비단 한국뿐 아니라 적절한 규제나 제도개혁 없는 무분별한 금융 개방과 자유화는 언제나 심각한 버블과 금융위기로 이어진다. 우리나라의 경우 과거 관치경제 아래서 금융기관들은 취약하기 이를 데 없는 상황이었으며 기업들의 과다 부채로 인한 잠재적 금융위기가 거의 항구적으로 존재했다. 개발독재 아래서는 1972년의 8·3 조치나 1980년대 초의 산업합리화 정책 등 매우 비시장적이고 비민주적인 방법으로 금융위기의 폭발을 막았다. 하지만 민주화와 시장자유화의 진척으로 더 이상 이러한 방법을 사용할 수 없었고, 그렇다고 시장적인 방법으로 부실기업을 정리하는 기제도 발달되지 못한 것이 1997년의 상황이었다. 그래서 기아자동차 사태에서 보듯이 미봉책으로 일관하면서 위기의 심화를 방치했던 것이다. 동남아에서 전염되어온 외환위기는 이미 국내적으로 진행되던 금융위기를 폭발시키는 도화선 역할을 했다.

이렇게 볼 때 금융위기의 근본 원인은 개발독재 아래서 형성된 자본축적 극대화 체제의 모순이고, 이를 개혁하기 위해 추진된 자유화 정책의 오류였다. 특히 '세계화'를 정책 기조로 삼은 김영삼 정부는 '작은 정부'를 내세우며 금융 감독과 공정거래 등 시장의 정상적인 작동을 위해 필요한 국가의 역할마저 위축시켰다. 엘리스 암스덴이 '앵글로색슨화의 유령이 한국을 배회한다'고 한 것처럼 신자유주의적 사조가 이러한 오류를 부추긴 면이 있는 것은 사실이다(Amsden 1994). 하지만 이는 부차적인 요인이었고 정치경제적 요인이 더 중요했다. 즉 국내적 금융개혁은 기득권 세력의 반발 등 많은 정치적 어려움을 야기하는 데 반해서 금융 개방과 자본거래 자유화 등은 당장에 가시적인 피해자는 별로 없으며 싼 이자에 외국자금을 들여와 사용하고자 하는 재벌기업들에는 즉각적인 혜택을 주기 때문에 정치적으로 유리한 정책인 셈이다. 1990년대에 접어들어 재벌들은 힘이 커지면서 시장주의와 세계화의 논리를 앞세워 자신들에게 불편한 정부의 통제나 규제를 완화해

나갔는데, 이때 가장 핵심적인 것이 바로 자본거래 자유화였고 추가적으로 노동시장의 유연화가 뒤따랐다. 그랬던 재벌개혁이 한창일 때는 재벌이 개혁에 대한 저항 논리로 신자유주의가 재벌의 경영권을 위협하고 투자를 위축시킨다고 주장한 것은 아이러니가 아닐 수 없다.

외환위기 이후의 경제개혁과 신자유주의

외환위기 이후 IMF의 요구로 추진된 개혁은 그야말로 신자유주의가 아닌가? 김대중 정부는 IMF의 요구에 충실히 따라 본격적인 자본시장 개방, 노동시장 유연화, 공기업 민영화 및 규제 완화 등을 추진했다. 분명히 신자유주의적 요소가 다분히 존재했다. 사실 1982년 멕시코의 대외채무지불 불이행선언으로 촉발된 '외채위기' 이후 IMF 관리체제는 개도국에 '워싱턴 합의Washington Consensus'라고 불리는 신자유주의적 정책 개혁 패키지를 강요하는 기제가 되었다. 우리도 이러한 운명에 처한 것이다. 그럼에도 불구하고 IMF 위기 이후 취해진 시장개혁 정책을 단순한 신자유주의로 규정하는 것은 무리다.

첫째, 개혁정책은 케인스주의적 복지국가의 과도한 발달과 노동권의 지나친 강화에 대한 반작용으로부터 나온 것이 아니라, 오히려 개발독재 아래서 형성된 관치경제와 재벌체제로 인해 왜곡된 시장 기능을 바로잡고자 하는 성격이 강하다. 정경유착, 이와 밀접하게 관련되어 있던 관치금융, 그리고 전근대적인 총수 지배를 핵으로 하는 재벌체제로 인한 비리와 부패 등 시장 왜곡과 비효율을 청산하는 것은 신자유주의와는 무관하다. 오히려 각 부문에서 책임성·투명성·효율성을 높임으로써 시장경제질서의 기초를 다지는 일이라 보는 것이 타당하다.

둘째, 몇 가지 중요한 영역에서 정부가 역할을 강화했음에 주목할 필요가 있다. 용두사미가 되어버리긴 했지만 재벌에 대한 규제를 강화하기도 했고, 금융기관에 대한 감독 및 건전성 규제도 강화했다. 무엇보다 4대 연금을 확대하고 기초생활보장을 도입하는 등 사회복지가 크게 확대되었다. 김영삼 정부 당시에 완전히 폐기되다시피 했던 산업정책도 벤처기업 육성, 지역균형발전 추진, 혁신클러스터 양성, 신성장동력 발굴 등 새로운 형태로 부활하기도 했다. 다양한 시장 실패에 대한 적극적 대응이 이루어진 것이다.

따라서 김대중 정부의 경제개혁은 자본시장 개방, 규제 완화와 공기업 민영화, 노동시장 유연화 등 신자유주의적 측면은 물론이거니와 관치금융과 재벌체제를 개혁하는 등의 고전적 자유주의적 측면, 노사정 타협이나 생산적 복지의 확대라는 사회민주주의적 측면 등 복합적 성격을 지닌 것이라는 김기원의 지적은 전적으로 옳은 것이다(김기원 2007). 또한 개발독재 아래서 형성된 관치경제와 재벌체제의 유산을 청산하고 정상적인 시장 기능을 확대하는 것이 우리 사회에 중요한 과제로 주어진 현실에서, 경쟁과 시장의 역할을 강화하는 것을 무조건 신자유주의라고 공격하는 것이 바람직하지 않다는 그의 주장도 귀담아들어야 할 것이다. 하지만 개혁 과정에서 신자유주의가 일정한 영향력을 발휘했고, 이에 따라 시장 왜곡을 시정하려는 개혁이 시장의 과잉으로 치달으면서 부작용과 혼란을 초래한 것도 사실이다.

극심한 금융위기의 와중에서 복합적인 개혁을 추진하는 것이 쉬울 리 없다. 신속하게 위기를 극복하고 경기를 회복시킨 것은 너그럽게 평가해야 한다. 하지만 개혁론이 일관성 있게 정리되지 못했고 개혁 추진의 정치적 기반이 튼튼하지 못했던 탓에 개혁이 좌충우돌하며 파편적으로 이루어졌다. 김대중 정부의 한 가지 중요한 한계는 '민주주의와 시장경제의 병행 발전'이라는 인식 틀에 있었다. 시장의 민주화 혹은 민주적 시장경제라는 인식으로 나아가지 못하고, 민주주의와 시장경제를 독립적으로 파악한 것이다. 이는 곧 경제개혁의 과제를 관치의 극복에 의한 시장자유화로 인식했을 뿐, 시장에 대한 민주적 통제라는 시각을 결여한 것이었다. 이 때문에 비시장적인 공공 영역의 수호 혹은 확대, 시장의 공정성을 확보하기 위한 규제 등을 제대로 하지 못하고 시장 논리에 밀리는 경향이 나타난 것이다.

특히 우리의 현실적 과제와는 연관성이 희박한 신자유주의적 의제가 상당히 침투한 까닭에 개혁 과정의 혼란을 부추겼다. 구조조정을 정부 주도로 해야 하는지 시장 자율에 맡겨야 하는지 상당 기간 혼돈을 거듭했고, 공공 부문 개혁에서 규제 완화, 민영화, 인원 감축 등에 지나치게 초점을 맞추었으며, 노동개혁에서도 노사 관계는 뒷전에 밀리고 노동시장 유연성만이 전면화되는 현상이 나타났다. 부실기업과 부실사업의 구조조정은 물론 불가피한 것이었지만 지나치게 인력감축 위주로 진행되었고, 이는 고용구조 악화와 고용불안을 초래해 양극화 심화의 중요한 요인이 되었다.

또한 개혁의 분야별 불균형이 심각하게 드러났다. 경제 개방은 고속으로 추진되었으나, 금융과 기업을 튼튼히 하기 위한 구조조정과 개혁은 더디게 진척됨으로써 불균형이 발생했다. 강력한 정치적 저항 때문에 개혁은 주춤거리는데도, 특별한 저항 세력이 없는 금융 개방은 일사천리로 진행되었다. 재벌개혁은 2000년 이후에 후퇴를 거듭했으며, 대규모 공적 자금 투입으로 이루어낸 금융 구조조정의 성과도 성장지향적인 규제 완화로 퇴색되고 말았다. 결과 사회정책 차원의 개혁 조치들은 행정적인 준비 소홀과 정책 집행 전략의 미숙함으로 인해 가시적인 혜택이 나타나기 전에 온갖 저항과 반대에 부딪치는 어려움을 겪게 되었다. 김대중 정부가 추진한 경제개혁의 한계는 노무현 정부에게 상당한 짐이 되었다.

4. 참여정부의 '좌파 신자유주의'

'좌파 신자유주의' 경제정책

노무현 대통령은 2006년 3월 '국민과의 인터넷 대화'에서 참여정부의 성격을 규정하면서 '좌파 신자유주의'라는 신조어를 사용했다. 형용모순이요 어불성설이라 할 이 말에 노 대통령은 "획일적 이론 안에 현실을 집어넣으려 하지 말고 좌파 이론이든 우파 이론이든 현실을 해결하는 열쇠로 써먹을 수 있는 대로 써먹자는 것"이라는 설명을 달았다. 등소평의 흑묘백묘론과 같은 말이라는 것이다. 진보적 언론은 다른 해석을 내놓았다. "말로는 진보와 좌파인 양했지만, 실제 정책에서는 신자유주의적 노선이 줄기차게 관철되어 왔다. …… '좌파 신자유주의'라는 이 가치 충돌의 용어는 결국 말로 내세우는 것들과 실제 추진되는 정책 사이의 극명한 모순, 참여정부 국정 철학의 혼돈을 압축해서 웅변하고 있다"는 〈경향신문〉 2006년 3월 25일자 사설이 대표적인 예다.[2] "말은 '좌파'로 하고 행동은 '신자유주의'로 한" 결과, 참여

---

2 이러한 비판은 이전에도 있었다. 일례로 최장집은 노무현 정부가 '정서적 급진주의'라고 부를 수 있는 스타일과 실제 내용에서 '보수적 경제정책'을 기묘하게 결합하고 있다고 지적한 바 있다(최장집 2005).

정부의 경제정책은 '정책 혼선'을 가장 큰 특징으로 하게 되었다. 또한 '좌파 신자유주의'적 정책 노선은 한나라당에 대한 대연정 제안과 함께 개혁과 진보를 기대했던 지지 세력에게 실망감과 배신감을 안겨줌으로써 지지 기반 붕괴의 주된 원인이 되었다.

참여정부는 세간의 인식과는 달리 출범 초기부터 분배정책이나 경제개혁에는 그다지 관심을 두지 않았다. 오히려 '국민소득 2만 달러 달성'이라는 매우 성장주의적인 구호를 내세우고, 대선 공약에 담겨있던 분배와 개혁을 지향하는 정책들에서 후퇴하는 모습을 보였다. 2004년 말이 되어서야 양극화를 경제정책의 최대 화두로 삼기 시작했으며, 그나마도 대체로는 말의 성찬으로 끝나고 말았다.

우선 분배와 관련해 몇 가지 대표적인 정책만 살펴보자. 참여정부 들어서자마자 제기된 정책이 법인세 인하였다. 노무현 대통령은 후보 시절에 야당 후보의 법인세 인하 주장을 극소수 대기업에만 혜택이 돌아가는 정책이라면서 반대했었는데 결국 성장론자들의 입장을 따라 법인세를 2% 인하하게 되었다. 소득세율도 1% 인하했는데 이 또한 주로 고소득자들에게 혜택이 가는 정책이었다. 반면 서민 부담이 큰 유류세, 주류세, 담배세 등은 대폭 인상되었다.[3] 재정지출 분야에서 복지지출이 약간 확대되기는 했지만 큰 변화는 아니었으며, 국민연금의 사각지대 문제를 비롯한 보편적 복지 기반의 구축은 손도 대지 못했다. 결과적으로 재정을 통한 분배 개선은 거의 이루어지지 않았다.[4]

비정규직 급증은 참여정부 출범 이전부터 양극화의 핵심적인 문제

---

3 결과적으로 상·하위 20% 계층 간 조세부담률 격차는 2003년 5.16배에서 2005년에는 3.59배로 줄어들었다.

로 인식되었고, 비정규직에 대한 차별을 해소하고 보호를 강화하는 것은 대선 공약에서도 중요한 사항이었다. 그래서 참여정부는 비정규직에 대해 '차별해소 남용방지'라는 구호를 내세우며 대책을 마련한다고 했지만, 결과적으로 비정규직은 늘어만 갔으며 비정규직과 정규직 간의 임금격차도 계속 확대되었다. 비정규직 보호는 일자리 만들기 정책에 가려져 오히려 차별받는 비정규직의 상황은 고용이라는 이름으로 합리화되기도 했다. 게다가 일자리 만들기 정책은 성장의존적인 정책으로서 '기업 하기 좋은 나라'라는 정책 목표와 결합될 수밖에 없었다. 바로 이 때문에 저임금 노동자를 보호하기 위한 마지막 보루라 불리는 최저임금제도의 개선이나 비정규 보호정책이 계속 늦춰진 것이다(박태주 2005a).

참여정부는 경제개혁에서도 뒷걸음질로 일관했다. 대통령직 인수위원회는 '자유롭고 공정한 시장질서 확립'을 12대 국정 과제의 하나로 선정하고, 이에 따라 금융회사 계열 분리 청구제 도입 등 금산분리의 강화와 공정거래 강화 등의 개혁정책을 추진 과제로 제시했다. 그러나 김대중 정부 후기에 들어와서 용두사미가 되어가던 재벌개혁과 금융개혁이 제대로 추진될 것으로 기대했던 이들은 정권 초기에서부터 당황하고 실망하기 시작했다. 정권 출범과 더불어 등장한 경제 현안은 SK그룹의 분식회계 사건과 카드회사 채권 문제였다. 이 두 가지 문제

---

4 2005년 OECD 자료 등을 분석한 결과 한국의 소득분배 개선도는 OECD 평균(29.2%)의 1/7에 불과한 4.5%로 나타났다. 스웨덴 54.9%, 프랑스 48.2%에 비하면 말할 것도 없거니와, 미국 24.6%, 일본 15.7%에 비해서도 크게 뒤떨어진다(대한상공회의소 2006). 2003년을 기준으로 5.11%의 개선이 이루어졌다는 연구 결과(한국조세연구원 2004)와 비교한다면 참여정부 초기에는 분배정책이 오히려 후퇴했음을 알 수 있다.

는 경제 현안을 통해서 재벌개혁과 금융개혁의 두 마리 토끼를 동시에 잡을 수 있는 절호의 기회였음에도 불구하고, 정부의 대응은 오히려 안정 논리에 치우쳐 개혁을 실종시켰다. SK사태와 관련해서는 어려운 경제 현실 운운하면서 검찰 수사를 약화시키려는 움직임이 정권 핵심부에서부터 나왔다. 결국 천문학적 부실이 드러난 SK글로벌을 퇴출시키지 않고 계열사들을 동원해 회생시키기로 결정했다. 그리고 카드채 문제에 대해서도 구태의연한 관치금융 수법을 동원해 유동성 위기를 넘기기에 급급했다. 금융시장 안정을 위한 정책당국의 개입이 무조건 잘못이라는 것이 아니라, 최후의 순간까지 수수방관하다가 최악의 수법으로 개입한 것이 문제였다(장하성 2003).

개혁 후퇴의 적나라한 실상은 금산법 논란에서 극명하게 드러났다(유종일 2006a).[5] 2004년 금융감독위원회는 재벌의 금융 계열사들에 대한 일제 조사를 통해 삼성카드와 삼성생명을 포함한 총 10개 금융 계열사들이 금산법 제24조를 위반한 사실이 드러났다. 그 가운데 삼성그룹의 금융 계열사를 제외한 다른 회사들은 모두 자발적으로 법 위반 상태를 해소할 계획을 보고하고 또 실제로 모두 이를 이행했으나 유독 삼성만이 이를 거부했다. 그래서 정부가 2004년 말에 시정명령권과 벌칙 조항 등을 집어넣은 금산법 개정안의 입법을 예고하기에 이르렀으나, 막상 2005년에 정부가 내놓은 개정안은 엉뚱하게도 과거에 삼성이 법을 위반한 것에 대해 완벽한 면죄부를 주는 것이었다. 박영선

---

5 금산법 제24조는 금융 계열사가 비금융 계열사의 주식을 5% 이상 보유하는 경우 금융감독위원회의 승인을 받아야 한다는 규정으로서, 이는 대기업이 금융 계열사에 맡겨진 고객의 돈으로 계열사에 대한 지배력을 확장하는 것을 제한하기 위한 것이다. 즉, 금산분리의 핵심적 규정이다.

의원이 국정감사에서 밝힌 바에 따르면, 정부는 삼성이 한 법무법인에 의뢰해 작성한 소견서를 기초로 입법안을 만들었다.

노동 개혁도 처절한 실패로 끝났다. 다름 아닌 참여정부 출범 당시 청와대 노동비서관을 했던 박태주가 '사회통합적 노동정책'을 내세우더니 실제 정책에 있어서는 '노동배제적 노사 관계 정책'을 추진했고 종국에는 '노동의 위기'를 낳고 말았다고 평가하고 있다(박태주 2005b).

'좌파 신자유주의' 정책은 분배정책과 개혁정책의 실종을 낳았을 뿐 아니라, 급기야는 적극적 신자유주의 정책의 결정판이라고 할 한미 FTA를 추진하기에 이르렀다. 한미 FTA 추진의 배경에는 '선진통상국가론'에 의한 경제발전과 한미동맹 강화에 입각한 안보 확보를 기반으로 하는 국가발전전략이 자리하고 있다(유종일 2006b). 전반적으로 미국에 의존하는 것이 우리의 평화와 번영을 가져오는 길일 뿐만 아니라 미국식 제도를 받아들이는 것이 선진국으로 가는 방법이라는 '숭미주의崇美主義'적 태도와 '탈아입미脫亞入美'적 사고방식이 배후에 있는 것이다. 유럽식 모델을 선호한다던 노무현 대통령이 미국식 신자유주의 모델을 선택하고, '동북아 중심국가'와 '동북아 균형자론'을 주창하더니 미국과의 경제안보동맹 강화로 나가는 것은 지독한 아이러니이지만 '좌파 신자유주의'의 논리적 귀결이었다.

정책 선회의 원인

참여정부가 대선 공약과 지지 세력들의 기대를 저버리고 분배와 개혁을 외면한 채 구태의연한 성장중심주의와 신자유주의적 정책으로 회귀한 까닭은 무엇일까? 세 가지 가설을 설정해볼 수 있을 것이다.

한 가지 가설은 '구조적 제약론'이다. 경제정책의 결정에는 정부의 의지와는 별개로 자본주의의 구조나 시장의 논리가 강력하게 작용하기 때문에 누가 집권하든 대체로 성장을 우선시하고 시장을 존중하는 쪽으로 갈 수밖에 없다는 가설이다.[6] 노무현 대통령이 2005년 봄에 "권력은 시장으로 넘어간 것 같다"고 말한 것이 바로 그것이다. 이는 원래 체제 내에서 개혁의 가능성을 부정적으로 보는 급진 좌파들의 논리인데 정치권에서는 책임회피용으로 자주 쓰인다. 토머스 프리드먼의 유명한 저서 『렉서스와 올리브나무』에서 제기한 것처럼 세계화를 받아들인 나라들은 경제성장은 얻지만 경제정책의 선택권은 잃는다는 소위 '황금 구속복Golden straightjacket'론도 유사한 논리다(프리드먼 2003).

그러나 이러한 논리가 참여정부의 경제정책을 충분히 설명해주기는 어렵다. 분배와 개혁을 추진하다가 시장의 저항에 부딪쳐 정책을 수정한 것이 아니기 때문이다. 출범 초기부터 보수적인 경제 관료들에게 정책을 맡겼으며, 분배와 개혁은 간데없이 2만 달러의 구호와 재벌에 대한 투자 구걸이 등장했다.[7]

두 번째 가설은 '권력주체 한계론'이다. 노무현 대통령 개인의 한계, 소위 386으로 불리는 실세 참모들의 한계, 그리고 영남 개혁 세력의 한계 등에 주목하는 것이다. 노 대통령 개인의 한계는 강준만이 강조

---

[6] 1980년대 초에 사회당 출신으로 최초로 프랑스 대통령이 되었던 미테랑이 초기에 다소 급진적인 경제정책을 시도하다가 자본 유출 등으로 한계에 부딪치면서 우선회했던 것이 대표적 사례로 꼽힌다. '사람 우선의 경제'를 내세웠던 미국 클린턴 정부가 집권 후 채권시장의 압력 때문에 정책을 대폭 수정한 것도 또 하나의 사례다.
[7] 이정우 정책실장이나 이동걸 금감위 부위원장 등 소수의 개혁적 인사가 참여하기는 했으나, 이는 구색 맞추기에 불과했고 정책결정의 주요 포스트는 모두 경제관료들로 채워졌다. 시간이 지나면서 개혁적 인사들은 그나마도 자리를 물러나고, 의사 결정 라인이 거의 완벽하게 경제관료들에 의해 장악되었다.

한 것이다. 어설픈 마키아벨리가 되어 끊임없이 극한투쟁을 추구하고, 아부를 좋아해 무조건적 충성파를 곁에 두고, '허풍의 악순환'에 빠져 언행일치가 불가능하게 되었다는 비판이다(강준만 2004). 또한 최장집은 386세대 권력주체들의 한계를 지적했다. 오늘날 386 세대는 더 이상 운동권, 재야인사, 시민사회의 비판 세력이 아니라 권력과 조건을 갖추고 있지만 비전과 현실적인 대안을 만들 수 있는 실력은 결핍되어 있기 때문에 기존의 것이나 그럴 듯한 것만 골라 쓰면서 자연스럽게 기득권의 이익과 권력을 무분별하게 끌어들이게 되었다는 것이다(최장집 2008). 임원혁의 경우에는 집권당 내 소수파로서 정권을 잡은 영남 민주화 세력이, 민주화라는 가치보다는 영남이라는 지역을 중심으로 정치적 기반을 다지려고 했기 때문에 양극화 해소와 같이 민주주의의 사회경제적 기반을 공고히 하고 광범위한 지지를 받을 수 있는 정책보다 대연정 제안처럼 자기 정체성을 부정하는 방향을 치닫게 되었다고 분석한다(임원혁 2005).

이러한 '권력주체 한계론'은 모두 부분적으로 일리가 있는 지적이다. 그러나 이는 역시 부분적인 설명일 뿐이다. 이들의 한계와 더불어 구체적으로 이들을 신자유주의적 정책 방향으로 견인한 힘에 대해서도 규명되어야 하기 때문이다.

그래서 마지막 가설은 참여정부 경제정책에 대한 재벌, 특히 삼성의 영향력에 주목한다. 대선 당시 공약과는 무관하게 삼성 등 기업의 영향력 때문에 경제정책은 원래부터 '개혁과 분배'보다는 '안정과 성장' 쪽으로 방향이 잡혀있었다는 것이다. 언론에 의해 알려진 바에 따르면 노 대통령은 후보 시절 유세를 다니면서도 삼성경제연구소가 발간한 정책 자료집을 지인들에게도 읽어보라고 권한 적이 있다고 알려졌으며, 정부 출범 직전에도 이 연구소로부터 '국정 과제와 국가 운영에 대한 어젠더'라는 제목의 방대한 보고서를 받았다고 한다. 실제로 노 대통령이 주창한 '동북아경제중심 국가론'이나 '국민소득 2만 달러 달성'은 삼성경제연구소 쪽에서 먼저 던진 화두였다. 이 연구소의 각별한 영향력은 윤순봉 부사장이 대통령의 최측근으로 알려진 이광재 의원이 주도하는 의정연구센터 창립 심포지엄에서 '경제 재도약을 위한 10대 긴급 제언'을 발표한 사실에서도 드러났다. 또한 삼성의 영향력은 재정경제부와 기획예산처 공정거래위원회 등 핵심 경제부처 공무원을 대상으로 삼성인력개발원에서 합숙 훈련을 실시한 데서도 나타났다.[8]

사실 소위 '삼성공화국론'은 세상 돌아가는 사정을 조금 안다는 이들 사이에 회자되었지만 많은 경우 확인되지 않는 뒷소문에 근거한 이야기였다. 그러나 수면 위로 드러난 삼성경제연구소를 매개로 한 관계만 보더라도 상당한 영향력을 짐작할 수 있다. 나아가 노무현 대통령의 후보 시절 경선캠프 상황실장을 지낸 윤석규와 참여정부 초기 경제비서관을 지낸 정태인의 증언도 삼성의 지나친 영향력을 확인해주고 있다(윤석규 2010; 정태인 2010). 이것이 참여정부가 출범 초기부터 보수적인 경제관료를 중용하고 '개혁과 분배'보다는 '안정과 성장' 쪽으로 치달은 속사정의 중요한 원인일 개연성은 충분히 있어 보인다.

---

8 〈동아일보〉 인터넷판 2005년 6월 14일자 '양대 민간경제硏 삼성-LG의 다른 행보' 제하의 기사를 참조할 것. 2009년에 이광재 의원은 비자금 사건으로 집행유예를 선고받은 이건희 삼성 회장의 사면 필요성을 주장했다.

5. MB노믹스와 신자유주의

이명박 정부의 기묘한 실용주의

이명박 정부는 애초에 '747 공약'으로 표현된 고도성장 정책을 추구했고, 경제 철학은 실용주의를 내세웠다. 좋게 봐주면 시장주의든 국가개입주의든 이념에 집착하지 않고 그때그때 필요한 정책들을 다양하게 구사해서 고도성장을 이루겠다는 발상이었다. 실제로 이명박 정부의 경제정책을 보면 두 가지 대조적인 경제정책 패러다임 혹은 발전모델이 혼재되어 있다. 하나는 과거 박정희 대통령 시대의 국가주도형 발전모델이고, 다른 하나는 미국의 레이건 대통령과 부시 대통령이 추진한 신자유주의 패러다임 혹은 공급중시 성장모델이다.

박정희 대통령 시대의 경제발전 모델은 관치-재벌-토건경제 모델이었다(유종일 2011). 경제개발 초기에는 유효한 모델이었지만 경제가 성장할수록 장점보다는 단점이 두드러지게 되었고, 그래서 좌우를 막론하고 대다수 경제학자들이 폐기할 것을 권고한 모델이다. 특히 외환위기 이후에는 이 모델이 우리 경제의 구조적 결함을 배태한 원인이었다는 인식이 확산되었다. 그런데 이 모델의 핵심 요소들이 21세기에 부활하고 있다.

먼저 관치경제 모델이다. 관치경제란 단순히 시장주의에 반해 국가가 경제에 개입한다는 것을 의미하는 것이 아니다. 국가의 경제 개입은 많은 경우 정당하고 필요한 것이다. 관치경제라는 것은 국가의 개입이 투명하고 민주적인 절차를 거쳐서 만들어진 법과 제도에 의해서 이루어지기보다는 행정부 관료의 자의적인 판단과 권한에 의존해서 경제에 개입하는 것을 의미한다. 이러한 개입은 특정 이해관계를 반영해 시장 원리를 무시한 마구잡이 개입이 되어 시장을 심각하게 왜곡시키는 경우가 허다하다. 이명박 정부는 경제정책의 집행 방식에서 행정력에 의존해서 시장을 통제하려는 관치의 습성을 여지없이 드러내고 있다. 이는 아마도 이명박 대통령의 경제 인식이 주로 박정희 대통령 시대에 형성되었기 때문일 것이다. 조급한 성과주의 때문에 시장 메커니즘을 이용한 간접적인 접근보다는 직접적인 지시를 선호하는 측면도 있는 것 같다.

이명박 정부가 들어선 후 관치적 행태는 다양하게 나타났다. 노골적인 외환시장 개입뿐만 아니라 이동통신 요금이나 은행 수수료 등과 관련해 정부 압력을 행사해 가격에 영향을 미치려는 발상이 반복적으로 표출되었고, 심지어 'MB물가지수'라는 것을 만들어 집중 관리하기도 했다. 관치의 행태가 잘 표출된 것이 금리정책과 관련한 한국은행에 대한 압박이었다. 이명박 정부에서는 전례 없는 재정부 차관의 열석발언권 논란부터 시작해서 비서관 출신 측근을 한국은행 총재로 임명하고 한국은행이 청와대에 일상적으로 직접 보고를 하는 등 한국은행의 독립성은 매우 축소되었다.[9] 이외에도 기가 막힌 관치경제의 행태들이 있었다. 글로벌 금융위기 당시 이른바 '9월 위기설' 등으로 금융시장이 심리적 공황 상태에 빠졌을 때 금융감독원이 나서서 외환 딜러를 조사하겠다거나, 시장 불안을 조성하는 보고서 등을 유포시킨 자들을 조사하겠다며 시장을 협박한 사건이 일례다. 정부가 나서서 대기업들에게 투자와 고용 확대를 권유하고 심지어 압박하는 것도 결코 잘하

---

9 그 결과 2010년에는 성장률이 6.1%를 기록하고 물가상승세가 뚜렷이 나타났는데도 불구하고 금리 인상 시기를 놓침으로써 실질금리는 마이너스가 되고 말았다.

는 일은 아니다. 이런 식의 행태는 정부 정책을 놓고 바람직하지 않은 뒷거래를 유발할 소지가 크다.

박정희 모델의 또 다른 핵심요소는 재벌 중심 성장이다. 이명박 정부는 재벌 중심을 겉으로 내세우지는 않았다. 그러나 이명박 정부가 추진한 친기업 정책의 구체적인 내용을 보면 친기업이라기보다는 친재벌 성향의 정책이 많다. 정부는 ① 출자총액제한제도 폐지, ② 지주회사 관련 규제 폐지(부채비율 200% 제한 및 비계열회사 주식 5% 이상 보유 금지 폐지), ③ 상호출자 및 재무보증제한 기업집단 지정기준의 상향 조정, ④ 불공정거래 행위에 대한 직권조사 및 현장조사 통제, ⑤ 동의명령제 도입, ⑥ 금산분리 완화 등 재벌 관련 규제 완화를 적극적으로 추진했다. 반면에 중소기업을 지원하기 위한 정책으로 거론되어온 하도급 거래 감시 강화, 대·중소기업 상생협력 강화, 납품 단가의 원자재 가격 연동제 등에 대해서는 매우 소극적인 태도를 보였고, 대선 공약이었던 불공정 하도급 거래에 대한 징벌적 배상제도도 논의에서 사라지고 말았다.

과거에 선진국 따라잡기 시대에는 재벌시스템에 의한 산업 다각화가 상당히 효과적이었던 것이 사실이다. 그러나 선진국 대열의 초입에 서있는 현 단계에서는 다각화보다는 핵심 역량 위주의 사업 구조, 총수에 의한 그룹 경영보다는 전문경영인에 의한 독립적인 계열사 경영이 더욱 효과적일 것이다. 재벌 위주의 성장은 튼튼한 부품소재산업을 바탕으로 경쟁력을 확보하는 데 장애가 될 것이며, '고용 없는 성장'이 될 것이다. 재벌기업들은 글로벌 경영체제로 전환해 국내에서 고용을 줄이고 있는 실정이기 때문이다.

박정희 모델에서 유래된 또 하나의 요소는 토건경제다. '싸우며 건설한다'던 박정희 시대에는 토목건설이 중요한 성장 동력일 수밖에 없었다. 워낙 사회간접자본이 갖춰져있지 않았을 때니 말이다. 하지만 인프라가 웬만큼 갖춰진 지금은 다르다. 토건 사업의 경제성장 기여도는 갈수록 낮아질 수밖에 없다. 사실 우리나라는 건설업의 GDP 비중이 비정상적으로 높아서 구조조정이 필요한 실정이다. 스페인과 더불어 OECD 국가들 중 가장 높은 편이다. 최근 각종 민자사업의 적자에서 알 수 있듯이 많은 토건사업이 경제적 효율성을 결여하고 있다. 이명박 정부는 녹색 성장을 내세웠지만 정책 내용은 토건경제에 머물러 있다. 지역발전정책이라고 내놓은 것도 새만금 조기 개발 등 대대적인 토목건설 프로젝트였고, 지방으로 이전하는 기업에게 개발권과 토지수용권을 주겠다는 것은 곧 초헌법적으로 난개발을 부추기겠다는 구시대적인 건설경기 부양정책일 따름이다. 몇 차례에 걸쳐 발표한 부동산 대책을 보면 더욱 분명하다. 신도시 개발, 그린벨트 해제, 택지개발지구 지정권의 지자체 이양 등 주택공급 확대정책과 재건축·재개발 관련 규제 완화 등 건설경기 부양을 위해 안간힘을 써왔다. 전 세계적으로 부동산 거품이 꺼지고 있는 상황에서 거꾸로 가는 정책이 아닐 수 없다.

이명박 정부가 내세운 친기업 정책은 신자유주의적인 공급중시 정책과 맥을 같이하는 것이다. 감세와 규제 완화를 핵심으로 하는 이 정책은 1980년대 레이건 대통령 시절에나 2000년대 부시 대통령 치하에서나 쌍둥이 적자 문제와 소득의 양극화를 불러왔고 금융위기로 파국을 맞은 정책이다. 경제성장 면에서도 결코 신통한 성적이 나오지는 않았고 오히려 민주당 대통령들에 비해 저조한 성적을 보였다. 특히 금융 규제 완화는 일시적으로 투기적 붐을 일으켰지만 결국 심각한 위기를 초래하고 말았다. 레이건 정부 말기에 불거지기 시작한 저축대부조합Saving and Loans Association 위기는 결국 아버지 부시 대통령의 공적 자금 투입으로 해결했으며, 부시 대통령의 임기 말 미국의 금융산업은 초대형 사고를 치고 공적 자금 투입을 맞이했다.

감세와 규제 완화는 이명박 정부의 핵심 정책이다. 이런 친기업 정책을 통해서 투자 증대를 유도하고 이로써 경제성장률을 높인다는 것이다. 앞서 감세정책의 문제점을 언급했지만, 미국의 사례를 볼 때 재정건전성의 문제를 염려하지 않을 수 없다. 또한 규제 완화가 걱정이다. 미국에서도 금융 규제 완화의 귀결이 금융위기고 그로 인한 금융의 사회화socialization of finance라는 것은 경각심을 가지고 지켜봐야 할 일이다. 시장경제가 건전하고 효율적으로 발전하기 위해서는 공정하고 효율적인 경쟁이 이루어지도록 적절한 경쟁의 규칙이 마련되어야 하고 최대한 경쟁의 기회가 균등하게 주어져야 하며, 경쟁에서 실패한 자들에게 재기의 가능성을 제공하기 위한 제도적 보완장치도 반드시 필요하다. 적절한 제어장치나 보완장치가 없으면 시장은 스스로 파괴의 길을 가게 됨을 미국의 사례가 여실히 보여주고 있다. 하물며 뉴딜 개혁을 경험했던, 그래서 우리보다는 시장 규율이 더 잘 지켜지는 미국에서도 금융 규제 완화와 감독 소홀이 이렇게 엄청난 위기를 초래할진대 우리나라의 경우 무분별한 규제 완화는 크나큰 위험을 수반할 것이 뻔하다. 과도한 공기업 민영화나 준비되지 않은 상태에서의 대외 개방 등도 심각한 위험 요소다.

이명박 정부 경제 철학의 근저에 있는 박정희 모델과 레이건-부시 신자유주의 공급중시 모델은 상반되는 면이 많다.[10] 예를 들어 박정희 모델의 관치경제 요소와 공급중시 모델의 시장 중심 방식은 정면충돌하게 된다. 기업의 자유로운 의사 결정에 맡겨야 마땅할 가격 결정, 투자와 고용 계획 등에 정부가 간섭하는 것은 시장경제를 부정하는 것이다. 시장에서 정보의 유통을 통제하려 하는 것도 마찬가지다. 따라서 관치경제 요소를 다분히 활용하고 있는 이병박 정부의 정책은 결코 건전한 시장경제를 뒷받침할 수 없다. 두 모델 사이에 빚어지는 또 하나의 상충은 박정희 모델의 재벌경제 요소에서 비롯된다. 이명박 정부는 포이즌 필을 도입하는 등 적대적 M&A에 대응하는 경영권 방어 수단을 강화해준다는 방침이다. 이는 경영권 시장의 활성화를 통한 경영 효율화와 구조조정 촉진이라는 시장경제 원칙에서 벗어나 기존의 대주주와 경영진의 기득권을 보호하는 것이라는 점이다. 레이건 시절 적대적 M&A 붐이 일었던 것과는 대조적이다. 주목할 것은 포이즌 필의 도입을 우리나라 경제계가 모두 반기는 것은 결코 아니라는 점이다. 재벌기업들은 대환영이지만 전문경영인들이나 금융시장 관계자들은 그렇지 않다는 것이 설문조사 결과로 확인된다.

박정희 시대의 관치-재벌-토건경제를 부활시키고 감세와 규제 완화를 중심으로 한 신자유주의 공급중시 성장정책이 서로 상충하면서 적당히 뒤섞인 것이 이명박 정부의 경제정책이다. 일관된 경제 철학이 결여되어 있지만 이것을 실용주의라는 이름으로 정당화한다면 굳이 따지고 싶지 않다. 진짜 큰 문제는 이 두 가지 모델이 모두 실패한 모델이라는 점이다. 박정희 모델은 예전에 벌써 유효성을 상실해버렸고

---

10 박정희 모델과 공급중시 모델 사이에 한 가지 중요한 공통점도 있다. 성장우선주의다. 박정희 모델은 선성장 후분배론에 기초해 있다. 분배는 나중에 생각하고 우선 성장에 집중하자는 것이다. 공급중시 모델은 성장을 열심히 하면 자연스럽게 그 과실이 아래로도 흘러간다는 소위 낙수 효과를 주장한다.

외환위기라는 한국 경제사상 초대형 위기로 마지막 숨을 거두었다. 신자유주의 공급중시 성장모델은 미국에서 쌍둥이 적자와 극심한 소득 불평등을 초래하고 성장 면에서도 신통치 않은 성적을 거두다가 2008년 마침내 대공황 이후 최대의 위기를 자아내고 말았다.

동반성장과 신자유주의 사이에서

이명박 정부가 추진한 재벌 위주의 규제 완화 정책과 노동시장 유연성의 강조, 그리고 감세정책 등은 모두 경제력 집중과 양극화를 심화시키는 정책들이다. 이명박 정부 아래서 재벌의 경제력 집중은 괄목할 양상을 보였다(유종일 2011). 국민경제에서 차지하는 상위 재벌의 자산이나 매출, 생산이나 투자에서 차지하는 비중이 큰 폭으로 증가했다. 〈그림 8-1〉과 〈그림 8-2〉는 5대 재벌, 10대 재벌, 20대 재벌, 30대 재벌의 GDP 대비 매출액 비중과 총설비투자 대비 투자 비중을 보여주고 있는데, 외환위기 이후 상당히 완화되었던 재벌의 경제력 집중이 다시 심화되어 이제는 외환위기 이전 사상 최고 수준을 회복했음을 알 수 있다. 이명박 정부는 출자총액제한제도를 폐지했고, 이는 재벌의 문어발식 확장을 부추겼다. 경제정의실천연합이 발표한 자료에 따르면, 15대 재벌의 전체 계열사 수는 2007년 4월 472개에서 2011년 4월 778개로 306개, 64.8%가 늘었다(경제정의실천연합 2011). 소득분배에 있어서도 대기업의 당기순이익은 일반 기업소득이나 개인소득에 비해 현저하게 높았다. 〈그림 8-3〉은 최근 수년간 개인소득의 증가는 미미한 데 반해 기업소득은 빠르게 증가했고, 그중에서도 대기업의 소득은 폭증했음을 보여준다.

그런데 이렇게 재벌의 매출액 비중이나 설비투자 비중이 늘어나고

그림 8-1. 30대 재벌의 GDP 대비 매출액 비중

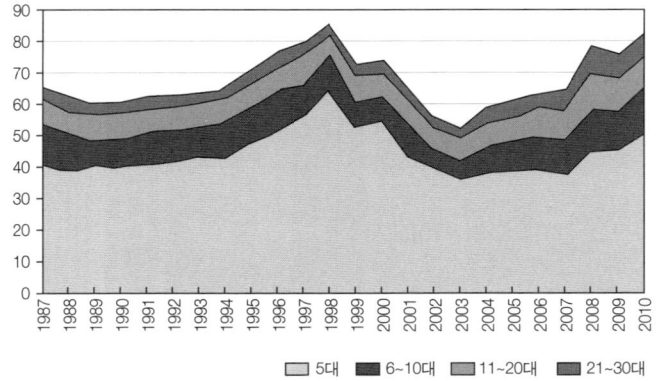

그림 8-2. 30대 재벌의 총 설비투자 대비 투자 비중

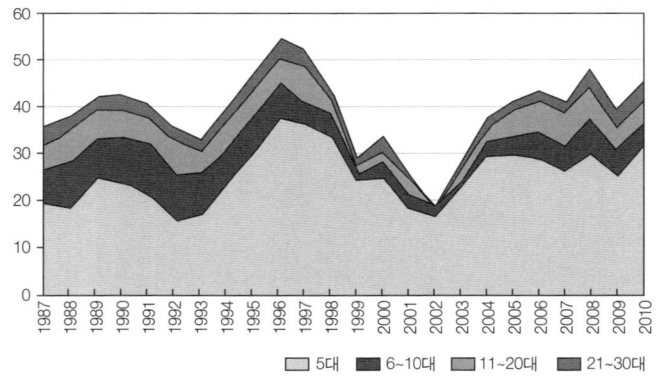

출처: 경제정의실천연합(2011)

이익 규모가 폭증하는 데도 불구하고 고용은 오히려 감소하고 있다. 〈그림 8-4〉는 제조업 분야에서 기업 규모별로 임금노동자 수가 지난 1993년부터 2007년에 이르는 기간 사이에 어떻게 변화했는지를 보여준다. 종업원이 50인 미만인 소규모업체들은 15%가 증가한 반면, 500인 이상의 대규모업체들의 고용은 55~60% 정도의 대폭 감소를 보였

그림 8-3. 대기업 당기순이익, 기업소득, 개인소득의 증가율: 2007-2010년

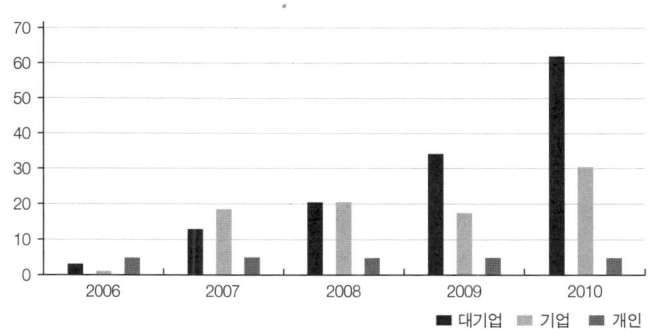

주: 대기업 - 공정거래위원회의 상호출자제한 기업집단
　　기업 및 개인 - 국민계정 처분가능소득 기준
자료: 새사연, 한국은행 ECOS

다. 이렇게 고용구조가 열악하게 변화하는 중요한 이유는 바로 사내하청이다. 대기업이 직접 고용을 회피하고 사내하청을 활용하면서 대기업 고용은 줄고 영세기업 고용은 증가하는 현상이 벌어진다는 것이다. 이런 경향은 재벌그룹 계열사들이 주도하고 있다.[11] 대표적인 예로 현대모비스 울산공장의 원청(정규직) 노동자는 478명인 반면 사내하청 노동자는 1,137명으로 전체 노동자 중 사내하청 비율이 70.4%나 되었다. 현대중공업그룹 계열사인 현대삼호중공업(58.2%), 삼성그룹의 삼성중공업(57%), 현대차그룹의 현대하이스코 순천공장(56%), 삼성그룹의 제일모직 여수공장(54.9%) 등도 사내하청의 비율이 극도로 높다. 재벌의 이러한 고용 행태는 노동시장의 양극화를 초래하는 중요한 요인이 되고 있다.

재벌들은 또한 중소기업과의 거래 관계와 경쟁 관계에서 압도적인 자

---

11 〈한겨레신문〉 2011년 10월 11일자가 보도한 '사내하청 확산의 주범, 재벌들' 기사 참조.

그림 8-4. 제조업 규모별 임금노동자 수 변화: 1993-2007년

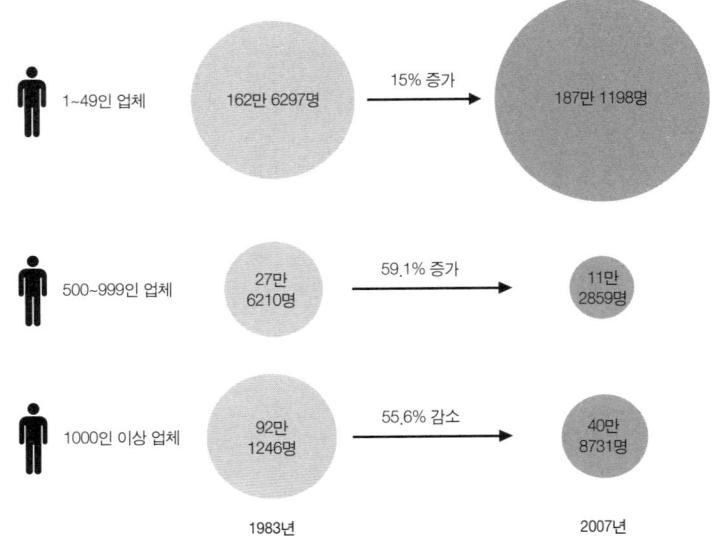

자료: 통계청, 전국사업체조사

본력과 시장지배력을 바탕으로 불공정 행위를 일삼는다. 납품 단가 인하를 강요하거나 기술 빼앗기 등 하청기업에 대한 압박은 좀처럼 개선되지 않고 있다. 그 결과 원청 대기업과 하청 중소기업 사이에 수익성이 매우 큰 격차를 보이고 있다. 〈표 8-1〉은 일례로 삼성전자와 현대기아차의 수익성을 각각의 하도급 기업의 수익성과 비교해 보여준다. 2000년부터 2009년까지 10년간 삼성전자의 평균 수익률이 13.28%였던 것에 반해 하도급 기업들의 평균 수익률은 그 반에 불과한 6.71%였다. 현대기아차의 경우에는 각각 5.44%와 3.51%로 역시 상당한 격차를 보였다. 여기서 하도급 기업은 1차 하도급을 의미하는 것이어서 2차·3차 하도급 기업에 비해 상황이 훨씬 낫다는 점을 감안하면 문제의 심각성을 짐작할 수 있다.[12]

표 8-1. 삼성전자와 현대기아차, 하도급 기업의 매출액 영업이익률 비교

(단위: %)

	삼성전자 (A)	삼성전자 하도급 기업 (B)	격차 (A-B)	현대·기아차 (C)	현대·기아차 하도급 기업 (D)	격차 (C-D)
2000	21.69	7.90	13.79	5.74	4.46	1.28
2001	7.09	6.06	1.03	7.51	4.19	3.32
2002	18.78	6.58	12.20	6.17	4.59	1.58
2003	16.50	7.37	9.13	8.06	4.04	4.02
2004	20.85	8.26	12.59	5.84	3.79	2.05
2005	14.03	7.18	6.85	3.36	3.04	0.32
2006	11.76	6.54	5.22	2.48	3.21	−0.73
2007	9.41	5.65	3.76	4.06	3.04	1.02
2008	5.67	5.89	−0.22	4.50	2.29	2.21
2009	7.07	5.66	1.41	6.72	2.48	4.24
2010	10.97	—	—	8.17	—	—
00~09 평균	13.28	6.71	6.58	5.44	3.51	1.93

자료: 김상조(2011)

    재벌의 중소기업 영역과 골목 상권 침투는 재벌의 경제력 집중과 서민 경제 위축 사이의 직접적인 관계를 보여줌으로써 커다란 사회문제가 되고 있다. 자본과 기술을 바탕으로 해외에서 경쟁해야 마땅할 재벌 대기업들이 중소기업과 자영업자들을 희생양으로 삼으면서 손쉬운 돈벌이에 나서고 있는 것이다. 앞서 언급한 계열사 확대의 구체적 내용을 분석한 결과에 입각해서 경실련은 "이명박 정부 출범 후 투자를 촉진한다는 명분으로 출자총액제한제도의 폐지, 법인세 최고세율 인

---

12 이상의 분석은 김상조(2011)에서 인용한 것이다.

하 등 각종 규제가 폐지됐지만, 재벌들은 투자보다는 계열사 확장을 통한 몸집 불리기와 토지자산 매입, 사내유보금 증가, 진출업종 확대를 통한 중소 상권의 위협에 주력해 경제 양극화가 심화됐다"고 지적했다(경제정의실천연합 2011). 특히 '일감 몰아주기'는 중소기업 영역을 침범하고 공정경쟁을 해치고 있을 뿐만 아니라 세금 없는 상속과 경영권 세습을 위한 새로운 수법으로 등장했다(김상조 2011).

결과적으로 이명박 정부가 친기업 정책을 펼치면서 기대했던 낙수효과는 나타나지 않고 양극화만 심화되었다. 이명박 대통령은 재벌 총수들과 누차 회동하면서 투자와 고용을 독려했지만 아무 소용이 없었다. 그래서 이명박 정부는 집권 후반기에 들어서서 뒤늦게나마 '공정사회'니 '동반성장'이니 '공생발전'을 외치기 시작했다. 하지만 이는 구두선에 그칠 가능성이 농후하다. 한 가지 이유는 정부가 대기업이나 고소득층의 자발적인 상생 노력을 동반성장의 정책 수단으로 삼고 있다는 점이다. 동반성장위원회라는 민간기구를 만들어서 중소기업 적합 업종과 품목을 지정하고 이를 대기업이 자발적으로 지켜주도록 '권유'하는 것을 비롯해서, 부자 감세를 철회할 생각은 하지 않고 '나눔문화'라는 이름으로 부자들에게 자발적인 기부를 권유하는 것이 또한 그렇다. 이러한 노력이 전적으로 무의미한 것을 아닐지라도 일시적인 효과 이상을 기대할 수 없다. 더 큰 문제는 그것이 사실은 제도적인 해결책을 회피하는 수단으로 이용되고 있다는 점이다.

이명박 정부의 동반성장 구호가 구두선에 그칠 것으로 판단하는 또 하나의 중요한 이유는 바로 한미 FTA 밀어붙이기다. 한미 FTA는 단지 무역자유화만을 목적으로 하는 것이 아니라 한국의 법과 제도를 상당 부분 미국의 법과 제도에 맞추어 바꾸는 것을 의미한다(유종일

2006b). 그렇기 때문에 "한미 FTA 이후로 우리나라의 경제가 어떻게 될 것인가는 IMF 효과의 연장선상에서 우리나라의 변모를 상상하면 될 것으로 본다. 신자유주의의 여러 가지 효과, 이를 테면 양극화, 작은 정부, 이에 따른 정부 역할의 축소, 민영화, 기업 M&A 증가 등이 이어진다고 보아야 할 것이다"(조순 2006: 17). 이런 포괄적인 효과는 불확실한 것이라고 해도 최소한 지적재산권이나 의약품 특허·연계 등 오직 미국만이 가지고 있는 제도를 우리가 받아들여야 하는 것이고, 투자자국가중재Investor-State Dispute제도나 금융 규제 등과 관련해서도 상당한 우려가 존재한다.

한미 FTA로 가시적인 이익이 기대되는 부문은 수출지향적인 재벌 대기업들이다. 잠재적 이익이긴 하지만 이보다 훨씬 더 큰 것은 민간 의료보험의 규제 완화나 의료 서비스, 물 산업 등 공공서비스가 민영화될 경우 소비자의 희생을 대가로 발생할 이익이다. 이 분야를 준비하고 있는 재벌이 수혜자가 될 것임은 명확하다(정태인 2010). 이들의 이익을 위해 한미 FTA를 밀어붙이고, 그에 따라 농업이나 중소 상인 등이 피해를 본다면, 이는 동반성장 정책을 무력화하는 결과를 초래할 것이다. 비록 세계사적으로 신자유주의의 시대는 저물었지만 한국 경제는 아직도 그 강력한 영향력에서 벗어나지 못하고 있다.

6. 맺음말

서구에서 신자유주의는 시민권과 노동권의 강화로 자본의 자유가 지나치게 제약받는 상황에 대한 반격으로 등장한 것이지만, 한국에서는 그 성격이 매우 복잡해졌다. 한편으로는 관치경제의 개혁이라는 요구와 맞물린 측면이 있었고, 외환위기 이후에는 외국자본의 요구와 맞물려서 그 영향력을 확대했다. 외환위기를 극복하고 외국자본의 영향력이 축소된 이후에는 다시 재벌의 이해관계가 신자유주의를 추동하는 결정적인 힘이 되었다. 참여정부의 '좌파 신자유주의'가 그랬고, 이명박 정부의 실용주의적 친기업 정책이 그랬다.

한국 경제에서 신자유주의의 영향이 양극화를 조장하는 등 많은 해악을 끼친 것은 분명한 사실이다. 그러나 신자유주의 반대가 곧 시장 기능에 대한 반대가 되어서는 곤란하다. 관치경제, 재벌경제를 개혁해 공정한 시장을 만드는 일은 한국 경제의 미래를 위해 반드시 필요하다. 올바른 시장개혁은 시장 기능을 존중하면서도 시장에 대한 민주적 통제와 재벌에 대한 시장 규율을 확립함으로써 공정한 경쟁을 가능하게 만드는 것이어야 한다. 그런데 시장 개혁의 이름으로 무조건 시장에 맡긴다고 필요한 규제까지 완화 혹은 철폐해버리거나 공공성을 보장해야 할 영역에도 무조건 시장 논리를 적용하는 시장 과잉 현상이 나타났다. 신자유주의의 영향으로 개혁이 오도된 탓이다. 신자유주의로 설명되지 않는 재벌이나 모피아Mofia 등의 구조적인 문제를 간과하고 신자유주의만을 문제 삼는 것, 그리고 시장 논리와 시장 기능 확대를 무조건 반대하는 것은 바람직하지 않다. 문제는 시장의 왜곡이고 시장의 과잉이지 시장 그 자체는 아니다.

외환위기 이후 근 15년이 지난 아직까지도 관치경제와 재벌체제라는 유제遺制가 상당 부분 남아있음은 물론 새로운 발전 모델의 출현이 요원하다. 성장 동력을 강화하면서도 양극화를 극복할 수 있는 새로운 발전 모델이 절실히 요구된다. 그 핵심은 인적자본과 과학기술에 대한 투자를 통한 지식의 축적이 성장을 견인하는 지식경제고, 이를 뒷받침할 제도로서 민주적 시장경제가 되어야 한다.[13] 이를 위해서는 합리적인 시장의 기능을 살리는 것도 중요하지만, 국가의 책임 아래 모든 개인이 자신의 능력을 최대한 개발하고 역량을 최대한 발휘할 수 있도록 지원하는 것이 필수적이다. 신자유주의를 반대한다며 시장과 경쟁 자체를 무턱대고 반대하는 것도 문제지만, 독소 조항은 따져보지도 않고 무조건 한미 FTA에 찬성하거나 공교육과 복지가 지금처럼 부실한 상황에서 '큰 시장 작은 정부'를 내세우는 등 신자유주의 혹은 시장만능주의적 경향으로 흐르는 것은 더욱 위험하다.

세계화는 지속될 것이지만 신자유주의적 세계화는 이미 퇴조 국면에 들어섰다. 시장을 확대하면서도 또한 시장을 순치시키는, 보다 더 민주적으로 관리되는 세계화가 향후 대세가 될 것이다(Rodrik 2011). 이것이 또 지식경제 시대에 경쟁력을 높이기 위한 밑바탕이 될 것이다. 우리나라가 세계화에 능동적으로 대응한다면서 신자유주의적 방향으로 치닫는다면 치명적 실수가 될 것이다.

---

[13] 이 책의 9장과 10장에서 이에 관한 자세한 논의를 전개한다.

9장

지식경제론*

1. 새로운 경제발전 패러다임으로서의 지식경제

지금 한국 경제는 성장 동력의 약화와 분배의 악화라는 이중의 도전에 직면해있다. 과거에 성공적으로 압축적 산업화를 이룩했던 개발독재형 경제발전 모델은 1990년대 이후 고도성장기의 종언과 동반성장기의 종언이라는 두 가지 근본적인 변화에 대응하는 데 실패함으로써 폐기될 수밖에 없었다. IMF 외환위기 이후 일련의 경제개혁이 추진되었으나 개혁이 새로운 발전 모델에 대한 사회적 합의와 일관된 청사진 아래서 철저하게 추진되지 못했다. 정치경제적 상황에 따라 갈지자 걸

---

* 이 글은 유한킴벌리의 지원으로 시민사회경제연구소에서 수행한 연구용역 보고서 『지식경제 패러다임과 성장정책』(2007)에 수록된 졸고 "한국 경제발전의 패러다임 변화와 지식경제"와, 하준경과 함께 쓴 "지식제와 경제성장"을 발췌해 통합한 것이다.

음을 걸으며 개혁이 대단히 파편적으로 추진됨으로 인해서 여전히 구 모델의 부정적 유산이 상당 부분 남아있음은 물론이고, 일정한 정도의 정치적 정당성과 논리적 정합성을 지니는 새로운 모델의 출현은 아직 요원한 듯이 보인다.

한국 경제의 성장 동력 약화는 1990년대 이후 급속한 잠재성장률의 하락과 1997~98년의 경제위기 이후 낮아진 잠재성장률에도 채 미치지 못할 정도의 성장률 둔화로 나타나고 있다. 1990년대 초까지 급격하게 좁혀가던 선진국과의 생산성 격차도 그 이후에는 정체하거나 오히려 후퇴하는 양상이 나타나고 있다(유종일·하준경 2006). 압축적 산업화의 시기에는 자본축적 극대화를 바탕으로 고도성장이 이루어졌으나, 노동시장이 포화 상태에 이르고 선진국 기술 따라잡기가 어느 정도 이루어진 1990년 이후에는 이러한 성장모델의 유효성은 소진되었기 때문이다. 이는 자본축적이 진행됨에 따라 자본의 한계생산성이 감소한다는 수확체감의 법칙을 반영한 현상이다. 이를 무릅쓰고 1990년대 전반기에 투자를 더욱 확대함으로써 과잉 중복 투자를 낳았던 것이 결국 외환위기의 구조적 원인이 되었다.

설상가상으로 1990년대 초반에 동반성장기가 끝나고 경제 양극화 시대가 도래했다. 경제 양극화란 소득의 양극화뿐만 아니라 고용의 양극화, 산업 간 양극화, 기업 간 양극화 등의 현상이 복합적으로 얽힌 것이다. 이러한 다양한 양극화 현상의 구조적 원인을 보여주는 제조업과 서비스업 간의 생산성 격차나 대기업과 중소기업 간의 임금격차 등은 1990년대 초반부터 악화되기 시작했다. 또한 외환위기를 겪으면서 소득불평도와 비정규직의 비중이 급속도로 증가하고 있다. 이러한 지표는 외환위기에 따른 극심한 경기 침체로부터 경제가 회복된 이후에도 원상회복되지 않았으며, 오히려 더욱 악화되고 있는 실정이다.

경제 양극화는 현재에 사회적 비용을 유발할 뿐만 아니라 미래의 성장잠재력을 갉아먹는다. 양극화는 우리 경제의 성장잠재력을 결정하는 가장 중요한 요인인 인적자원을 심각하게 훼손하고 있다. 외환위기 이후 소득과 고용불안이 증대되면서 출산율이 급격히 하락한 데서도 나타나듯이 양극화는 우리나라의 출산율이 비정상적으로 낮아지는 데 중요한 요인으로 작용하고 있다. 그리고 양극화는 잠재적으로 효율적인 저소득층의 인적자본 투자를 저해함으로써 인적자본의 질을 낮추고 있다. 비정규직의 비대화도 인적자본 축적을 가로막는 장애물이 되고 있다. 이러한 인적자본 투자의 불평등은 나아가 빈곤의 대물림 등 계층의 고착화를 낳게 된다. 이렇게 되면 상대적으로 기회 박탈을 경험하는 계층의 근로 의욕과 인적자본에 대한 투자 의욕은 더욱 저하되고 심지어 파괴적 행동을 유발할 수도 있으며, 사회 갈등의 증폭과 계층 간 정치적 대립의 심화에 따른 경제정책 왜곡의 가능성도 커진다(유종일 2005).

따라서 한국 경제의 성장 동력을 회복하고 선진국과의 생산성 격차를 다시 줄여나가면서도 사회통합은 물론이고 지속적이고 안정적인 성장을 위해서도 필요한 양극화 해소를 이루어낼 수 있는 새로운 경제발전의 패러다임이 필요하다. 이 글에서는 지식경제가 바로 그 해답이라고 주장한다. 경제가 발전할수록 자본·노동·토지에 비해 지식이 가장 중요한 생산요소가 되며, 지식의 증가에 의한 생산성 향상이 경제성장을 견인하게 된다. 이것이 바로 지식경제다. 생산성 증가는 인적자본과 지적자본의 축적에서 비롯되는데 인적자본의 생산성은 지적자본에 의해서 결정되므로 궁극적으로는 지적자본이 생산성 증가의 원천이다.

  한국 경제의 성장 동력을 회복하는 길은 한국 경제를 본격적인 지식경제로 만드는 일이다. 이를 위해서 모든 제도와 정책이 인적자본과 지적자본의 축적을 고취하고 효율화하는 방향으로 개혁되어야 한다.

  인적자본과 지적자본의 축적과 그에 따른 기술혁신이 주된 성장 동력이 되는 혁신주도형 지식경제에서는 양극화가 성장잠재력 저하의 중요한 요인이 될 수 있다(Galor and Moav 2003). 양극화는 저소득층의 인적자본 축적에 장애가 되고, 지적자본의 축적은 인적자본과 분리되어 일어날 수 없기 때문이다. 따라서 지식경제의 지속적이고 온전한 발전을 위해서는 양극화를 방지해야 하는데, 역설적이게도 지식경제 발전을 위한 투자야말로 양극화 해소의 가장 중요한 수단이 된다. 인적자본과 지적자본의 효율적인 축적을 위해서는 교육과 연구개발에 대한 사회적 투자를 확대하고, 특히 저소득층이나 담보가 없는 혁신적 기업가들에게 지원을 해야 하는데, 이러한 정책은 곧 양극화 완화의 유력한 수단이 된다. 또한 잘 설계된 사회적 안전망도 미래에 대한 불확실성을 줄여서 사람들로 하여금 직업을 선택할 때 혁신 부문을 선택할 확률을 높여주는 효과를 가질 수 있다.

  이와 같이 지식경제 패러다임은 한국 경제가 직면하고 있는 핵심적인 문제들에 대한 근본적인 대안을 담고 있다. 한국 경제를 온전한 지식경제로 만드는 것은 성장 동력의 회복과 양극화 극복의 지름길이면서 동시에 한국 경제 선진화의 내용이 될 것이다.

2. 경제발전에 따른 성장 동력의 변화와 지식경제

성장 동력의 변화

경제성장 패러다임으로서의 지식경제의 필요성은 경제발전에 따른 경제성장 동력의 변화를 반영한다. 즉, 경제발전 초기에는 주된 성장 동력이 물적자본 physical capital이지만 경제가 성숙할수록 점차 인적자본 human capital과 지적자본 intellectual capital의 중요성이 커지게 된다. 지식경제는 바로 인적자본과 지적자본 중심의 성장 패러다임인 것이다.

경제성장의 원동력이 바뀌는 원인은 다양할 수 있다. 로버트 솔로우 Robert Solow의 신고전파 성장모형에 의하면 자본축적이 덜 진행된 경제발전 초기에는 물적자본의 축적을 통해 경제가 급속히 성장할 수 있지만, 경제가 발전할수록 자본축적에 따른 한계생산체감의 법칙이 작용하기 때문에 자본축적의 성장기여도가 지속적으로 하락하게 되고 결국 생산함수 자체를 이동시키는 생산성 증가가 없이는 성장이 정체된다. 예컨대 〈그림 9-1〉에서 투자율이 일정하다고 할 때 자본스톡이 k_0에서 k_1으로 높아지는 단계에서는 자본축적만으로도 경제성장이 이루어지지만, 일단 자본스톡이 k_1에 도달하고 나면 인적자본이 늘어나거나 생산성이 증가해 생산함수가 위로 이동하지 않는 한 경제성장이 지속되지 않음을 알 수 있다.[1]

이렇게 성장 동력이 변화하는 것은 경제성장에 필요한 세 가지 종류의 자본, 즉 물적자본·인적자본·지적자본 사이의 상호 관계를 살펴

---

[1] 여기서 대체투자는 감가상각이나 인구 증가에 선형적으로 비례해서 이루어지기 때문에 직선으로 나타나며, 투자 곡선은 한계생산체감의 법칙을 반영해 오목한 생산함수에 투자율을 곱한 것이므로 오목하게 나타난다.

그림 9-1. 경제발전과 성장 동력

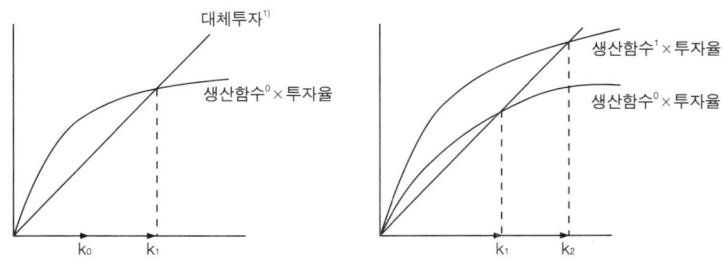

주 1) 대체투자는 "(감가상각률+인구증가율)×k"로 산출, 여기서 k는 1인당 자본스톡을 의미

보면 쉽게 이해할 수 있다. 우선 경제발전의 초기 단계에는 인적자본이나 지적자본에 비해 물적자본이 희소한 경우가 많다. 왜냐하면 인적자본은 무無에서 출발하기보다는 사람들이 유전자를 통해서 물려받은 기본적인 능력, 즉 기본노동 raw labor에서 출발하는 반면, 물적자본은 매우 적은 수준에서 출발하는 경우가 많기 때문이다. 지적자본도 인적자본 수준과 비례하거나 개도국의 경우 외국에서 어느 수준까지는 쉽게 받아들일 수 있기 때문에 물적자본보다는 상대적으로 덜 희소한 경우가 많다.

이와 같이 물적자본이 희소한 단계에서는 물적자본의 생산성 또는 자본의 한계생산성이 매우 높기 때문에 물적자본에 대한 투자가 생산량을 크게 늘려 급속한 경제성장을 가져올 수 있다. 하지만 물적자본이 충분히 축적되어 물적자본에 비해 인적자본과 지적자본이 부족해지게 되면 자본의 한계생산성이 크게 낮아져 물적자본에 대한 투자가 경제성장에 크게 기여하지 못하게 된다. 이 경우에는 인적자본과 지적자본에 대한 투자가 성장의 원동력이 되고 인적·지적자본의 증가에 따라 자본의 한계생산성이 다시 높아지게 되면 물적자본에 대한 투자도 증가하는 식으로 성장이 이루어지게 된다.

인적자본과 지적자본

이제 지식경제의 주된 성장 동력인 인적자본과 지적자본의 관계에 대해 알아보자. 인적자본은 교육에 의해 축적된다. 여기서 교육은 투자로서 유량flow 개념이며 인적자본은 교육이라는 투자 행위의 결과로 축적된 스톡stock 개념이라고 할 수 있다. 인적자본 연구의 선구자인 베커(Becker 1964)는 노동력에 체화된 근로자의 지식, 교육수준, 직업훈련 정도, 건강 및 영양 상태 등 노동의 질에 영향을 미치는 모든 요소를 물적자본과 구별해 인적자본이라고 했는데, 이는 광의의 인적자본이라고 할 수 있다. 이러한 관점에 따르면 개인이 받는 교육·훈련·의료에 대한 지출은 전통적인 의미의 자본에 대한 투자와 동일한 성격을 지닌다. 한편 협의의 인적자본은 생산에 투입된 근로자의 노동생산성에 영향을 미치는 지식knowledge과 기술숙련도skill를 의미한다.

여기서 생산에 영향을 미치는 지식, 기술, 건강 및 가치관 등이 그것들을 체화시키고 있는 노동자와 분리될 수 없다는 점, 즉 인적자본의 소유자와 인적자본이 불가분의 관계로 결합되어 있다는 점은 인적자본의 매우 중요한 특성이다. 즉, 물적자본의 경우에는 자본과 소유자가 물리적으로 얼마든지 분리될 수 있지만 인적자본은 분리 불가능한 것이다. 이러한 특성은 인적자본의 이전transfer에 비용을 수반하게 함으로써 인적자본 투자의 수익성에도 영향을 주게 된다.

한편 인적자본은 일반적general 인적자본과 특정한specific 인적자본으로 구분된다. 일반적 인적자본은 회사나 직종에 관계없이 유용하게 사용될 수 있는 인적자본인 반면, 특정한 인적자본은 어떤 특정한 회사나 직종에서만 가치를 갖는 인적자본이라고 할 수 있다. 이 두 가지 종류의 인적자본 중에서 거시경제 분석과 관련해서는 일반적 인적자본에 초점을 맞추는 것이 일반적이다. 일반적 인적자본은 새로운 기술이나 환경에 적응할 수 있는 능력, 즉 적응성adaptability을 높이므로 새로운 기술이나 환경에 의해 쉽게 파괴될 수 있는 특정한 인적자본에 비해 경제성장의 더 본질적인 측면을 구성한다고 볼 수 있다.

인적자본이 경제성장의 요인으로 이론적으로 분석되기 시작한 것은 비교적 최근의 일이다. 즉, 1980년대 후반 이후 내생적 경제성장이론이 발전하면서 장기 경제성장 요인으로서 인적자본이 주목받게 되었다. 인적자본이 경제성장에 영향을 미치는 경로는 인적자본이 생산에 기여하는 방식에 따라 크게 두 가지 정도로 구분할 수 있다. 한편으로는 인적자본이 물적자본처럼 생산요소로서 기능하는 데 초점을 맞출 수 있고, 다른 한편으로는 인적자본이 새로운 아이디어를 창출하고 지식을 생산해 기술 수준을 높이는 역할에 초점을 맞출 수 있다. 이러한 두 가지 경로는 각각 루카스 접근법(Lucas 1988)과 넬슨과 펠프스의 접근법(Nelson and Phelps 1966)이라고 하는데, 루카스 접근법에서는 별도의 지식생산 메커니즘 없이 인적자본의 스톡을 곧바로 지적자본의 스톡으로 해석하면서 이를 자본스톡과 동일한 방식으로 총생산함수에 포함시킨다. 반면에 넬슨과 펠프스의 접근법에서는 인적자본이 일정 수준을 유지하기만 하면 지식의 창출과 흡수가 지속적으로 일어나 지식이 계속 축적되므로 경제가 꾸준히 성장하게 된다. 이 접근법에서는 물론 인적자본의 평균 수준이 지속적으로 증가하는 것은 상정하기 곤란하다. 왜냐하면 인적자본의 지속적 증가는 성장률 자체의 지속적 상승이라는 비현실적인 상황을 의미하기 때문이다. 이 글에서는 지적자본을 인적자본과 구분하고 있다는 측면에서 암묵적으로 넬슨과 펠프스의 접근법을 따르고 있다.

그렇다면 인적자본과 지적자본은 어떻게 구별되는가? 그리고 인적자본은 얼마만큼 축적될 수 있는 것인가? 이 문제들에 답하기 위해서는 인적자본과 그 소유자의 불가분성을 눈여겨볼 필요가 있다. 인적자본은 아무리 많이 축적해도 그 소유자가 늙고 사망하게 되면 일시에 사라져버리는 특성이 있다. 이러한 점을 감안하면 평균 인적자본이 무한정 늘어나는 것은 불가능하다고 할 수 있다. 어떤 사람이 창출한 지식은 그것이 그 소유자의 머릿속에 머물러있을 때에는 인적자본 또는 체화된 지식embodied knowledge의 형태를 갖지만, 책으로 펴내는 등의 여러 수단을 통해 다른 사람들이 쉽게 알 수 있는 형태로 전환시키면 인적자본이 아니라 지적자본, 즉 육체에서 분리된 지식disembodied knowledge이 된다는 점에 유의할 필요가 있다.

이와 같이 인적자본 축적의 한계는 인간 수명의 유한함과 깊은 관계를 갖는다. 누구든 새로 태어나면 처음부터 인적자본을 축적해야 한다. 물론 현재의 인적자본이 과거의 인적자본에 비해 더 많은 생산을 하므로 인적자본이 무한히 커질 수 있는 것이 아니냐고 반론을 제기할 수도 있겠지만, 그것은 인적자본과 결합되는 지식스톡의 가치가 과거에 비해 높아진 것을 반영하는 것이지 인적자본 그 자체가 무한히 축적되는 과정을 보여주는 것은 아니다.[2] 이는 인적자본에 대한 투자수익률이 무한히 높아지지 않는 것을 설명해준다. 결국 궁극적 성장 동력은 지적자본이 될 수밖에 없다.

지식경제의 경제성장

위에서 논의한 바에 따라 지식경제의 경제성장은 어떻게 일어나는지를 정리하면 다음과 같다. 지식경제에서는 인적자본과 지적자본에 대한 투자가 성장의 원동력이 된다. 이는 지식경제에서는 물적자본에 대한 투자가 불필요하거나 중요하지 않다는 것은 결코 아니다. 단, 지식경제의 단계에서는 이미 물적자본이 충분히 축적되어 있기 때문에 더 이상의 인적자본과 지적자본의 축적이 없다면 자본의 한계생산성이 크게 떨어져 물적자본에 대한 투자가 경제성장에 크게 기여하지 못하게 된다는 것이다. 따라서 인적·지적자본의 증가에 따라 자본의 한계생산성이 다시 높아지게 되면 물적자본에 대한 투자도 증가하는 식으로 성장이 이루어지게 된다.

인적자본과 지적자본에 대한 투자는 상호보완적인 관계를 갖는다. 지적자본은 지식경제의 궁극적인 성장 동력으로서 지적자본의 축적이 인적자본의 생산성을 높여주지만, 지적자본은 인적자본에 의해서 만들어지는 것이기 때문이다. 따라서 인적자본에 대한 투자(교육)와 지적자본에 대한 투자(연구개발)는 균형적으로 발전해야 한다.

3. 우리나라의 투자 패턴의 변화와 문제점

우리나라에서도 성장 동력이 물적자본으로부터 인적자본과 지적자본으로 변화하고 있다는 것은 GDP 증가율에 대한 각 요소들의 기여

---

[2] 예컨대 최근 대학 졸업생이 받는 임금이 10년 전 대학 졸업생이 받았던 임금보다 높은 것은 최근 대학을 졸업한 사람의 인적자본 수준이 더 높아서라기보다는 그 인적자본과 결합되어 생산에 투입되는 지식스톡의 가치가 더 높아졌기 때문이라고 해석하는 것이 타당하다.

표 9-1. GDP 증가율의 기여도에 따른 분해

(단위: %)

	GDP 증가율	총요소생산성 증가에 따른 성장률	물적자본 축적에 따른 성장률	인적자본 축적에 따른 성장률	노동 인력 증가에 따른 성장률
1987~1996(A)	8.38(100)	1.72(20.5)	3.62(43.2)	0.94(11.2)	2.11(25.2)
2000~2005(B)	5.17(100)	1.38(26.7)	1.77(34.2)	0.62(12.0)	1.41(27.3)
(B)−(A)	⊿3.21	⊿0.34	⊿1.85	⊿0.32	⊿0.7

주: ( ) 안은 GDP 증가율에 대한 기여도임.
자료: Korea Institute of Finance, *Korea Economic and Financial Review*, 각호

도를 보아도 쉽게 알 수 있다. 〈표 9-1〉을 보면 1987~96년에는 GDP 증가율 중에서 지적자본의 증가에 따른 부분, 즉 총요소생산성 증가에 따른 성장률이 20.5%를 차지했으나, 2000~05년에는 26.7%로 현저히 높아졌다. 반면에 물적자본의 기여도는 43.2%에서 34.2%로 낮아졌다. 이렇게 실제 성장률로 나타난 수치도 성장 동력의 변화를 보여주는데, 만약 투자 패턴이 최적의 동태적 경로에 따라 변화했다면 — 다시 말해 인적자본과 지적자본에 대한 투자가 실제 수치보다 컸다면 — 지적자본과 물적자본 사이의 기여도 역전 현상은 더욱 크게 나타날 수도 있었을 것이다.[3] 한편 인적자본의 기여도는 루카스식의 축적 효과에 기인한 부분만 계산되어 있는데, 지적자본을 통한 넬슨과 펠프스식의 성장 효과를 함께 감안하면 실제 영향력은 더욱 클 것이다. 이렇게 인적자본의 기여와 지적자본의 기여를 구분하기 어려운 점을 감안해, 인적자본과 지적자본의 기여를 합한 것을 전통적인 성장 회계에서 총요소생산성 증가와 인적자본 축적에 따른 기여를 합한 것으로 본다면,

---

3 최적의 동태적 경로란 장기적으로 가장 효율적인 경제성장의 경로를 말한다.

그림 9-2. GDP 대비 R&D 투자 비중과 R&D 중 기초연구 비중

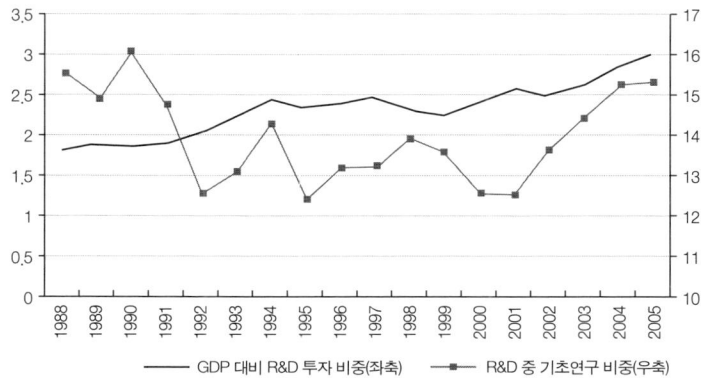

자료: 통계청 데이터베이스

  이 합이 1987~96년 기간에 GDP 증가의 31.7%에서 2000~05년 기간에는 38.7%로 높아진 것을 알 수 있다.

  이제 우리나라의 인적자본과 지적자본 투자 패턴의 변화를 살펴보자. 지적자본에 대한 투자 패턴은 GDP 대비 R&D 투자 비중, 그리고 R&D 중 기초연구 비중을 통해 알아볼 수 있다. 이 두 지표는 경제가 발전함에 따라 모두 커져야 하는 것이라고 볼 수 있다(김용진·이종화·하준경 2006). 〈그림 9-2〉를 보면 우리나라의 R&D 투자는 꾸준히 늘어 GDP 대비 3%에 육박하고 있음을 알 수 있다. 그리고 GDP 중에서 기초연구가 차지하는 비중도 최근 늘어나서 15%를 약간 상회하고 있음을 알 수 있다. 이와 같이 R&D를 늘리고, 특히 기초연구에 대한 투자를 늘리는 것은 바람직한 투자 방향이라고 할 수 있다.

  다만 〈그림 9-3〉에서처럼 R&D 투자 금액이 증가하는 것에 비해서 연구원 수의 증가가 상당히 더딘 것을 보면 R&D 투자가 지나치게 설

그림 9-3. R&D 종사자 수 증가율과 R&D 지출액 증가율 추이

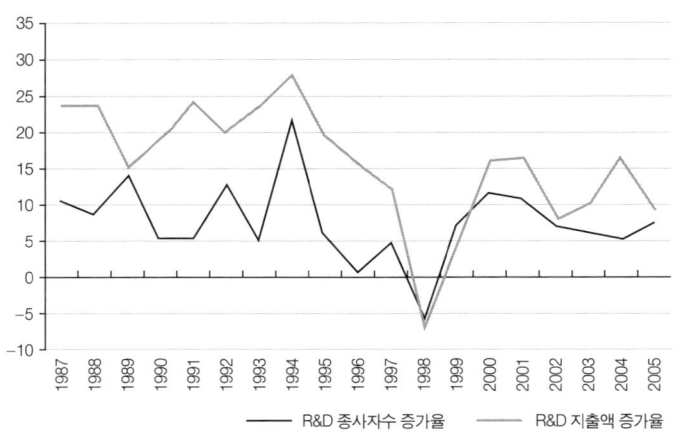

자료: 통계청 데이터베이스

비나 건물 중심으로 이루어지고 있음을 알 수 있는데, 이러한 상황은 우리나라의 경제활동인구 1천 명당 연구원 수가 6.7명(2004년)으로서 미국의 9.0명(1999년), 일본의 10.1명(2003년), 핀란드의 15.9명(2003년) 보다 적은 데서도 쉽게 짐작할 수 있다. 사람의 아이디어가 갈수록 중요해지는 R&D 분야에서 사람에 대한 투자가 충분히 이루어지지 못하면 고용에 부정적인 영향을 미치는 것은 물론이거니와 R&D의 생산성을 높이는 데도 부정적 영향을 줄 수 있다.[4]

다음으로 교육 투자를 중심으로 우리나라의 인적자본 투자 패턴을 보면 우선 GDP 대비 교육투자율이 지속적으로 증가해왔다는 점, 그리고 고등교육보다는 주로 대학 입시를 위한 초·중등교육에 집중적

---

[4] 하준경(2005)의 연구에 의하면, 우리나라 R&D의 경제성장 기여도는 미국의 1/4 수준으로 낮은 편이다.

그림 9-4. GDP 대비 교육비 지출액 비중

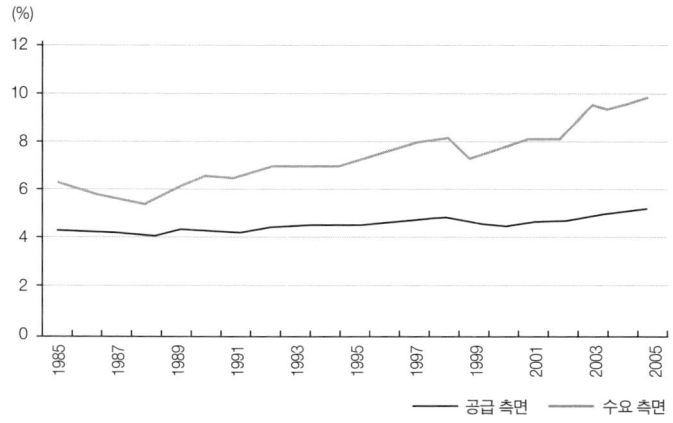

자료: 교육인적자원부, 한국은행, 통계청

으로 투자가 이루어지고 있다는 점을 알 수 있다.

〈그림 9-4〉는 GDP 대비 교육비 지출액 비중으로서 공적·사적 교육기관들의 수입액으로부터 한국은행이 공급 측면에서 추정한 비중과 교육인적자원부의 〈교육통계연보〉와 통계청에서 조사한 가계지출 내역으로부터 추정한 수요 측면 비중을 함께 보여주고 있다. 두 가지 조사 방법 사이에 상당한 차이가 존재하는 것은 사실이나 두 시계열 모두 상승하는 추세를 보여주고 있다.

한편 〈그림 9-5〉는 공교육비 중에서 초·중등 공교육비와 고등 공교육비의 비중 추이를 보여주는데, 초·중등 공교육비의 비중은 상승한 반면 고등 공교육비의 비중은 정체되어 있음을 알 수 있다.[5]

아울러 〈그림 9-6〉의 GDP 대비 공교육비 비중과 사교육비 비중 추

---

5 이러한 추세는 학생 1인당 투자액을 기준으로 보아도 똑같이 나타난다.

그림 9-5. GDP 대비 초·중등교육비 및 고등교육비 지출액 비중(공교육)

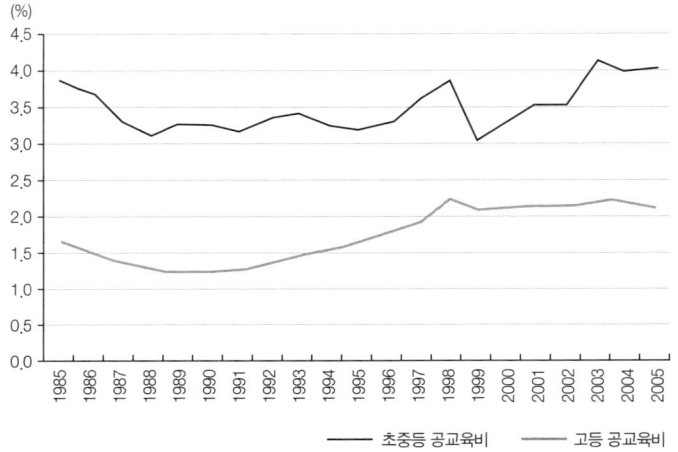

자료: 교육인적자원부, 한국은행, 통계청

이를 보면 사교육비의 비중이 GDP의 3%를 넘어서는 등 급증하고 있음을 알 수 있다. 사교육비가 대부분 초·중등교육에 대한 투자에 해당한다는 점을 감안하면 우리나라의 교육 투자는 고등교육에 비해 초·중등교육에 집중된다는 점을 다시 한번 확인할 수 있다.

이와 같은 우리나라의 교육 투자 추이는 경제발전 초기에는 초·중등교육 중심의 인적자본 투자가 필요하지만 경제가 선진국 수준에 가까워질수록 고등교육에 대한 투자가 중요해진다는 수많은 연구들의 시사점과는 정반대의 결과를 보여주고 있다.[6]

이와 같이 우리나라의 연구개발 투자나 인적자본 투자 모두 이론에서[7] 제시하는 최적의 투자 구성 경로와는 거리가 있음을 알 수 있다.

---

[6] Vandenbussche, Aghion, and Meghir(2004)를 참조하라.

그림 9-6. GDP 대비 공교육비 및 사교육비 비중(수요 측면)

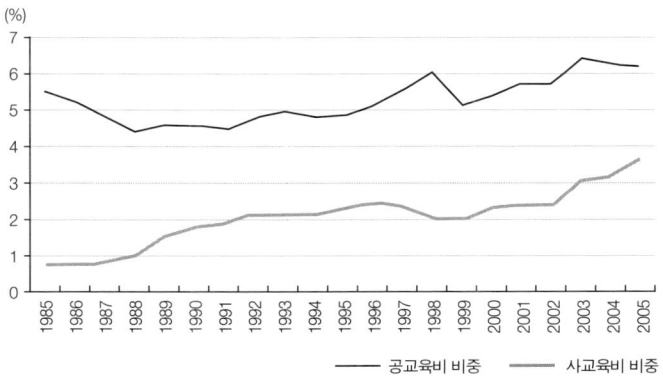

자료: 교육인적자원부, 통계청, 한국은행

실제 투자가 최적의 투자 구성을 벗어나면 투자의 효율성은 떨어질 수밖에 없다. 인적자본과 지적자본 투자의 효율성이 떨어지면 자본의 한계생산성도 떨어지게 된다. 똑같은 자본 단위라도 더 질 높은 인적·지적자본과 결합되어야 더 높은 생산성을 보여줄 수 있기 때문이다.

〈그림 9-7〉은 우리나라, 일본, 미국, 프랑스의 자본의 평균생산성 추이를 보여주는데, 이 추이는 적절한 가정을 추가하면 자본의 한계생산성 추이와 규모만 다를 뿐 그 모습은 똑같다고 볼 수 있다.[8] 여기서 우리나라 물적자본의 생산성은 일본보다는 다소 높으나 미국이나 프랑스보다 낮고, 무엇보다도 1960년대 후반부터 매우 급속하게 하락하고 있다. 특히 1980년 이후의 하락 속도는 미국이나 프랑스는 물론 일

---

7 Acemoglu, Aghion, and Zilibotti(2002)를 참조하라.
8 총생산함수가 콥-더글러스 형태를 띤다고 가정하면 평균생산성에 자본소득 분배율을 곱한 것이 자본의 한계생산성이 된다고 할 수 있다. 즉, 평균생산성 추이에 약 0.3을 곱하면 한계생산성 추이가 된다고 볼 수 있다.

그림 9-7. 주요국의 자본의 평균생산성 추이

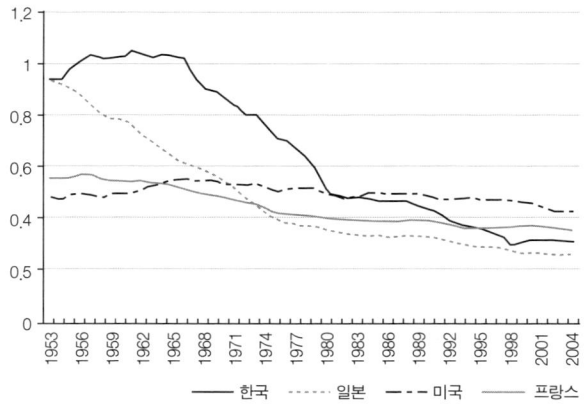

자료: Penn World Table의 자료를 이용하여 계산하였음. 자본스톡은 감가상각률 6%를 가정한 후 영구재고법을 이용하여 산출하였음.

본보다도 더 빨랐다. 이러한 추이는 우리나라의 인적자본과 지적자본이 물적자본에 비해 부족한 상황을 여실히 보여준다.

따라서 바람직한 투자 패턴은 무엇보다도 인적·지적자본의 질을 높이는 것이 되어야 할 것이고, 이를 통해 물적자본의 생산성을 높여 물적자본 투자를 유발하는 방식으로 지속적인 성장을 도모해야 할 것이다. 이러한 지식경제에서는 물적자본 투자가 새로운 아이디어를 실행하는 과정으로서의 중요성을 갖게 된다.

이러한 측면에서 성장정책도 기업의 물적자본 투자에 대한 직접적 지원으로부터 인적·지적자본에 대한 투자 지원 등 간접 지원 중심으로 변화할 필요가 있다. 과거의 경험과 관성에 입각해서 지나치게 사회간접자본 건설에 투자한다든지, 소위 '기업 하기 좋은 환경'을 통해 기업들의 물적자본 투자를 독려한다든지, 다양한 산업정책에 입각해서 기업의 물적자본 투자에 대한 직접적 지원을 하는 방식은 지양해야 한다. 즉, 사람에 대한 투자와 연구개발에 대한 투자 여건의 개선 등을 통한 간접적 기업 지원이 필요하다는 것이다.

4. 지식경제 성장의 효율성 제고를 위한 정책 방향

지식경제와 기득권 타파 및 공정경쟁

에이스모글루·아기온·질리보티(Acemoglu, Aghion, and Zilibotti 2002), 아기온·호이트(Aghion and Howitt 2003) 등은 경제발전의 초기 단계에서 유효했던 성장 전략, 즉 요소투입 또는 투자주도형 investment-based 전략이 경제가 성숙해감에 따라 오히려 발전의 장애 요소로 변질될 수 있으며, 적절한 시점에 이를 지식경제 또는 혁신주도형 전략으로 전환하지 않으면 경제가 비수렴 함정에[9] 빠질 수 있다고 주장한다. 성장 전략의 전환을 이루어내지 못하고 비수렴 함정에 빠진 경제는 선진국이 될 수 있는 잠재력이 있더라도 선진국 클럽에 수렴되지 못하는 정체 상태에 머물게 된다는 것이다. 로드릭(Rodrik 2003)도 이들과 유사하게 개발 초기에는 투자를 늘릴 수 있는 단기적 관점의 정책들이 유효할 수 있으나 지속가능한 성장을 이루기 위해서는 양질의 제도, 즉 법에 의한 지배, 소유권의 확립, 시장의 원활한 작동, 안정적 거시경제 정책, 사회적 안전망과 민주적 기업 경영 등의 제도적 장치들을 구축해나가야 한다고 주장하고 있다.

그러면 많은 개발도상국들이 성장전략을 적절히 전환하지 못하고

---

9 비수렴 함정이란 후발 경제가 선진국과의 기술 격차를 어느 수준 이상으로 좁히지 못하는 정체된 상황을 말한다.

선진국 문턱에서 주저앉고 마는 이유는 무엇인가? 그것은 전략 전환에 대한 의사 결정이 상당 부분 정치경제학적인 고려에 의해 좌우되기 때문이다. 즉, 기존의 전략을 실행해오던 사람들이 새로운 전략의 도입으로 도태되어야만 하는 잠재적 갈등상태가 존재하게 되면 다양한 형태의 사적 비용이 발생하게 된다. 이때 기존의 전략을 고수하려는 관성이 지속되어 많은 경우 경제가 함정에 빠져버리고 만다. 이는 전략 전환에 따른 양(+)의 외부성을 개별 경제주체가 내부화시키지 못하는 데 따른 시장 실패로도 해석할 수 있다.

따라서 새로운 지식경제 패러다임에 따라 성장 전략을 전환하고자 할 경우 기존 전략의 수혜자들로부터 반발이 야기될 수 있다. 하지만 거시적 관점에서 본다면 기득권층도 성장전략의 전환 실패로 인한 피해로부터 자유롭지 못하다. 따라서 성장전략의 전환은 정책 당국의 시각 전환뿐만 아니라 사회적 이해와 합의 등 정치경제적 노력이 필요한 지난한 작업이다. 미국이나 영국을 비롯한 선진국들이 자본축적 중심의 성장전략을 인적자본과 기술 중심으로 전환시킬 수 있었던 것은 새로운 성장 방식에 대한 사회적 합의를 이끌어낼 수 있었기 때문이다. 1860년대 이후 영국에서는 자본가들이 오히려 노동자들에 대한 교육 확대를 주장했고, 미국에서도 인류평등주의egalitarianism에 따라 모든 사람들이 교육받을 수 있도록 함으로써 골딘(Goldin 2001)이 지적한 대로 20세기가 '인적자본의 세기'가 될 수 있었다.

투자의 중심을 물적자본에서 인적자본과 지적자본으로 옮기는 것 이외에도 성장 전략의 전환과 관련해 중요한 것은 인적자본과 지적자본을 활용해 혁신을 일으키려는 유인의 제공이다. 지적재산권에 대한 적절한 보호와 함께 로비나 투기, 시장지배력 등 비혁신적인 방법으로 지대를 누릴 기회를 차단하는 것도 필요하다. 그런데 시장지배력은 물론이거니와 로비력이나 투기의 기회를 포착하는 정보력 등도 기득권과 밀접하게 관련되어 있다. 따라서 혁신주도형 성장이 원활하게 일어나기 위해서는 기득권을 타파하고 공정한 시장 경쟁이 이루어질 수 있도록 하는 것이 대단히 중요하다. 혁신주도형 성장은 끊임없이 기득권을 견제하고 타파해야 활성화되는 것이다.

이러한 관점에서 공정경쟁의 중요성을 인식할 수 있다. 최근의 연구들에 의하면, 지나친 독점은 혁신에 도움이 되지 않는다(Aghion et al. 2005). 전통적인 학설에 의하면 독점이윤이 보장되어야 혁신에 대한 유인이 생기게 되지만, 최근에는 독점도가 반드시 혁신 유인을 높이지는 않는다는 실증 연구들이 나오면서 지나친 독점은 오히려 혁신을 피해 안주하려는 유인을 제공함으로써 혁신을 방해한다는 이론이 힘을 얻게 되었다. 독점도가 지나치면 기업은 혁신보다는 후발자들이 자신의 영역에 침범하지 못하도록 진입 장벽을 쌓거나 게임의 룰을 자신에게 유리하게 바꾸는 데 힘을 쏟으면서 경쟁 자체를 회피하려 하기 때문에 혁신에 나쁜 영향을 끼친다. 따라서 기업들이 아슬아슬한 경쟁을 유지할 수 있도록 산업 환경을 조성하는 것이 혁신 역량을 높이는 데 중요한 역할을 한다.

이는 우리나라의 경우에 더욱 심각한 문제다. 대기업이 협력업체들에 대해 가지는 힘의 우위를 바탕으로 각종 부당한 방법에 의해 중소기업들이 개발한 기술을 탈취하는 사례가 빈번히 발생되고 있다. 이것은 경제정의와 분배의 문제일 뿐만 아니라 기술혁신에 대한 유인을 무너뜨림으로써 경쟁력과 성장 동력을 해치는 문제도 되는 것이다. 굳이 기술을 직접 빼앗아가는 것이 아니더라도 대기업들은 중소기업의 혁신 활동의 열매를 편취함으로써 혁신 유인을 파괴시키기도 한다. 새로운 공정 기술 개발 등 혁신에 의해 협력업체가 생산 단가를 낮추었을 때 이에 맞추어 납품 단가를 내려버리는 경우다. 따라서 하도급 거래에서 공정거래를 확립하는 것은 혁신주도형 성장을 위해서 필수적인 정책이다. 우리나라의 경우 미국 등 선진국에 비해 새로운 기업이 대기업으로 성장하기가 극히 어렵다는 사실은 공고한 기득권 질서 때문에 혁신주도형 성장이 잘 이루어지지 않고 있다는 것을 보여준다.

우리 경제를 멍들게 하는 부동산 투기의 경우도 결국 건설업계, 그리고 이 업계와 이해관계를 같이 하는 정치인들과 관료들을 포함한 기득권 세력의 부당한 영향력 때문에 지속될 수 있었다. 온 국민이 부동산 가격 상승 때문에 잠 못 이루고 고민하는 동안 혁신은 그만큼 줄어들 수밖에 없는 것이다.

기술혁신을 위한 금융정책[10]

우리나라 R&D 투자 관리의 가장 두드러진 문제점은 연구개발 성과가 사업화되는 초기 단계에 대한 투자가 부족하다는 것이다. 이러한 상황은 최근 벤처캐피탈의 투자 현황에도 잘 드러난다.[11] 예컨대 2006년 초부터 3/4분기까지 은행의 산업대출은 10.4%, 가계대출은 8.5% 증가했지만 벤처캐피탈의 자금 공급은 1.8% 감소했다. 〈그림 9-8〉은 이러한 상황을 잘 보여준다.

벤처 투자의 전반적 위축과 함께 더욱 큰 문제는 우리나라 벤처캐피

---

10 이 부분은 하준경(2007)에게 크게 의존하고 있다.
11 벤처캐피탈은 창업투자회사, 창업투자조합, 한국벤처투자조합(KVF) 등을 말한다.

그림 9-8. 은행의 산업대출 및 가계대출 잔액과 벤처캐피탈의 자금공급 잔액 추이

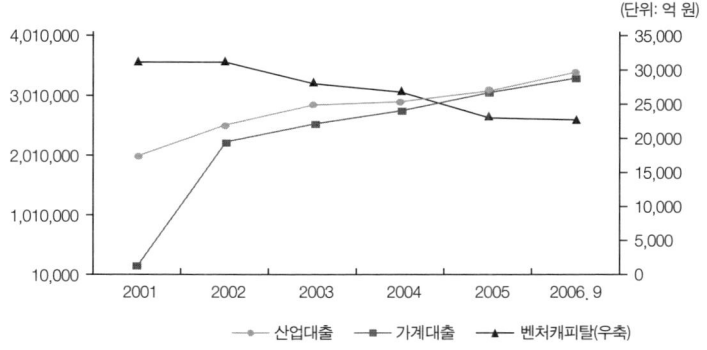

자료: 한국은행 경제통계시스템, 한국벤처캐피탈협회

탈의 업력 3년 이내 초기 단계 기업에 대한 투자 비중이 2001년 이후 크게 감소했다는 것이다. 신규 투자를 기준으로 보면 업력 3년 이내 초기 단계 기업에 대한 창업투자회사의 투자금액 비중은 2001년 72.4%, 2003년 39.5%, 2005년 26.5%로 지속적으로 감소해왔다. 또 수혜업체 수를 보아도 초기 단계 기업의 비중은 2001년 74.0%, 2003년 45.9%, 2005년 27.1%로 지속적으로 줄어들고 있다.

이렇게 초기 단계 벤처 투자가 줄어든 것은 벤처 투자 고유의 위험성에 대한 인식이 높아진 것을 반영하는 것이기는 하지만 새로운 투자처 및 지식경제의 성장 동력 발굴에 애로 요인으로 작용할 가능성이 크다. 벤처는 그 속성상 위험은 크더라도 향후 큰 수익을 낼 잠재성이 있는 프로젝트를 발굴해 투자하는 것이므로 벤처 자금 공급자의 위험 기피도가 높아지게 되면 경제 전체적으로 새로운 투자처를 발굴할 수 있는 기회도 줄어들게 되기 때문이다. 뿐만 아니라 새로운 연구개발 사업이 창업 단계에서 민간 금융시장으로 원활히 연계되지 못해 '죽음

의 계곡death valley'에 봉착하는 경우도 다수 발생하게 된다.

한편 연구개발 투자에서 기초연구나 대학이 사용하는 연구개발비의 비중이 낮다는 사실은 이미 위에서 지적한 바와 같다. 이와 같은 연구개발 초기 단계에 대한 투자 부족은 상당수의 잠재력 있는 연구개발 프로젝트가 사업화 단계까지 가기도 전에 사라지게 함으로써 전체 연구개발 투자의 효율성을 떨어뜨릴 수 있다.

이와 같이 연구개발 및 사업 초기 자금배분이 원활히 이루어지지 못하는 핵심적 원인은 R&D 관련 불확실성이 일반 사업과는 달리 매우 높다는 것이다. R&D 투자는 극단적인 고수익·고위험 투자이기 때문에 시장에서 충분한 투자가 일어나기 어렵다. 불확실성이 큰 초기 단계에 가능한 한 많은 투자 프로젝트에 자금을 공급해 '극단적 성공'의 싹을 틔우게 할 필요가 있다. 이를 위해서는 모母펀드Fund of Funds 등을 통한 투자기금의 대형화가 필요하다. 모펀드는 초기 단계 R&D에 대해서는 가능한 한 많은 프로젝트에 자금을 공급하되 어느 정도 검증이 이루어진 단계에서는 성공 가능성이 높은 프로젝트에 집중적으로 투자하는 것이 바람직할 것이다. 이와 같은 '초기 단계에서는 저변 확대, 검증 단계에서는 선택과 집중'의 원리는 초기 단계에서는 횡단면cross-section 위험관리 차원에서 위험 분산을 시도하고, 검증 단계에서는 시간간inter-temporal 위험관리와 유동성 위험관리 차원에서 가능성 있는 프로젝트가 일시적 유동성 부족으로 사장되지 않도록 하는 것이다.

연구개발 금융의 또 한 가지 어려움은 관련자들 간의 이해관계가 일치하지 않는다는 점이다. 즉, 기술 창조자, 기술 평가자, 자금 공급자 사이의 이해관계가 원활히 조정되지 않아 자금의 과소공급이 발생할 수 있다는 것이다.

우선 기술 창조자와 자금 공급자 사이의 관계를 보면, 기술혁신의 과실이 자금 공급자에게 너무 많이 분배될 경우 기술 창조자의 혁신 유인이 감소하는 반면, 그 반대의 경우에는 자금 공급자의 위험부담 유인이 감소한다. 또 기술 평가자와 자금 공급자의 관계를 보면, 기술 평가자는 자신의 자금을 직접 투입하지 않으므로 사업성 평가를 정확히 해낼 유인이 작으며, 이에 따라 자금 공급자는 기술 평가자를 신뢰하지 않게 되는데 이는 자금의 과소공급을 야기한다. 또 기술 창조자와 기술 평가자를 보면, 기술 창조자는 기술 평가자가 평가 과정에서 취득한 정보를 다른 목적으로 이용할 가능성이 있다고 판단하기 때문에 정확한 정보를 알려주지 않을 유인이 있고, 이는 정확한 기술 평가를 어렵게 만들어 자금 공급에 애로로 작용할 수 있다.

기술 창조자와 자금 공급자 사이에 이해가 상충되는 문제를 해결하는 데는 여러 방법이 있겠으나 지분 참여 형태의 자금 공급이 가장 기본적인 방법이므로 이러한 형태의 자금 공급을 유도할 필요가 있다. 즉, 대출과 출자를 결합한 메자닌Mezzanine 형태의 금융을 장려함으로써 혁신 유인 극대화(즉, 도덕적 해이 극소화)와 자금 공급 극대화 사이의 균형을 도모해야 한다. 자금 공급자가 이윤을 너무 많이 가져가면 기술 창조자의 혁신 유인이 작아지지만, 그 반대로 자금 공급자가 너무 이윤을 적게 가져가면 충분히 자금을 공급할 유인도 작아지므로 이윤을 적절히 분배해 기술 창조자의 혁신 노력과 자금 공급자의 위험 감수를 모두 보상할 수 있도록 하자는 것이다.

아울러 자금 공급자와 기술 창조자 사이에 유인 체계를 조정할 수 있는 다양한 형태의 계약 방식이 적용될 수 있도록 제도적 기반을 마련할 필요도 있다. 예컨대 자금 공급자가 기술 창조자의 도덕적 해이를 극소화하기 위해 각종 경영통제권을 기술혁신의 성과와 연계하는 것도 좋은 방법이다. 자금 공급자가 현금 흐름에 대한 통제권, 이사 선임권, 투표권, 청산권 등을 단계별로 혁신의 성과와 연계해 기술 창조자에게 부여함으로써 도덕적 해이를 극소화하고 혁신 유인을 극대화하는 것이다. 정부의 R&D 자금 지원과 관련된 연구 개발자의 도덕적 해이 문제에 대해서도 연구 자금 등에 대한 통제권을 연구 성과와 연계시키는 방안을 검토할 필요가 있을 것이다.

또한 기술 평가 시장의 활성화를 통해 기술 평가자가 사업성을 정확히 판단할 수 있도록 유인 체계를 시정하는 것도 중요하다. 즉, 복수의 시장 평가자가 활동하도록 하되 정부가 이들 사이의 공정경쟁을 유도하는 것이다. 예컨대 정부가 기술 평가자의 성과를 분석·공시하도록 함으로써 금융시장에서 기술 평가자가 정확히 평가될 수 있도록 할 수 있을 것이다.

5. 지식경제의 성장을 위한 사회적 환경

한편 지식경제의 지속적 성장을 위해서는 제도뿐 아니라 사회적인 환경도 갖추어져야 한다. 이것은 직접적으로는 기술혁신의 관리와 관계되며 간접적으로도 자원배분의 동태적·정태적 효율성 모두에 관계된다.[12]

---

[12] 기술혁신은 좁게 정의하면 기업의 생산 기술의 혁신이지만 넓게 정의하면 생산조직을 포함해서 경제 운용 전반의 효율성 개선 등을 모두 포함한다.

사회적 자본과 사회적 이동성

우선 인적자본이나 지적자본의 축적에는 사회적 자본 social capital이 결정적으로 중요하다. 왜냐하면 인적자본이나 지적자본은 모두 눈에 보이지 않는 무형자산이기 때문에 투자 과정과 당사자들에 대한 신뢰가 없이는 투자 자체가 일어나기 어렵기 때문이다. 이 점은 우리나라의 인적·지적자본 투자가 왜 가시적인 성과를 위주로 이루어지는지를 설명해준다.

대학 교육에 대한 투자를 예로 들면 사회적 자본이 충분한 사회에서는 대학 교육에 대한 투자를 늘리면 대학교수들은 연구의 양과 질을 높여 상당한 시간이 지난 후 투자 자금 이상의 성과를 거두지만, 사회적 자본이 모자란 사회에서는 대학교수들이 돈만 취하고 연구는 게을리 하는 결과가 기대된다. 따라서 사회적 자본이 축적되지 않은 사회에서 대학 교육에 충분한 투자가 일어날 수 없으며, 이는 지식경제의 성장에 걸림돌이 될 수 있다. 만약 사회적 자본이 부족한 데도 불구하고 인적·지적자본에 대한 투자를 늘리려 한다면 주로 대학 합격증이나 당장 눈에 보이는 성과 위주로 투자를 하게 되는 것이 안전해 보일 수밖에 없을 것이다.

이러한 논리는 인적자본과 지적자본에 대한 대부분의 투자에 그대로 적용된다. 따라서 지식경제의 발전을 위해서는 사회구성원들 사이의 신뢰를 핵심으로 하는 사회적 자본이 축적되어야 할 것이다. 다시 말해 인적·지적자본은 무형자산이므로 투자와 관련한 도덕적 해이 등의 문제를 통제하기가 어려우므로 이와 관련한 사회적 자본과 신뢰가 긴요하다는 것이다. 아울러 성장 동력인 인적·지적자본의 소유자와 기업가가 반드시 일치하지 않는 경우가 많으므로 사회적 자본을 기반으로 한 이해관계의 조정과 갈등 관리가 더욱 중요해진다.

한편 사회적 이동성은 경제의 동태적 효율성을 보장하는 데 매우 중요한 사회적 장치이다. 예컨대 극단적으로 패자의 재기 기회가 주어지지 않은 채 양극화가 지속되면 — 경제주체의 1/2이 승자가 된다는 가정하에 — 승자의 비율은 '1/2 → 1/4 → 1/8 → 1/16 → …'와 같이 결국 승자 1인의 독식체제가 되는데, 이는 경제주체들의 혁신 역량을 훼손시킬 수밖에 없다. 따라서 패자가 재기할 수 있고 승자도 패자가 될 수 있도록 사회적 이동성을 높이는 것이 중요하다.

사회적 이동성을 높이기 위해서는 패자들이 교육 기회, 정보, 자금 등 혁신 자원에 대한 접근성을 충분히 가질 수 있도록 하는 동시에, 승자들이 패자들의 접근을 가로막는 진입 장벽을 쌓지 못하도록, 즉 공정경쟁의 규칙을 따를 수 있도록 하는 것이 중요하다. 혁신 자원에 대한 접근성 강화는 사실상 공공재의 확대로서 어느 정도 재분배의 요소를 가질 수밖에 없다. 교육과 자금 등에 대한 접근성은 개인적으로 제공되는 데 한계가 있어 사회적으로 제공될 수밖에 없기 때문이다.

사실 선진국에서도 경제발전에 따라 공공재의 공급이 지속적으로 확대되었다. 예를 들어 미국의 공공 부문 교육비 지출 비중은 1850년 GDP의 0.33%에서 1995년 5.03%로 크게 늘었으며, 미국의 빈민을 위한 공공복지 지출은 1850년 GDP의 0.13%에서 1995년 3.85%로, 미국의 민간 부문 빈민 구제 관련 사회복지 기부는 1927년 GDP의 1.43%에서 1995년 1.71%로 증가했다. 즉, 시장경제의 전도사로 알려진 미국에서도 경제발전은 공공재의 확대와 함께 이루어진 것이다. 그러나 이와 같은 선진국에서의 공공지출 확대는 철저한 민주적 감시 속에서 이루어짐으로써 낭비와 비효율의 요인을 최소화했다는 점도 주

그림 9-9. 민주주의 지표와 총요소생산성 증가율 간의 관계

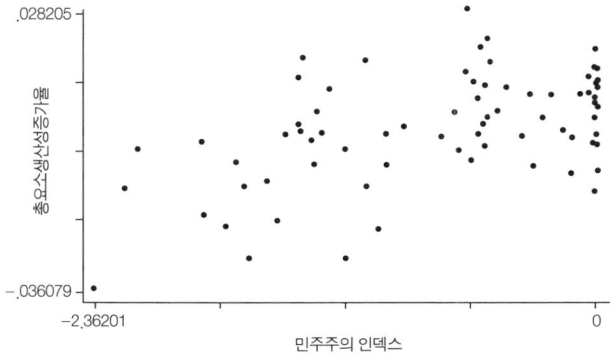

자료: Ha(2003)

목해야 할 것이다.

사실 혁신을 위한 공공자원의 확대와 그 효율성을 보장하기 위한 민주적 감시 장치 등은 모두 사회적 자본에 기반한다. 이러한 측면에서 민주주의가 발달한 국가에서 혁신이 더 활발히 이루어지는 것이다. 〈그림 9-9〉는 민주주의 지표와 총요소생산성 증가율 사이에 양의 관계가 있음을 보여준다.

기업가 정신

한편 성장 동력인 인적·지적자본의 소유자가 기업 소유자와 동일인이 아닌 경우가 많으므로 지식경제를 발전시키기 위해서는 이들 성장 동력의 소유자가 기업의 주체가 될 수 있도록 기업가 정신entrepreneurship을 확산시킬 필요가 있다. 사실 기업가 정신은 대규모 기업의 연구실에 비해 작은 연구실들에서 더 활발히 나타나는 경우가 많으므로 작은 연구실들이 창업을 쉽게 할 수 있도록 장려할 필요가 있다.

기업가 정신의 고취는 교육 센터 등의 방식을 통해 이루어질 수도 있지만 더 근본적으로는 작은 기업도 큰 기업이 될 수 있도록 산업구조를 유연하게 만들고 유망한 프로젝트에 쉽게 자금이 흐르게 하는 등의 구조 개선이 뒷받침되어야 가능할 것이다. 아울러 지대 추구를 통해서 불로소득을 얻지 못하도록 하는 것도 기업가 정신을 확산시키는 데 결정적으로 중요하다.

10장

민주적 시장경제론*

 최근 정치권과 학계에서 복지국가 담론이 빠르게 확산되고 있다. 이는 소득의 양극화가 심화되고 고용 사정이 악화된 지난 20년간의 경제 상황으로부터 비롯된 현상이다. 특히 민주개혁 세력의 정권이 10년간 지속되는 동안 문제가 심화되었고, 그리하여 국민은 정권을 바꿨다. '경제 대통령'과 '747 공약'을 내세운 보수 진영의 후보를 선택한 것이다.[1] 그런데 기대했던 것처럼 고도성장이 이루어지는 것도 아닐 뿐더러 성장으로 양극화와 고용 문제를 해결할 수 없음이 더욱 분명해졌

---

* 이 글은 최태욱 편, 『자유주의는 진보적일 수 있는가』, 후마니타스, 2011에 실린 논문을 제목과 내용을 수정해서 전재한 것이다.

1 '747 공약'이란 7% 성장, 국민소득 4만 달러, 경제규모 세계 7위를 달성하겠다는 이명박 대통령의 공약이었다. 이명박 정부 4년이 경과한 현 시점에서 보면 이 목표의 절반밖에 달성하지 못할 전망이다. 성장률은 3%대 초반, 국민소득은 2만 달러대, 경제규모는 세계 14위에 머물 것이다.

다. 게다가 2008년에 발생한 세계금융위기로 인해 시장만능주의 정책의 처참한 실패가 입증되었다. 이러한 맥락에서 이제는 시장과 경쟁만을 강조할 것이 아니라 국가와 복지를 확대해야 한다는 생각이 확산된 것이다.

정치 민주화 20년 만에 실망했던 국민이 이제 경제 민주화를 요구하기 시작했고, 이런 열망이 복지국가 담론으로 표현되고 있다. 이는 지극히 자연스러운 현상이다. 자본주의와 민주주의의 관계에 관한 표준적 견해에 의하면 민주주의 발달은 자본주의 시장경제의 불평등을 완화하기 위한 소득 재분배와 복지의 확대를 추구하는 복지국가를 낳는다고 한다. 그러나 이러한 관계에 관한 깊은 연구가 진행되면서 민주주의와 복지국가 사이의 관계가 단순하지만은 않다는 사실이 드러났다. 민주주의에도 여러 유형이 있고 자본주의에도 다양한 유형이 있어서 그 유형에 따라 재분배의 정도나 복지체제의 유형에 커다란 차이를 가져온다는 사실이 밝혀졌다(Iversen 2010). 정치제도 면에서는 특히 비례대표제냐 소선거구제냐의 차이가 중요하고, 경제제도에서는 '자본주의의 다양성 Varieties of Capitalism' 연구에서 제기한 자유시장경제냐 조정시장경제냐 하는 구분이 중요한 것으로 드러났다(Hall and Soskice 2001). 두터운 복지는 비례대표제 및 조정시장경제와 친화성을 갖는다.

한국의 경우에도 복지국가 논쟁을 생산적으로 이끌기 위해서는 이와 관련된 논의를 진전시켜야 할 것이다. 구체적으로 어떤 유형의, 어느 수준의 복지가 가능하고 바람직한지 검토해야 하며, 나아가 이와 조응하는 정치제도와 경제체제를 어떻게 형성해나갈지에 관해 전략을 수립해야 한다. 특히 복지만을 강조하고 경제체제를 논의하지 않는 것은 위험하다. 과거의 경험이 입증하듯이 경제개혁에 관한 분명한 비전이 없으면 보수적 경제 엘리트의 논리와 영향력을 극복하기 어려울뿐더러, 기존의 경제구조를 온존시킨 채 복지를 확대하는 것만으로 양극화를 극복하기는 어렵기 때문이다. 나아가 복지체제와 경제체제 사이에 친화성이 확보되지 않으면 복지체제가 제대로 정착될 수 없다. 이 글에서는 이러한 문제의식에 기초해서 경제체제와 관련한 민주진보 진영의 대안을 모색해보고자 한다.

먼저 철학적 기반을 분명히 할 필요가 있다. 그래야만 일관된 관점을 유지할 수 있으며, 생산적인 논의가 용이해지기 때문이다. 이 글에서는 '진보적 자유주의'의 시각에서 경제적 대안을 논의하고자 한다. 자유주의는 특정한 역사적 상황에서 특정한 내용으로 구성되는 것도 사실이지만, 가장 근본적인 핵심, 즉 만인의 자유와 인권에 대한 존중과 법 앞의 평등이라는 핵심적인 내용은 인류사를 통해서 보편적 가치로 확립되었다고 할 수 있다. 따라서 자유주의가 충분한 답이 되지 못한다는 입장은 가능하지만 자유주의 자체를 부정하는 이념은 보편적 이념으로 성립하기 어렵다.

자유주의의 가치가 충분히 구현되지 못한 사회에서 자유주의는 그만큼 진보적인 이념이 된다. 우리나라의 경우 배타적 집단주의 문화의 잔존, 국가 주도 산업화 과정에서 형성된 재벌 중심 경제구조, 권력투쟁 중심의 후진적인 정치 문화 등 자유주의적 해법을 일정하게 요구하는 역사적 과제들이 남아있다. 따라서 자유주의가 진보적인 성격을 지니지만, 그럼에도 불구하고 굳이 '진보적'이라는 수식어를 추가하는 데는 두 가지 이유가 있다. 하나는 한국 현대사에서 자유민주주의라는 용어가 반공주의라는 의미로 사용된 데서 유래하는 혼란의 가능성이다. 다른 하나는 자유지상주의나 신자유주의와 같은 시장의 자유를 절대시하는 사조와 분명하게 선을 긋기 위해서다. 개인의 경제적 자유에 관한 자유주의의 입장은 가급적이면 자유를 보장하는 것이다. 하지만 존 롤스가 명확하게 주장하듯이 생산수단에 대한 사유재산권이나 계약의 자유는 개인의 존엄성이나 정치적 자유와 같은 근본적 가치가 아니어서 필요에 따라 제약을 가할 수 있다(Rawls 1971). 즉, 진보적 자유주의는 시장경제를 기본으로 하되, 사회적 필요에 따라 시장에 대한 적절한 개입과 통제를 정당화한다.[2]

경제체제는 모든 사회제도가 그렇듯이 경로의존성과 상호연관성이 있기 때문에 백지에 그리는 대안이 아니라 구체적인 역사적 맥락과 조건을 고려한 대안을 만들어야 한다는 점이 또한 중요하다. 세계사적인 경험과 한국적 맥락을 함께 고려해야 한다. 이러한 관점에서 '민주적 시장경제'가 하나의 유력한 대안이 될 수 있다. 이는 김대중 정부 시절의 경제개혁을 일정 부분 뒷받침한 개념이었으며, 경제 민주화의 역사적 요구를 담고 있는 개념이기 때문이다. 경제에 관한 진보적 대안이 비시장적이거나 반시장적인 것이 아니라 시장경제의 한 형태라는 것을 분명하게 하면서도, 경제력 집중과 양극화라는 구조적 문제를 극복하려는 지향을 담아내는 개념이다. 또한 시대적 요구로 등장한 보편적 복지와 유기적으로 결합되기에 적합한 개념이라는 점도 중요하다.[3]

---

[2] 이러한 점에서 보면 한국 헌법은 진보적 자유주의에 입각해있다. 헌법 제23조 2항은 "재산권의 행사는 공공복리에 적합하도록 하여야 한다"고 규정하고 있으며, 제119조 2항은 "국가는 균형 있는 국민경제의 성장 및 안정과, 적정한 소득의 분배를 유지하고, 시장의 지배와 경제력의 남용을 방지하며, 경제주체 간의 조화를 통한 경제의 민주화를 위하여 경제에 관한 규제와 조정을 할 수 있다"고 규정하고 있다.
[3] 더불어 삶 기획위원회(2011)는 바로 이러한 결합을 중심으로 한 사회경제 모델을 제시하고 있다.

아래에서는 민주적 시장경제의 개념을 논의하고 그 구성 요소를 살펴본 후 핵심 과제를 제시한다.

1. 민주적 시장경제의 개념

민주적 시장경제는 학문적으로 널리 사용되는 용어도 아니고 그 의미가 명확하게 정의되어 있는 개념도 아니다. 〈위키피디아〉에도 '민주적 자본주의'라는 항목은 있지만 '민주적 시장경제'라는 항목은 없다. 민주적 자본주의라는 개념도 학문적으로 정립된 것은 아니다. 일반적으로 구미 선진국에서 나타나는 민주정치와 자본주의경제가 결합된 체제를 말한다. 그러나 민주주의에도 시장경제에도 다양한 형태가 존재하기 때문에 이러한 느슨한 개념은 경제체제에 대한 대안 담론으로 발전시키기에 충분하지 못하다. 따라서 민주적 시장경제의 개념을 적극적으로 발전시키기 위한 논의가 필요하다. 이를 위해서 우선 우리나라의 경제개혁 과정에서 제기되었던 민주적 시장경제의 개념을 간단히 살펴보고자 한다. 그리고 민주적 시장경제에서 '민주적'은 단순히 정치적 민주주의와 공존한다는 의미를 넘어서서 경제체제 자체의 특성을 의미하는 것으로 보고, 그 내용을 논의한다. 민주주의의 이상과 시장경제의 이상을 고려하면서 경제 민주화의 요구와 관련한 세계사적 경험을 농축해 그 내용을 추출하려는 시도다.

한국의 경제개혁과 민주적 시장경제

소위 개발독재 아래서 고도성장을 한 한국 경제는 양적 성장이라는 성과를 이루었지만 경제 불안정과 분배 불균형 등 심각한 구조적 결함을 지니게 되었다. 1997년 발생한 외환위기는 이러한 구조적 문제가 폭발적으로 표출된 것이었다. 1980년대부터 경제개혁이 점진적으로 추진되었으나, 개혁이 철저하지도 못했을 뿐더러 방향 설정도 잘못되어 있었다. 개혁의 주된 내용은 국가 주도의 관치경제를 극복하고 정상적인 시장 기능이 작동하는 것을 목표로 하는 소위 시장자유화 개혁이었다. 시장 기능의 확대는 필요한 것이었지만 자유화 이후 공정하고 투명한 시장 경쟁 질서를 확립하고 시장의 실패를 보정하기 위한 제도적 기반을 조성할 필요성에 대한 인식이 부족했으며, 또한 이미 재벌을 중심으로 경제력 집중이 심화된 상태에서 시장 경쟁이 왜곡되는 문제를 해결할 비전과 의지도 부족했다(You 2006). 자본시장 개방과 금융 규제 완화는 대표적인 개혁정책 실패의 사례이자 외환위기의 직접적인 원인이 되었다.

한국의 경제개혁은 외환위기를 계기로 중대한 전기를 맞게 된다. 위기 극복을 명분으로 포괄적이고 심도 있는 개혁이 이루어졌다. 하지만 개혁의 성과는 잘해봤자 절반의 성공에 불과했고 부작용은 심각했다. 시장 기능의 확대와 투명성의 증대는 어느 정도 이루어졌지만 경제력 집중과 양극화가 심화되었다. 김대중 정부가 추진하고 노무현 정부가 이어받은 개혁의 한계는 세 가지 원인에서 비롯되었다.[4] 첫째, 당시 IMF 구제금융체제 아래서 IMF를 앞세운 외국자본의 요구가 과도하게 관철되었고, 이는 개혁 프로그램에서 금융시장 개방, 노동시장 유연화 및 공기업 민영화 등 이른바 신자유주의적 요소의 강화로 나타났다(이제민 2007). 둘째, 개혁의 청사진이 미비했다. 요즘은 김대중 정부의 경

---

4 개혁의 내용과 성격 및 한계에 관한 정치경제학적 분석은 유종일(2010) 참조.

제개혁이 신자유주의 개혁이라고 매도되기도 하지만, 사실 당시의 경제개혁은 복합적인 성격을 지니고 있었고 나름대로 경제 민주화의 방향도 담고 있었다(김기원 2007; 유종일 2007). 재벌개혁과 복지 확대, 금융 감독 강화 등 시장 실패를 보완하려는 노력이 개혁의 중요한 구성 요소였던 것이다. 그러나 개혁의 각 구성 요소 사이에 존재하는 상호 보완성에 관한 인식이 부족했고, 단기적인 경제성장에 대한 욕심이 개혁 의지를 쇠퇴시켰다. 셋째, 개혁세력의 정치적 기반이 취약했다. 재벌과 보수언론을 등에 업은 야당의 공세 앞에서 개혁은 흔들렸고, 김대중 정부 후반기에 들어서면서 개혁 후퇴의 조짐이 뚜렷하게 나타났다.

경제개혁은 단순히 기술적인 문제가 아니라 상이한 비전과 이해관계를 가진 세력들의 정치적 각축에 의해 결정된다. 여기서 개혁 주체의 청사진이 적합하면서도 확고하다면 개혁의 성공에 상당한 도움이 될 것이다. 김대중 정부 개혁의 밑바탕에는 외환위기라는 상황 논리와 더불어 민주적 시장경제의 개념이 있었다(김대중 1997). 김대중 대통령은 "민주주의와 시장경제의 병행 발전"을 국정 목표로 제시해 민주적 시장경제를 구현하고자 했다. 그런데 그의 병행발전론에 담긴 민주적 시장경제는 경제 민주화의 요구를 충분히 담아내고 있지 못했다. 권위주의적 관치경제의 청산과 진정한 시장경제 확립만을 강조했고, 경제 민주화의 또 다른 핵심 축인 경제력 집중 문제의 해결과 시장의 실패에 대한 국가의 적극적 역할에 대해서는 인식이 부족했다. 이는 과거에 '대중경제론'을 제창했던 것에 비추어 후퇴한 것으로서 신자유주의가 풍미하던 당시의 시대적 상황을 반영한 것이었다. 사실 김대중 정부 초기에 민주적 시장경제에 대한 적극적 해석론이 제기되기도 했지만(김균·박순성 1998; 최장집 1998a), 정부는 이를 경계하며 소극적 해석이라 할 수 있는 병행발전론에 머물렀다. 이러한 한계는 외국자본과 재벌 등 신자유주의로 포장한 기득권 세력의 요구 앞에서 개혁 프로그램이 쉽사리 왜곡되고 좌절되는 여건을 제공한 원인이 되었다.

이러한 역사적 경험은 오늘날 민주적 시장경제의 개념을 다시 적극적으로 발전시키는 것의 중요성을 일깨워주고 있다. 단순히 정치적 민주주의와 공존하는 시장경제가 아니라 민주주의와 시장경제 간에 화학적 결합이 형성되고(최장집 1998b), 그리하여 시장경제 자체가 '민주적' 특성을 지니는 경제를 모색함으로써 과거 개혁 실패의 역사를 극복하고 미래로 나아가자는 것이다.

경제적 평등과 민주적 거버넌스: 민주적 시장경제의 핵심

민주적 시장경제에서 '민주적'을 경제체제 자체의 특성을 의미하는 것으로 볼 때, 그 의미는 구체적으로 무엇인가? 자본주의적 시장경제가 민주적일 수 있는가? 자유주의적 전통에서는 흔히 민주주의와 자본주의 시장경제의 정합성을 주장하는 반면, 사회주의적 전통에서는 진정한 민주주의는 자본주의와 양립할 수 없다고 본다. 전자의 입장에서 보면 민주주의와 자본주의 시장경제는 개인의 자유, 공정한 경쟁, 자기 책임이라는 중요한 기본 원칙을 공유하고 있다. 양자 간에는 상승효과가 존재해서 어느 한쪽이 발달하면 다른 한쪽도 자연스럽게 발달하는 것이 일반적이다. 하지만 후자의 입장에서 보면 민주주의가 추구하는 인권과 자본주의가 추구하는 재산권이 충돌하고, 민주주의가 추구하는 평등과 자본주의가 생산하는 불평등이 충돌한다(Bowles and Gintis 1987). 그래서 사회주의자들은 민주적 시장경제를 사회주의적인 시장경제로 정의하기도 한다(Stauber 1977).

이렇게 자본주의적 시장경제와 정치적 민주주의 사이에는 친화적인 관계와 긴장 관계가 공존한다. 긴장 관계의 핵심은 민주주의의 평등 원칙과 자본주의의 불평등 사이에서 발생한다(Przeworski 1990). 만약 민주주의가 다수결의 원칙에 입각해서 결과의 평등을 지나치게 요구한다면 자본주의 시장경제는 크게 억압될 것이며, 반대로 만약 자본주의 시장경제의 결과가 소수 엘리트에 의한 부의 독점으로 귀결되면 민주주의를 위협하게 될 것이다. '민주적 시장경제'는 이러한 긴장 관계에 대한 해법 혹은 균형점을 제시하는 것으로 볼 수 있을 것이다. 필자는 과거에 민주적 시장경제를 "민주주의의 평등 이념을 시장경제의 틀 안에서 구현한 경제"라고 정의한 바 있다(유종일 2008a). 다시 말해 민주주의의 평등과 시장경제의 효율을 화학적으로 결합한 체제를 말한다. 개인의 자유와 자율은 민주주의와 시장경제가 공유하고 있는 전제다. 따라서 경제의 특성으로서 '민주적'이란 것은 개인의 자유와 자율을 토대로 하며 만인의 평등을 실현하는 경제라는 것이다. 아직까지 현실적으로 시장경제는 자본주의적 시장경제를 벗어나지 못하고 있지만, 장기적으로는 민주적 특성이 강화되면서 자본주의를 극복한 시장경제를 구현할 수도 있을 것이다.[5]

민주적 시장경제를 시장경제에서 평등을 구현한 것으로 이해할 때 평등은 구체적으로 무엇을 의미하는가? 여기서 평등은 '무엇의 평등'을 가리키는 것인가? 경제적 평등에는 네 가지 차원이 있다. 기회의

---

5 현실의 시장경제에도 국유 기업이나 협동조합 또는 사회적 기업 등 비자본주의적인 기업들이 존재하므로 순수한 자본주의 시장경제만은 아니다.

평등, 분배의 평등, 의사 결정 참여의 평등, 그리고 소유의 평등이다. 평등의 성취도가 높아지고 차원이 높아질수록 경제 민주화가 고도화되는 것으로 볼 수 있다. 하지만 유념해야 할 점은 평등을 어떻게 구현하는가에 따라 시장경제의 효율성을 제고할 수도 있고 파괴할 수도 있다는 것이다. 민주적 시장경제는 시장경제의 효율성을 저해하지 않는 범위 내에서 평등을 실현하는 방법을 모색하는 것이다.

경제적 평등 중에서 가장 기본이 되는 것은 기회의 평등이다. 기회의 평등은 민주주의의 최소한의 요구일 뿐더러 시장경제가 효율적으로 작동하기 위한 전제 조건이기도 하다. 분배의 평등은 완전한 평등을 목표로 하는 것이 아니라 지나친 불평등을 방지하는 것 혹은 가급적 분배를 평등화하는 것을 목표로 한다. 참여와 소유의 평등은 보다 고차원적인 요구다.

민주적 시장경제에 대한 이러한 정의는 평등을 지나치게 강조한 면이 있다. 평등이 민주주의의 핵심적 원칙이기는 하지만 평등만이 민주적 가치인 것은 아니다. 또한 현실의 시장경제는 원자화된 개인들 사이의 비인격적 거래와 경쟁 관계로만 이루어지지는 않는다. 기업, 노동조합, 사회조직, 국가에 이르기까지 다양한 수준의 위계적 질서와 협력적 관계가 존재한다. 따라서 이들의 거버넌스 혹은 협치協治가 민주적으로 잘 이루어지는 것도 민주적 시장경제의 중요한 요소로 보아야 한다. 특히 자유시장경제가 아닌 조정시장경제에서는 위계적 질서와 협력적 관계의 기능과 역할이 중요하게 부각된다. 평등의 원칙에 더하여 민주적 거버넌스의 원칙을 포함해 민주적 시장경제를 정의한다면 '적절한 민주적 통제가 가해지는 시장경제'로 폭넓게 정의된다. 실제로 민주주의 발달 과정에서 나타난 경제에 대한 다양한 민주적 요구를 살펴보면 평등에 대한 요구를 넘어서는 부분들이 존재하고, 이들은 대체로 다양한 수준에서의 민주적 거버넌스와 관련된 것이다. 특히 자본주의 시장경제에서 경제적 평등을 확대하는 데 결정적인 역할을 한 케인스주의가 한계에 부딪친 까닭과 그 한계를 극복하기 위한 방안을 살펴보면 바로 이 거버넌스의 문제와 직결되어 있음을 알 수 있다.

케인스주의의 한계에 대응해 경제 민주화의 새로운 요구로 부각되고 있는 대표적인 이슈로는 노사 갈등을 제어하기 위한 사회적 타협, 기업의 사회적 책임, 그리고 세계화에 대한 대응 등을 꼽을 수 있는데, 이는 각각 사회·기업·국민경제·세계경제 수준에서의 거버넌스 문제에 다름 아니다. 다양한 수준에서의 민주적 거버넌스는 경제적 평등과 안정을 위한 정부의 적극적 역할이라는 케인스주의를 넘어서는 내용이다. 이러한 점에서 민주적 시장경제를 케인스주의 이후의 새로운 대안으로 규정하고 그 내용을 모색할 수 있을 것이다.

2. 민주적 시장경제와 기회의 평등

기회의 평등은 민주적 시장경제의 가장 기본적인 원칙이다. 기회의 평등은 우선 경제적 자유를 보장하는 데서 출발한다. 누구나 권력에 의한 자의적인 통제나 신분에 따른 제약 등에 의해 구애받지 않고 시장에 참여해 자유롭게 경쟁할 수 있다는 것은 자유시장경제의 기본 원칙이다. 역사적으로 보아도 민주주의 정치가 발전함에 따라 자의적인 권력의 행사를 제한하고 신분의 속박을 제거함으로써 시장경제가 본격적으로 발달하게 되었다. 국가는 사유재산권과 인신의 자유를 보장하고 계약의 이행을 강제하는 사법체계를 확립함으로써 자유로운 시장거래를 통한 경제활동을 뒷받침하는 틀을 제공하게 되었다. 그러나 법적으로 경제적 자유가 만인에게 보장된다고 해서 시장경제에서 기회의 평등이 손쉽게 보장되는 것은 결코 아니다. 기회의 평등이 실질적으로 보장되기 위해서는 네 가지 조건이 요구된다.

특권의 철폐

법에 의해 인권과 재산권이 보호되고 계약의 자유가 누구에게나 주어진다고 해도 만약 법치주의와 법 앞의 평등이 제대로 확립되지 않는다면 기회의 평등이 실현될 수 없다. 현실적으로 법치주의와 법 앞의 평등은 민주정치의 핵심적 요소일 뿐만 아니라 기회의 평등을 실현하기 위한 가장 기초적인 조건이다. 민주주의의 발달에 따라 사법부의 독립이나 배심원 제도 등 공정한 사법시스템을 만들기 위한 노력들이 전개되었다. 하지만 완벽한 공정을 실현하기란 여간 어려운 일이 아니다. 특히 자본주의 시장경제에서 부의 영향력이 사법 판단에 미치는 영향력을 완전히 제거하기란 쉽지 않다. 미국에서도 피고의 피부색이나 경제력에 따른 형량의 차이가 끊임없이 논란이 되고 있다. 공식적으로는 특권계급이 인정되지 않는다고 하더라도 사실상은 법 앞에서 특권을 누리는 집단이 존재한다는 것이다. 민주적 시장경제는 당연히 법치주의와 법 앞의 평등을 보다 완벽하게 실현하도록 노력해야 한다.

이런 면에서 우리나라의 현실은 민주적 시장경제와는 거리가 멀다. 유전무죄 무전유죄 현상이 만연하고, 정치권력에 대한 종속과 눈치 보기가 일상화되어 있다. 재벌 총수들은 천문학적 액수의 탈세와 횡령을 해도 대부분 집행유예로 풀려나는 반면, 서민들은 사소한 범죄로도 복역을 한다. 살아있는 권력이 사법부의 심판을 받는 경우는 찾아보기 어려워도, 흘러간 권력이나 정치적 반대자에 대해서는 엄중하다. 재벌과 각계의 권력 엘리트들이 사실상 특권층화되어 있으며, 이들이 혼인 관계와 혈연·지연·학연 등 연고 관계를 통해 소위 '이너 서클inner circle'을 구성하고 있는 것이 현실이다.[6]

민주적 시장경제를 향한 첫 걸음은 사법개혁이어야 한다. 기소독점주의와 검사동일체 원칙을 폐기하고 검찰권 행사에 민주적 압력을 가하고 투명성을 제고해야 한다. 고위공직자 비리 수사처 설립 및 검찰총장와 검사장의 직선제가 유력한 대안이 될 수 있을 것이다. 또한 검찰과 법원의 인사는 독립적인 인사위원회를 통해 매우 엄정한 검증 과정을 거치도록 해야 할 것이다.[7]

사회 안전망과 의무교육

형식적으로는 경쟁의 기회가 주어지더라도 유의미한 경쟁을 위해 준비할 수 있는 여건이 되지 않는다면 이 또한 기회의 평등이라고 볼 수 없다. 실질적으로는 시장으로부터 배제되고 말기 때문이다. 어린 시절 교육을 받지 못하거나 청년 실업의 장기화로 직업능력 배양의 기회를 박탈당하는 경우가 이에 해당된다. 이렇게 유의미한 경쟁을 위한 준비를 하지 못해 경쟁에서 배제되면 불가피하게 자기파괴적인 거래에 나설 수밖에 없다. 자기파괴적 거래란 거래의 결과가 미래의 경제

---

6 이것이 바로 조정래의 소설 『허수아비 춤』에서 '로열 클래스'와 '골든 클래스'라고 표현한 것이다(조정래 2010).

7 사법제도뿐 아니라 법률 자체의 개혁이 필요한 부분도 많다. 특히 명예훼손죄와 사생활보호는 개인의 인권을 보호하는 수준을 넘어서서 과도한 수준으로 적용되고 있는데, 이는 특권층을 감시와 비판으로부터 감싸기 위한 수단이 되어버렸다(김용원 2011).

적 전망을 현저하게 악화시키는 거래를 말한다. 아동노동을 비롯해서 경제적 궁핍에 의한 성매매나 장기 매매, 고리 사채 등이 이에 해당한다. 자기파괴적인 거래는 정상적인 시장거래로 보아서는 안 된다. 정상적 시장에서 배제된 결과로 택하는 극단적인 선택이기 때문이다. 민주적 시장경제는 당연히 자기파괴적인 거래를 금지하고, 어느 누구도 이런 거래를 선택하게 되는 상황에 처하지 않도록 보완 조치를 취해야 한다. 즉, 사회의 생산력 수준에 걸맞는 의무교육과 사회 안전망이 마련되어야 한다. 그리고 능력과 의지가 충분한 경우에 경제적 여건 때문에 교육의 기회가 박탈되어서는 안 될 것이다.

우리나라는 아직도 사회 안전망이 매우 부실하다. 사각지대가 광범하게 존재하고 있다. 그 단적인 결과가 경제협력개발기구OECD 국가 중 자살률 1위라는 통계다. 그러다보니 자기파괴적인 거래도 횡행하고 있다. 법으로 금지되어 있는 성매매가 여전히 대규모로 이루어지고 있으며, 살인적인 고리의 사채 거래도 상당히 이루어지고 있다. 경쟁을 준비하기 위한 교육의 측면에서도 문제가 있다. 절대 다수의 학생이 고등학교를 졸업하고, 고등학교 졸업생의 80% 가량이 대학에 진학할 정도로 교육에 대한 접근성은 높다. 그러나 이는 표면적인 현실이고, 내부를 들여다보면 심각한 문제들이 존재한다. 고등학교까지는 학업성적이 미흡한 학생들이 교육적 관심을 제대로 받지 못하는 경우가 흔히 있으며, 대학생의 경우에는 과도한 등록금 부담으로 인해 집안 형편이 어려운 학생들은 아르바이트에 시간을 빼앗겨 제대로 공부하기가 힘든 것이 현실이다. 민주적 시장경제로 나가기 위해서는 튼튼한 사회 안전망을 구축함과 동시에 이러한 교육 현장의 문제도 해결해야 한다.

공정거래 규제와 노동권

누구나 경쟁을 할 수 있는 여건을 갖추었다고 하더라도 만약 시장에서 독점적·지배적 힘을 가진 경제주체들이 경쟁을 제한하는 행위를 하는 경우는 기회 평등의 원칙에 위배된다. 기회가 누구에게나 평등하게 주어져있다면 시장이 경쟁적이어야 한다. 그러나 자연독점이나 행정 규제 등의 다양한 이유로 현실의 시장에서는 독과점이 발생한다. 독점적 사업자에 의한 부당 거래나 과점적 사업자들의 담합 등 경쟁 제한 행위는 기회 평등에 대한 중대한 위협이다. 이러한 문제들을 방지하기 위한 공정거래 규제는 민주적 시장경제의 중요한 조건이다.[8] 단, 혁신에 의해 경쟁적 수익률을 상회하는 초과이윤을 획득하는 것은 정당한 경쟁 행위로 간주된다. 혁신으로 인한 혜택의 일부는 혁신 주체에게 초과수익으로 돌아오지만 나머지는 사회 전체로 퍼지게 된다.

전통적 의미의 공정거래 규제는 아니지만 힘의 불균형에 의한 경쟁의 왜곡 혹은 착취가 발생하는 것을 방지하기 위한 제도들이 있다. 자금력, 정보력, 로비 능력 등에서 비대칭이 존재할 때 일방에게만 유리한 거래가 성립될 수 있다. 미국 서브프라임 사태의 근저에 있었던 약탈적 대출이 대표적인 예다. 종속적 하청 관계에 있는 중소기업에 대해 재벌기업이 기술 빼앗기나 단가 후려치기를 하는 경우도 약탈적 거

---

8 원래 시장 경쟁이 효율적인 까닭은 수단과 방법을 가리지 않는 약육강식의 무한 경쟁을 벌이기 때문이 아니라 혁신에 의한 경쟁만 허용되는 제한적인 경쟁이기 때문이다. 따라서 시장경제를 약육강식과 무한 경쟁이 지배하는 정글에 비유하는 것은 지극히 잘못된 것이다. 경쟁에 따른 적자생존의 원리가 적용되는 것은 동일하지만, 시장 경쟁은 무한 경쟁이 아니고 공정경쟁의 규칙 아래서 행해지는 제한 경쟁이기 때문이다. 또한 적자생존도 기업이나 제도 등에 적용되는 것이지 개인에게 적용되는 것은 아니다. 파산법에서 기업과 개인에 대한 파산 처리의 원칙이 확연히 다른 것이 이를 반영한다.

래에 해당한다. 이렇게 약탈적인 불공정거래를 규제하고, 정보가 부족한 소비자를 보호하기 위해 제품의 안전성이나 광고에 관한 규제를 하는 것도 시장경제에서 기회 평등을 보장하기 위해 필요한 요소다. 고용주에 비해 상대적으로 경제적 지위와 힘이 열악한 노동자들에게 그들이 노동의 정당한 대가를 받고 노동조건을 향상시키기 위해 단결하여 노력할 수 있도록 노동권을 보장해주는 것도 마찬가지 맥락에서 이해할 수 있다.

우리나라에서도 민주화 과정에서 공정거래 규제의 강화, 소비자보호의 확대, 그리고 노동권의 신장이 이루어졌다. 하지만 아직 현실은 민주적 시장경제의 이상과는 거리가 멀다. 특히 중소기업들이 대기업에 하청 계열화되지 않고는 살아남기 어려운 산업구조가 형성됨으로써 대기업과 중소기업 간의 하도급 관계를 둘러싼 불공정거래 문제는 고질적으로 발생하고 있다. 노동권도 충분히 보장되고 있지는 못한 실정이다.

양적 할당 문제: 완전고용과 금융 접근권

시장의 실패로 인한 양적 할당rationing도 기회의 평등을 제한하는 원인이 된다. 정상적인 시장경제에서 상품시장에서는 양적 할당이 흔히 발생하지 않지만, 노동시장과 금융시장에서는 일상적으로 존재한다. 효율임금에 의한 일자리 할당 — 그리고 그 결과로서 비자발적 실업 — 과 정보 비대칭에 의한 신용 할당이 그것이다. 이러한 경우에 시장에서 배제된 자들은 더 낮은 임금이나 더 높은 이자율 등 기존의 시장 참가자들에 비해 더 매력적인 거래 조건을 제시한다고 하더라도 아무 소용이 없다. 원천적으로 유의미한 경쟁을 할 수 없게 되는 것이다.

따라서 비자발적 실업과 금융 소외의 문제는 민주적 시장경제가 해결해야 할 중요한 문제이며, 실제로 서구의 역사를 보면 대중민주주의의 확산에 따라 정부가 이런 문제를 해결하는 책임을 떠맡게 된 것을 알 수 있다. 대공황 이후 뉴딜 개혁의 일환으로 금본위제가 철폐되고 적극적인 실업 구제를 실시한 것이 중요한 진전이었으며, 1946년에 미국 의회가 제정한 '완전고용법Full Employment Act'은 완전고용을 국가의 책임으로 명확하게 규정하기에 이르렀다. 신용 할당에 대해서도 정부가 적극 대처하게 되었다. 대표적인 예가 미국에서 1977년에 제정된 '지역사회재투자법Community Reinvestment Act'이다. 이 법은 '붉은 선 긋기Redlining'라고 불리는 저소득층 주거지역에 대한 대출 배제의 문제가 드러나면서 예금보험에 가입된 모든 금융기관이 영업 허가를 받은 지역 내의 모든 지역사회에서 차별 없이 대출을 시행하도록 권장한 내용을 담고 있다. 이외에도 저소득층이나 중소기업 등 상대적으로 취약한 입장에 있는 경제주체들에게 금융시장에서 접근성이 평등하게 보장되지 않는 현실을 개선하려는 다양한 정책들이 실시되었다.

우리나라의 경우 실업률은 낮은 편이지만 통계가 실상을 정확히 반영하지 못하고 있음을 직시해야 한다. 고용보험이 적용되지 않는 사각지대가 광범위하고, 적용된다고 하더라도 급여 수준도 낮고 급여 기간도 짧아서 구직자들이 구직을 포기하고 실망실업자로 돌아서는 경우가 많다. 청년층의 경우 실업 상태가 되는 것을 회피하려고 노동시장 진입을 미루는 일이 비일비재하며, 실업 상태를 감당할 수 없어서 자영업에 진입하는 사람들이 많고, 자영업이 과잉비대화되어 있기도 하다. 노동시간이 본인 의사에 반해 매우 적은 비자발적 부분 실업도 실업통계에는 반영되지 않는다. 비정규직의 오남용으로 대표되는 고용의 질도 문제다. 차별을 감수하면서 비정규직 일자리에 취업하는 것은 결국 정규직 노동시장에서 배제되었기 때문이다. 정규직 시장만 본다면 일자리 할당이 매우 심각하다는 것을 알 수 있다. 금융 소외의 문제 또한 심각하다. 금융기관의 담보대출 관행과 실적 요구 관행으로 인해 다수의 중소기업과 신생 기업이 자금 조달에 큰 어려움을 겪고 있다. 불법 고리 사채시장으로 내몰리고 있는 신용등급이 낮은 서민들의 문제는 두말할 나위도 없다.

3. 민주적 시장경제와 분배의 평등화

기회의 평등을 실현하기 위한 요건을 모두 갖추었다고 가정하더라도 이로써 민주적 시장경제가 완성되었다고 볼 수는 없다.[9] 아무리 기회가 평등하게 주어졌다고 하더라도 경쟁의 결과 발생하는 소득과 부의 분배가 지나치게 불평등하면 곤란하기 때문이다. 과도한 사후적 불평등은 기회의 평등을 퇴색시킬 수 있으며, 재분배에 대한 사회적 요구를 낳게 되고, 민주주의를 위협할 수도 있다.

기회 평등의 일환으로서의 분배의 평등

기회의 평등과 분배의 평등이 현실적으로 완전히 분리될 수는 없다.

---

9 자유지상주의적 입장에서 본다면 기회의 평등, 즉 자유롭고 공정한 경쟁을 보장하는 것 이외의 모든 국가 개입은 부당하다. 설사 극심한 사후적 불평등이 발생한다고 해도 이는 결코 불공정한 것이 아니다. 오히려 누진적 과세 등 사후적 불평등의 시정을 위해 자발적 동의를 하지 않는 개인들에게 부담을 강제하는 것을 불공정한 것으로 본다. 물론 기회의 평등을 보장하기 위해 국가가 해야 할 일에 대해서도 최소한으로 해석한다.

기회 평등을 실현하기 위해서는 법 앞의 평등이나 계약의 자유와 같은 형식적 평등뿐만 아니라 유의미한 경쟁을 준비할 수 있는 여건이 모두에게 확보되어야 한다. 따라서 기회의 평등이 기본적인 사회 안전망과 인적자본에 대한 사회적 투자를 요구한다는 점은 이미 지적한 바와 같다. 그런데 보다 완벽한 기회 평등을 구현하기 위해서는 경쟁을 준비하기 위해 필요한 여건을 모두에게 동일한 수준에서 확보해주어야 할 것이다. 현재의 사후적 분배는 미래의 경쟁에 대해서는 사전적 여건의 일부가 된다는 것이다. 경쟁의 낙오자에게 재기의 기회를 제공하기 위해서 사후적 분배에 개입하는 것은 바로 이런 연관성을 극명하게 보여준다.

좋은 대학에 들어가기 위한 경쟁을 일례로 생각해볼 수 있다. 아무리 입시가 공정하게 치러진다고 하더라도 순전히 개인의 능력과 노력에만 의해서 경쟁의 결과가 결정되지는 않는다. 운도 따르겠고, 무엇보다도 가정환경이 중요한 요인으로 작용한다. 사후적 불평등이 심하다면 이는 곧 경제적인 여건에서 가정환경의 편차가 크다는 것이고, 대학 입학 경쟁은 불공정경쟁이 되고 만다는 것을 의미한다.

바로 이러한 점 때문에 민주 사회는 부의 대물림을 통해서 커다란 불평등이 발생하는 것을 쉽게 용납하지 않는다. 소득과 부의 차이는 대체로 네 가지 요인에 의해 비롯된다. 본인의 능력과 노력, 운, 그리고 상속 재산 등이다. 일반적으로 본인의 능력과 노력에 의한 차이는 상당 부분 정당한 것으로 받아들인다. 운 또한 소득과 부의 편차를 유발하는데 중요한 요인인데, 운에 의한 부는 정당성이 조금 결여된다고 하겠다. 하지만 운은 대개 본인의 선택과 연관되어 작용하기 때문에 운에 따른 차이도 비교적 용인되는 편이다. 하지만 부의 대물림에 의한 편차에 대해서는 본인의 선택이나 노력이 전혀 작용하지 않은 것이라는 점에서 수용도가 더 낮아진다. 그것도 자기 복이라고 인정되기도 하지만 인생의 출발선부터 큰 편차가 나는 것에 대해서는 만인평등사상에 어긋나는 것으로 보는 경우가 많다. 따라서 분배의 평등을 위한 국가 개입에 대해서는 비판적이면서도 부의 대물림만큼은 반대하는 사람도 많이 있다.

그러나 엄밀히 따지면 본인의 능력이나 심지어 노력도 상당 부분 상속받는 것이다. 상속은 재산으로만 하는 것이 아니고 유전자로도 한다. 그리고 교육 및 가정환경도 상속의 유력한 방법이다.[10] 가치관이나 절제력 등 성격적 특성도 상당 부분 출생 배경에 의해 결정되는 것이다. 그렇다고 모든 사후적 불평등을 부정할 수는 없는 노릇이다. 그래서는 능력을 개발하고 노력을 기울일 동기가 전혀 부여되지 않기 때문이다. 운이나 상속 효과와 본인의 노력을 정확하게 구분할 방법도 없다. 결국 기회의 평등과 분배의 평등 사이에서 적절한 균형을 찾을 수밖에 없다. 적절한 균형이란 역사적으로 형성된 사회적 합의에 입각한 것일 수도 있고, 롤스가 주장하는 것처럼 철저한 평등주의적 입장에서 한 사회의 최저소득계층에게 혜택이 돌아가는 한에서만 사후적 불평등을 용인하는 것일 수도 있다.

우리나라의 경우 지난 20년 간 소득분배의 불평등이 점차 확대되어

---

10 교육이 계층 상승의 통로가 될 수도 있지만 일반적으로 가정환경이 자녀 교육에 지대한 영향을 미치는 것은 불가피하다. 양질의 공교육이 제공되어 그러한 영향을 최소화시키는 것이 그나마 할 수 있는 일이다. 그런데 우리나라의 교육체제는 갈수록 사교육의 역할이 확대되어 부의 대물림을 강화하는 수단이 되고 있는 것이 현실이다. 일례로 2011학년도 서울대 합격자 중 서울의 일반고 출신 중에서 강남·서초·송파 3구 출신이 무려 42.5%인데 반해 구로·금천·마포 3구 출신은 겨우 2.7%였다.

왔다. 양극화 문제가 발생한 것이다. 이는 사회적 합의가 더 큰 불평등을 수용하는 방향으로 변화한 결과는 결코 아니다. 빈곤층의 증가를 보면 롤스의 미니맥스minimax 원칙에 입각한 불평등의 증가가 아닌 것도 분명하다. 따라서 양극화의 극복은 민주적 시장경제를 구현하는 과정에서 중요한 과제다. 양극화를 극복한다는 것은 재분배 이전에 시장경쟁에 의한 소득분배의 불평등을 완화한다는 것이다. 산업구조와 고용구조를 개선하는 것이 핵심적인 과제다(유종일 2006b).

소득 재분배와 복지국가

기회의 평등이 잘 보장될수록 사후적 불평등은 적어질 것이다. 그러나 시장경제의 역사를 보면 능력·노력·운·상속 재산 등의 편차로 인해 민주 사회가 수용하기 어려운 정도의 사후적 불평등이 나타나는 것이 일반적이다. 따라서 민주주의의 발달은 국가의 소득 재분배 기능의 확대를 낳았다. 소득 재분배는 누진과세와 사회지출을 통해서 이루어진다. 현실적으로는 누진과세보다는 재정지출이 재분배 효과가 훨씬 크다. 따라서 사회지출의 규모가 큰 나라들이 재분배 정도도 높은 것이 일반적이다. 그러나 재분배를 무조건 많이 하는 것이 능사는 아니다. 재분배가 경쟁의 의미를 퇴색시킬 정도로 심하게 이루어진다면 효율성이 완전히 파괴될 것이기 때문이다. 재분배의 정도뿐 아니라 그 방법에 따라서도 효율성에 미치는 영향은 달라진다.[11]

선진적인 시장경제에서 사회지출은 꾸준히 확대되는 경향을 보여왔

---

11 서구 복지국가들의 경우 복지의 확대가 경제성장에 도움이 되었으면 되었지 부정적 영향을 끼치지는 않았다는 것이 정설이다(Lindert 2004; Mares 2010).

다. 이러한 사회지출의 확대는 곧 복지국가의 발달을 의미한다. 복지국가의 구체적 내용과 관련해서는 다양한 선택이 존재한다. 시장형 복지와 탈시장형 복지, 선택적 복지와 보편적 복지, 시혜적 복지와 사회투자형 복지 등의 선택지 사이에서 사회경제적 여건에 부합하는 적절한 조합을 선택해야 한다. 효율성에 대한 고려, 경제구조와의 정합성, 정치적 여건 등에 대한 면밀한 검토가 선행되어야 하며, 일률적으로 어떤 복지가 최선이라고 주장하기는 어렵다.

우리나라는 과거 개발독재 시기에 굳어진 성장지상주의적인 재정정책의 결과 재정의 소득 재분배 기능이 크게 위축되었다. 조세 수입 면에서도 누진적인 직접세보다는 역진적인 간접세에 대한 의존도가 컸고, 그나마 고소득 자영업자나 자유직 종사자에 대한 소득 파악이 매우 미흡했다. 재정지출이 경제개발 예산에 크게 편중되었고, 소득 재분배 효과가 높은 교육이나 보건 의료, 주택, 복지 등 공공서비스의 제공은 부족했다. 복지는 개인과 가족의 책임으로 치부되었고 사회복지가 경제발전 수준에 비해 현저하게 낙후되었다. 국가가 산업발전을 주도하던 정부 주도 경제에서 일반적으로 국가가 주도적 역할을 하는 교육, 보건 의료, 주택 등 가치재 merit goods의 공급은 오히려 민간 부문과 시장에 과도하게 의존했다.[12] 민주화 이후 조금씩 확대된 사회보험 등 사회 안전망이 외환위기 이후 김대중 정부에서 대폭 확대되기는 했지만 여전히 복지국가의 수준에는 크게 못 미치고 있으며,

---

12 그 결과 사립학교의 비중이 높을 뿐만 아니라 영리를 목적으로 사학을 운영하는 것을 눈감아주어 사학 비리를 낳게 되었고, 의료기관도 압도적으로 민간 부문에 의존함으로써 의료 서비스의 제공도 시장 논리에 지나치게 좌우되는 폐해가 나타났으며, 주택 부문에도 공공주택의 비중이 미미하고 주택시장은 투기의 장이 되어버렸다.

광범위한 사각지대와 낮은 혜택 수준이라는 커다란 한계를 안고 있는 것이 현실이다.

부의 집중에 의한 과두 엘리트 형성 방지

만약 시장경제의 결과가 소수 엘리트에 의한 부의 독점으로 나타나면, 이는 민주주의를 위협할 것이다. 부를 독점한 소수 엘리트가 특권계급이 되어 민주주의의 발달을 저지하거나 민주주의를 왜곡시킬 가능성이 높다. 민주적 시장경제 혹은 경제 민주화를 말할 때 경제력 집중의 문제가 부각되는 까닭이다.

민주주의와 시장경제의 병행 발전 혹은 '민주적 자본주의'의 대표적인 모델이라고 인식되었던 미국 경제의 최근 모습이 이러한 문제를 잘 드러내고 있다. 1980년대 이후 미국 경제에서 최상위계층으로 소득과 부의 집중이 일어난 것은 잘 알려진 사실이다. 최근에는 상위 1%가 전체 소득의 24%가량을 차지하고, 그중에서도 최상위 0.1%가 전체 소득의 10%가량을 가져갈 정도로 분배가 악화되었다. 이것은 과거 강도 귀족 Robber Baron 시대에 비해서도 더 극심한 불평등이다. 이렇게 불평등이 심화된 원인에 관해서는 무수한 논의가 있지만 가장 유력한 가설은 소위 '기업 정치 corporatocracy'다. 1980년대 이래 전개된 신자유주의 시대에는 정치에 대한 대기업의 영향력이 대폭 강화되어 정부 정책과 사회문화 전반에 걸쳐 다양한 변화를 가져왔고, 이것이 분배의 악화로 귀결되었다는 것이다(Noah 2010).

이렇게 경제력이 집중된 결과 민주주의가 후퇴하는 현상이 나타났다. 크루그먼은 "만약 이 나라에 미국 정부를 소유할 수 있을 만큼의 부자들이 있다면 그들은 실제로 정부를 손아귀에 넣을 것이다"라고 한

1913년 우드로 윌슨 대통령의 말을 인용하면서 최근에도 미국의 소득 불평등 심화가 정치의 부패와 타락으로 이어지고 있다고 주장한다(Krugman 2007). 그는 엄청난 고액 연봉을 받는 헤지펀드 매니저들이 대부분의 소득을 최고세율이 35%인 소득세가 아니라 15%의 세율이 적용되는 자본이득세에 따라 과세되도록 특혜를 준 2007년 법안을 하나의 예로 들고 있다.[13] 클린턴 정부에서 노동부 장관을 지낸 로버트 라이시도 기업의 영향력 확대로 자본주의는 강화되고 민주주의는 위축되었다고 지적한다(Reich 2007). IMF 부총재를 지낸 사이먼 존슨도 금융위기와 구제금융 사태를 보면서 월가의 금융자본이 미국 정치를 좌지우지하는 "조용한 쿠데타 quiet coup"가 일어나 "월가-워싱턴 유착 Wall Street-Washington Corridor"이 형성되었다고 주장한다(Johnson 2009). 이들은 한결같이 미국의 자본주의 시장경제가 민주적이지 못하고 과두 엘리트의 영향력 아래 놓여있다고 보는 것이다.[14] 대자본의 영향력이 과도하게 되면 민주주의가 위축될 뿐만 아니라 자본주의 시장경제 자체가 왜곡되고 만다는 자유주의 경제학자의 지적도 있다(Rajan and Zingales 2003).

우리나라의 경우 기업 정치, 금권정치의 문제는 심각하다. 재벌의

---

[13] 이것이 바로 최근에 워렌 버핏(Warren Buffett)이 자신은 자신의 비서보다 세금을 덜 낸다면서 부자 증세를 주장하게 된 배경이다.

[14] 이것이 미국만의 이야기는 아니다. 프레데릭 솔트가 22개 국가를 대상으로 한 실증 연구에 따르면, 일반적으로 소득 불평등이 높아지면 최상위 엘리트층을 제외한 나머지 대중의 정치 참여가 저하된다고 한다(Solt 2008). 엘리트층은 우월한 자원을 동원해 자신의 이해관계를 관철시키고 정치적 논의의 의제를 선정하는 데도 막대한 영향력을 행사하고, 결과적으로 저소득층은 정치 참여가 무의하다고 느끼게 되어 투표율이나 정치적 논쟁에 대한 참여 등이 저조해진다는 것이다. 한마디로 경제력 집중은 권력의 집중을 낳고 민주주의를 위협한다.

성장과정이 정경유착으로 얼룩져있다. 김대중 정부는 민주주의와 시장경제의 병행 발전을 주창하면서 정경유착의 종언을 고했지만, 그것으로 재벌의 과도한 영향력이 차단된 것은 아니었다. 최고 권력층과 재벌 총수가 직접 뇌물과 특혜를 주고받는 적나라한 정경유착은 억제되었지만, 정부와 사회에 대한 재벌의 영향력은 오히려 과거보다 더욱 확대되고 있다. 행정부의 정책 결정과 입법부의 입법 활동, 사법부의 법 집행에 이르기까지 재벌의 힘이 과도하게 미치고 있으며, 언론을 비롯해서 학계와 문화계에 이르기까지 막강한 영향력을 과시하고 있다. 소위 '현대공화국'이니 '삼성공화국'이니 하는 말이 나올 정도다. 단적으로 '삼성 X파일 사건'과 김용철 변호사의 폭로는 재벌이 민주주의를 어떻게 공중 납치해 왜곡하는지를 보여주었다. 재벌 문제는 민주적 시장경제 실현의 길목에서 부딪치는 가장 중요하면서도 어려운 과제일 것이다.

참여와 소유의 평등

민주주의가 요구하는 분배의 평등화가 소득분배에만 국한되는 것은 아니다. 의사결정권의 분배나 부의 분배에 관해서도 평등화에 대한 지향이 존재한다. 즉, 참여에 대한 요구와 소유의 평등에 대한 요구다.

의사 결정 과정에서의 평등, 즉 참여에 대한 요구는 복지국가를 넘어서는 경제 민주화의 고차원적인 단계로서 산업민주주의라는 이름으로 불리기도 한다. 최근 시장경제의 논의에서 지배구조governance 문제가 갈수록 중요하게 부각되고 있다. 전통적으로 지배구조와 관련해서 투명성과 책임성이 강조되었지만, 민주적 지배구조론은 갈수록 참여를 중시하고 있다. IMF나 세계은행 등도 경제개혁 프로그램을 일방적으로 강요하는 것보다는 개혁 프로그램의 영향을 받게 되는 사람들의 의견을 수렴하고 참여를 유도함으로서 주인 의식을 고취하는 것이 프로그램 성공을 위해서 긴요하다고 인식한 것이 그 단적인 예다. 같은 원리에 의해 기업지배구조 차원에서도 참여를 제도화해 권리의 보장뿐만 아니라 생산성 제고를 도모할 수 있다. 하지만 경영 참여의 긍정적 효과는 투명성과 책임성을 토대로 노사가 상호 신뢰를 구축한 위에서 얻을 수 있는 것이지, 만약 노사 간 불신과 대립이 있는 가운데 일종의 투쟁 수단으로 경영 참여를 추구한다면 오히려 갈등의 증폭과 생산성 하락을 가져올 것이다.

민주주의의 발전은 의사 결정 참여의 평등을 추구하는 길로 나아갈 수밖에 없다. 독일의 공동결정제도가 대표적이지만 미국의 경우에도 상당수의 선진적인 기업들이 노동자 경영참가제도를 성공적으로 운영하고 있으며, 일본에서도 경영 참여가 많이 시행되고 있다. 한 표준적인 연구에 의하면, 미국에서 노동자 경영 참가를 실시하는 기업들은 그렇지 않은 기업들에 비해 생산성이 훨씬 높다고 한다(Levine 1992). 우리나라에서는 아직도 경영 참여가 극단적으로 과격한 주장으로 여겨지고 있는 실정이다.

마지막으로 소유의 평등을 고려할 수 있다. 이는 사실 자본주의를 넘어서는 것이다. 기업들의 자유로운 경쟁과 가격 기구에 의한 자원배분이라는 시장경제의 틀은 유지하지만, 자본을 소유하는 소수 자본가들이 기업을 지배하고 사회적인 의사 결정에 막강한 영향력을 발휘하는 것을 방지하고 민주주의를 완성하기 위해서는 소유의 평등까지도 이룩해야 한다는 것이다. 고전적인 시장사회주의는 생산수단의 집단적 소유와 시장경제를 결합하자는 것인데, 과거 동유럽 사회주의국가들의 개혁 과정에서 난관에 부딪친 경험이 있다.

서구에서 소유의 민주화를 추구한 대표적 사례는 1970년대에 스웨덴의 노동조합이 '노동자 기금Workers' Fund'을 적립해 자본가들의 소유 독점을 해소하겠다고 한 것이다. 하지만 이러한 과격한 시도는 1930년대 이후 유지되어온 사회적 타협을 무너뜨렸고, 결국 최초로 사민당 정권이 붕괴하는 결과를 초래했다. 미국에서도 지방정부의 투자 기금을 통해 기업소유권을 사회화하자는 제안도 있었지만 어디까지나 상아탑 속의 논의에 불과했다(Stauber 1977). 중국의 경우는 '사회주의 시장경제'를 내세우고 있지만 갈수록 사적 소유를 인정하고 확대해나가고 있는 형편이다. 아직까지는 야노스 코르나이의 지적처럼 시장경제는 사적소유와 제도적 친화성이 있는 것처럼 보인다(Kornai 1990). 하지만 시장경제 틀 안에서도 공기업, 협동조합, 종업원 소유 기업 등 다양한 소유 형태를 활성화시킬 수는 있을 것이다.

4. 케인스주의의 한계와 민주적 거버넌스

민주적 시장경제는 기회의 평등과 분배의 평등화를 핵심적 원칙으로 한다. 역사적으로 이러한 민주적 시장경제의 요구를 반영한 경제 패러다임이 바로 케인스주의였다. 물론 케인스주의가 등장하기 이전에도 기초적인 사회 안전망과 의무교육, 노동권의 신장, 반독점 및 공정거래 규제 등이 경제 민주화의 흐름으로 등장했다. 그러나 대공황 이후에 케인스주의가 득세하면서 경제 민주화는 크게 진전되었다. 케인스주의는 자유방임주의적인 경제 철학에 대항해 국가의 경제 개입을 옹호했기 때문에 '경제에 대한 민주적 통제'라는 면에서 훨씬 적극적인 역할을 하게 되었다. 특히 완전고용을 국가의 책임 아래 두고, 소득의 재분배와 복지국가의 발달을 가져오는 데 결정적인 역할을 했다.

사실 전후의 '자본주의 황금기'는 케인스주의에 입각한 것이었다. 많은 규제와 높은 세금과 강력한 노동조합, 그리고 복지국가의 확대 등 시장에 대한 '민주적 통제'가 강화되었다. '대압착Great Compression'이라고 불리는 소득분배의 급격한 평등화가 일어나고 중산층이 두터운 경제구조가 되었으며, 경제의 안정성도 크게 향상되었고 경제성장률도 역사상 최고를 기록하면서 가히 황금시대를 구가한 것이다. 그중에서도 핵심적인 성과가 완전고용이었다. 그러나 바로 이 완전고용이 케인스주의의 본원적 한계를 내포한 것이기도 했다. 일찍이 미할 칼레츠키가 지적했듯이 완전고용이 장기간 지속되면 노동규율이 문제가 될 수밖에 없다(Kalecki 1971). 실제로 1970년대에 경제위기가 발생한 중요한 요인은 여기에 있었다. 1960년대 말에 모든 선진국들에서 일어난 과도한 임금 상승과 생산성 저하가 그것이다. 케인스주의 위기의 본질은 바로 칼레츠키의 난제에서 비롯된 것이다.

1970년대의 경제위기와 이에 따른 케인스주의의 쇠퇴에는 달러화 위기에 이은 브레튼우즈 체제의 와해와 석유파동 등 원자재 가격 상승도 역할을 했다. 이러한 문제들은 케인스주의의 또 다른 한계를 노정한 것이다. 케인스주의는 본질적으로 하나의 국민경제 단위에서 작동하는 것으로서 자본 이동이 자유화되는 등 세계화가 진전되면서 여러 가지 어려움에 봉착하게 된 것이다. 최근에 세계화가 급속하게 진전되면서 이에 대한 적절한 대응은 민주적 시장경제의 가장 중요한 현안으로 부각되고 있다.

케인스주의의 또 다른 한계는 관료주의 혹은 정부의 실패 문제다.

케인스주의는 국가의 역할에 의해 시장의 실패를 해결하려 하지만 정부가 전지전능한 것은 아니다. 부패와 무능, 형식주의와 사익 추구 등 정부의 실패 문제를 해결할 답이 없었다. 정부의 역할이 확대되고 관료기구가 비대화되면서 이러한 문제가 더욱 부각되었다. 소위 신고전파 정치경제학이 정부의 실패 문제를 과장하고 시장의 실패 문제를 축소해 신자유주의 정책을 뒷받침하는 이론으로 등장하기도 했다. 하지만 정부를 축소하고 시장에 모든 것을 맡기는 것이 해법은 아니다. 정부와 기업과 시민사회가 적절한 역할 분담을 해야 하며, 여기서 특히 경제 민주화와 직접적으로 관련된 이슈가 기업의 사회적 책임이다. 기업이 과거처럼 단지 이윤 창출만을 목표로 하는 조직이 아니라 사회 구성원으로서 책임을 다하는 조직으로 변화할 필요가 있다는 것이다.

사회적 타협

칼레츠키의 난제를 단순화하면 실업률과 물가상승률의 상반관계를 나타내는 필립스 곡선으로 표현할 수 있다. 완전고용은 기회 평등이라는 관점에서나 분배의 평등화라는 관점에서도 매우 중요한 민주적 시장경제의 원칙이지만, 실업률이 낮아지면 물가상승률이 올라간다는 것이다. 이는 자본가와 금리생활자들의 정치적 반대를 초래한다. 1970년대에 높은 인플레를 경험한 후 미국과 유럽 국가들은 1980년대에는 강력한 통화주의 정책에 입각해서 물가안정을 추구했다. 그래서 인플레 문제를 해결하는 데는 성공했으나 거꾸로 높은 실업률이 사회문제로 대두하게 되었다. 그런데 북유럽을 중심으로 오스트리아를 포함한 일군의 국가들은 필립스 곡선이 무색하게 완전고용과 물가안정을 동시에 달성하고 있었다. 이들 국가들의 특징은 강력한 노동조합에 의해 중앙

집중화된 임금교섭이 일어난다는 것이었다. 이러한 국가들을 사회조합주의 국가라고 부른다(Bruno and Sachs 1984). 개별 노동자나 파편화되어 있는 노동조합은 자신의 임금 인상이 물가 상승이나 국제경쟁력 하락 등 국민경제 전체에 미치는 영향을 고려할 필요가 없지만 중앙 집중 교섭을 하게 되면 당연히 이를 고려하게 된다는 것이다. 따라서 이러한 나라들은 완전고용에도 불구하고 임금 인상을 자제하게 되며, 노사 갈등이 적고 노사 협력이 잘 이루어지는 경향이 있다.

사회조합주의는 중앙 집중 교섭을 뒷받침할 제도적 여건을 갖추어야 가능하다. 그러한 여건을 갖추지 않은 경우에는 노사정 간에 사회적 대화 혹은 사회적 타협을 통해서 문제를 해결하려는 시도들이 이루어졌다. 네덜란드나 아일랜드 등이 대표적인 사례다. 우리나라도 외환위기를 겪고 있는 와중에 노사정위원회가 만들어졌으나 대표성이나 구속력이 부족한 탓에 유명무실해지고 말았다. 임금 결정뿐만 아니라 교육 훈련과 복지정책 등을 함께 논의할 수 있는 사회적 대화의 효과적인 틀을 만드는 것이 민주적 시장경제로 향한 길목에서 중요한 과제로 남아있다.

세계화에 대한 대응

세계화 비판론자들 사이에서는 세계화가 민주주의를 제약하고 위축시킨다는 소위 '민주주의 부족democratic deficit' 문제가 심각하게 제기되고 있다. 심지어 세계화 예찬론자인 토머스 프리드먼도 세계화를 받아들인 나라들은 경제성장은 얻지만 경제정책의 선택권은 잃는다는 소위 '황금 구속복Golden straightjacket'론을 주장했다. 대니 로드릭은 개방경제의 트릴레마를 확장해 세계화의 트릴레마를 제시하면서 세계화와 국민국가, 그리고 대중민주주의가 병존할 수 없음을 주장했다(Rodrik 2000). 특히 한국을 비롯해서 외환위기를 겪은 나라들은 IMF 구제금융과 더불어 찾아오는 심각한 경제주권의 훼손을 경험했다. 그리고 2008년의 세계금융위기는 규제되지 않는 세계화의 위험성을 만천하에 드러냈다. 이러한 맥락에서 세계화를 어떻게 규제하고 관리할 것인가는 민주적 시장경제의 핵심적 과제가 되었다.

필자는 개별 국가의 경우에 전략적 개방을 대응 방안으로 제시한 바 있다. "전략적 대외 개방은 혁신 역량과 혁신 유인의 강화에 기여하는 방향으로 개방을 추진하는 정책이다. 대외 개방에 있어서 수동적이고 방어적인 입장에 서기보다는 능동적이고 공격적인 입장에서 개방이 산업의 경쟁력을 강화하고 소비자의 후생을 증진하면서도 국민경제의 거시경제적 안정성과 사회정치적 안정성을 해치지 않도록 전략적으로 접근하는 것이다. 이를 위해서는 개방의 전후 순서 및 선결 조건에 관해 신중한 판단이 요구된다. 즉, 대외 개방 이전에 대내적으로 개혁·개방이 먼저 이루어지는 것이 순서이며, 대외 개방에 따른 피해 산업 종사자에 대한 적절한 보상책 또한 미리 마련되어야 한다"(유종일 2006a).

필자는 또한 세계적 차원에서 거버넌스 개혁이 필요하다고 지적한 바 있다(유종일 2010). 세계적 차원에서 경제의 안정성을 높이기 위한 규제를 도입하는 한편, 기회의 평등과 분배의 평등화를 제고하기 위한 일대 개혁이 필요하다. 로드릭은 특히 각국의 규범을 통일하려는 시도를 중단하고 각국이 자신만의 사회적 합의, 규제, 제도를 지킬 권리를 인정해주는 '얕은 세계화'를 대안으로 제시한다(로드릭 2011). 국제경제기구들의 거버넌스를 민주화하는 것도 빼놓을 수 없는 부분이다(Stiglitz 2006).

기업의 사회적 책임

근래에는 경제 민주화의 한 흐름으로서 기업의 사회적 책임이 부각되고 있다. 시장경제에서 기업은 핵심적 역할을 한다. 그런데 기업이 오직 이윤 추구만을 목적으로 하면 사회가 원하는 다른 가치들을 마구 희생하거나 저해할 수 있기 때문에 이윤 추구와 사회적 책임을 병행해야 한다는 요구가 등장한 것이다. 기업의 사회적 책임이란 "기업이 자발적으로 영업 행위에 있어서나 이해관계자들과의 상호 관계에 있어서 사회적 고려와 환경적 고려를 통합하는 개념"이라고 정의된다 (Commission of the European Communities 2001). 결국 사회적으로 바람직한 가치의 보호를 위해 법과 규제 등으로 공식화되어 있는 부분은 법적 책임의 영역 안으로 들어오지만, 그렇지 않은 부분은 사회적 책임의 영역이 되는 것이다.

기업의 사회적 책임을 담보하는 수단으로는 행위 규범(인권·노동권·환경권·부패 방지 등에 관련한 기업 행위에 대한 규범을 준수하는 것), 경영 준칙(일상적 경영 행위에 사회적·환경적 이슈들을 포함시켜 경영시스템을 확립하는 것), 측정과 보고(기업이 사회적·환경적 성과에 대해 측정해 보고하는 것), 상품 표시(상품 생산 과정의 사회적·환경적 영향에 대한 관심이 증대하고 있는 소비자들에게 이와 관련된 정확한 정보를 알기 쉽게 전달하는 것), 사회적 책임 투자(투자자들이 투자 대상 기업을 선정함에 있어 기업의 사회적 책임 이행에 대한 평가를 반영하는 것) 등이 있다.

기업의 사회적 책임이 경쟁력 증진으로 이어질 수 있다는 인식은 '책임적 경쟁력'이라는 개념을 낳았다. 이 개념을 옹호하는 많은 단체들 가운데 대표 격이라 할 수 있는 어카운터빌리티Accountability는 2003년에 책임적 경쟁력 지수를 개발해 51개국을 대상으로 지수를 작성했다. 이 지수는 기업 책임성, 기술 수준, 공공 제도, 거시경제 등 네 개의 하위 지수의 평균을 낸 것이며, 국민소득수준에 비해 지수가 상대적으로 낮은지 높은지를 회귀분석으로 측정했다. 그 결과 51개국 중 22개국이 '책임성 적자'를 보였으며, 한국은 미국과 대만에 이어 적자규모 3위의 불명예 성적표를 받았다. 반면에 덴마크나 코스타리카 등은 '책임성 흑자'를 보이는 대표적인 나라였다. 기업 책임성 지수만을 놓고 볼 때 한국이 얻은 51.6은 덴마크의 73.9, 스위스의 75.9 등 유럽 선진국들에 비해 현저히 뒤질 뿐더러 일본의 60.0은 물론 우리보다 소득수준이 낮은 태국의 58.3, 칠레의 56.0, 말레이시아의 58.4, 멕시코의 53.9, 심지어는 인도의 53.4에 비해서도 낮다.

우리나라에서는 재벌기업들이 거액의 사회공헌기금을 내놓는 사례들이 있었는데 사실 이는 바람직한 것이라고 볼 수 없다. 금전적 기부가 흔히 불법행위를 저지른 뒤 악화된 여론을 무마하고 법적 책임을 회피하기 위한 수단으로 사용되고 있기 때문이다. 또한 사회공헌은 사회적 책임의 작은 부분일 뿐이라는 점도 인식해야 한다. 인권·노동권·환경권·부패 방지 등 다양한 영역에서 책임 있는 경영을 하는 것이 우선이다.

5. 민주적 시장경제의 핵심 과제 및 실현 전략

우리나라에서 민주적 시장경제를 발전시키기 위해서는 위에서 논의한 민주적 시장경제의 개념과 구성 요소를 고려하면서 또 한편으로는 한국 경제의 특수성과 역사성을 감안해야 할 것이다. 한국 경제의 현실적 조건 위에서 기회의 평등, 분배의 평등, 그리고 민주적 거버넌스를 확대 발전시키기 위한 핵심 과제로는 크게 다음의 네 가지를 꼽을 수 있다. 우선 생산을 조직하고 분배를 주도하는 기업 부문, 특히 재벌개혁이 중요하다. 그리고 자원의 배분과 이에 따른 보상을 결정하는 노동시장 및 금융시장의 민주화가 필요하다. 사전적 및 사후적 평등을 제고하기 위한 복지의 확대 또한 필수적인 요소다. 마지막으로 정부와 공공 부문의 개혁이다. 이것은 그 자체로서도 필요하지만 여타 분야의 개혁이 성공하기 위해서도 반드시 필요한 것이다.[15]

이러한 각 분야의 개혁 과제는 오랜 동안 논의되어왔고 또한 일정하게 추진되어왔다. 하지만 방향이 잘못된 부분도 있었고, 저항 때문에 개혁이 좌초되기도 했다. 여기서는 이러한 경험에 주목해 각 분야의 개혁에 관해 특기할 만한 사항들과 실현 전략에 관해 간략히 논의하고자 한다. 자세한 개혁 방안은 방대한 분량의 논의를 필요로 하는 것으로서 이 글의 범위를 넘어서는 것이다.

재벌개혁

재벌 대기업에 의한 경제력 집중은 공정경쟁을 해치고 경제 양극화를 초래하는 핵심 원인이다. 이들은 압도적인 자본력과 시장지배력에 의거해서 불공정경쟁을 일삼는다. 또한 중소기업 영역 잠식, 납품 단가 인하 강요 등 하청기업에 대한 압박, 사내 하청 등 비정규직 남용 등을 통해서 초과수익을 추구함으로써 기업 양극화와 고용 양극화의 주된 원인을 제공하고 있다.

---

[15] 이미 최장집은 재벌·복지·노동을 민주적 시장경제의 3대 개혁 과제로 꼽은 바 있다(최장집 1998a). 이 글은 여기에 금융과 정부 및 공공 부문의 개혁을 추가할 따름이다.

나아가 재벌의 불법 로비와 각계에 걸친 과도한 영향력은 민주주의를 왜곡하고 심지어 그 기반을 송두리째 위협하고 있다.[16] 경제력 집중이 권력의 집중을 낳는다는 솔트의 주장이 한국에서도 입증되고 있는 것이다. 재벌의 로비는 정부의 정책을 자신에게 유리하게 이끌고 이권과 관련한 정보를 얻기 위한 것도 있지만, 총수지배체제 자체를 유지하기 위한 의도도 한편으로 작용하고 있다. 총수지배체제는 체제 유지와 세습을 위한 비자금 조성과 횡령, 탈세 등을 당연시하는 풍토를 조장할 수밖에 없다. 삼성그룹과 현대차그룹을 비롯해 굴지의 재벌 집단들의 총수들이 연이어 법정에 서는 현실이 이를 웅변적으로 말해주고 있다. 사건이 터지면 이들은 사회 공헌과 지배구조 개선 등을 약속해 여론을 무마하고, 사법부는 최대한의 관용을 베푼다. 그러나 삼성그룹 전략기획실의 부활과 이건희 회장의 경영 일선 복귀에서 보듯이 시간이 조금만 지나면 언제 그랬냐는 듯이 과거로 회귀하기 일쑤다.

외환위기 이후 강력한 재벌개혁이 추진되어 차입 경영 등 재벌의 행태에 상당한 변화를 초래하기도 했지만, 재벌에 의한 경제력 집중과 총수 중심의 낙후된 지배구조라는 핵심 문제에 있어서는 오히려 악화되거나 제자리걸음을 하고 말았다. 계열사 출자에 의한 총수의 지배력을 바탕으로 황제 경영, 선단식 경영, 경영권 세습 등이 지속되고 있다. 출자총액제한제도는 2000년 이후 점차 완화되더니 급기야 완전히 폐지되고 말았다. 이후 재벌의 문어발식 확장이 재현되어 계열사 수가 급증하고 있다.[17] 이러한 경험은 재벌개혁이 얼마나 어려운 것인지를

---

[16] 특히 삼성그룹의 독보적인 영향력이 부각되면서 삼성공화국이라는 신조어가 회자되고 있다(김용철 2010; 김상봉 등 2010).

보여준다.

따라서 재벌의 막강한 영향력을 극복하고 개혁이 성공하기 위해서는 강력한 여론의 힘이 뒷받침되어야만 한다. 외환위기 당시에는 개혁의 절박성에 대한 국민적 공감대가 워낙 컸기 때문에 개혁 추진의 동력이 있었던 것이다. 그런 비상한 상황이 아니라면 결국 국민 대다수가 동의할 수 있는 잣대에 의해 개혁이 추진되어야 재벌개혁이 가능할 것이다. 논란의 여지가 있는 서구의 제도를 모방하는 방식으로는 어렵다는 것이다. 오히려 지배구조 개혁 자체와는 직접적인 관계가 없는 탈세, 횡령 등 재벌그룹에서 일상적으로 벌어지는 범죄 행위에 대한 엄정한 처단이 개혁의 지름길이 될 수 있다. 이런 개혁이 철저하게 이루어진다면 불법 로비와 경영권 세습을 막을 수 있게 된다. 재벌 문제의 핵심인 황제 경영에 종지부를 찍을 수 있는 가장 유효한 방법이 될 것이다. 재벌개혁의 가장 유력한 수단이 사법개혁이라는 말이다. 경제민주화의 가장 지난한 과제인 재벌개혁의 출발점은 사실 민주 사회의 가장 기본적인 토대인 법 앞의 평등을 실현하는 데 있다.

재벌의 행태에 관한 개혁에 대해서도 짚어야 할 점이 있다. 외환위기 이후 재벌개혁 과정에서는 차입과 투자 행태를 교정해 재무구조를 개선하는 데 주력했지만 최근에는 소위 대기업·중소기업 상생 정책에 초점을 맞추고 있다. 이와 관련해서도 참여정부 시절부터 다양한 정책들이 논의되고 시도되었지만, 근본적으로 하청기업의 협상력을

---

17 공기업을 제외한 30대 그룹의 계열사는 2006년 1월 500개에서 2011년 4월 1일 현재 1,087개로 두 배 이상 늘었다. 그런데 신규 편입된 계열사의 절반 가까이가 작년에 적자를 낸 것으로 나타났다(〈조선일보〉 2011. 06. 22.).

제고하지 않는 상태에서 정부가 일시적인 압력을 가하거나 부분적 제도 개선을 해봤자 효과가 별로 없다는 것이 증명되었을 따름이다. 협동조합에 교섭권을 부여하는 것이나 징벌적 손해배상제도를 전면 도입하는 것이 바로 그런 정책에 해당한다.

　기업의 사회적 책임을 강화하는 것은 민주적 시장경제의 발전을 위해서 뿐만 아니라 향후 세계시장에서 경쟁력을 발휘하기 위해서도 필요한 일이다. 우리나라 기업들도 미약하나마 이러한 인식을 갖기 시작했다. 하지만 준법과 인권 존중, 공정경쟁 등 가장 기본적으로 지켜야 할 것들도 지키지 않는 상황에서 사회적 책임을 운운하는 것은 위선에 불과하다. 사회적 책임 경영이 구두선에 그치지 않고 실질적인 변화를 가져오기 위해서는 기업지배구조의 변화가 있어야 한다. 총수만이 아니라 소액주주의 이익도 고려되고, 주주만이 아니라 종업원과 소비자 및 지역사회 등의 이익도 대표되는 참여적 지배구조를 발전시켜야 한다.

노동시장과 금융시장의 민주화

　민주적 시장경제는 기회가 평등하게 주어지고 경쟁이 공정하게 이루어지는 것을 최소 요건으로 한다. 대다수의 사람들은 자신의 노동력을 팔아서 살아가기 때문에 특히 노동시장의 기회 평등과 공정경쟁은 민생 경제의 핵심이다. 지금 한국 경제의 노동시장은 이러한 기본적인 요건이 충족되지 않아서 과도한 불평등과 시장 왜곡이 나타나고 있다. 특히 비정규직 문제가 심각하다.

　비정규직의 규모가 과도하게 크다는 것과 정규직과 비정규직 사이에 차별이 크다는 것은 잘 알려져 있다. 정부의 추계 방식에 의하면 비정규직은 전체 임금노동자의 약 33%, 노동계의 추계 방식에 따르면

약 50%에 이른다. 비정규직의 시간당 임금은 정규직 임금의 48%에 머물고 있으며, 여타 근로조건과 사회보험 혜택이나 직업훈련 등에서도 정규직에 비해 현저히 열악한 조건에 처해 있다(김유선 2011). 생산성 격차만으로는 설명할 수 없는 이러한 과도한 격차는 노동시장의 분절화를 보여주는 것이다. 즉, 정규직 노동시장과 비정규직 노동시장 사이에는 유효 경쟁이 미미해 '동일노동 동일임금'이라는 등가교환의 원리가 파괴되고 있다. 비정규직과 관련해 가장 심각한 문제는 '비정규직 함정'의 문제다. 노동시장 분절화의 결과 한번 비정규직이 되면 이것이 마치 낙인처럼 되어서 다시 정규직 시장에 진입하기가 매우 어렵다는 것이다. OECD 국가들의 경우 임시노동자가 2년 이내에 상용직으로 이동한 비율이 34~71%에 이르는 데 반해 우리나라의 경우 비정규직이 4년 이내에 정규직으로 재취업되거나 전환된 경우가 불과 9%밖에 되지 않는다고 한다(이시균·윤진호 2007).

비정규직 문제는 이렇게 오남용의 문제와 함께 분절화와 차별의 문제를 안고 있다. 이런 문제들에 대한 직접적인 대응도 필요하다. 예컨대 강력한 사용 사유 제한이나 차별 금지 등으로 비정규직 고용을 제한하고, 또 기업들이 비정규직 고용을 통해 얻는 이익을 감소시켜야 할 것이다. 나아가 비정규직 노동자들의 협상력 제고를 위해 이들이 노동조합을 더 용이하게 조직할 수 있도록 제도적 개선이 이루어져야 한다. 그러나 시장의 힘을 무시하고 규제와 협상만으로 고용 문제를 제대로 해결하기는 어렵다. 비정규직 문제의 이면에는 전반적인 한국 경제의 고용 창출력 약화가 도사리고 있기 때문이다.

1990년대부터 '이전의 고도성장 → 고용 창출 → 성장의 과실 분배'로 이어지던 메커니즘이 파괴되고, 경제성장을 해도 고용 창출은 미약한 '고용 없는 성장' 현상이 나타나기 시작했다. 기업의 해외 이전과 더불어 아웃소싱이 증가하고 과도한 자동화 투자가 일어나면서 제조업 고용이 감소하게 된 것이다. 특히 대기업들의 고용이 절대적으로 줄어들면서 소위 '좋은 일자리' 부족 현상이 나타났고, IMF 외환위기를 계기로 공공 부문과 금융권마저 구조조정이 이루어지며 고용 문제가 심각해진 것이다. '좋은 일자리'의 감소는 전반적인 고용의 하향 이동을 초래해 자영업의 이상 비대증과 함께 비정규직 문제의 심화를 불러일으켰다. 앞서 논한 것처럼 비자발적 실업이나 양적 할당의 또 다른 형태인 노동시장 분절화 등은 고용에 있어서 기회의 평등을 무너뜨린다. 향후 경제정책의 최우선순위는 질 높은 고용 창출에 두어야 한다.

질 높은 고용 창출의 부족과 노동시장 분절화의 모순이 집약적으로 표출된 문제가 청년 실업이다. 경제는 성장하는데 청년들의 취직은 갈수록 어려워지는 현실이다. 공공 행정 부문의 청년층 고용 비중이 1993년 26.5%에서 2008년에는 12.1%로, 300인 이상 대기업에서는 같은 기간에 39.3%에서 23.6%로 감소되었다고 한다(전병유 2011). 괜찮은 일자리를 찾기는 어렵고, 비정규직 함정에 빠지기는 싫으니 취업 준비와 직업 탐색 기간이 늘어난다. 그래서 공식적인 실업률에 포함되지는 않지만 실업자와 다름없는 비경제활동 청년층이 청년 실업자의 4배가 넘는 130만 명에 이르고 있다. 청년층에 대한 고용 기회라는 측면에서 청년층 고용보조정책은 물론이고 고용할당제와 같은 특단의 방법까지 도입할 필요가 있다.

금융시장의 민주화도 중요한 문제다. 금융시장은 시장경제에서 자원배분을 하는 과정에서 핵심적인 역할을 하며, 위험의 분산과 같은 여타 중요한 기능을 담당한다. 경제적 기회의 평등을 제고하기 위해서

뿐만 아니라 이러한 금융시장 고유의 기능이 효율적으로 이루어지기 위해서도 금융시장의 민주화가 요구된다. 금융시장의 민주화에는 세 가지 측면이 존재한다. 하나는 수도권과 지방, 대기업과 중소기업, 부유층과 서민층 간에 나타나는 금융자원에 대한 접근의 불평등이다. 이런 불평등이 적어도 부분적으로는 시장의 실패에 기인하는 것인 만큼 적극적인 정책 대응이 필요한데도 현실은 오히려 거꾸로 가고 있다. 또 하나의 불평등은 금융 소비자의 정보 부족에 의한 정보의 비대칭 현상이다. 그래서 금융 소비자 보호 또한 금융정책의 핵심 과제가 되어야 한다. 최근에만 해도 저축은행 문제, 키코Knock-In Knock-Out, KIKO, 펀드 불완전 판매, 상조 문제 등 여러 문제들이 불거졌으며 신용카드 남발과 대부업계의 약탈적 대출 등이 지속적으로 일어나고 있다. 마지막으로 금융시스템의 안정성 문제다. 금융 불안은 시장 기능의 마비를 초래하고 경제적 약자를 가장 먼저 시장에서 배제하기 때문에 이를 막는 것도 금융민주화의 요구 사항이다. 1997년의 외환위기 이후 금융개혁의 일환으로 금융감독기구를 개편하고 금융 규제를 강화했음에도 불구하고 여전히 2003년 카드채 위기, 2008년 제2의 외환위기, 최근의 부동산 프로젝트 파이낸싱 위기 등 금융 불안정 사태가 빈발하고 있다.

이와 같이 금융시스템 안정화와 금융 소비자 보호가 미흡하고 금융자원에 대한 접근 기회의 불평등이 심화된 것은 정부 정책의 우선순위가 잘못되었기 때문이다. 정부는 금융 허브니 금융 선진화니 허울 좋은 구호를 내세우면서 금융 규제 완화, 인수 합병에 의한 금융기관 대형화, 외국 금융기관 유치, 선진 금융 기법 도입 등을 추진했다. 과연 이러한 정책이 금융시장의 효율성을 위해 바람직한지는 별도로 하고

서라도 금융정책의 기본을 망각한 채 추진되었다는 것이다. 향후의 금융개혁은 금융 민주화를 중심에 놓고 추진해야 할 것이다.

복지국가

최근 정치적 논의에서 민주적 시장경제의 핵심 과제로 부각되고 있는 부분이 바로 복지다. 지난 20년간 진행되어온 양극화의 결과이자 더 이상 고도성장이 해법이 아니라고 하는 자각의 결과이다. 복지는 인적자원 형성을 위한 투자를 사회화함으로써 기회의 평등을 제고함과 더불어 사회 안전망과 소득 보장을 제공해 분배의 평등을 제고하는 데도 핵심적 수단이 된다. 따라서 복지정책은 민주적 시장경제의 핵심적 구성 요소다. 우리나라는 외환위기 이후 김대중 정부의 '생산적 복지' 정책에 힘입어 4대 사회보험과 기초생활보장 등 복지국가의 틀을 갖추기는 했지만, 광범위한 사각지대가 존재하고 급여 수준이 낮아서 내용적으로 보면 복지가 매우 부실하다. OECD 국가 중 가장 높은 수준의 빈곤율과 자살률 등의 암울한 통계가 그 결과다. 이러한 현실에서 복지를 대폭 확대하는 것은 너무나 당연한 과제다. 그러나 이와 관련해서도 몇 가지 중요한 쟁점이 제기되고 있다.

첫째, 복지보다 정의가 우선이라는 주장이다.[18] 복지 이전에 시장과 사회의 불공정을 개선하는 것이 급선무라는 것이다. 정의우선론은 다양한 언어로 표현된다. 노동 문제, 특히 비정규직 문제의 해결이 복지

---

18 김대호 사회디자인연구소장이 이 주장에 대표적이지만(김대호 2010), 이 견해는 비단 소수 논객들에 한정되지 않고 상당한 공감대를 형성하고 있다. 이명박 정부가 내세운 '공정사회'도 이와 일맥상통한다고 볼 수 있다.

보다 중요하다는 주장이 진보 진영에서 많이 거론되고 있다. 보다 일반적으로 재분배 이전에 시장소득의 분배 자체를 개선해야 한다는 주장도 일맥상통하는 논리다. 이러한 정의우선론은 나름대로 타당한 논리이다. 가치의 우선순위에 관한 논란은 제쳐놓더라도 경제적 효율성 면에서 정의우선론은 강점을 가진다. 재분배는 아무래도 경제에 부담을 줄 수밖에 없지만, 시장을 공정하게 함으로써 시장소득 분배를 개선하는 것은 오히려 효율성을 증가시키기 때문이다. "경제구조가 양극화를 확대 재생산하고 있는데 이를 방치하고 사후약방문死後藥方文식으로 재분배와 복지 확대로 양극화에 대처하고자 하는 것은 매우 비효율적인 정책"이라는 것이다(유종일 2006b).

이러한 면에서 정의우선론이 원칙적으로 옳지만, 현실적인 정책 추진에 있어서 정의우선론을 고집하는 것은 잘못이다. 무엇보다도 정의 실현이 현실적으로 어렵기 때문이다. 인류 사회는 끊임없이 정의를 추구해왔지만 아직도 현실은 불의하기 이를 데 없다. 원죄와도 같은 인간의 무한한 욕망이 사라지지 않는 한 완벽한 정의 실현이란 불가능에 가깝다. 정의를 추구하는 것은 물론 포기할 수 없는 과제다. 하지만 정의 실현은 장기적 과제라는 것, 꾸준히 추진해나감으로써 점진적인 진보를 이룰 수 있을 따름이라는 점을 망각해서는 안 된다. 공정한 시장, 동반성장을 위한 경제구조 개혁이라는 것도 마찬가지로 다면적인 접근과 상당한 시간을 요하는 문제다. 반면에 복지는 정치적 의지만 있으면 비교적 쉽게 실현할 수 있다. 법을 만들고, 세금을 걷고, 정책을 집행하면 되는 것이다. 따라서 자칫 정의우선론이 정의 실현부터 먼저 하고 그 후에 복지를 추구해야 한다는 주장으로 흐르면 이는 잘못이다.[19]

둘째, 보편적 복지와 선별적 복지의 선택을 둘러싼 논쟁이 일고 있다. 이에 관해서는 도그마를 경계하고 실사구시의 정신으로 접근해야 한다. 보수 진영에서는 보편적 복지는 낭비적 복지로 우리 현실에 맞지 않는다고 주장하지만 우리나라는 국민연금이나 국민건강보험 등의 사회보장제도를 실시하는 등 이미 보편적 복지를 채택하고 있다. 그들도 이 제도들을 해체하자고 주장하지는 않는다. 이념이 앞서서 보편적 복지를 비난하는 것일 따름이다. 보편적 복지는 복지를 불우한 이들에 대한 시혜에서 사회권적 인권으로 격상시킴으로써 모두가 당당하게 복지 혜택을 누릴 수 있도록 한다. 자격 기준을 심사하는 데 따르는 행정력 낭비를 막고, 복지정책에 대한 튼튼한 정치적 지지를 확보하기에 용이하다. 하지만 선별적 복지에 비해 재정 소요가 크기 때문에 모든 복지정책을 보편적으로 실시할 수는 없다. 재정 여건을 고려하면서 적어도 한국민이라면 누구나 차별 없이 누려야 한다는 사회적 합의가 있는 부분들부터 단계적으로 보편적 복지를 확대해나가야 할 것이다.

마지막으로 복지와 관련해서 증세 논쟁이 한창이다. 자칫 증세론이 정치적 역풍을 초래할까 두려워하는 정치권에서는 증세 없는 복지 재원 마련을 모색하기도 하지만 진보 정당을 중심으로 과감한 증세 주장도 제기되고 있다. 소득파악률을 제고하고 비과세·감면제도를 정비해 과세 기반을 넓히는 일과 과도한 토건 예산 등 낭비성 지출을 삭감하는 재정지출 구조조정을 통해 복지 재원을 마련하는 것이 증세에 우

---

19 정의우선론이 제기되는 까닭은 민주당의 과거사 때문일 것이다. 앞서 인용한 필자의 글이 바로 그 과거사를 반영한다. 과거 민주당(정확히는 민주당의 전신인 열린우리당)이 집권했을 때 "경제구조가 양극화를 확대 재생산하고 있는데 이를 방치하"였기 때문에, 심지어는 신자유주의 정책으로 양극화를 조장했기 때문에, 필자는 당시에 복지 확대를 양극화의 해법으로 삼아서는 안 된다고 주장했던 것이다.

선되어야 한다는 점은 자명하다. 문제는 이러한 수단으로 재원을 마련하는 데는 한계가 있다는 것이다. 현재 우리나라의 사회복지지출은 서구 복지국가들에 비해 1/3 수준에 불과하고 한편으로는 재정적자가 누적되고 있다. 어떤 형태로든 증세를 하지 않고서는 복지국가를 구축할 수 없는 현실이다. 우리 국민들도 이를 인식하고 증세를 받아들이려는 자세가 되어있다는 조사 결과도 있다.[20] 재원에 대한 철저한 대책을 마련하지 않고 복지 확대만을 주장하다가는 자칫 국민의 신뢰를 상실하고 포퓰리즘 논쟁에 휘말릴 수도 있다.

공공 부문과 정책 거버넌스 개혁

시장의 실패를 보완하는 역할을 함과 동시에 기회와 분배의 평등을 제고하고 시장에 대한 민주적 통제를 가하는 주체가 정부와 공공 부문이기 때문에 이 분야의 개혁 또한 민주적 시장경제 발달을 위해서 필수적으로 전제되어야 한다. 민주적 시장경제의 발달을 위해서는 정부의 경제적 역할 재정립이 우선되어야 한다. 정부가 지나치게 비시장적인 정책 수단을 사용하고 정치적 목적이나 특정한 이해관계를 반영해 민간 부문에 압력을 행사하거나 자원배분을 왜곡하는 관치경제를 청산하는 것은 아직도 완성되지 못한 과제다. 민주정부 시절 상당히 개선되었으나 이명박 정부에서 관치경제의 행태가 부활했기 때문이다. 정부는 투명하고 공정한 경쟁 질서를 확립함으로써 경쟁의 압력에 기

---

20 〈한겨레신문〉 2011년 1월 25일자에 보도된 여론조사 결과는 다음과 같다. '세금을 더 내더라도 복지 수준을 지금보다 더 늘리자'는 의견에 '동의한다'는 응답이 53.1%로, '동의하지 않는다'는 의견(45.9%)보다 7.2% 높았다. 한국의 전반적인 복지 수준에 대해서는 '부족하다'는 응답이 59.1%로 '적당하다'는 응답(32.6%)보다 2배 가까이 높았다.

초한 시장 규율을 강화하는 한편, 시장의 실패를 보정하기 위해 적극적인 역할을 수행해야 한다. 시장 규율의 강화가 자유방임이나 마구잡이 규제 완화를 의미하는 것은 결코 아니다. 투명성과 공정경쟁을 위해 필요한 규제, 그리고 경제적 약자나 환경을 보호하기 위한 규제 등은 오히려 강화할 필요가 있다. 하지만 정부의 실패도 감안하여 산업정책적인 개입은 지식생산과 연구개발 등 국가혁신시스템을 위주로 하고 산업에 대한 직접적인 지원이나 개입은 가급적 최소화하는 것이 바람직하다. 그리고 정부는 거시경제의 안정성을 유지하기 위한 통화·재정·금융정책을 펴나가야 하며, 사회복지를 확대해 나가야 한다. 특히 교육·주택·의료 서비스의 공공성을 강화하는 것이 중요하다.

공공 부문 개혁의 우선순위가 바뀌어야 한다. 이제까지 공공 부문 개혁은 다양하게 추진되었지만 개혁의 방향이 잘못 설정되어 한계를 노정하고 있다. 지나치게 효율성에 집착한 것이 문제다. 특히 외환위기 직후나 최근에 이명박 정부는 공기업 선진화 정책 등 효율성의 이름으로 민영화와 인원 감축을 실시했다. 효율성 향상이 잘못된 방향은 아니지만 공공적 가치를 무시하고 추진되면 곤란하다. 이런 점에서 볼 때 무분별하게 민영화가 추진된 점도 있었고, 공공 부문이 앞장서서 무리하게 인원을 감축하고 비정규직 사용을 확대해 고용 사정을 악화시킨 것도 잘못이었다.[21]

무엇보다 정부와 공공 부문의 개혁에서 가장 우선시해야 할 가치는 신뢰성이다. 사회적 신뢰는 시장경제의 발달과 고도화에 매우 중요한

---

21 이명박 정부는 한편으로는 민간 기업에게 고용 확대를 요구하는 관치경제적 행태를 드러내면서 다른 한편으로 공기업은 인원을 감축하는 모순을 드러내기도 했다.

요인으로서 소위 '사회적 자본'의 핵심요소다. 우리나라는 사회적 신뢰가 부족해 경제적 성과가 저하되는 것으로 평가된다(Fukuyama 1995). 사회적 신뢰 부족의 결정적 원인은 정부에 대한 불신이다. 사회적 신뢰의 기초가 되어야 할 정부가 오히려 커다란 불신의 대상인 것이다. 한국개발연구원KDI에서 조사한 바에 따르면 정부에 대한 신뢰가 길거리에서 만난 낯선 사람에 대한 신뢰보다도 더 낮다(김태종 등 2006). 공공 부문에서 효율성을 제고하기 위해서는 인원 감축이나 하고 이익이나 늘이는 것에 비해 신뢰성을 회복하는 것이 훨씬 더 효과가 큰 정책임을 명심해야 할 것이다.

정부의 개혁과 관련해 경제정책 입안 과정에 누가 어떻게 참여하고 누구의 목소리가 어떻게 반영되는지의 문제, 즉 정책 거버넌스를 민주화하는 것 또한 빼놓을 수 없는 과제다(유종일 2008b). 권력자를 제외한다면 재벌, 경제 관료, 보수 언론 등이 중소기업, 시민단체, 일반 국민에 비해 압도적으로 큰 영향력을 행사하는 현재의 정책 거버넌스를 개혁하지 않고서 민주적 시장경제 발달을 기대하는 것은 연목구어다. 정책 거버넌스의 개혁을 위해서는 정책 입안 과정에서 행정부의 주도성을 약화시키고 입법부의 역할을 확대하는 것과 정당을 발전시키는 것이 가장 중요한 과제다. 그리고 사회적 협의 메커니즘을 구축하는 것이 유력한 방법이 될 것이다. 지역별·산업별 노사정 대화 채널부터 구축해나가고, 이러한 토대 위에서 전 사회적인 경제사회협의기구를 만들어서 대·중소기업 관계, 고용 창출과 숙련 축적, 고용친화적 사회보장 등 각종 경제사회정책에 대한 사회적 협의를 진행하면 될 것이다. 정책 거버넌스의 개혁이 절실하게 요구되는 또 하나의 분야가 FTA 정책이다. 한미 FTA나 한·EU FTA처럼 국민경제적 파장이 큰

FTA를 추진하면서 국회와 전문가, 이해관계자들의 의견 수렴을 거의 거치지 않고 정부가 일방적으로 추진하는 일이 반복되고 있다. 경제개방이 초래하는 잠재적 위험성을 줄이고 피해 계층에 대한 적절한 대책과 보상을 마련하기 위해서도 다양한 의견 수렴은 필수적이다. 통상절차법의 제정부터 시작해서 FTA 정책 거버넌스의 민주화를 추진해야 한다.

6. 맺음말

흔히 바람직한 경제체제를 구상할 때 네덜란드 모델이니 덴마크 모델이니 스웨덴 모델이니 하는 식으로 특정한 외국의 사례를 기준으로 삼는 경우가 많다. 하지만 어떤 외국의 모델도 그대로 혹은 거의 그대로 이식하는 것은 불가능하다. 제도의 경로의존성과 상호연관성 때문이다. 다시 말해 한국의 현실적 여건을 충분히 감안하지 않은 모델은 참고는 될지언정 이식은 되지 않는다. 예를 들어 비정규직과 자영업의 비중이 매우 크고 재벌 중심으로 산업이 편재되어 있는 구조적 특성은 단기간에 변화하기 어렵기 때문에 이러한 여건에서도 작동이 가능한 제도를 우선 설계할 필요가 있다.

이 글은 완전히 다른 접근 방법을 택했다. 먼저 바람직한 경제체제를 민주적 시장경제로 설정하고, 그 개념과 원리에서 출발해 구성 요소와 핵심 과제를 규명하는 방법을 취했다. 또한 세계사적인 경험을 농축해 반영하되 한국의 역사적 맥락과 상황을 고려했다. 하지만 이 글에서 제시하는 민주적 시장경제는 구체적 모델은 되지 못하고, 한국 경제가 나아갈 길에 대한 방향과 전략적 과제를 제시하는 수준이다.

향후에 기업·노동·금융·복지·공공 등 각 분야의 구체적 제도 설계에 관한 보다 깊은 연구가 필요하며, 특히 각 부문 제도들 간의 상호연계성과 보완성에 관한 연구가 진척되어야 할 것이다. 이를 토대로 각 분야에서 구체적으로 개혁을 추진하는 과정에서 한국 모델이 빚어질 것이다.

11장

동아시아 경제통합론*

한 나라의 경제발전전략에서 세계경제와의 관계를 어떻게 설정할 것인가 하는 문제는 가장 근본적이고 중요한 부분이다. 한국 경제가 1960년대 이후 고도성장을 이루게 된 중요한 이유가 바로 이런 대외 경제전략의 변화였다. 이승만 정부의 대외경제전략은 수입대체공업화와 원조 극대화였다. 원화의 고평가로 인해 수출은 지극히 미미했다. 초보적인 소비재산업 분야에서 수입대체공업화를 추진했고, 이를 위한 재원을 미국의 원조를 통해 마련했다. 박정희 정권은 미국의 압력에 의해 이렇게 폐쇄적이던 대외경제전략을 개방적인 전략으로 바꾸었으며 이의 일환으로 한일관계를 정상화했다(Woo 1991). 환율을 인상

---

* 이 글은 2011년 7월 코리아연구원에서 발표한 발제문 "동아시아 경제통합"과, "참여 없는 FTA, 이대로 가면 안 된다." 『황해문화』 2006년 가을호의 내용을 결합해 재구성 및 보완한 것이다.

하고 금융 지원과 세제 지원 등을 통해 수출산업을 적극 육성했다. 고도성장 정책에 따른 투자 확대로 수입은 수출보다 더 빠르게 증가했고, 이에 따른 경상수지 적자를 보전하기 위해 정부는 수출에 더욱 박차를 가하는 한편 외자 도입에 적극 나서기도 했다. 이렇게 박정희 시대에 세계시장에 적극 진출하는 개방형 성장 전략을 채택한 것은 당시의 대외경제 여건에도 부합했고 이승만 시대의 고도로 왜곡된 폐쇄경제의 비효율성을 개선하는 효과도 매우 커서 고도성장에 큰 도움이 되었다.

박정희 시대에 대외경제전략을 개방형 혹은 수출주도형 성장 전략으로 전환한 것은 사실이지만, 이는 어디까지나 전략적이고 선택적인 개방이었지 무조건적이고 전면적인 개방은 아니었다(You and Jang 2001). 무역정책에 있어서도 자유무역을 지향한 것은 아니었고 선택적 보호주의와 적극적인 수출 드라이브를 채택했다. 강력한 자본 통제를 결합한 매우 적극적인 국가개입주의 정책이었다. 고도성장을 위해 5개년 계획을 통한 투자 증대 계획을 세우고 그 재원을 조달하기 위해 수출 증대에 힘쓴 것이었다. 이러한 중상주의적 정책이 낳은 부작용도 적지 않아서 1980년대에는 안정화 정책과 더불어 점진적인 수입자유화 정책을 추진했다. 1990년대에 들어선 이후에는 김영삼 정부의 '세계화' 정책에 따른 자본시장 개방과 IMF 위기로 인한 급진적인 개방으로 다시 한번 한국 경제의 대외경제전략이 변화했다. 과거의 전략적 개방에서 개방우선주의 혹은 개방지상주의로 전환한 것이다. 이러한 대외경제전략 변화의 이면에는 세계적 신자유주의 흐름과 함께 자본에 대한 국가 통제의 약화가 작용한 것으로 보인다.

그리고 이러한 전환의 정점에 한미 FTA가 있다. 노무현 정부는 선진통상국가 비전을 제시하고 개방을 통한 개혁을 내세우며 한미 FTA를 추진했고, 이명박 정부의 선진화론은 이를 충실하게 계승하고 더 강화시켰다. 개방지상주의는 한미 FTA 비준안의 '비밀 날치기' 국회 통과로 정점에 이르렀다. 하지만 개방지상주의는 중대한 도전에 직면해있다. 신자유주의 세계화가 한계에 도달했음이 2008년 글로벌 금융위기로 명백하게 드러났고, 한국 경제도 개방에 따른 위험을 뼈아프게 겪어왔기 때문이다.

이 시점에서 우리의 대외경제전략을 재정립해야 할 이유는 이것만이 아니다. 전 세계적인 지역주의 흐름의 강화와 동아시아로 세계의 경제 중심이 이동하고 있다는 사실 등 대외경제 환경이 중대한 변화를 겪고 있다. 이런 점들을 고려할 때 한국 경제의 대외경제전략은 동아시아 경제통합을 적극적으로 추동하는 것이어야 한다. 그리고 동아시아 경제통합은 미국식 FTA에 비해 각국에 정책 공간을 더 열어주며 사회통합을 제고할 수 있는 방식의 경제통합이어야 한다.

이 글에서는 우선 대외경제전략 재정립의 필요성에 관해 보다 상세한 논의를 한 후, 한미 FTA를 대외경제전략의 관점에서 재평가한다. 그리고 동아시아 경제통합론의 배경과 과제를 짚어보고, 한국 경제가 동아시아 경제통합에 어떤 전략적 주안점을 가지고 임해야 할지를 논의한다.

1. 대외경제전략 재정립의 필요성

신자유주의 세계화의 파탄

한국 경제는 박정희 시대부터 세계화에 편승해 성장의 기회를 확보했다. 하지만 김영삼 정부가 자본시장을 개방한 이후 개방에 따른 피해도 심각하게 겪어왔다. 농업이나 노동집약적 제조업 등 피해 산업의 문제도 있었지만 정말로 심각한 세계화의 위험은 금융위기였다. 1997년 아시아 금융위기 당시 한국 경제도 외환위기에 빠져들어 심대한 타격을 입었다. 2008년 글로벌 금융위기 당시에 겪은 제2의 외환위기도 있었고, 2011년 현재도 해외 충격에 유난히 취약한 금융시장 때문에 세계화의 위험을 절감하고 있다. 해외 금융시장에 무슨 일만 있으면 한국 시장에서 외국자본이 썰물처럼 빠져나가는 일이 반복되고 있어서 'ATM 코리아'라는 신조어까지 등장했다. 개방지상주의에 대한 재점검이 필요한 시점이다.

전 세계적으로 살펴봐도 2008년 글로벌 금융위기는 신자유주의 세계화의 파탄을 보여줌으로써 개방과 세계화에 대한 적절한 통제와 관리라는 새로운 도전을 제기했다. 지금 세계경제가 맞이하고 있는 위기는 일시적인 금융위기 정도가 아니고 구조적인 위기다. 단기자본의 유출입에 따른 거시경제 관리의 어려움과 초국적 자본의 이익에 유리한 방향으로 규제와 제도가 흘러가는 문제, 그리고 소득 불평등의 확대 등이 신자유주의 세계화가 낳은 구조적인 위기의 원인이다. 이러한 문제들의 근저에는 세계화가 국민국가 단위의 민주주의와 양립하기 어렵다는 모순이 자리하고 있다(로드릭 2011). 즉, 민주적 절차와 합의에 의해서 결정되어야 할 사안들이 세계시장의 요구에 의해 외부로부터 강제된다는 것이다. 이를 세계화에 따른 '민주주의 위축 democratic deficit'의 문제라고 한다.

세계화에 의한 민주주의 위축의 문제는 한국 국민에게는 뼈아프게 익숙한 문제다. 외환위기 당시 국제통화기금IMF은 구제금융의 조건으로 한국 정부에 많은 요구를 했다. 채권자가 채무자에게 조건을 걸 수는 있겠으나 그것은 채무상환을 보장하기 위한 내용에 국한되어야 마땅하다. 그런데 IMF와 그 배후에서 입김을 불어넣은 미국 정부는 노동시장 유연화, 외환 및 금융시장 추가 개방, 한국은행법 개정 등 마땅히 국내 정치과정에서 민주적으로 결정되어야 할 사안들을 강요했고, 이는 한국 사회의 아픈 상처가 되었다. 그 이후 양극화가 급격하게 심화되었다.

세계화와 국민국가 단위의 민주주의가 양립하기 어렵다면 한 가지 해결책은 국민국가를 버리는 것이다. 세계시장을 규제하는 '세계 정부'를 지구적 민주주의의 토대 위에 구축하자는 것이다.[1] 이를 달리 표현하면 글로벌 거버넌스를 발달시키자는 것이다. 로드릭(2011)은 이 주장에 반대한다. 한 마디로 불가능하다는 것이다. 경제통합에서 가장 앞서 나가고 문화적 정체성도 어느 정도 공유하고 있는 유럽연합EU에서도 정치적 통합은 진전이 매우 더디고 불완전한 것이 현실인데, 전 지구적 차원의 글로벌 거버넌스는 몽상일 따름이라는 것이다. 그의 대안은 세계화를 포기하자는 것이다. 그러나 그가 자급자족 경제로 돌아가자고 하는 것은 결코 아니다. 국민국가에 기반을 둔 민주주의를 위협하지 않는 선에서 세계화를 관리하자는 것이다. 따라서 로드릭의 대안을 더 정확히 말하자면 '깊은 세계화' 혹은 '초세계화'를 포기하고 '얕은 세계화'를 하자는 것이다. 사실 세계시장의 발달, 비교 우위를 활용한 부의

---

[1] 이 해법을 도입하면 세계화와 민주주의 간의 딜레마(dilemma)는 세계화 · 민주주의 · 국민국가 사이의 트릴레마(trilemma)로 확대된다. 즉, 이 셋 중 둘은 취할 수 있지만 셋을 동시에 모두 취할 수는 없다는 것이다. 이를 로드릭은 '세계경제의 정치적 트릴레마'라고 부른다(로드릭 2011).

창출 등이 반드시 완벽한 자유화와 규제의 단일화를 요구하는 것은 아니다. 완벽한 시장통합이 민주주의 희생을 요구한다면 우리는 그 지점에서 발걸음을 멈추면 된다. 이것이 바로 '얕은 세계화'다.

과거 2차 세계대전 이후 세계경제질서의 제도적 기반이었던 브레튼우즈 체제가 '얕은 세계화'의 한 예다. 브레튼우즈 체제는 국제적 자본이동에 대한 엄격한 통제를 전제로 하고 무역자유화에서도 다양한 예외를 인정한 불완전한 시장통합 혹은 '얕은 세계화' 체제였지만, 이 시기에 국제무역과 국제투자는 급속하게 확대되었고 세계경제는 '자본주의의 황금기'라고 불리는 전무후무한 번영을 달성했다. 1970년대 초반 브레튼우즈 체제가 붕괴된 이후 1980년대부터 신자유주의가 득세해 금융 주도의 세계화인 '깊은 세계화'가 진행되었다. 이 '초세계화'는 한편으로는 개별 국가들, 특히 힘이 약한 나라들의 민주주의와 주권을 제약했고, 다른 한편으로는 글로벌 거버넌스의 불완전성 때문에 많은 갈등과 불안정을 초래했다. 통합된 시장에 비해 규제가 제대로 갖춰지지 않은 상황은 수많은 외환위기와 금융위기를 낳았고, 그 결정판이 2008년의 세계금융위기였다. 이제 발걸음을 돌릴 때가 된 것이다.[2]

로드릭은 글로벌 거버넌스에 반대하면서 각국이 자신만의 사회적 합의·규제·제도를 지킬 권리를 인정해주어야 한다고 주장한다. 각국의 정책 공간을 확보해주자는 것이다. 그리고 국제경제협정은 각국의 규제를 통일하려 들지 말고 상이한 규제가 공존할 수 있는 규칙을

---

2 과거로 돌아가자는 말은 아니다. 이미 세상은 너무나 달라져서 과거로의 회귀는 불가능하다. 단, 이제라도 '초세계화'의 망상을 접고 신자유주의적 세계화가 낳은 갈등과 불안정을 치유하기 위한 현실적 대안들을 만들어나가자는 것이다.

만드는 데 그쳐야 한다고 주장한다. 이러한 차원에서 한국도 대외경제 전략을 신자유주의적 개방지상주의에서 새로운 경제 국경 관리로 전환할 필요가 있다.

그러나 글로벌 거버넌스를 불가능으로 치부해버리는 것도 올바른 해법은 아니다(유종일 2011). 글로벌 거버넌스는 아무리 지난한 과제일지라도 21세기 인류가 해결해야 할 핵심 과제다. 지구온난화 문제를 비롯한 환경문제, 빈곤 퇴치와 경제개발을 위한 지구적 협력, 평화와 안전보장을 위한 협조체제 구축 등은 신자유주의 세계화와는 별도로 글로벌 거버넌스를 요구하고 있기 때문이다. 각국의 정책 공간을 확보하는 것만으로는 해결할 수 없는 문제들이다. 사실 정책 공간의 확보라는 것도 더 민주적인 글로벌 거버넌스의 한 부분으로 이해할 수 있다.

지역주의 경향의 확산

대외경제전략과 관련해서 또 하나의 중요한 변수는 다자주의와 지역주의 사이의 선택이다. 최근 세계화 흐름은 WTO 등 다자기구의 영향력이 약화됨에 따라 지역주의나 양자주의 경로가 크게 부상하는 경향이 있다. 다자주의의 보완 기제 혹은 징검다리로서 지역주의나 양자주의 체제가 확산되고 있는 것이다.

1990년대 이후 이러한 흐름에 가장 적극적인 주체는 바로 미국이다. 미국은 지역주의·양자주의 방식을 혼용하며 세계화를 추진해가고 있으며, 그 핵심적 정책 수단은 자유무역협정FTA이다. 예컨대 미국은 북미주 지역에서의 북미자유무역협정NAFTA 형성에 이어 전 미주를 대상으로 하는 FTA를 추진하고 있으며, 그와 동시에 개별 국가와 양자 간 FTA 체결에도 적극적인 모습을 보이고 있다. 도하개발어젠다

DDA 협상의 붕괴로 확인되었듯이, 근 150여 개국에 이르는 회원국 모두가 거부권을 행사할 수 있는 WTO의 합의제 협상 방식으로는 신속한 자유시장경제의 확산이 어렵다. 더욱이 미국은 다자주의 체제에서는 자국의 주도권이 발휘되기 어렵다는 판단에 따라 FTA의 확산에 적극 나서게 된 것이다.

지역주의 경로를 통한 세계화는 미국이 아닌 다른 주체들에 의해서도 적극 추진되고 있다. 특히 유럽연합EU은 지역통합체로서 스스로의 위상이 성숙됨에 따라 자신의 외연을 넓혀감으로써 세계화의 또 다른 주도 세력으로 부상하고 있다. 미국과 구별되는 유럽식의 세계화가 다른 한 축에서 진행되고 있는 형국이다. NAFTA나 EU 외에도 비록 제도화 정도는 아직 그들에 미치지 못하지만 동남아, 중동, 남아프리카, 중남미 등 전 세계 거의 모든 지역에서 많은 국가들이 나름의 지역주의를 발전시켜가고 있다. 동남아시아국가연합ASEAN, 남미공동시장Mercosur, 유럽자유무역연합EFTA 등과 같이 비교적 잘 알려진 지역협력체 외에도 남미국가연합SACN, 걸프협력회의GCC, 남아프리카관세동맹SACU, 남아시아지역협력연합SAARC 등이 각지에 형성되어 있다. 지역주의 혹은 지역경제통합은 이미 세계적 대세인 것이다.

현재 진행되고 있는 세계 각지의 지역주의는 폐쇄적·고립적이라기보다는 개방적·연계적인 형태로 발전하고 있다. 무엇보다도 EU가 타 지역과의 관계 맺기, 즉 지역 간 협력 외교를 활발히 전개하고 있다. 예컨대, 남미 국가들과는 1995년에 체결한 EU-메르코수르 지역간협력협정EU-Mercosur Inter-regional Framework for Cooperation Agreement, EMIFCA이라는 지역 간 협정으로, 그리고 아프리카 국가들과는 2000년의 콘토누협정Contonou Partnership Agreement을 통해 지금까지 역제 협력 관계를 발전시켜

오고 있다. 동아시아의 ASEAN+3 국가들과의 정례 모임인 아시아유럽 정상회의ASEM 역시 1996년 이후 꾸준히 운영해오고 있다. 지역주의의 심화 및 확산 운동과 병행해 '지역간협력체제inter-regional cooperation system' 의 구축 작업이 진행되고 있다. 지역주의와 그것의 발전을 기초로 하는 역제주의적 경제통합이 진행되고 있는 것이다.

향후 다자주의의 무기력 상태가 상당 기간 동안 지속되고 지역주의 경로가 세계화의 흐름을 주도할 가능성이 높다. 따라서 이러한 흐름을 우리의 미래 경제 비전에 맞추어 잘 활용해야 한다. 더구나 지역주의는 우리가 유리하게 활용할 여지가 상대적으로 큰 세계화의 방식이 될 수 있다(최태욱 2009). 패권국가가 일방적으로 주도해가는 경우나 G8, G20 등의 집단지도체제가 추진해가는 경우, 그리고 심지어는 국제기구를 중심으로 다자주의가 추진되는 경우에도 세계화는 결국 방식과 결과에 있어서 강대국 독과점으로 귀착될 가능성이 크다. 이에 반해 지역주의 경로를 통한 세계화는 한국이 충분히 능동적이며 주도적인 역할을 발휘하는 가운데 추진해갈 수 있는 세계화 방식이다. 한국이 세계화에 수동적으로 규정당하지 않고 나름대로 주도적인 역할을 하기 위해서는 우선 동아시아의 경제통합 혹은 동아시아 지역주의의 제도화에 앞장서야 한다.[3]

세계경제의 중심 이동

세계경제의 중심이 동아시아로 이동하고 있다. 지난 20세기는 미국

---

[3] 실제로 김대중 정부는 동아시아 지역협력체 건설에 주도적인 역할을 하기도 했다. ASEAN +3을 탄생시킨 것이 바로 김대중 정부였다.

의 세기였고, 여전히 미국은 세계 유일의 초강대국으로 군림하고 있다. 하지만 미국의 헤게모니는 퇴조하고 있으며 조만간 미국은 헤게모니 국가로서의 지위를 상실할 것이 거의 확실해 보인다. 부시 행정부의 무책임한 감세정책과 이라크·아프가니스탄 전쟁 등으로 대규모 경상수지 적자가 누적되는 한편, 유럽연합의 화폐통합과 중국을 비롯한 브릭스BRICs의 부상으로 인해 미국의 헤게모니는 점차 퇴조하고 있었다. 2008년 미국발 글로벌 금융위기는 미국 헤게모니의 퇴조를 급격하게 앞당긴 대형 사고였다. 최근 진행되고 있는 아랍의 민주화로 인해 미국의 석유지배체제에 심각한 균열이 발생한 것도 미국 헤게모니의 퇴조를 반영한 것이며 동시에 이를 극적으로 상징하는 것이다. 중장기적으로 달러화의 약세와 기축통화 지위의 상실도 불가피할 것이다. 마치 1960년대에 미국이 월남전을 치르면서 경상수지 적자를 누적하고 유럽의 부상으로 압도적인 경제적 지위가 상대적으로 후퇴하면서 1970년대 초에는 달러본위의 브레튼우즈 체제가 무너지고 석유수출국기구OPEC가 결성되어 자원민족주의가 발흥하던 시대의 재판을 보는 듯하다.

 1970년대의 위기로 말미암아 달러본위 고정환율제도는 변동환율제도로 변경되었고 세계경제의 리더십은 G7으로 확대되었다. 그러나 1980년대에 시작된 신자유주의 세계화는 미국의 헤게모니를 상당한 정도로 부활시켰다. 미국은 통화주의에 기반한 고이자율 정책으로 제3세계의 외채위기를 불러왔으며, 소련과의 냉전에서 승리했다. 독일과 일본의 제조업 경쟁력이 미국 경제를 위협하기는 했으나 이들은 미국의 강력한 우방국가들이었다. OPEC 결성과 이란혁명으로 중동석유에 대한 미국의 지배권에 문제가 발생했지만 이것도 이란−이라크전과 이

그림 11-1. 달러 가치의 추세 하락: 1973-2010년

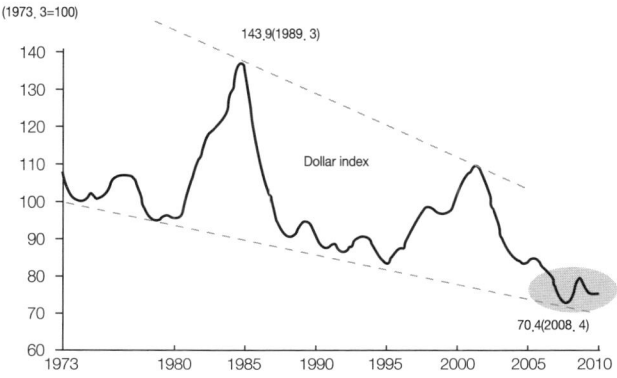

자료: FRB

그림 11-2. 외환보유고에서 달러화가 차지하는 비중

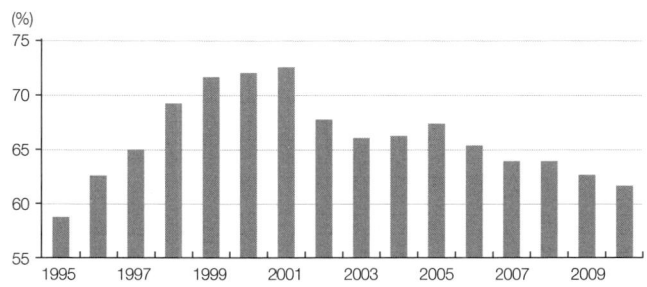

자료: IMF

스라엘-아랍 갈등을 활용하면서 극복해냈다. 이에 따라 달러의 지위가 절대적인 것은 아니라 해도 기축통화로서의 지위를 유지할 수 있었다. 그러나 지금은 상황이 다르다. 미국이 스러져가는 헤게모니를 다시 회복할 수 있는 길은 보이지 않는다. 이미 미국의 상대적 지위가 많이 약화되었고, 금융위기 이후 재정위기가 이어지는 등 미국 경제의

전망이 불투명하며, 무엇보다도 세계경제의 중심이 동아시아로 빠르게 이동하고 있기 때문이다.

〈그림 11-1〉과 〈그림 11-2〉는 달러의 지위가 이미 심각하게 약화되고 있음을 보여준다. 달러변동환율제도가 도입된 1973년 이후 달러가치는 장기적으로 하락세를 지속했으며 연방준비은행의 연이은 양적 완화 정책으로 향후 더욱 하락할 것으로 보인다. 신흥경제권은 중장기적인 달러 가치하락과 그로 인한 보유 외환의 평가 손실 확대에 직면하게 되었으며, 서서히 외환보유액 구성을 다변화하는 중이다. 국제거래에서 달러화 대신 복수통화의 바스켓을 기준통화로 삼으려는 움직임도 나타나고 있다. 당장은 달러화를 대신할 기축통화가 등장하기 어려운 현실이지만 머지않은 장래에 달러가 기축통화의 지위를 내놓게 될 것은 확실시된다.

1970년대 이래 아시아 경제의 부상은 괄목할 만하다. 1970년부터 2005년 사이에 아시아의 경제성장률은 세계 경제성장률을 연평균 3% 내외 상회했고, 이에 따라 세계 GDP에서 차지하는 아시아 지역의 비중이 3배 가까이 증가했다. 2008년 글로벌 금융위기 전후로 이러한 격차는 더욱 벌어졌다. 최근 UN의 보고서에 의하면 2006년부터 2012년까지 동아시아와 남아시아 지역의 연평균 경제성장률은 7.5%로서 세계 경제성장률 2.5%를 무려 5%나 상회할 것으로 전망된다(UN 2011). 〈그림 11-3〉은 IMF가 2015년까지 세계 각지의 경제성장을 전망한 것인데, 중국과 인도를 포함한 아시아 개발도상국들의 평균 경제성장치는 세계 어느 지역보다 높은 8%대를 꾸준하게 유지하는 고공비행을 보여준다. 반면 서구 선진국과 일본을 포함한 G7의 경제성장률은 2%를 넘기지 못할 전망이다. 성장률이 무려 4배나 차이가 나는 것이다.

그림 11-3. 세계 주요 경제그룹별 경제성장률 전망

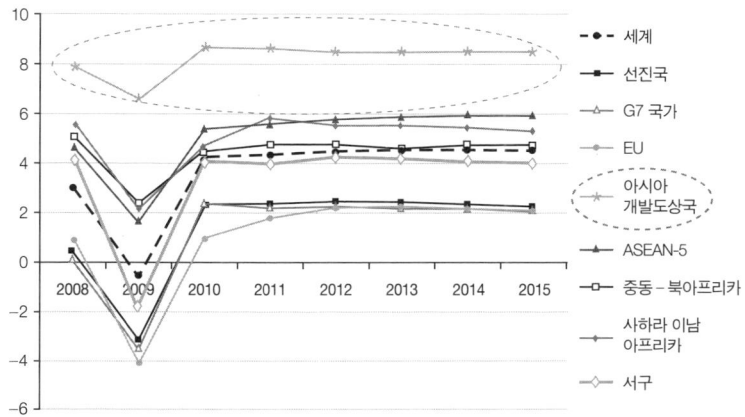

자료: IMF World Economic Outlook Database, 2010년 4월.

　세계경제의 중심은 아시아, 특히 동아시아로 급격히 이동하고 있다. 그리고 중국이 그 견인차 역할을 하고 있다. IMF는 2010년 경제전망 보고서에서 ASEAN 10개국과 한·중·일 3개국을 합친 동아시아 경제의 규모가 유로존 16개국의 경제 규모를 당장 능가할 것이며, 2014년에는 미국 경제의 규모도 능가할 것이라고 내다보았다(IMF 2010). 가장 놀라운 것은 중국 경제의 계속되는 고공행진이다. 골드만삭스의 2003년 보고서에서 2041년이면 중국 경제가 규모에 있어서 미국 경제를 앞지를 것이라는 예상을 내놓았을 때만 해도 많은 사람들이 반신반의했고 또 먼 미래의 일로만 생각했다. 그런데 글로벌 금융위기 이후 2009년 보고서에서는 2027년이면 중국 경제가 미국 경제를 앞지를 것이라는 전망을 내놓아 충격을 주었다(Wilson and Purushothaman 2003; O'Neill and Stupnytska 2009). 미국 경제가 세계 1위의 자리에서 내려온다는 매우 상징적인 시점에 관해 최근에는 더욱 앞당겨진 예측들이 나

그림 11-4. 미국과 중국의 경제 규모

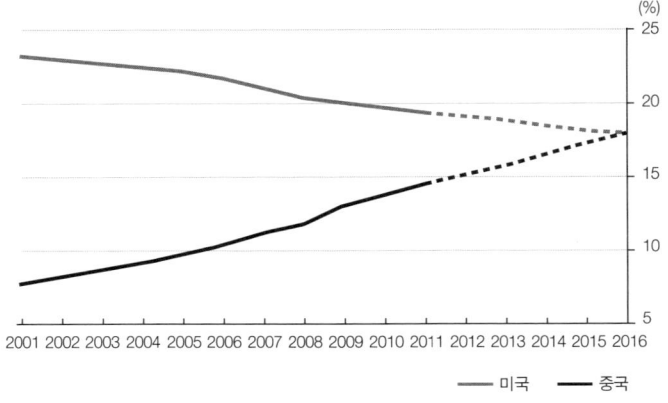

자료: International Monetary Fund, 2011년 4월.

오고 있다. 그리고 IMF는 2011년 경제전망보고서에서 구매력을 기준으로 하면 2016년에, 그러니까 불과 5년 후에 미국과 중국의 순위가 역전될 것이라는 전망을 내놓았다(IMF 2011). 〈그림 11-3〉에서 보듯이 불과 10년 전만 하더라도 구매력 기준으로 미국 경제의 1/3에 불과했던 중국 경제가 향후 5년이면 미국 경제를 능가한다는 것이다. 가히 충격적이고 의미심장한 사실이 아닐 수 없다.

미국과 중국을 비롯한 동아시아 사이에서 우리의 대외경제전략이 어디에 무게중심을 둘 것인가 하는 문제에 관한 검토가 필요한 시점이다. 미국은 우리나라 경제발전 과정에서 매우 중요한 역할을 한 나라다. 하지만 지금 세계경제의 중심이 빠르게 이동하고 있고, 중국을 중심으로 한 동아시아 역내 분업구조도 급속도로 발달하고 있다. 이에 따라 우리나라의 무역구조도 변화하고 있다. 박정희 시대에는 미국의 소비시장이 압도적으로 중요했지만, 이후 시장 다변화 추세와 더불어 대미 수출 비중은 점차 줄어들었다. 반면 중국과의 교역은 눈부신 성장세를 거듭했고 이제 중국은 우리에게 단연 가장 큰 시장이 되었다. 2010년에 대중 수출은 전체 수출의 22%였고, 대미 수출은 9.4%에 그쳤다. 미국에는 소비재를 주로 수출해왔지만 중국에는 자본재와 부품 소재를 주로 수출한다는 것도 중요한 차이다. 무엇보다도 위에서 살펴본 향후 성장 전망을 내다볼 때 중국을 비롯한 동아시아 시장을 중시하는 방향으로 나가야 한다는 것은 분명하다.[4]

2. 한미 FTA와 개방 전략의 반성[5]

우리나라의 개방 전략과 한미 FTA

한미 FTA에 대한 반대가 반드시 개방 자체에 대한 반대인 것은 아니다. 단지 현 시점에서 우리나라가 한미 FTA라는 개방 전략을 추진하는 것은 올바른 선택이 아니라는 것뿐이다. 한국 경제는 이미 상당 수준의 개방경제이며 WTO 회원국이고, 농산물과 서비스 시장의 추가적인 개방 등을 논의하는 DDA 협상에 참여하고 있다. 따라서 한미 FTA를 체결하지 않는다고 하더라도 한국 경제가 폐쇄경제가 되는 것은 결코 아니다.

---

4 한국의 수출과 수입에서 중국, 일본, 대만, 홍콩 및 ASEAN 국가들을 포함하는 동아시아 지역이 차지하는 비중은 1990년에는 40%에 조금 못 미치는 수준이었으나 최근에는 50%에 육박하고 있다.
5 이 부분은 2006년에 쓴 것이어서 2010년에 이루어진 재협상 내용은 물론 2007년의 협상 타결 내용도 알지 못한 상태에서 한미 FTA의 문제점을 분석한 것이다. 그럼에도 불구하고 현재의 시점에서도 이 분석의 적실성은 변함이 없기에 특별한 수정을 가하지 않았다. 현 시점에서 보면 어색한 문구도 몇 군데 있으나 일부러 그대로 놓아두었다.

그런데도 정부의 고위 당국자들이 한미 FTA에 대한 반대는 '쇄국주의'라거나 '반미주의'라는 등의 자극적인 언사를 쓰는 것은 국론분열과 사회갈등을 조장하는 행위다. 우리나라 내부의 신중론과 반대론을 억압하는 것은 한편으로는 협상력을 약화시킬 것이며 다른 한편으로는 대미 협상 못지않게 중요한 대내적 협상도 어렵게 할 것이다. 대외개방이라면 무조건 반대하는 사람들도 일부 있고, 반미적인 성향 때문에 한미 FTA를 반대하는 사람들도 일부 있겠지만, 대다수의 반대론자들은 보다 신중한 개방, 우리 형편과 필요에 부합하는 개방을 주장하는 것이다.

우리는 이미 무분별한 개방이 얼마나 엄청난 결과를 초래할 수 있는지를 뼈아프게 경험한 바 있다. 김영삼 정부 때 OECD 가입과 세계화 정책을 추진한다고 섣부른 자본시장 개방을 추진했다가 IMF 위기라는 국가적 재난을 초래했던 것이다.

개방에는 혜택도 있지만 부작용도 따르기 때문에 우리 경제의 경쟁력과 성장 동력을 강화하는 효과를 극대화하고 부작용은 극소화할 수 있는 개방전략을 모색해야 한다. 예를 들어 외국자본을 유치하는 경우에도 론스타에 대한 외환은행 매각과 지멘스의 R&D 센터 설립은 기술이전, 고용 창출을 비롯한 여러 면에서 매우 다른 효과를 초래한다. 이와 같이 개방은 단순히 일차원적인 것이 아니라 다양한 측면이 있으므로 적극적이고 능동적인 자세로 임하되 우리의 국익을 극대화하는 분명한 전략이 있어야 한다.

원론적으로 보면 개방에 대한 접근법으로서 양자주의나 지역주의보다 다자주의적 접근이 바람직하다고 할 수 있다. 그러나 다자간 협상의 어려움 때문에 여러 나라들이 양자 간 혹은 지역적 무역협정을 맺어나가고 있다.[6] 이러한 국제적 추세에 뒤처지지 않기 위해 과거 다자주의 원칙에 충실했던 우리나라도 한·칠레 FTA를 시작으로 적극적인 FTA 추진 방침을 정했다. FTA를 체결하지 않으면 국제통상질서에서 고아가 된다는 등의 수사는 과장이기는 하지만 이러한 전략 수정은 충분히 이해할 수 있는 부분이다. 하지만 FTA를 추진하더라도 이를 유행처럼 따라하는 것이 아니라 분명한 득실 계산에 입각해서 국민의 공감대를 형성해가면서 추진해야 함은 자명한 일이다. 즉, 상대국의 선정과 추진 순서 및 속도, 그리고 FTA의 내용과 폭 등 다양한 측면에서 우리에게 가장 적합한 전략을 선택해야 하는 것이다.

원래 참여정부의 FTA 추진은 두 개의 보완적 흐름으로 이루어졌다(임원혁 2006). 첫째, FTA에 대한 경험이 많으면서도 농산물 수출 비중이 낮은 중소규모 국가들을 대상으로 하는 '탐색적' FTA로서, 칠레, 싱가포르, 유럽자유무역연합EFTA과 체결한 FTA가 여기에 해당한다. 둘째, 동북아의 평화와 번영이라는 비전을 염두에 두고 추진한 '전략적' FTA로서, 일본, 중국, 미국 등이 대상으로 고려되었다. 이 가운데 중국과의 FTA는 농업 부문의 피해가 너무 막대할 것을 우려해서, 미국과의 FTA는 농업은 물론 서비스업에도 충격이 클 것이라는 점 때문에 장기 과제로 넘겨졌고, 한일 FTA가 우선적으로 추진되었던 것이다.

그런데 정작 한일 FTA는 농산물시장 개방에 대한 이견과 부품소재

---

6 WTO 통계에 의하면 2006년 현재 전 세계에 193개의 지역무역협정(Regional Free Trade Agreement, RTA)이 존재하며, 이 중 대다수인 124개가 FTA이고, 나머지는 관세동맹, 개도국 간 협정, 서비스 협정 등이다. 193개의 RTA 중 1995년 WTO가 출범한 이후에 보고된 것이 143개나 되고 그 이전 40여 년 동안 맺어진 것이 50개라는 사실은 최근에 급증하는 RTA 체결 상황을 반영하는 것이다.

산업에 대한 우려 등으로 중단된 반면, 2005년에 들어서서 정부가 새롭게 내세운 '선진통상국가'의 비전에 따라 FTA 전략도 '동시다발' 추진으로 바뀌어 ASEAN, 인도, 그리고 미국과도 협상이 진행되기에 이르렀다. 김대중 정부에서 미약하게 시작되었던 FTA 정책이 참여정부 들어서서 점차 적극적으로 변모하더니, 급기야 FTA의 결정판이라고 할 한미 FTA 추진에까지 이른 것이다.

적어도 두 가지 이유에서 미국과의 FTA는 나중 단계에 가서야 고려할 일이다. 첫째, 미국은 우리나라가 취약한 분야인 농업과 서비스업의 경쟁력이 세계 최고이며 경제 규모 또한 압도적으로 크다. 따라서 미국과의 FTA는 우리나라에 엄청난 충격이 줄 것이다. 둘째, 미국은 단순한 무역자유화를 넘어 포괄적이고 높은 수준의 FTA를 통해 경제통합까지를 원한다.[7] 서비스 부문의 경쟁력이 매우 취약하고 심각한 양극화 문제를 안고 있는 우리나라 입장에서는 한미 FTA를 서두를 것이 아니라 여타 주요 교역 상대국과 '맞춤형 FTA'를 추진하고, 또 내부 개혁으로 경제 체질을 강화해 나가야 한다.[8] 그리고 난 후 최종 단계로 한미 FTA를 고려해야 할 것이다.

한미 FTA의 득실: 무역자유화

경제이론에 의하면 무역자유화의 이익은 비교열위 산업에서 비교우

---

[7] 소위 미국식 FTA는 철저한 시장 개방, 민영화와 규제 완화를 요구하는 신자유주의적 성격이 뚜렷하며, 단순한 무역자유화를 넘어서 투자, 지적재산권, 정부 조달, 시장접근권, 경쟁 및 규제정책, 분쟁 해결, 노동 및 환경 등 무역과 관련된 이슈들을 포괄적으로 다루는 실질적인 경제통합협정의 성격을 지닌다(World Bank 2005).
[8] FTA의 수준은 협정의 대상과 범주, 그리고 이행 기간에 따라 천차만별이어서 우리 사정에 맞는 맞춤형 FTA도 얼마든지 가능하다(최태욱 2006).

위 산업으로 자원을 재배치한다는 구조조정 효과와 국제경쟁 확대 및 제도 선진화 등에 따른 생산성 증대 효과에 기인한다. 그리고 이러한 1차적인 효과에 따라 소득이 증대하기 때문에 저축과 투자도 증가함으로써 자본축적 증대 효과가 2차적으로 나타난다. 이 모든 것이 합해져 GDP 성장을 가져오게 되며, 또한 가격 인하에 따른 소비자 후생 증대 효과가 있다고 한다.

정부가 한미 FTA 추진의 중요한 근거로 삼고 있는 대외경제정책연구원의 연구 결과도 이러한 효과들을 소위 계산가능일반균형CGE 모형으로 추정한 것을 주요한 토대로 삼고 있다(이홍식·이창수·이경희 2006). 그러나 이 추정은 수많은 편의주의적 가정에 입각한 것으로서 크게 신뢰할 만한 것이 되지 못한다. 자료 조작 의혹과 관련해 상당한 논란이 되었던 대외경제정책연구원의 1월 18일 보고서와 3월 보고서들에는 기본적인 차이가 있었는데, 전자에서는 제조업과 서비스업에서 각각 생산성이 1% 증가한다는 가정을 도입하지 않은 것에 반해 후자에서는 이 가정을 도입한 것이다. 생산성 증대 효과를 가정하지 않은 경우 한미 FTA 발효 이후 몇 년이 걸릴지도 모르는 조정 과정을 모두 거쳐서 GDP가 겨우 0.42~1.99% 증가하는 것으로 나오자, 생산성 증대 효과를 추가해 이를 7.75%까지 끌어올렸던 것이다.[9] 이처럼 생산성 증대 효과는 이론적 근거도 희박하며 대단히 자의적인 가정에 불과하다.[10]

---

[9] 미국국제무역위원회(USITC)는 한국의 기대편익을 0.7%로 추정한 바 있다(USICT 2001).
[10] 자료 조작 의혹이 제기된 3월 보고서에는 몇 가지 버전이 있었다. 이와 관련해서는 노주희(2006)를 참조하라.

원론적인 무역자유화의 이익에 대한 맹신은 "자유무역이 좋다는 것은 경제원론 책에 어디든 있지만 책 뒤에 가면 문제점도 있는데 책을 마지막까지 안 읽어보고 쉽게 가는 격"이라는 정운찬 서울대 총장의 경고를 되새겨볼 필요가 있다. 먼저 구조조정의 최종적인 결과로 자원배분의 효율성이 높아지는 것과는 별개로 구조조정의 과정에서 발생하는 비용에 대한 충분한 고려가 필요하다.[11] 한미 FTA의 경우 너무나 급격한 구조조정을 강요할 것이기 때문에 구조조정 비용이 지나치게 클 것이라는 우려가 존재한다. 특히 한미 FTA는 제조업 부문의 영세화되어가는 중소기업이나 서비스산업 부문의 영세기업 등 구조조정에 대한 대응 능력을 갖추지 못한 부문의 몰락이 이미 심각하게 진행되고 있는 양극화 현상을 더욱 가속화할 것으로 전망된다(김상조 2006).

또 한 가지 고려해야 할 점은 단순한 자유무역 이론이 완전경쟁을 가정하고 있는 데 반해 현실 경제에서는 독점 등 시장의 실패에 따른 왜곡 현상이 발생할 수 있다는 점이다. 일례로 할리우드의 거대 영화산업 자본에 대항해 국산 영화를 보호하는 스크린쿼터제도를 들 수 있다. 이는 할리우드 자본과 국내 자본 사이에 공정한 경쟁이 어렵다는 현실을 반영한 제도다. 실제로 멕시코의 경우 스크린쿼터제도를 폐지한 결과 멕시코 영화시장의 할리우드 지배가 현실화되었다. 또한 멕시코의 경우 NAFTA 이후 미국계 초국적 기업인 카길Cargill이 유통망을

---

[11] 두 가지 구조조정 비용이 있다. 하나는 실업 등 자원 재배분의 어려움에 따른 비용으로서, 예를 들어 비교열위 산업인 농업에 종사하던 60대의 농부가 손쉽게 비교우위 산업인 조선업으로 전직하는 것은 불가능하기 때문에 실업이나 저생산성 자영업 등 오히려 생산성이 더욱 낮은 상태로 전이하는 것이다. 다른 하나는 이득을 보는 집단과 손실을 감수하는 집단 간에 정치사회적 갈등이 유발될 수 있다는 것이다.

장악한 탓에 멕시코인들의 주식인 토르티아 가격이 폭등한 사례도 있었다고 한다(윤석원 2006). 한미 FTA가 체결되면 의약품에 대한 특허권 보호 강화 등에 따라 의약품 값이 상승하리라는 강한 우려가 또한 존재한다.[12]

무엇보다 단순 이론과 현실의 차이는 단순 이론이 매우 간명하고 완벽한 경쟁의 규칙을 가정하고 있는 데 반해 현실에서는 규칙을 어떻게 정하느냐가 경제적 이득의 분배에 결정적인 영향을 미친다는 것이다. 현재의 WTO 체제도 선진국들에게는 유리하고 개도국에는 불리한 제도라는 평가가 강하고, 그에 따라 DDA 협상이 진행 중인 데서도 알 수 있듯이, 무역 확대의 이익은 매우 불균등하게 배분될 수 있다. 볼리비아와 미국 간의 FTA와 관련해 세계 유일의 초강대국인 미국과의 FTA는 "협상이 아니라 강제 부과"가 되기 쉬우며 그렇게 "형편없이 불리한 내용의 FTA를 갖는 것보다는 FTA를 갖지 않는 것이 더 낫다"는 전 세계은행 부총재 스티글리츠의 말이나, "경제규모가 [우리의] 20배에 가까운 미국 경제와 합쳐졌을 때 현재로선 미국이 더 큰 득을 볼 가능성이 많고 한국은 득이 아니라 손해를 볼 수도 있다"는 정운찬 총장의 말은 이러한 현실에 대한 인식을 반영한 것이다.[13]

한미 FTA를 지지하는 입장에서도 CGE 모형 등을 이용해 정량적으

---

[12] 이상윤(2006)의 분석과 호주의 경우를 살펴본 〈한겨레신문〉 2006년 6월 27일자 "집중탐구 한미 FTA" 기사 참조. 이러한 우려는 이미 현실로 나타나고 있다. 건강보험 재정 부담을 줄이기 위한 우리 정부의 약가 책정 적정화 방안이 의약업계의 강력한 로비를 등에 업고 있는 미국 측의 반발에 부딪친 것이다. 향후 한미 정상회담 등을 통해 강력한 압박이 들어올 것으로 예상된다.

[13] 스티글리츠 교수의 말은 〈프레시안〉 2006년 5월 23일자에, 정운찬 총장의 말은 〈한겨레신문〉 2006년 6월 26일자에 보도되었다.

로 후생 효과를 따지는 것이 가지는 한계를 인식하고 정성적인 효과를 더욱 강조하고 있다. 외교 안보적 효과 등 무역자유화와 직접적인 관련이 없는 것을 제외하면, 한미 FTA의 긍정적 효과로 ① 수출시장의 안정적 확보, ② 외국인직접투자의 확대 ③ 서비스산업의 육성 등을 꼽을 수 있는데(이경태 2006), 하나씩 차례대로 따져보도록 하자.

우선 한미 FTA로 인한 수출 확대 효과가 크지 않으리라는 것은 많은 논자들이 지적하고 있다. 2004년 기준으로 미국의 가중 평균 관세율은 1.5%에 불과해 관세 철폐에 따른 수출 증대 효과가 크지 않을 것으로 전망되기 때문이다. 섬유처럼 미국이 취약한 분야는 강력한 로비가 도사리고 있어 쉽게 무역 장벽을 낮추지 않을 전망이고, 미국측 협상단은 무역 구제 조치를 취할 권한을 제약하는 FTA 협상은 실질적으로 진행될 수 없도록 규정한 법률적 제한을 받고 있기 때문에 반덤핑 제소나 상계 관세 등 비관세 장벽을 완화해주리라고 기대하기도 어려운 실정이다. 한국의 가중 평균 관세율이 7.2%에 이르는 점을 감안하면 한국의 대미 수출 증가보다는 오히려 대미 수입 증가가 더욱 클 것으로 예상되고 있다. 대외경제정책연구원의 경우는 대미 무역흑자가 50억 달러가 감소할 것(이홍식·이창수·이경희 2006)으로, 미국국제무역위원회USITC는 89억 달러가 감소할 것으로 전망했다(USITC 2001).[14]

정부는 한국의 미국시장 점유율이 1995년 3.3%에서 2005년 2.6%로 하락한 것을 염려하면서 한미 FTA 체결의 시급성을 주장하지만, 미국 시장 점유율의 하락은 중국의 점유율 증대에 따른 전 세계적인 거대한 구조조정의 일환이며, FTA로 쉽게 되돌릴 수 있는 것도 아니다.[15] 또한 중국의 예가 보여주듯이 미국 시장 점유율 확대에 FTA가 결정적인 역할을 하는 것도 아니다. 오히려 제대로 된 산업정책이 더 효과적일 것이다.

다음으로 외국인직접투자FDI의 증대 효과에 대해서는 매우 불확실하다는 것 이상을 말하기 어렵다. "FTA가 외국인직접투자에 어떠한 영향을 미치게 될 것인가에 대해서는 아직까지 보편화된 이론은 존재하지 않는다. 왜냐하면 FTA가 외국인직접투자에 영향을 미칠 수 있는 다양한 메커니즘이 존재하고 서로 상반된 방향으로 작용하는 요인이 많기 때문이다"(이경태 2006: 22). 어쨌든 다시 한번 중국의 사례를 생각해보아도 알 수 있듯이, FTA가 외국인직접투자를 결정하는 데 그다지 중요한 요인은 못된다. 한미 FTA가 대외신인도를 향상시키고 기업환경을 개선시킴으로써 동북아 시장을 겨냥한 FDI 유입을 급증시킬 것이라는 주장은 기대 섞인 과장이다. 설사 외국인직접투자가 증가한다 할지라도 투자의 성격에 따라 국민경제에 대한 기여도는 크지 않을 수도 있다.

정부가 가장 강조하는 것이 서비스산업의 경쟁력 강화 효과다. 한미 FTA는 세계 최강의 서비스산업을 가진 미국과의 경쟁을 통해 매우 취

---

14 《한겨레신문》 2006년 6월 30일자의 보도에 의하면, '한미 FTA를 연구하는 국회의원 모임'이 마련한 토론회에서 삼성경제연구소와 LG경제연구원의 연구원들도 한미 FTA로 국내 제조업이 얻을 이익이 크지 않다는 견해를 밝혔다고 한다. 한국의 대미 수출 주력 상품은 자동차, 휴대전화, 반도체, 자동차 부품 등인데, 미국은 자동차 관세율이 2.5%에 불과하고, 전자제품은 대부분 한미 정보통신협정에 의해 무관세 적용을 받는 만큼 자유무역협정이 맺어져도 수출 촉진 효과가 높지 않다는 것이다. 반면, 현재 10%인 한국의 승용차 관세가 철폐된다면 미국산 자동차의 수입이 대폭 증가하는 등 제조업에서도 수출보다 수입 촉진 효과가 더 크다고 지적했다.
15 최고의 제조업 경쟁력을 자랑하는 일본의 경우에도 미국 시장 점유율이 1995년 16.7%에서 2005년 8.3%로 감소했다.

약한 우리의 서비스산업이 도약할 수 있는 계기가 될 것이라는 기대다.[16] 특히 중국의 제조업 경쟁력이 빠르게 상승하고 있기 때문에 우리는 서비스산업의 경쟁력을 강화함으로써 탈출구를 찾아야 하며, 이를 한미 FTA를 통해 이룰 수 있다는 것이다. 그리고 서비스산업의 경쟁력 강화는 양질의 일자리 창출을 통해 양극화 해소에 기여할 수 있다고 한다(차문중 2006).

우선 이것은 전통적인 비교우위론과는 거리가 먼 분석이다. 비교우위론에 의하면 미국과의 교역에서 서비스업은 비교열위 산업으로서 축소 조정의 길을 걷게 될 것이다. 그런데 대외경제정책연구원을 포함해 낙관론자들은 한결같이 한미 FTA로 서비스산업의 경쟁력이 강화되어 이 부문의 고용이 오히려 증대할 것이라고 주장한다. 그러나 설사 서비스업의 고용이 증가한다고 하더라도 양질의 고생산성·고임금 일자리보다는 구조조정 과정에서 일자리를 잃는 사람들의 '최후의 고용처'로서의 역할이 더 클 것이다. 한미 FTA라는 충격 전략이 금융 및 법률·회계·세무·컨설팅 등 사업 지원 서비스업의 발전을 이끌어낼 수도 있겠지만, 이로부터 창출되는 양질의 고용 규모는 그다지 크지 않을 것이다.

개방에 의한 서비스산업 경쟁력 강화의 사례로 흔히 월마트의 진입

---

[16] "한미 FTA를 통해 서비스산업의 경쟁 요소 도입과 그를 통한 경쟁력 확보를 도모함으로써 경제구조의 고도화와 신성장 동력 확보 및 지식기반경제로의 이행을 앞당길 수 있을 것"(이경태, 2006: 25)이며, "중국의 부상, 제조업의 공동화, 고용의 탈공업화, 고부가가치 서비스 활동의 중요성 증가 등 국내외 경제 환경 여건의 변화를 고려할 때 …… 향후 우리나라 경제성장의 관건은 지식기반 서비스의 육성을 통한 제조업과 서비스업 간의 선순환 구조 구축에 있고 …… [이는] 한미 FTA와 같은 능동적 개방 전략의 채택"(이시욱 2006: 3~4)을 통해 달성할 수 있다는 것이다.

이 이마트의 성공을 낳았다고 이야기한다. 국내 유통산업의 경쟁력이 강화된 것이 사실이고 국내 대형할인점의 성공에 따른 일자리 창출도 있었다. 그러나 이와 함께 재래시장이 몰락하게 되었고, 이에 따른 일자리 파괴와 양극화 심화를 잊어서는 안 된다(김상조 2006).

한미 FTA의 득실: 개방을 통한 제도개혁

다수의 한미 FTA 찬성론자들은 직접적인 무역자유화 효과보다도 지지부진한 경제개혁을 일거에 진전시키는 효과에 특별한 기대를 하고 있다. 일찍이 맨키 올슨Mancur Olson은 무역 개방이 각종 이해집단의 로비에 의한 경쟁 제한과 이에 따른 비효율성을 제거하는 유력한 정책 수단이라고 설파했다. 나아가 미국식 포괄적 FTA는 "시장 개방 이외에 국제규범 및 선진국 제도와 관행의 광범위한 적용을 요구할 것"이기 때문에 "우리도 한미 FTA를 선진국 진입의 필수조건이라고 할 수 있는 글로벌 스탠다드Global Standard를 경제·사회 전반에 걸쳐 완비하는 계기로 활용"할 수 있다는 것이다(이홍식·이창수·이경희 2006: 3).

우리가 각종 제도를 선진화하기 위해 개혁을 추진해야 함은 다수가 공감하고 있는 바이지만 내부로부터의 개혁 노력을 포기하고 개방의 충격을 통해 급작스럽게 개혁이 이루어질 때 의도하지 않은 문제를 야기할 가능성이 있다. 개방이 개혁의 수단이 될 수도 있지만 내부적 개혁이 개방을 준비하는 수단이기도 하므로, 개혁과 개방은 서로 발을 맞추어가면서 단계적으로 진행되어야 하는 것이다. 내부적 개혁은 그 내용과 속도를 국내 사정에 맞추어 적절히 조절할 수 있지만 개방에 의한 개혁은 그러기가 쉽지 않다. 특히 한미 FTA에 의한 개혁은 너무나 급진적인 내용의 급격한 수용을 강요한다는 데 문제가 있다.

특히 금융개방은 금융 불안정성을 야기할 소지가 다분하다. 이미 '상업적 주재駐在' 면에서는 우리나라의 금융시장이 대폭 개방되어 있지만, 한미 FTA 협상에서 미국 측이 요구하는 대로 국경 간 거래와 신금융서비스 분야의 개방이 이루어지면 심각한 결과를 낳을 수도 있다. 과거 종금사 규제 완화나 카드사 규제 완화로 커다란 정책 실패를 낳은 과오가 있으며, 아직 역량이 부족한 금융정책 및 감독 당국의 현실을 감안하면 신금융서비스 분야의 개방이 불가피하게 초래하는 금융 규제의 완화가 어떤 결과를 낳을지 걱정이다(김상조 2006). 이미 정부는 금융 규제의 대폭 완화를 담은 자본시장통합법을 추진하고 있는데, 이 법의 위험성에 대해서도 논란이 제기되고 있는 실정이다(이동걸 2006). 한미 FTA가 출자총액제한제도 및 금산법의 완화나 폐지를 촉진해 '금산분리' 체제를 무너뜨릴 수도 있다는 경고도 나오고 있다(김동환 2006).

교육·의료·방송·통신 등의 개방에 따른 사회·문화 영역의 공공성을 침해할 가능성에 대한 우려도 팽배해있다. 다행히 1차 협상에서 미국 측이 교육과 의료 분야의 공공성을 인정하고 이 분야의 시장 개방에 별다른 관심을 보이지는 않았다. 그렇다 하더라도 금융 규제 완화를 통한 민간의료보험의 확대나 방송광고시장 개방을 통한 방송의 상업성 강화 등 여러 가지 위험 요소들이 도사리고 있다.

개방에 의한 충격적 개혁 요법은 엘리트주의적 접근으로 그 과정에서 다수 국민이 겪는 고통을 가볍게 여기는 경향이 있고, 외국의 힘을 빌어서 개혁을 추진하려는 욕심이 앞서 민주적 절차에 대한 존중과 사회적 공감대 형성을 경시함으로써 개혁이 종국에는 실패하고 말 위험성이 존재한다. 엘리트 개혁주의자들은 지금 서민의 생활을 압박하고 있는 가장 큰 문제인 양극화를 극복하기 위한 구조개혁 정책은 지지부진한 가운데 오히려 양극화를 더욱 악화시킬 것이 거의 확실한 한미 FTA를 추진하고 있는 것이다.[17]

개방에 의한 제도 개혁을 외치는 자들이 국제규범이나 선진국 제도의 도입을 주장하지만 한미 FTA가 성사되면 도입되는 것은 미국식 규범과 제도다. 그런데 미국식이 반드시 유일한 선진 제도인 것은 아니다. 따라서 과연 미국식 제도를 도입하는 것이 바람직한지에 대한 사회적 공론화와 민주적 의견 수렴이 반드시 필요하다.[18]

미국식 신자유주의는 장점도 있지만 빈부격차 확대, 공공서비스 악화, 대중교육 수준 저하 등 문제도 많다. 그리고 설사 다인종 복합사회이며 지극히 개인주의가 발달한 미국에서 잘 작동하는 제도라고 하더라도 우리의 사회문화적 전통에서는 수용하기 어려울 수도 있다. 이미 한국 사회에는 미국식 신자유주의에 대한 비판과 거부의 목소리가 매우 높아 이를 강요하려고 하면 국론분열과 사회갈등을 야기할 것이다(조순 2006). 김영삼 정부의 세계화 개혁, 김대중 정부 시절 IMF 체제 아래 추진된 신자유주의적 편향을 보인 구조조정, 그리고 참여정부가 느닷없이 들고 나온 한미 FTA로 이어지는 일련의 신자유주의화 정

---

[17] 2006년 6월 23일 '국회 FTA포럼'이 주최한 '한미 FTA 협상 점검과 향후 대응전략' 세미나에서 양수길 국가경영전략연구원 원장은 "미국식 FTA는 가장 높은 수준의 것이라 우리 관행과 제도를 많이 바꿀 것"이라며 "서비스업이야 말로 개방·개혁이 필요한데 미국이 강하게 압박을 안 하는 것 같아 실망이다. …… 미국이 '아마 저 나라에 우리 서비스업이 들어가서 돈을 벌 건더기가 없다'고 생각하는 것 같다"고 주장했다(《프레시안》 2006. 6. 23.). 이는 외세를 이용해 개혁을 추진한다는 엘리트 개혁주의자의 입장을 잘 표현하고 있다.
[18] 물론 2008년 글로벌 금융위기 이후에는 미국식 제도가 바람직한 선진 제도라고 주장하기는 매우 어려워졌다.

책은 우리나라가 추구해야 할 경제 모델에 대한 사회적 합의 없이 추진된 것으로서 민주적 정당성을 결여하고 있다(최장집 2006).

미국식 제도들 가운데 국제규범을 벗어난 그야말로 '미국식'으로서 크게 우려를 자아내는 것이 바로 지적재산권과 투자자 보호 문제다. 미국은 지적재산권 강화를 핵심적인 대외경제전략으로 삼고 있으며, 그동안 한국을 비롯한 많은 나라들에게 지적재산권 보호 강화를 끊임없이 요구해왔다. 미국은 FTA 협상을 통해 한국의 지적재산권 법체계를 국제 기준보다 훨씬 강한 미국 법제에 근접 또는 일치시키려고 할 것이다. 세계은행은 지적재산권을 국제 기준에 따라 강화했을 때 가장 손해가 큰 국가로 한국을 지목한 바 있는데 미국식으로 더욱 강화하면 피해는 매우 심각할 것이다.[19]

미국이 투자 분야 협상에서 요구하는 주요 내용은 내국민대우원칙, 이행의무 부과금지, 분쟁해결 절차로서 투자자·국가 중재제도 인정 등 강력한 투자자 보호 조치를 담고 있다. 투자자는 투자 의사를 밝힌 단계에서부터 보호하고, 기업 설립과 지분 참여뿐만 아니라 지적재산권과 단기투기성 포트폴리오 투자까지도 투자로 간주해 투자자유화와 투자 보호 대상으로 삼는다. 내국민대우원칙에 의하면 국책사업이나 국가전략사업 등의 분야에서도 외국자본에 대한 제한이 불가능해질 것이다. 투자와 관련된 일정 비율 수출, 국내산 원재료 사용, 기술이전 등의 이행의무 부과금지는 우리 정부의 협상문 초안에서 이미 수용

---

[19] 미국이 요구하는 저작권 보호 기간 연장은 미국 문화자본의 로열티 회수 기간 연장책으로 다양한 문화 창출이라는 공익적 가치에 반하며 우리 문화산업에 타격을 줄 것이다. 특허권 강화 요구는 특히 제약산업에 심대한 피해를 초래하고, 의약품 가격 상승을 초래해 건강보험 재정에도 커다란 압박 요인으로 작용할 것이다.

한 내용인데, 이는 WTO의 무역관련투자조항TRIMs보다 한층 강화된 내용이다. 투자자에게 투자 유치국 정부를 상대로 제소할 수 있는 권한을 부여하는 투자자·국가 중재제도는 국제법상 논란의 소지가 있는 제도로서 호주의 경우에는 이를 불인정했는데 우리 정부는 이미 인정하기로 했다.[20] 각각의 조항에 나름의 이유와 타당성이 있겠지만, 이렇게 투자자 보호에 치우치고 공공정책적 요구를 포함한 투자 유치국의 공익적 이해는 경시하는 제도들은 결코 바람직하지 못하다. 한미 FTA 협상 개시 선언을 전후해서 론스타가 '한국 정부와의 조세 분쟁을 유리하게 해결'하고 '한미 FTA 아래서의 투자자 보호'를 강화할 목적으로 미 의회와 행정부를 상대로 전방위적 로비를 벌였다는 사실은 향후 어떤 일들이 발생할 수 있는지에 대해 시사하는 바가 크다(윤태곤 2006).

국가발전전략으로서의 한미 FTA

한미 FTA 추진의 배경에는 '선진통상국가론'에 의한 경제발전과 한미동맹 강화에 입각한 안보 확보를 축으로 하는 국가발전전략이 자리하고 있다. 전반적으로 미국에 의존하는 것이 우리의 평화와 번영을 가져오는 길일 뿐만 아니라 미국식 제도를 받아들이는 것이 선진국으로 가는 방법이라는 '숭미주의崇美主義'적 태도와 '탈아입미脫亞入美'적

---

20 정부 측의 설명에 의하면 투자자·국가 중재제도는 유럽 국가들을 포함해 대다수 나라들이 채택하고 있는 제도이며, 우리나라가 맺은 칠레, 싱가포르와의 FTA는 물론 일본과의 투자협정 등 약 80개의 투자협정에서도 이미 채택한 것이라고 한다. 또한 공공보건·안전·환경 등 공공후생을 목적으로 하는 규제는 극히 예외적인 경우를 제외하고는 국제 중재의 대상이 될 수 없다고 한다(재정경제부 2006).

사고방식이 배후에 있는 것이다. 유럽식 모델을 선호한다던 노무현 대통령이 미국식 신자유주의 모델을 선택하고, '동북아균형자론'을 주창하더니 미국 편향 외교정책으로 나간 것은 지독한 아이러니라 하겠다.

정부는 '선진통상국가'를 ① 각 부문에서 글로벌 스탠다드를 갖추고, ② 적극적인 해외투자와 외국인투자를 유치함으로써 글로벌 네트워킹을 구축하는 한편, ③ 경쟁력 있는 서비스산업과 부품소재산업을 보유하고 IT 등 미래 성장 산업에 집중 투자하면서 개방친화적인 인프라가 형성된 국가라고 규정하고, 한미 FTA는 이러한 목표에 다가가기 위한 최선의 수단으로 여기고 있다. 그러나 선진통상국가론은 한국의 현실과는 부합하지 않는 부적절한 발전전략이다.

선진통상국가라고 하면 네덜란드나 홍콩을 떠올리게 되는데, 인구 규모로 보나 역사적 발전 경로로 보아도 우리나라가 '통상국가'가 된다는 것은 희한한 발상이다. 제조업은 중국에 넘어갈 수밖에 없으니까 서비스산업을 발전시켜 성장 동력으로 삼아야 된다는데, 서비스산업이 성장 동력이 되는 나라는 극히 예외적이다. 영국이나 미국처럼 과거나 현재의 패권적 지위를 활용해 국제금융시장에서 특수한 지위를 누리거나, 네덜란드나 홍콩처럼 중개무역이 역사적으로 발달한 경우에만 해당되는 것이다.

소위 탈산업화와 서비스 부문의 팽창이라는 현상은 기본적으로 제조업의 높은 생산성 증가와 서비스업의 낮은 생산성 증가에 따른 고용과 상대가격의 변화를 반영하는 것이다. 기계에 의한 노동력의 대체가 비약적으로 발전하는 제조업의 고용이 줄어드는 반면, 노동력 대체에 한계가 있을 수밖에 없는 서비스업의 고용은 증가하고 임금상승과 더불어 서비스업의 상대가격 또한 증가하게 된다. 즉, 서비스산업 팽창의 상당 부분은 서비스산업 자체의 성장보다는 제조업과의 상대적인 생산성 격차 확대에 의한 상대가격 변화에 기인하는 것이다. 또한 제조업체 내부에서 이루어지던 회계, 인사관리, 경영전략 수립 등의 기능들 가운데 일부가 외부 조달로 바뀌면서 사업지원 서비스업이 확대되는 경향도 나타나는데, 이는 통계적 착시 현상에 불과하다. 특수한 경우를 제외하면 서비스산업의 성장 동력은 제한적일 수밖에 없고, 따라서 여전히 선진국들에서도 제조업을 산업의 근간으로 유지하고 있으며, 제조업 분야의 기술 발전과 생산성 증가가 핵심적인 성장 동력으로 작용하고 있다.[21]

중국이 '세계의 공장'이 되면서 우리나라의 제조업은 시한부 인생을 살고 있으며, 그래서 장래를 위해서는 서비스업의 경쟁력 강화가 관건이라는 인식 또한 오류이다. 중국이 아무리 열심히 따라오더라도 우리가 열심히 노력해 기술 격차를 유지하면 되는 것이다. 서비스업 경쟁력 강화가 필요하지 않다는 것이 아니라 제조업 강화의 중요성을 간과하면 안 된다는 것이다. 예를 들어 안정적이고 효율적인 금융시스템을 갖추는 것은 중요하지만 금융이 산업을 주도하는 금융자본주의로 가는 것은 바람직하지 않고 실현하기도 어렵다는 얘기다. 중국의 무서운 산업발전은 우리에게 위협이 되기도 하고 사양 산업의 구조조정을 가혹하게 재촉하는 힘이지만, 그보다는 우리에게 새로운 기회가 되는 측면이 더 강하다. 중국은 우리나라의 최대 수출시장이며, 특히 중국의

---

21 장하원(2001)은 우리나라의 서비스산업 발전을 위한 정책을 논하면서 서비스산업이 과거 제조업이 담당했던 성장 동력을 대체할 것이라는 기대의 무모성을 지적하고, 서비스산업은 성장보다는 고용과 복지의 측면에서 더 중요한 역할을 할 것이라고 주장한다.

산업화가 창출하는 수요를 바탕으로 우리나라의 자본재산업과 부품소재산업이 발달하고 있다. 중국의 발전은 우리나라 제조업의 고도화를 요구하며 또 돕고 있는 것이다.

한국 경제의 핵심 과제는 혁신주도형 성장 동력을 확충하는 것과 구조 개혁으로 양극화를 극복하는 것이다(유종일 2006). 혁신주도형 성장 동력의 확충을 위해서는 혁신에의 유인을 강화하기 위한 제도 개혁이 중요하고, 고등교육의 질을 제고하기 위한 교육 개혁과 연구개발 투자의 효율성을 제고하기 위한 국가혁신시스템의 획기적 변화를 요구한다.[22] 또한 선진 외국기업의 R&D 센터를 적극 유치하는 등 혁신 역량의 제고에 힘써야 한다. 양극화를 극복하기 위한 구조 개혁은 고용구조의 개혁과 재정구조의 개혁, 그리고 산업구조의 개혁을 포괄한다. 산업구조의 개혁을 위해서는 부품소재산업 육성, 대기업과 중소기업 간 공정거래와 공정경쟁 확립, 중소기업 구조조정과 경쟁력 강화 등이 필요하다. 이렇게 볼 때 혁신을 주도할 성장 동력의 확충이나 양극화를 극복하기 위한 구조 개혁이나 모두 산업정책을 주요한 수단으로 삼게 된다. 우리에게 필요한 것은 새로운 산업정책이지 결코 신자유주의에 입각한 산업정책의 폐기가 아니다.[23]

지정학적인 관점에서 볼 때도 미국 편향적인 정책을 최선의 정책이

---

[22] 여기서 제도개혁은 투기나 지대추구 행위에 대한 기대수익은 낮추고 혁신에 대한 기대수익은 높이는 것을 말하는 것으로써 한미 FTA에 의한 미국식 제도 도입과는 사뭇 다른 내용이다. 투기에 대한 기대수익을 낮추기 위해서는 적절한 세제와 안정적 거시경제의 운용이 필요하고, 지대추구 행위에 대한 기대수익을 낮추기 위해서는 공정하고 투명한 경쟁 질서를 확립해 모든 종류의 특권을 시장에서 몰아내야 한다. 혁신에 대한 기대수익을 높이기 위해서는 중소기업이 대기업에게, 또는 개인이 기업에게 혁신의 결과를 빼앗기는 일이 없도록 경제적 약자의 지적재산권 보호를 강화하는 것이 중요하다.

라고 하기는 어렵다. 한미 간 경제동맹 강화는 전 세계적 경향으로 나타나고 있고 우리 정부도 한동안 적극적 추진 의지를 보였던 '지역화'에 역행하는 것이다. 더구나 중국, 인도 등 아시아 경제가 부상하고 미국의 상대적 힘이 갈수록 약화되는 21세기의 추세를 감안하면 더욱 그렇다. 예를 들어 2040년이면 중국 경제의 규모가 미국을 능가할 것으로 전망되고 있으며, 그 이전에 아마도 유로화가 기축통화로서 달러를 능가할 것이라는 예측도 있다. 경제력뿐만 아니라 미국은 거짓에 기초한 부도덕한 전쟁과 불법 구금 및 고문 등 인권 유린 행위, 국제법과 UN을 무시한 일방주의적 행태 등으로 도덕적 권위 또한 약화되고 있다.

한미 FTA로 안보 위험이 완화된다는 인식에도 문제가 있다. 곧 한미동맹 공고화만이 평화와 안보를 담보할 수 있다는 것인데, 이러한 인식은 이라크 파병이나 주한미군의 '전략적 유연성'에 대한 합의 등으로도 표출되었다. 그런데 한미 경제안보동맹의 강화는 미국의 대동북아 외교안보전략의 핵심인 '중국위협론'을 한국이 사실상 수용하는 꼴이 되기 때문에 우리나라의 입장에서는 절실히 필요한 동북아 지역의 평화와 협력질서가 약화되고 패권 경쟁의 요소를 강화하는 부작용

---

23 "'신자유주의 시대에는 국가적 산업정책이 존재할 수 없다'는 언급은 무지에 근거한 주장일 뿐이다. 서유럽의 복지국가들이 실시하는 과학기술정책, 경쟁정책, 금융정책, 환경정책, 교육정책 등이 모두 21세기형 산업정책의 한 표현 형태이며, 미국의 경쟁, 혁신, 과학기술, 지식기반 정책들도 21세기 산업정책의 구체적인 전형이다. 혁신적 기업가의 등장을 촉진할 수 있는 새로운 노동력 공급 체계를 국가적 차원에서 설계하는 것, 산업 및 기술상의 국제협력 기반을 구축하고 국가 간의 공동 프로젝트를 추진하는 것, 혁신경쟁을 촉진하기 위해 자본시장을 개편함으로써 자본비용을 대폭 줄이고 접근성을 확장하는 것 모두가 21세기 산업정책의 핵심 요소들 중 하나이다(김태억 2006)."

을 낳을 수도 있다(최태욱 2006).

'민족경제의 균형적 발전'을 추구하기로 한 6·15 남북공동선언의 정신과 향후 남북 경제통합, 나아가 동아시아 경제통합을 염두에 둘 때 미국에 편향된 정책은 바람직하지 못하다. 이러한 관점에서는 개성공단을 비롯한 남북경협의 확대·발전이 중요하고, 일본·중국·ASEAN 등과의 FTA를 먼저 성사시킨 후에 한미 FTA를 고려해야 할 것이다.

3. 동아시아 경제통합과 한국 경제

동아시아 경제통합의 현황

동아시아 지역의 경제통합은 무역·투자·금융 등 다면적으로 진행되고 있다. 그동안 동아시아 지역에서 이루어진 경제통합은 정치적 동기에 의한 제도적 통합보다는 시장 기제에 입각한 자연발생적 통합이 주된 동력이었다. 특히 1985년 플라자합의 이후 '엔고 현상'으로 가격경쟁력에 압박을 받은 일본 기업들이 비용 절감을 위해 동아시아 지역에 대대적으로 직접 투자를 하면서 역내 분업 관계가 크게 발달했고, 이후 한국도 일정하게 유사한 역할을 했다. 또한 1990년대 이후 중국의 고도성장과 결합한 역내무역의 급속한 확대가 이루어졌다. 동남아 일대에 퍼져있는 '화상 네트워크'의 역할도 무시할 수 없다.

〈그림 11-5〉는 동아시아 지역의 역내교역 비중이 점증하고 있는 추세를 보여준다. 2010년에 ASEAN+3의 역내교역 비중은 39.6%에 이르렀고, 여기에 인도·호주·뉴질랜드를 포함한 ASEAN+6나 대만과 홍콩을 추가한 동아시아 전체의 역내교역 비중은 50%대 후반에 이르

그림 11-5. 동아시아의 역내교역 비중 변화: 1990-2010년

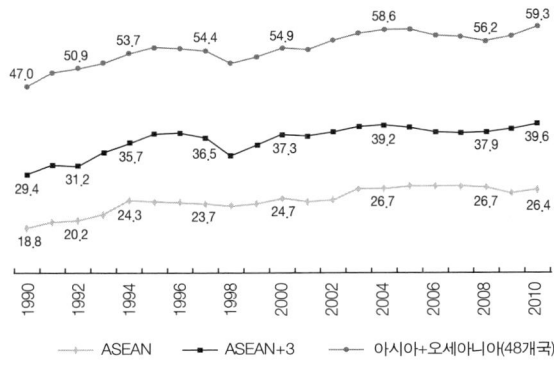

자료: Asia Regional Intergration Center, ADB

렀다. 또한 이들 국가 외에도 아시아와 오세아니아 지역의 작은 국가들이 포함되었을 경우 역내교역 비중이 59.3%에 다다른다는 것을 보여준다. 이러한 역내교역 비중은 NAFTA의 약 46%보다는 높고 EU의 약 67%보다는 낮은 수준이다.

  동아시아 지역의 경제통합이 자연발생적인 역내교역 확대에 그치는 것은 아니다. 제도적 통합은 무엇보다 아시아 금융위기를 겪으면서 금융통화협력의 필요성을 절감한 데서 시작되었다(Kawai 2004). 따라서 다른 지역과는 달리 금융협력이 지역경제협력을 선도하게 되었다. ASEAN+3 국가들은 1997년 외환위기 이후 동아시아 지역 내 금융 안전망을 구축하는 논의를 시작해 2000년 치앙마이에서 금융위기에 대비한 유동성 지원 기금을 만들기로 합의했다. 이것이 치앙마이 이니셔티브Chiang Mai Initiative, CMI다. 다수의 양자 협정으로 이루어졌던 CMI는 2008년 글로벌 금융위기를 계기로 다자체제로 발전하게 되었다. 분담금 규모를 둘러싸고 중국과 일본 사이에 벌어진 신경전이 장애물이었

그림 11-6. 동아시아 지역의 경제협력 구도

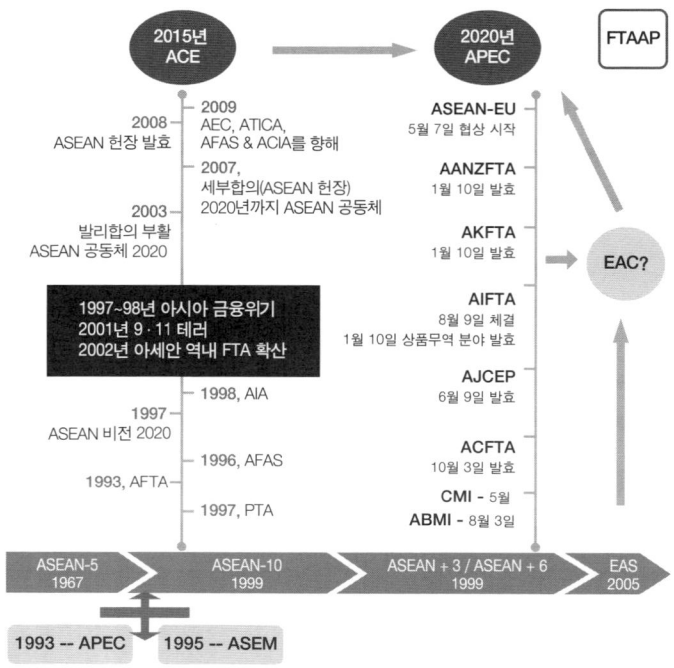

으나 양국이 동일한 규모의 분담금을 내는 것으로 타결되었다. 이렇게 해서 2009년에 출범한 CMI 기금은 중국(32%), 일본(32%), 한국(16%)과 ASEAN 7개국(20%)이 분담해 총 1,200억 달러로 조성되었으며, 아시아 역내 국가들이 발행하는 채권에 대해 신용을 보증해주는 신용보증투자기구CGIF가 2011년 말에 출범하고, 또 거시경제정책을 감시하는 경제감시기구AMRO도 싱가포르에 설립될 예정이다.

CMI 기금은 중장기적으로는 아시아통화기금AMF으로까지 진화를 모색하는 기반이 될 것이다. ASEAN+3는 CMI 이외에도 아시아채권시장 이니셔티브Asian Bond Markets Initiative, ABMI를 통해 역내 금융자원의 활용과 금융시장의 통합을 촉진하기 위한 노력을 기울이고 있으나, 아직까지 그 성과는 미미하다. 또한 아시아개발은행은 유럽의 단일통화를 만드는 과정에서 사용되었던 병행통화인 유럽통화단위 European Currency Unit, ECU를 모델로 한 아시아통화단위 Asian Currency Unit, ACU의 도입을 제안하기도 했다.

금융위기에 대한 대응으로서 금융통화협력이 있다면 NAFTA와 EU 등 지역주의 경향에 대한 대응으로서 동아시아 지역 내의 FTA나 보다 포괄적인 시장통합의 제도화 노력도 다양한 경로로 진행되고 있다. 〈그림 11-6〉은 다양한 흐름을 일목요연하게 정리한 것이다. 맨 밑에는 ASEAN이 5개국에서 시작해 10개국으로 확대되고, 여기에 한·중·일 3국이 더해진 ASEAN+3와 ASEAN+3에서 중국의 주도권을 희석시키려는 목적으로 일본이 인도·호주·뉴질랜드를 추가로 끌어들인 ASEAN+6가 형성되고, 동아시아정상회의 East Asian Summit, EAS가 설치되는 흐름을 보여준다. 그림 왼편의 수직 축은 ASEAN의 경제협력이 점차 진전되어가는 과정으로서 궁극적으로 동남아공동체 ASEAN Economic Community, AEC를 결성하려는 흐름을 보여준다. 그림 오른편의 수직축은 ASEAN과 일본·한국·인도·호주 등과의 경제협정을 표시하고 있고, 마지막으로 이러한 흐름들이 동아시아공동체 East Asian Community, EAC 창설로 이어질 가능성과 미국 등이 참여하는 아시아·태평양경제협력체로서 APEC을 확대해 아시아·태평양자유무역지대 Free Trade Area of the Asia-Pacific, FTAAP 창설로 나가는 가능성을 표시하고 있다(Das 2010; Sugawara 2007). 그리고 이러한 흐름들 가운데서 수많은 양자간 또는 다자간 경제협정들이 맺어지고 있다.[24]

동아시아 경제통합의 수준은 이미 마스트리히트조약 이전의 유럽을 능가한다는 평가도 있다(Eichengreen and Bayoumi 1999). 또한 동아시아 지역에서 경제통합이 진전된 결과 경기 동조화 현상이 심화되고 있다(Rana 2006).

동아시아 경제통합과 한국의 대외경제전략

IMF 외환위기 이후에 한국경제의 새로운 활로를 개척하기 위해서 동아시아 경제통합에 주목하는 흐름이 등장했다. 초창기 논의는 동북아에 집중되었고, 이것이 다양한 동북아 경제통합론으로 나타났다. 크게 보아 동북아 경제통합론에 두 갈래가 있었는데, 첫째는 김대중 정부에서 시작된 '동북아 경제중심론'이다(재정경제부 2002). 이는 세계화의 도전과 중국 충격을 배경으로 우리가 처한 경쟁력의 위기를 극복하기 위해 외자 유치에 집중하자는 것이며, 이를 통해 물류나 금융 등 고부가가치 서비스산업의 역내 거점을 육성하자는 구상이다. 이 구상에서는 비즈니스 거점화를 위해 세제, 규제 환경, 외국인 생활 여건 등의 면에서 소위 '기업 하기 좋은 나라'를 만드는 것을 핵심 전략으로 삼고 있다. 이 과정에서 국내 전체에 적용하기에는 사회적 반발과 부작용이 우려되는 조치들을 국지적으로 적용하기 위해 '경제자유구역'을 설치하기로 했다. 이 구상은 제조업 부문의 고용 창출 전망에 대한 회의를 바탕으로 서비스산업을 상대적으로 중시하고 있으며, 외국자본의 유치를 사활적인 수단으로 간주하고 있다. IMF 위기 이후의 신

---

24 향후 이런 흐름들이 정리되지 않는다면 한 가지 상품에 대해 여러 개의 서로 다른 규칙이 적용되는 혼란, 이른바 '스파게티 그릇 효과(spaghetti bowl effect)'라고 하는 골칫거리에 직면할 것이다(Bhagwati 1995).

자유주의 흐름을 반영한 정책이었다.

이와는 다른 흐름으로서 '동북아 공동체론'도 등장했다. EU, NAFTA 등 유럽과 북미의 지역주의에 대응해서 동북아 지역에서도 경제통합을 적극적으로 추진해야 한다는 발상으로서, 통상과 금융뿐만 아니라 지역개발·환경·안보 등 다방면의 지역협력을 고려한 것이다. 특히 시장통합과 화폐통합을 축으로 전개된 유럽통합의 경우와는 달리 동북아 공동체 구상은 시장통합과 더불어 개발과 건설을 중시한다. 이 지역의 특성상 역내 낙후지역의 개발이나 에너지·수송망 건설을 중심적인 협력 과제로 설정하는 것이다.[25] 로렌스 클라인Lawrence Klein은 동북아 지역의 사회간접자본에 대한 대대적인 투자를 아시아 금융위기 탈출의 한 해법으로 제시하기도 했다. 탐색적 논의 수준에 머물러있던 동북아공동체론을 구체화시킨 것은 2000년부터 김대중 대통령의 제안에 의해 시작된 ASEAN+3 정상회담이다. 그리고 노무현 정부 초기에는 '동북아 경제중심'을 국가 전략으로 설정하고 동북아 공동체 구상에 입각한 역내 경제협력 강화와 동북아 비즈니스 중심 구상에 입각한 한국 경제의 역내 허브 역할 확대를 통합해 추진하고자 했다. 하지만 큰 진전을 이루지 못한 상태에서 한미 FTA 추진으로 대외경제전략의 무게중심이 이동함에 따라 동북아 경제중심론은 슬그머니 자취를 감추었다.

하지만 이러한 국내의 논의와는 무관하게 동북아 경제통합은 범위를 더 넓혀서 동아시아의 경제통합이라는 차원에서 한편으로는 자연

---

[25] 남덕우 전 국무총리가 오랫동안 주창한 동아시아 개발 플랜, '개발 공동체론'을 주장한 모리시마의 아시아연합(AU) 구상, 사이토 요시오의 "동북아시아의 아침이 밝아오고 있다" (『세계경제평론』, 1998년 10월호), 2002년 6월에 발표된 도쿄재단의 동북아개발은행(NEADB) 설립에 관한 보고서, 러시아의 뉴오리엔탈 플랜 등이 유사한 시각을 담고 있다.

발생적으로 진화하고 있고, 다른 한편으로는 다양한 협력의 틀이 논의되고 있다. 이미 세계경제의 가장 역동적인 중심축이 된 동아시아 지역의 경제통합 흐름과 한국 경제의 관계를 설정하는 것은 회피해서도 안 되고 회피할 수도 없는 과제다. 사실 한국 경제는 이미 무역과 투자 면에서 동아시아 지역과의 분업 관계를 상당히 발달시켰다. ASEAN+3라는 논의 틀에 참가하고 있고, 일본 및 중국과 FTA 논의도 진행하고 있다. 그리고 치앙마이 이니셔티브라는 금융통화협력체제에도 참여하고 있다. 그러나 동아시아 통합의 비전과 과정에서 어떤 역할을 할 것인지에 관한 전략 구상은 뚜렷하지 않다. 앞으로 한국 경제가 안고 있는 취약성을 보완하기 위해서 동아시아 경제통합을 활용해야 한다.

첫 번째 취약성은 세계화 리스크, 즉 자본의 급격한 유출입 문제다. 한국 경제를 두고 'ATM 코리아'라는 신조어가 등장했을 정도로 국제금융시장에 충격이 올 때마다 외국자본은 한국 금융시장에서 현금자동인출기ATM처럼 자금을 빼내간다. 금융 감독도 엉망이고 금융기관의 수준도 낮은 데다가 개방은 엄청나게 되어있어서 우리 금융시장은 외국자본의 놀이터가 되어버렸다. 2008년이나 2011년이나 누적된 경상수지 흑자와 외환보유고에도 불구하고 외국자본의 이탈로 주가와 환율에 심각한 타격을 받았다. 특히 2008년에는 극심한 외화유동성 위기와 환율 폭등을 겪었다.[26] IMF 위기 이후 자본시장과 외환시장이 대폭 개방된 데다가 은행의 단기외채가 과다해 발생한 문제였다.[27] 실

---

26 2008년의 원화가치 하락률은 25.7%로 아이슬란드(48.1%), 영국(26.4%)에 이어 세계 3위였다.

질적으로 제2의 외환위기를 맞은 것이었고, 이는 2008년 10월의 한미 통화스왑협정과 12월의 한·중·일 통화스왑협정으로 비로소 진정될 수 있었다. 2011년에도 미국과 유럽의 재정위기가 불거지면서 한국은 또 다시 외국자본 유출 사태에 직면했고 환율 불안이 야기되었다. 2011년 10월에 한일 통화스왑 규모를 130억 달러에서 700억 달러로 확대하고, 한중 통화스왑 규모를 38조 원에서 64조 원(560억 달러)으로 확대함으로써 외화 유동성 위기를 잠재울 수 있었다.

　1997년의 외환위기는 결국 IMF의 자금 지원과 이에 다른 경제주권 상실로 이어졌지만 2008년이나 2011년에는 통화스왑협정만으로 위기를 넘길 수 있었다. 특히 일본과 중국 등 역내 국가와의 통화협력이 큰 도움이 되었다. 하지만 이러한 스왑협정은 한시적 장치라는 한계를 지닌다. 치앙마이 이니셔티브라고 불리는 ASEAN+3 간의 통화스왑협정도 2009년 5월 1,200억 달러 규모의 공동 기금을 형성해 다자화함으로써 한 단계 발전했지만, 한국이 위기 시에 인출할 수 있는 규모는 출자분에 해당하는 192억 달러로 한정되어 있어서 역시 큰 도움은 되지 않는다. 따라서 역내의 금융통화협력을 한층 발전시켜서 아시아통화기금AMF을 설립하고 역내 자금을 기반으로 외환위기에 대한 방어체제를 구축해야 한다. 그리고 역내 환율안정을 위한 정책 협조 체제를 갖추어나가야 한다. 나아가 역내 무역거래의 결제 통화를 달러가 아닌 역내 통화로 점차 바꿔나가야 한다.

27　2005년에 660억 달러이던 한국의 단기외채가 2008년 9월 현재 1,760억 달러로 급증했으며, 그 대부분이 은행의 단기외채였다. 그런데 예전엔 순조롭던 단기외채의 만기 연장이 글로벌 금융위기 때문에 어려워지자 은행들이 국내 외환시장에서 달러를 매입하게 되었고, 이는 환율 폭등을 초래했다.

한국 경제의 두 번째 취약성으로 꼽을 수 있는 것은 북한과 관련된 안보 위험, 이른바 코리아 디스카운트 문제다. 남북 관계의 진전과 안보 위험 해소를 위해서는 핵 문제의 해결이 시급하다. 구체적 절차가 어떻게 되든 유일한 해법은 북한이 핵 프로그램을 포기하는 것을 조건으로 미국과 일본이 북한과 관계를 정상화하고, 관련국들을 중심으로 북한의 개혁·개방을 지원하는 것뿐이다. 해법이 이렇게 명백함에도 불구하고 북한 핵 문제의 해결이 지연되고 있는 까닭은 주변국, 특히 미국이 이를 흔쾌하게 추진할 의향이 없기 때문이다(정세현 2010). 동아시아 지역의 역동적 발전이 지속되는 가운데 홀로 고립되고 경제적 난국을 겪고 있는 북한은 점점 더 위험한 존재가 될 수밖에 없다. 따라서 북핵 문제가 저절로 해결될 것을 기다릴 것이 아니라 그 여건을 조성하기 위해서 최선의 노력을 다해야 한다.

이러한 측면에서도 동아시아 경제통합의 심화는 중요한 의미를 가질 수 있다. 역내 국가들 사이의 협력체제가 강화되면 자연스럽게 안보 분야의 협력도 증진될 것이며, 동아시아 지역의 가장 심각한 안보 위험 중 하나인 북핵 문제에 관해서도 보다 적극적인 해결 노력을 기울이게 될 것이기 때문이다. 역내 협력체제가 강화될수록 미국의 영향력은 상대적으로 약화될 것이며, 이러한 상황은 미국이 대북 관계에 보다 전향적으로 임하는 계기가 될 수도 있을 것이다. 또한 동아시아의 시장통합과 개발 추진 과정에서 동북아 국가들을 연결하는 에너지·수송 네트워크를 건설하는 것은 매우 중요한 프로젝트이고, 이를 위해서 지역의 외교적 역량을 동원하는 것이 북핵 문제를 해결하는 데도 도움이 될 것이다. 최근 중국이 동북 지역의 개발에 박차를 가하고 있고, 러시아·몽골 등의 에너지 자원 개발 수요가 현재화되고 있는 가운데 동북아 국가들을 연결하는 에너지·수송 네트워크의 필요성이 더욱 커져가고 있다. 이 과정에서 한국이 적극적인 역할을 하기 위해서도 남북 간의 철도 연결 등 수송 체계 연결은 핵심적인 사항이다. 역내 국가들의 관심과 협력을 바탕으로 이 부분에 진전이 이루어지면 그만큼 한국 경제의 안보 위험도 줄어들 것이다.[28]

한국 경제의 세 번째 취약성은 저출산·고령화에 따른 인구학적 위험이다. 한국 경제는 극단적인 저출산이 지속되어 고령화가 급속도로 진행되고 있으며, 조만간 인구 감소가 시작되면 점점 가속도가 붙게 되어 더욱 급속한 고령화와 인구 감소를 겪게 될 것이다. 이는 일본의 전례에서 본 것처럼 경제 활력을 크게 떨어뜨릴 수 있다. 인구학적 위험은 한국 경제가 안고 있는 가장 크고 어려운 난제다. 설사 지금부터 획기적으로 출산율을 끌어올린다고 하더라도 향후 수십 년간 고령화에 따른 경제 활력의 저하는 회피하기 어려운 상황이다. 인구 동학은 워낙 관성이 크게 작용하기 때문에 변화에 많은 시간이 소요된다. 따라서 이 문제를 돌파하기 위한 현실적인 방법은 역내 시장통합을 통한 시장 확대와 투자 확대다. 시장통합 과정에서 아시아로부터의 인구 유입도 확대하는 방향으로 나가야 할 것이다.

한국 경제가 동아시아 경제통합 과정에서 이 지역의 경제적 역동성

---

28 2006년 8월 김정일 위원장과 러시아 메드베데프 대통령이 남북한과 러시아를 잇는 총 길이 2,400킬로미터(이 가운데 북한을 통과하는 가스관은 1,000킬로미터)에 달하는 가스관 건설에 서로 협조하기로 원칙적 합의를 봤다고 알려졌다. 물론 이 프로젝트의 성사 여부는 아직 알 수 없으며, 많은 정치적 위험 부담이 존재하는 사업이다. 그러나 역으로 이런 종류의 프로젝트가 성사된다면 그 과정에서 정치적 위험 부담을 최소화하기 위한 노력들도 진전을 이룰 것이다.

을 공유하고 성장 효과를 극대화하기 위해서는 한국 경제의 역할에 대한 전략적 접근이 요구된다. 필자는 이를 '동아시아 혁신기지'라는 개념으로 제안한 바 있다(유종일 2006). R&D 및 디자인을 중심을 한 역내 기술혁신의 중심지가 될 수 있도록 한편으로는 우리의 교육제도와 국가혁신시스템을 과감하게 개혁하고, 다른 한편으로는 인적자원의 경쟁력을 바탕으로 국내외·역내외 다국적기업들의 혁신센터를 유치하자는 것이다. 나아가 기술적 혁신을 넘어서서 사회적 혁신을 이루어내는 것도 중요하다. 사회적 실험과 제도적 혁신을 통해서 세계 표준이라는 이름으로 강요된 미국식 제도가 아닌 우리의 필요와 가치에 부합하는 제도를 모색해야 한다. 그리하여 역사와 문화적 전통을 일정하게 공유하는 동아시아 지역에서 사회적·제도적 표준의 리더가 되자는 것이 필자의 견해다.

동아시아 경제통합의 과제와 한국의 역할

동아시아 경제통합은 두 가지 큰 도전에 직면해있다. 이러한 도전에 적극적으로 대응해 동아시아 경제통합의 새로운 지평을 열어나가는 과정에서 한국이 주도적인 역할을 담당하는 것이야말로 한국 경제의 새로운 대외경제전략의 핵심이 되어야 하며, 또한 이는 한국 경제의 새로운 활로를 개척하는 일이 될 것이다.

동아시아 경제통합이 직면하고 있는 첫 번째 도전은 글로벌 불균형과 관련된 문제로 역내 내수시장의 취약성이다. 역내무역의 확대는 수직적 분업에 입각한 생산체제의 파편화에 따른 부품소재 무역 부문이 근간을 이루고 있으며, 최종재에 대한 수요는 역외무역에 대한 의존도가 높다(송원근 2009). 이는 동아시아 지역의 역내 제조업 무역 통계를 분석해보면 확인된다. 제조업 전체의 역내무역 비중은 2006~07년 기간에 52.1%였는데, 부품소재의 경우는 57%, 최종재의 경우는 46.4%였다(Athukorala and Kohpaiboon 2009). 글로벌 금융위기 이전까지는 최종재의 역외 수요 의존도가 상승하는 경향을 보였는데, 이것은 곧 글로벌 불균형과 관련되어 있었다. 즉, 역내 수요의 부족은 미국 등 역외 시장에 대한 의존도를 키웠고, 이것이 글로벌 불균형의 중요한 원인이 된 것이다. 글로벌 불균형은 세계경제의 위험 요인일 뿐만 아니라, 동아시아 경제의 관점에서는 글로벌 금융위기 당시 위기의 진원지인 미국이나 유럽보다 실물경제 타격이 더욱 컸던 사실에서 드러났듯이 안정적인 성장에 위협이 된다.

동아시아의 역내 수요 부족 현상은 여러 원인이 있겠지만 가장 핵심적인 요인은 소득분배의 불평등이 증가하는 것이다. 한·중·일 등 주요국에서 모두 소득 불평등이 크게 증가하고 있어서 내수 부족 현상이 발생하고 있다. 따라서 동아시아 지역에서 보다 사회통합적인 성장이 이루어지도록 하는 것은 역내 수요 부족 문제를 해결하는 열쇠가 된다. 또한 북한을 포함해 역내의 낙후지역을 개발하고 역내 경제통합과 관련한 인프라 건설에 투자하는 것도 역내 수요 진작에 도움이 될 것이다. 보다 사회통합적인 방향으로 사회적 혁신을 이루는 것이나, 역내 개발 수요에 적극 대응하는 것 등은 바로 한국이 앞장서서 적극적으로 추동해야 할 과제들이다.

두 번째 도전은 동아시아 경제통합을 주도할 역내 리더십의 부재 현상이다. 과거에는 일본이 경제력을 바탕으로 일본 주도의 역내 경제통합을 시도했다. 아시아통화기금, 한일 FTA, 동아시아 포괄적경제동반자협정 등을 추진했지만 모두 불발되고 말았다. 일본 경제는 1991년

버블 붕괴 이후 '잃어버린 10년'을 거치는 동안 급격하게 추락했으며, 2002~11년 사이 10년간 연평균 실질 GDP 성장률도 0.4%에 불과하다. 세계경제에서 차지하는 비중은 지난해 5.8%로 떨어졌고, 세계 2위 경제대국의 지위도 처음으로 중국에 넘겨주었다. 세계경제의 리더십이 G8에서 G20으로 확대된 것도 동아시아 지역에서 일본의 위상을 추락시켰다. 세계 최고 수준의 국가 부채와 인구 고령화는 일본 경제의 미래 전망을 어둡게 하고 있다.

중국의 급격한 부상은 이미 살펴보았다. 문제는 중국이 아직은 국제적 리더십을 발휘할 준비가 되어있지 않다는 것이다. 중국이 정치적으로나 경제적으로나 국제사회의 신뢰를 얻기에는 제도적 투명성과 안정성이 부족하다. 게다가 최근 중국이 남중국해 등에서 주변국과 영토 분쟁에 휘말리고 있어서 동아시아 지역에서 통합의 지도력을 행사하는 데 장애가 될 것이다.

일본과 중국이 지도력을 행사하지 못하고 상호 갈등과 상호 견제를 하는 가운데, 동아시아 지역을 자신의 영향력 아래 두려는 미국의 견제가 또한 큰 변수가 되고 있다. 미국은 AMF를 좌절시켰으며, 동아시아 공동체 등 미국을 배제한 지역통합을 강하게 견제해왔다. 최근 미국은 동아시아에 대한 영향력 유지 및 확대를 위해 두 가지 지렛대를 이용하고 있다. 정치·군사적으로는 중국의 국경 분쟁 요소, 경제적으로는 환태평양경제동반자협정Trans-Pacific Partnership, TPP을 이용하는 것이다. 미국은 베트남·필리핀·인도·호주 등 중국과 조금이라도 갈등이 있는 국가들을 모두 동원해 중국 견제에 들어갔고, 특히 남중국해 문제를 2011년 동아시아정상회의에서 문제 삼아 중국을 자극했다. 경제적으로는 동아시아와의 연계성도 떨어지고 의미도 보잘것없었던

TPP를 활용하기 위해 미국과 NAFTA로 엮여있는 캐나다와 멕시코를 동원하는 한편, 결정적으로 일본을 끌어들이기로 했다. 활로를 찾지 못하고 있던 일본의 노다 정부가 여기에 응했지만 국내의 반발이 만만치 않아서 전망은 불투명한 현실이다.

한국은 동아시아 지역이 강대국의 패권 다툼의 장이 되는 것을 거부하고 호혜적인 협력질서를 구축하며, 그러한 바탕 위에서 경제통합을 진전시켜나가는 데 주도적인 역할을 해야 한다. 한국은 패권을 추구하기에는 너무 작은 나라이고, 그러나 상당한 역할을 할 만큼 큰 나라이기 때문에 이러한 지위를 적절히 활용해야 할 것이다.

4. 맺음말

한국 경제를 둘러싼 대외 환경이 급변하고 있다. 글로벌 금융위기 이후 신자유주의 세계화 질서가 재편되는 과정이고, 그 가운데 선진국 경제는 거듭해서 진통을 겪고 있다. 지역주의 경향은 더욱 강화되고 있으며, 세계의 경제 중심은 동아시아로 급속히 이동하고 있다. 이것이 바로 대외경제전략을 새롭게 설정해야 하는 배경이다. 또한 한국 경제가 맞닥뜨린 어려움들이 있다. 그중에서도 세계화 위험, 안보 위험, 인구학적 위험은 국내적으로만 해법을 찾을 수는 없는 난제들이다. 대외경제전략을 이러한 문제들에 대한 해법과 연결해서 구상해야 한다.

특히 미국과 중국 간의 패권 경쟁이 심화되고 있다. 미국의 대외경제전략에 상당한 영향력을 행사하는 피터슨국제경제연구소의 프레드 버그스텐 소장은 중국 주도의 동아시아 경제통합이 미국을 배제하고 미국을 차별하는 통합이 될 것을 우려하면서 미국은 아시아·태평양 지역의 포괄적인 무역협정을 유도해 중국을 견제해야 한다고 주장한 바 있다(Bergsten 2007). 중동전쟁에 몰두하던 미국이 아랍의 민주화 물결과 국내 경제의 어려움 지속이라는 내우외환을 맞이하고서 꺼내든 카드가 아시아중시전략이다. 미국은 한미 FTA를 비준하고 TPP에 일본을 끌어들임으로써 중국을 배제하고 미국 주도의 아시아·태평양 경제협력체를 모색하려는 것이다. 당연히 중국도 미국을 배제한 중국 주도의 동아시아 통합을 추구할 것이다.

하지만 양 대국 중 어느 한 나라를 배제하는 경제통합은 바람직하지도 않고 가능하지도 않을 것이다. 유럽이 배타적인 유럽연합을 형성했어도 미국이나 여타 국가와의 경제협력 관계를 지속적으로 발전시키고 있는 것과 마찬가지로 동아시아 지역에서 어떤 경제 블록이 형성된다고 하더라도 이는 '열린 지역주의open regionalism'가 될 수밖에 없다. 이미 세계화가 깊숙이 진행되어 있기 때문이다. 또 한 가지 분명한 것은 미국이 아무리 중국을 견제한다고 하더라도 중국이 세계 최대의 경제대국으로 부상하는 것을 막을 방법은 없다는 것이다. 이미 동아시아 경제는 중국 경제를 중심으로 탄탄한 분업 관계를 형성하고 있다. 중국을 포위하고 압박하려는 미국의 전략은 결코 바람직하지도 않고 성공할 수도 없을 것이다.

한국이 이러한 시점에서 미국과 FTA를 체결한 것은 아이러니고 큰 잘못이다. '고래 싸움에 새우등 터진다'는 말이 있듯이 한국은 양 대국의 갈등 구도에서 한발 벗어날 필요가 있다. 그러면서 동아시아 경제 통합을 나름대로 주도해야 한다. 가장 역동적이면서도 규모에 있어서도 가장 중심이 되는 동아시아지역에서 미국이 배제될지도 모른다는 두려움을 해소해주면서 동아시아 국가들의 상황과 필요에 적합한 새로운 지역경제통합의 모델을 만들어나가야 한다. 보다 사회통합적인 발전모델과 경제통합모델을 추구해 역내 수요 기반을 탄탄히 하면서 '열린 지역주의'에 입각해서 미국을 비롯한 다른 지역과 나라들과도 협력 관계를 발달시켜 나가자는 것이다.

참고문헌

1장

마르크스, 칼. 2005. 김수행 옮김. 『자본론(시리즈)』. 비봉출판사.
번햄, 테리. 2008. 서은숙 옮김. 『비열한 시장과 도마뱀의 뇌』. 갤리온.
벌린, 이사야. 2006. 박동천 옮김. 『벌린의 자유론』. 아카넷.
법정. 1999. 『무소유』. 범우사.
센, 아마티아. 2001. 박우희 옮김. 『자유로서의 발전』. 세종연구원.
슈마허, E. F. 2002. 이상호 옮김. 『작은 것이 아름답다: 인간 중심의 경제를 위하여』. 문예출판사.
슘페터, 요셉. 2005. 박영호 옮김. 『경제발전의 이론』. 박영률출판사.
스미스, 애덤. 2008. 유인호 옮김. 『국부론』. 동서문화사.
애리얼리, 댄. 2008. 장석훈 옮김. 『상식 밖의 경제학』. 청림출판.
애커로프, 조지 · 로버트 쉴러. 2009. 김태훈 옮김. 장보형 감수. 『야성적 충동: 인간 심리가 경제에 미치는 영향』. 랜덤하우스코리아.
유종일. 2008. 『위기의 경제』. 생각의 나무.
프리드먼, 밀턴. 1999. 최정표 옮김. 『자본주의와 자유』. 형설출판사.
하이에크, 프리드리히 A. 2006. 김이석 옮김. 『노예의 길 – 사회주의 계획경제의 진실』. 나남.

Engerman, Stanley and Kenneth Sokoloff. 2002. "Factor Endowments, Inequality, and Paths of Development among New World Economies."

pp. 41-88. *Economia* 3(1).
Fukuyama, Francis. 1992. *The End of History and the Last Man*. Free Press.
Goldin, Claudia. 2001. "The Human Capital Century and American Leadership: Virtues of the Past." pp. 263-292. *Journal of Economic History* 61.
Hirschman, Albert. 1986. *Rival Views of Market Society and Other Recent Essays*. New York: Viking.
Horkheimer, Max. 1983. *Critique of Instrumental Reason*. Continuum International Publishing Group.
Layard, Richard. 2005. *Happiness: Lessons from a New Science*. Penguin Books.
Lindert, Peter H. 2003. "Voice and Growth: Was Churchill Right?" *NBER Working Papers* 9749. National Bureau of Economic Research.
Lindert, Peter H. 2004. *Growing Public*. Cambridge University. Press.
Sen, Amartya. 1977. "Rational Fools: A Critique of the Behavioral Foundations of Economic Theory." pp. 317-344. *Philosophy and Public Affairs* 6(4).
Simon, Herbert. 1982. *Models of Bounded Rationality* 1 & 2. MIT Press.

2장

김명환·김태곤·김수석. 2008. 『식량 안보 문제의 발생가능성과 대비방안』. 농촌경제연구원
김세직·정운찬. 2007. "미래 성장 동력으로서의 창조형 인적자본과 이를 위한 교육개혁." 『경제논집』 46권 4호.
김은경. 2009. "이명박 정부 녹색 성장의 허구성 – 철학의 부재로 인한 질 낮은 일자리, 환경파괴, 경제적 비효율." 『쟁점과 대안』 4호. 한국미래발전연구원.
김혜원·안상훈·조영훈. 2006. "사회서비스 분야 일자리 창출 방안에 관한 연구." 연구보고서 2006-1. 한국노동연구원.
번햄, 테리. 2008. 서은숙 옮김. 『비열한 시장과 도마뱀의 뇌』. 갤리온.
유종일. 2005. "양극화, 대안은 있는가?" 『신동아』 12월호.
유종일. 2006. "지속가능한 경제발전을 위하여." 『한국의 전망』 제2호.

유종일. 2008. "한국 경제위기의 재생산구조와 거버넌스 개혁." 한국 경제정책연구회 심포지엄 발표문.

하준경. 2005. "연구개발의 경제성장 효과 분석."『경제분석』 11권 2호: pp. 83-105.

하준경. 2007. "지식경제와 금융." 유종일 편.『지식경제의 이론과 정책』. 시민경제연구소 연구보고서.

한진희 · 최경수 · 김동석 · 임경묵. 2002.『한국 경제의 잠재성장률 전망: 2003~2012』. 한국개발연구원.

Atkinson, Anthony. 2000. "Is Rising Inequality Inevitable? A Critique of the Transatlantic Consensus." *WIDER Annual Lectures* 3. WIDER: Helsinki.

Baran, Paul and Paul Sweezy. 1968. *Monopoly Capital*. Penguin.

Benabou, R. 2002. "Tax and Education Policy in a Heterogenous Agent Economy." pp. 96-129. *Econometrica* 70.

Card, D. E. and A. B. Krueger. 1995. *Myth and Measurement: The New Economics of the Minimum Wage*. Princeton University Press.

Easterly, W. and S. Rebelo. 1993. "Fiscal Policy and Economic Growth: An Empirical Investigation." pp. 417-458. *Journal of Monetary Economics* 32.

Engerman, Stanley and Sokoloff, Kenneth. 2002. "Factor Endowments, Inequality, and Paths of Development Among New World Economies." *NBER Working Paper* 9529.

Fernandez, R. and R. Rogerson. 1998. "Public Education and the Dynamics of Income Distribution: A Quantitative Evaluation of Education Finance Reform." pp. 813-833. *American Economic Review* 88.

Hayami, Y. 1997. *Development Economics: From the Poverty to the Wealth of Nations*. Clarendon Press.

ILO. 2005. *World Employment Report, 2004-5: Employment, Productivity and Poverty Reduction*.

Keynes, John Maynard. 1930. "Economic Possibilities for Our Grandchildren." in Essays in *Persuasion. 1963*. W.W. Norton & Co.

Kinsley, Michael. 2008. "Politicians Lie, Numbers Don't." *Slate*.

Krugman, Paul. 1994. "The Myth of Asia's Miracle: A Cautionary Fable."

Foreign Affairs.

Krugman, Paul. 2007. *The Confessions of a Liberal*. W.W. Norton & Co.

Layard, Richard. 2006. *Happiness: Lessons from a New Science*. Penguin.

Lindert, Peter. 2004. *Growing Public*. Cambridge University Press.

OECD. 1998. *Employment Outlook*.

Perotti, R. 1996. "Growth, Income Distribution, and Democracy: What the Data Say." pp. 149–187. *Journal of Economic Growth* 1.

Rodrik, Dani. 1999. "The New Global Economy and Developing Countries: Making Openness Work." *Policy Essay* 24. Overseas Development Council.

Schor, Juliet B. 1991. *The Overworked American: The Unexpected Decline of Leisure*. Basic Books.

Sen, Amartya. 2001. "Democracy and Social Justice." in Jong-Il You and Farrukh Iqbal (eds.) *Democracy, Market Economics and Development*. World Bank.

Sperling. Gene. 2006. *The Pro-Growth Progressive: An Economic Strategy for Shared Prosperity*. Simon & Schuster.

Stiglitz, Joseph. 2003. *The Roaring Nineties*. W. W. Norton & Co.

United Nations. 1987. "Report of the World Commission on Environment and Development." *General Assembly Resolution* 42/187, 11 December.

World Bank. 2006. *World Development Report: Equity and Development*. Oxford University Press.

World Watch Institute. 2009. *State of the World 2009: Into a Warming World*.

You, Jong-Il. 1995. "The Korean Model of Development and Its Environmental Implications." pp. 158–183. in V. Bhaskar and A. Glyn (eds.) *The North, the South and the Environment*. EarthScan and UNU Press.

You, Jong-Il and Ju-Ho Lee. 2001. "South Korea: Economic and Social Consequences of Globalization." pp. 283–316. in Lance Taylor (ed.). *External Liberalization, Economic Performance, and Social Policy*. Oxford University Press.

3장

김대호. 2010. "장하준·정승일의 착각 또는 헛발질." 『프레시안』 11/19.
김연명. 2011. "한국복지국가의 진로와 과제." 『계간 광장』 제10호.
김원섭. 2011. "박근혜의 '한국형 복지' – 사회보장기본법개정안 검토." 정책포럼 '더불어 삶' 발표문.
유종일. 2006. "경제구조 개혁론: 양극화 극복을 위한 정책 방향." 『신진보리포트』 봄호.
유종일. 2007. "신자유주의, 세계화, 한국 경제." 『창작과 비평』 137호.
전병유. 2007. "지식경제 하에서의 직업능력 개발." 유종일 편. 『지식경제의 이론과 정책』 시민경제연구소 연구보고서.
최태욱 편. 2011. 『자유주의는 진보적일 수 있는가』. 후마니타스.

Aghion, P. and P. Bolton. 1997. "A Theory of Trickle-Down Growth and Development." *Review of Economic Studies* 64: pp. 151–172.
Alesina, A. and R. Perotti. 1996. "Income Distribution, Political Instability and Investment." *European Economic Review* 40: pp. 1202–29.
Alesina, A. and D. Rodrik. 1994. "Redistributive Politics and Economic Growth." *Quarterly Journal of Economics* 109: pp. 465–490.
Atkinson, Anthony, Thomas Piketty and Emmanuel Saez. 2011. "Top Incomes in the Long Run of History." *Journal of Economic Literature* 49(1): pp. 3–71.
Banerjee, A. V. and A. F. Newman. 1993. "Occupational Choice and the Process of Development." *Journal of Political Economy* 101: pp. 274–298.
Benabou, R. 2002. "Tax and Education Policy in a Heterogenous Agent Economy." *Econometrica* 70: pp. 96–129.
Bruno, M. and J. Sachs. 1985. *Economics of Worldwide Stagflation*. Cambridge: Harvard University Press.
Clarke, G. R. G. 1995. "More Evidence on Income Distribution and Growth." *Journal of Development Economics* 47: pp. 403–427.
Dworkin, Ronald. 1977. *Taking Rights Seriously*. Cambridge, MA: Harvard University Press.
Easterlin, Richard A. 1974. "Does Economic Growth Improve the Human

Lot?" in Paul A. David and Melvin W. Reder, eds., Nations and Households in *Economic Growth: Essays in Honor of Moses Abramovitz*. New York: Academic Press, Inc.

Easterly, W. and S. Rebelo. 1993. "Fiscal Policy and Economic Growth: An Empirical Investigation." *Journal of Monetary Economics* 32: pp. 417–458.

Ferguson, Thomas. 2011. "Legislators Never Bowl Alone: Big Money, Mass Media, and the Polarization of Congress." Paper presented at INET Conference.

Fernandez, R. and R. Rogerson. 1998. "Public Education and the Dynamics of Income Distribution: A Quantitative Evaluation of Education Finance Reform." *American Economic Review* 88: pp. 813–833.

Fields, Gary. 2001. *Distribution and Development, A New Look at the Developing World*. New York: Russel Sage Foundation.

Frey, Bruno and Alois Stutzer. 2002. *Happiness and Economics*. Princeton University Press.

Galor, O. and O. Moav. 2003. "Das Human Kapital: A Theory of the Demise of the Class Structure." mimeo

Galor, O. and J. Zeira. 1993. "Income Distribution and Macroeconomics." *Review of Economic Studies* 60: pp. 35–52.

Hall, Peter A. and David Soskice. 2001. *Vareities of Capitalism: The Institutional Foundations of Competitive Advantage*. Oxford University Press.

Johnson, Simon. 2009. "The Quiet Coup." *The Atlantic*, May.

Kaldor, N. 1957. "A Model of Economic Growth." *Economic Journal* 67.

Keynes, John Maynard. 1995. *The Economic Consequences of the Peace*. Penguin Books.

Krugman, Paul. 2007. *The Conscience of a Liberal*. Norton.

Kumhof, Michael and Romain Rancière. 2010. "Inequality, Leverage and Crises." *IMF Working Paper* WP/10/268.

Kuznets, Simon. 1965. *Economic Growth and Structure: Selected Essays*. New York: Norton.

Layard, Richard. 2005. *Happiness*. London: Allen Lane.

Lindert, Peter. 2004. *Growing Public*. Cambridge University Press.

Marglin, Steven and Amit Bhaduri. 1990. "Profit Squeeze and Keynesian Theory." in S. Marglin and J. Schor eds. *The Golden Age of Capitalism*. Oxford: Clarendon Press.

Marglin, Steven and Juliet Schor eds. 1990. *The Golden Age of Capitalism*. Oxford: Clarendon Press.

Noah, Timothy. 2010. "The United States of Inequality." *Slate*, Sep 14.

Passinetti, L. 1962. "Rate of Profit and Income Distribution in Relation to the Rate of Economic Growth." *Review of Economic Studies* 96.

Perotti, R. 1996. "Growth, Income Distribution, and Democracy: What the Data Say." pp. 149-187. *Journal of Economic Growth* 1.

Persson, T. and G. Tabellini. 1994. "Is Inequality Harmful for Growth?" *American Economic Review* 84: pp. 600-621.

Ranis, Gustav. 1977. "Development and the Distribution of Income: Some Counter-evidence." *Challenge*, September-October.

Rawls, John. 1971. *A Theory of Justice*. Cambridge, MA: Belknap Press.

Reich, Robert B. 2007. *Supercapitalism: The Transformation of Business, Democracy, and Everyday Life*. N.Y.: Alfred A. Knopf.

Ros, Jaime. 1989. "On Inertia, Social Conflict, and the Structural Analysis of Inflation." *working paper* 128. Kellogg Institute, University of Notre Dame.

Rowthorn, Bob. 1977. "Conflict, Inflation and Money." *Cambridge Journal of Economics* 1(3).

Sachs, Jeffrey D. 1989. "Social Conflict and Populist Policies in Latin America." *NBER Working Paper* No. 2897

Scott, Bruce. 2001. "The Great Divide in the Global Village." *Foreign Affairs,* January/February: pp. 160-77.

Sen, Amartya. 2009. *The Idea of Justice*. Harvard University Press.

Solow, Robert. 1956. "A Contribution to the Theory of Economic Growth." *Quarterly Journal of Economics* 70(1).

Solt, Frederik. 2008. "Economic Inequality and Democratic Political Engagement." *American Journal of Political Science* 52(1).

Sokoloff, Kenneth L. and Stanley L. Engerman. 2000. "History Lessons: Institutions, Factor Endowments, and Paths of Development in the

New World." *Journal of Economic Perspectives* 14(3).
Steindl, J. 1952. *Maturity and Stagnation in American Capitalism*. Oxford: Blackwell.
Wilkinson, Richard and Kate Pickett. 2010. *The Spirit Level: Why Greater Equality Makes Societies Stronger*. New York: Bloomsbury Press.
You, Jong-Il. 1994. "Macroeconomic Structure, Endogenous Technical Change and Growth." *Cambridge Journal of Economics* 18(2).

4장

유종일. 2007. "신자유주의, 세계화, 한국 경제." 『창작과 비평』 137호.

Bretton Woods Project. 2009. "Economic Crisis: Rich Countries Block Reform at UN Summit."June 26.
Cassidy, John. 2010. "Letter from Chicago: After the Blowup." *The New Yorker*, January 11: pp. 28
Cochrane, John H. 2009. "Fiscal Stimulus, Fiscal Inflation, or Fiscal Fallacies?"University of Chicago Booth School of Business (http://faculty.chicagobooth.edu/john.cochrane/research/Papers/fiscal2.htm)
Cohen, Stephen S. and J. Bradford DeLong. 2010. *The End of Influence: What Happens When Other Countries Have the Money*. New York: Basic Books.
Commission of Experts. 2009. Report of the Commission of Experts of the President of the United Nations General Assembly on Reforms of the International Monetary and Financial System.
Cordon, W. Max. 2009. "Ambulance economics: The pros and cons of fiscal stimuli."*Policy Insight* 43. Center for Economic Policy Research.
Davidson, Paul. 2009. "Reforming the World's International Money."*Real-World Economics Review* 48.
Drawbaugh, Kevin. 2010. "Watchdog's fate in Senate key to financial reform."*Reuters*, Jan. 18.
Evenett, Simon. ed. 2009. *Broken Promises: a G20 Summit Report by Global Trade Alert*. Center for Economic Policy Research

Friedman, Milton. 1999. "Conversation with Milton Friedman." pp 122-44. in Brian Snowdon and Howard Vane eds. *Conversations with Leading Economists: Interpreting Modern Macroeconomists*. Cheltenham: Edward Elgar.

Hodgson, Geoffrey M. 2009. "After 1929 economics changed: Will economists wake up in 2009?" *Real-World Economics Review* 48: pp. 273-278.

Horton, Mark, Manmohan Kumar, and Paolo Mauro. 2009. "The State of Public Finances: A Cross-Country Fiscal Monitor." *IMF Staff Position Note*, SPN/09/21.

IMF. 2008. "Fiscal Policy for the Crisis." by A. Spilimbergo, S. Sysmansky, O. Blanchard, and C. Corttarelli, December.

Johnson, Simon and James Kwak. 2010. *13 Bankers: The Wall Street Takeover and the Next Financial Meltdown*. New York: Pantheon Books.

Johnson, Simon. 2009. "The Quiet Coup." *The Atlantic*, May.

Krugman, Paul. 2009a. *The Return of Depression Economics and the Crisis of 2008*. New York: W. W. Norton and Co.

Krugman, Paul. 2009b. "Protectionism and Stimulus(wonkish)." *New York Times* Blog.

Krugman, Paul. 2009c. "How Did Economists Get It So Wrong?." *New York Times*, Sep. 6

Manasse, Paolo. 2006. Procyclical Fiscal Policy: Shocks, Rules, and Institutions - A View From MARS. *IMF Staff Working Paper* WP/06/27

McCarthy, Ryan. 2010. "HuffPost Interviews Joseph Stiglitz: 'We're More Strict With Our Poor Than With Our Banks'." *HuffPost*, Jan. 20.

Palley, Thomas. 2009. "After the bust: The outlook for macroeconomics and macroeconomic policy." *Real-World Economics Review* 49.

Stiglitz, Joseph. 2010. *Freefall: America, Free Markets, and the Sinking of the World Economy*. W. W. Norton and Co.

Taibbi, Matt. 2009. "Obama's Big Sellout." Rollingstone.com, Dec. 09.

Whitehouse, Mark. 2009. "Crisis Compels Economists to Reach for New Paradigm." *Wall Street Journal*, Nov. 4.

5장

스티글리츠, 조지프 E. 2008. 홍민경 옮김. 『인간의 얼굴을 한 세계화』. 21세기북스.
유종일. 2007. "신자유주의, 세계화, 한국 경제." 『창작과 비평』 137호.
유종일. 2008. 『위기의 경제』. 생각의 나무.
칼레츠키, 아나톨. 2011. 위선주 옮김. 『자본주의 4.0 - 신자유주의를 대체할 새로운 경제 패러다임』. 컬처앤스토리.
페인스틴, 찰스·피터 테민·지아니 토니올로. 2008. 양동휴·박복영·김영완 옮김. 『대공황 전후 세계경제』. 동서문화사.
프리드먼, 토머스 L. 2003. 신동욱 옮김. 『렉서스와 올리브 나무』. 창해.
한국은행 금융경제연구원. 2005. 『아시아경제의 장래』.

Atkinson, Anthony, Thomas Piketty and Emmanuel Saez. 2011. "Top Incomes in the Long Run of History." *Journal of Economic Literature* 49(1): pp. 3-71.
Eichengreen, Barry. 2008. *Globalizing Capital: A History of the International Monetary System*. Princeton University Press.
Eichengreen, Barry and Michael D. Bordo. 2002. "Crises Now and Then: What Lessons from the Last Era of Financial Globalization?" *Working paper* 8716. National Bureau of Economic Research.
Fukuyama, Francis. 1992. *The End of History and the Last Man*. Free Press.
Glyn, Andrew. 2006. *Capitalism Unleashed*. Oxford University Press.
Glyn, Andrew, Philip Armstrong and John Harrison. 1991. *Capitalism Since 1945*. Blackwells.
Hall, Peter A. and David Soskice. 2001. *Vareities of Capitalism: The Institutional Foundations of Competitive Advantage*. Oxford University Press.
Harvey, David. 2005. *A Brief History of Neoliberalism*. Oxford University Press.
Kalecki, Michal. 1943. "Political Aspects of Full Employment." *Political Quarterly* 14. republished in Selected Essays on the Dynamics of the Capitalist Economy 1933-1970, Cambridge Univ. Press. 1971.
Maddison, Angus. 1982. Phases of Capitalist Development. Oxford

University Press.
Maddison, Angus. 1994. "Explaining the Economic Performance of Nations 1820-1989." pp. 20-61. in W.J. Baumol, R.R. Nelson and E.N. Wolff, eds., *Convergence of Productivity: Cross National Studies and Historical Evidence*. Oxford University Press.
Marglin, Stephen A. and Juliet B. Schor, eds. 1992. *The Golden Age of Capitalism: Reinterpreting the Postwar Experience*. Oxford University Press.
O'Neill, Jim and Anna Stupnytska. 2009. "The Long-Term Outlook for the BRICs and N-11 Post Crisis." *Goldman Sachs Global Economics Paper* 192.
Petrov, Krassimir. 2008. "Worse Than the Great Depression." *DollarDaze Economic Commentary* Blog posted Nov. 2.
Saez, Emmanuel. 2009. "Striking it Richer: The Evolution of Top Incomes in the United States." updated August.
Wilson, Dominic and Roopa Purushothaman. 2003. "Dreaming With BRICs: The Path to 2050." *Goldman Sachs Global Economics Paper* 99.
Yang Donghyu. 1995. "Recovery from the Great Depression in the United States, Britain and Germany." *Seoul Journal of Economics* 8-1.

6장

유종일. 2008. 『위기의 경제』. 생각의 나무.
유종일. 2007. "신자유주의, 세계화, 한국경제." 『창작과 비평』 제137호.
스티글리츠, 조지프 E. 2008. 홍민경 옮김. 『인간의 얼굴을 한 세계화』. 21세기북스.
프리드먼, 토머스 L. 2003. 신동욱 옮김. 『렉서스와 올리브 나무』. 창해.

Buchele, Robert, and Jens Christiansen. 1998. "Do Employment and Income Security Cause Unemployment? A Comparative Study of the U.S. and the E-4." *Cambridge Journal of Economics* 22: pp. 117-136.
Eichengreen, Barry. 2008. *Globalizing Capital: A History of the International Monetary System*, Second Edition. Princeton University Press, 2008.

Eichengreen, Barry and Michael D. Bordo. 2002. "Crises Now and Then: What Lessons from the Last Era of Financial Globalization?." *Working paper* 8716. National Bureau of Economic Research.
Glyn, Andrew. 2006. *Capitalism Unleashed: Finance, Globalization, and Welfare.* Oxford University Press.
Harvey, David. 2005. *A Brief History of Neoliberalism.* Oxford University Press.
Petrov, Krassimir. 2008. "Worse Than the Great Depression." *DollarDaze Economic Commentary* Blog posted Nov. 2.
Piketty, T. and E. Saez. 2006. "The Evolution of Top Incomes: A Historical and International Perspective." *NBER Working Paper* 11955.
Steger, Manfred B. 2009. *Globalization: A Very Short Introduction*, Oxford University Press.

7장

김헌태. 2009. 『분노한 대중의 사회: 대중 여론으로 읽는 한국 정치』. 후마니타스.
박태주. 2008. "노동정책, 사회통합을 위한 노동개혁의 실종." 한반도사회경제연구회 편. 『노무현 시대의 좌절』. 창비.
백낙청. 2005. "박정희시대를 어떻게 생각할까." 『창작과 비평』 128호.
안종범 등. 2006. "양극화의 정치왜곡과 정책부실." 『응용경제』 제8권 제2호.
유경준. 2002. "외환위기 이후 소득분배구조변화와 재분배 정책 효과 분석." 한국개발연구원.
유종일. 1997. "박정희시대 노동정책의 평가와 노사 관계의 개혁방향." 『경제발전연구』 3권.
유종일. 2006a. "경제구조 개혁론: 양극화 극복을 위한 정책 방향." 『신진보리포트』 2006 봄: pp. 134-149.
유종일. 2006b. "참여정부의 '좌파 신자유주의' 경제정책." 『창작과 비평』 제133호.
유종일. 2008. 『위기의 경제』. 생각의 나무.
이재형. 2008. "우리나라 산업집중 및 시장구조 실태분석." 통계개발원.
이제민. 2007. "한국의 외환위기: 원인, 해결과정과 결과." 『경제발전연구』 13권 2호: pp. 1-42.

임지현. 2000. "파시즘의 진지전과 '합의독재'." 『당대비평』 가을호.
임지현. 2005. "대중독재와 기억의 정치학 - 조희연, 박태균, 이병천의 비판에 답한다." 『교수신문』 4/25.
전병유·김복순. 2005. "노동시장의 양극화와 정책과제." 한국노동연구원.
조효래. 1995. "민주화 이행과 민주적 공고화: 한국, 브라질, 에스파냐의 비교." 임현진·송호근 편, 『전환의 정치, 전환의 한국사회』. 사회비평사.
조희연. 2004. "박정희 시대의 강압과 동의 - 지배·전통·강압과 동의의 관계를 다시 생각한다." 『역사비평』 67호.
조희연. 2007. 『박정희와 개발독재 시대 - 5·16에서 10·26까지』. 역사비평사.
진중권. 2003. "죽은 독재자의 사회." 이병천 편. 『개발독재와 박정희 시대』. 창비.
최장집. 2002. 『민주화 이후의 민주주의』. 후마니타스.

Amsden, Alice. 1989. *Asia's Next Giant*. Oxford: Oxford University Press.
Atkinson, Anthony. 2000. "Is Rising Inequality Inevitable? A Critique of the Transatlantic Consensus." *WIDER Annual Lectures* 3. WIDER, Helsinki.
Diamond, Jared. 1997. *Guns, Germs, and Steel: The Fates of Human Societies*. W.W. Norton & Company.
Krugman, Paul. 2007. *The Conscience of a Liberal*. Norton.
Lindert, Peter H. 2002. "Voice and Growth: Was Churchill Right?" *Working Paper*. Department of Economics, UC-Davis.
Ranis, G. and Fei, J. 1975. "A model of growth and employment in the open dualistic economy: the cases of Korea and Taiwan." in Stewart, F. ed., *Employment, Income Distribution and Development*. London: Frank Cass.
Rodrik, Dani. 1995. "Getting Interventions Right: How South Korea and Taiwan Grew Rich." *Economic Policy* 20: pp. 55-83.
Rosenberg, Nathan. 1972. "Factors Affecting the Diffusion of Technology." Explorations in *Economic History* 9(Fall), 2nd Series.
Sen, Amartya. 1999. *Development as Freedom*. New York: Alfred A. Knopf.
Wade, Robert. 1995. "Resolving the State-Market Dilemma." in Ha-Joon Chang and Robert Rowthorn, eds. *The Role of the State in Economic*

Change. Oxford: Clarendon Press.

You, Jong-Il. 2006. "The long and Winding Road toward Liberalization: The South Korean Experience."pp. 207-231. in L. Taylor (ed.) *External Liberalization in Asia, Post-Socialist Europe, and Brazil*. Oxford University Press.

You, Jong-Il. 2009. "Limits of Liberalization: Economic Reforms in South Korea."Paper presented ar the Conference on Neoliberalism. Seoul National University.

You, Jong-Il and Hawon Jang. 2001. "Changing Role of the State in Korea: From Leading to Supporting the Market."*International Journal of Economic Planning Literature* 16(3&4).

You, Jong-Il and Ju-Ho Lee. 2001. "Economic and social consequences of globalization: the case of South Korea."In Taylor, Lance (ed.) *External Liberalization, Economic Performance and Social Policy*. Oxford University Press.

8장

강준만. 2004. "조중동의 음모에 휘둘리는 노무현: 2004년 7월의 한국정치."『인물과 사상』 9월호.

경제정의실천연합. 2011. "15대 재벌의 설비투자액 추이 분석결과."

김기원. 2007. "김대중-노무현 정권은 시장만능주의인가."『창작과비평』 가을호.

김상조. 2011. "재벌개혁의 필요성 및 정책방안." 국회 조승수·김성식·주승용 의원 주최 토론회 '재벌개혁 왜 필요한가' 주제 발표문.

대한상공회의소. 2006. 『우리나라 소득 재분배 효과의 현황과 시사점』.

박태주. 2005a. "노동시장에서 본 사회해체, 그 단면과 해법."『시민과 세계』 상반기. 참여사회연구소.

박태주. 2005b. "노동의 위기, 사회의 위기: 참여정부 노동정책에 대한 평가." 『참여정부의 정책과제와 향후전망』. SK경제경영연구소.

유종일. 2006a. "금산법 개정 지연, 그 자체가 삼성에 대한 특혜."『프레시안』 2/20.

유종일. 2006b. "참여 없는 FTA, 이대로 가면 안 된다."『황해문화』 가을호.

유종일. 2011. "재벌개혁, 어떻게 할 것인가?."『사람과 정책』 가을호. 민주정책

연구원.
윤석규. 2010. "노무현의 불행은 삼성에서 비롯됐다."『프레시안』3/17.
임원혁. 2005. "영남민주화 세력의 고민."『한겨레신문』8/30.
장하성. 2003. "개혁만이 안정과 성장을 달성하는 길이다."『철학과 현실』가을호.
장하준·정승일 지음. 2005. 이종태 엮음.『쾌도난마 한국 경제』. 부키.
정태인. 2010. "노무현의 '한미 FTA', 삼성의 프로젝트였다."『프레시안』4/19.
조순. 2006. "한국 경제의 발전과 앞으로의 방향." 한국경제학회 발표논문.
최장집. 2005. "사회적 시민권 없는 한국 민주주의의 위기."『노동의 위기』. 후마니타스.
최장집. 2008.『한국 민주주의 무엇이 문제인가?』. 생각의나무.
프리드먼, 토머스. 2003. 신동욱 옮김.『렉서스와 올리브나무』. 창해.
한국조세연구원. 2004.『조세제도가 소득분배 및 자원 배분에 미치는 효과분석 및 시사점』.

Amsden, Alice. 1994. "The Specter of Anglo-Saxonization is Haunting South Korea." Lee-Jay Cho, ed. *Korea's Political Economy: An International Perspective*. Westview Press.
Hall, Peter A. and David Soskice. 2001. *Vareities of Capitalism: The Institutional Foundations of Competitive Advantage*. Oxford University Press.
Harvey, David. 2005. *A Brief History of Neoliberalism*. Oxford Univ. Press.
James, Harold. 2001. *The End of Globalization: Lessons from the Great Depression*. Harvard Univ. Press.
Kalecki, Michal. 1943. "Political Aspects of Full Employment." *Political Quarterly* 14. republished in Selected Essays on the *Dynamics of the Capitalist Economy 1933-1970*. Cambridge Univ. Press. 1971.
Radelet, Steven and Jeffrey Sachs. 1998. "The East Asian Financial Crisis: Diagnosis, Remedies, Prospects." *Brookings Papers on Economic Activity* 28(1).
Rodrik, Dani. 2000. "How Far Will International Economic Integration Go?" *Journal of Economic Perspectives*, Winter.
Rodrik, Dani. 2011. *The Globalization Paradox*. W. W. Norton and Company.
Stiglitz, Joseph. 2001. *Globalization and Its Discontents*. W.W. Norton and

Company.

You, Jong-Il. 2006. "The Long and Winding Road to Liberalization: The South Korean Experience." Lance Taylor, ed. *External Liberalization in Asia, Post-Socialist Europe, and Brazil*. Oxford Univ. Press.

9장

김용진 · 이종화 · 하준경. 2006. "기초연구와 응용개발연구 투자의 최적구조에 관한 연구."『경제분석』제12권 제3호: pp. 1-37.
유종일. 2005. "사후약방문 양극화 대책이 국민을 빈곤의 나락으로 몰고 있다."『신동아』12월호: pp. 114-123.
유종일 · 하준경. 2006. "한국 경제의 양극화와 지속가능한 성장."『응용경제』제8권 제2호.
하준경. 2005. "연구개발의 경제성장 효과 분석."『경제분석』제11권 제2호: pp. 83-105.
하준경. 2007. "지식경제와 금융."『지식경제 패러다임과 성장정책』. 시민사회경제연구소.

Acemoglu, Daron, Philippe Aghion, and Fabrizio Zilibotti. 2002. "distance to Frontier, Selection, and Economic Growth." *NBER Working Paper* 9066.
Aghion, Philippe, Nick Bloom, Richard Blundell, Rachel Griffith and Peter Howitt. 2005. "Competition and Innovation: An Inverted-U Relationship." *Quarterly Journal of Economics* 120: pp. 701-28.
Aghion, P. and Howitt, P. 2003. "Growth with Quality-Improving Innovations: An Integrated Framework." *The Handbook of Economic Growth*.
Becker, Gary S. 1964. *Human Capital*. 3rd ed. The University of Chicago Press.
Galor, O. and O. Moav. 2003. "Das Human Kapital: A Theory of the Demise of the Class Structure." mimeo.
Goldin, C. 2001. "The Human Capital Century and American Leadership: Virtues of the Past." *Journal of Economic History* 61: pp. 263-292.

Ha, Joonkyung. 2003. "Democracy as Productivity Enhancing Institutions: How Majority Voting Can Help Creative Destruction."mimeo.

Lucas, Robert E. 1988. "On the Mechanics of Economic Development." *Journal of Monetary Economics*, July: pp. 3-42.

Nelson R. and Phelps, E. 1966. "Investment in Humans, Technological Diffusion, and Economic Growth." *The American Economic Review* 56(1/2): pp. 69-75.

Rodrik, D. 2003. "Growth Strategies."forthcoming in *The Handbook of Economic Growth*.

Vandenbussche, Jrme, Philippe Aghion, and Costas Meghir. 2004. "Growth, Distance to Frontier and Composition of Human Capital." mimeo.

10장

김균·박순성. 1998. "김대중 정부의 경제정책과 신자유주의." 이병천·김균 편. 『위기, 그리고 대전환: 새로운 한국 경제의 패러다임을 찾아서』. 당대.

김기원. 2007. "김대중-노무현 정권은 시장만능주의인가." 『창작과 비평』 제137호.

김대중. 1997. 『김대중의 21세기 시민경제 이야기』. 산하.

김대호. 2010. "장하준·정승일의 착각 또는 헛발질." 『프레시안』 11/19.

김상봉·김용철·김재홍·김진호·류동민. 2010. 『굿바이 삼성』. 꾸리에.

김용원. 2011. 『천당에 간 판검사가 있을까』. 서교출판사.

김용철. 2010. 『삼성을 생각한다』. 사회평론.

김유선. 2011. "비정규직 실태와 대책." 참세상연구소·참여정책연구원 공동 주최 기획토론회(1/27) '비정규직 문제 어떻게 풀 것인가?' 발표문.

김태종 등. 2006. 『사회적 자본 확충을 위한 기본조사 및 정책 연구』. KDI 국제 정책대학원.

유종일. 2006a. "지속가능한 경제발전을 위하여." 『한국의 전망』 제2호.

유종일. 2006b. "경제구조 개혁론: 양극화 극복을 위한 정책 방향." 『신진보리포트』 봄호.

유종일. 2007. "신자유주의, 세계화, 한국 경제." 『창작과 비평』 제137호.

유종일, 2008a. "경제 민주화의 길." 『위기의 경제』. 생각의 나무.

유종일. 2008b. "한국 경제의 가버넌스 개혁." 한국 경제정책연구회 제1회 심포지움 발표문.
유종일. 2010. "글로벌화, 어떻게 볼 것인가?." 한반도선진화재단·한국미래학회·좋은정책포럼 공편. 『보수와 진보의 대화 상생』. 나남.
이시균·윤진호. 2007. "비정규직은 정규직으로 전환할 수 있는가." 『경제발전연구』 13권 2호.
이제민. 2007. "한국의 외환위기: 원인, 해결과정과 결과." 『경제발전연구』 13권 2호.
전병유. 2011. "청년 고용·실업 문제와 정책 개선 방안." 서울사회경제연구소 제18차 심포지엄 발표문.
조정래. 2010. 『허수아비 춤』. 문학의 문학.
최장집. 1998a. "한국 정치경제의 위기와 대안 모색." 『사상』 여름호.
최장집. 1998b. "민주적 시장경제의 한국적 조건과 함의." 『당대비평』 봄호.
프리드먼, 토머스. 2000. 신동욱 옮김. 『렉서스와 올리브나무』. 창해.

Bowles, Samuel and Herbert Gintis. 1987. *Democracy and Capitalism: Property, Community, and the Contradictions of Modern Social Thought*. N.Y.: Basic Books.
Bruno, Michael and Jeffrey Sachs. 1984. *Stagflation the World Economy*. Harvard University Press.
Commission of the European Communities. 2001. *Promoting a European Framework for Corporate Social Responsibility*.
Fukuyama, Francis. 1995. *Trust: The Social Virtues and the Creation of Prosperity*. Free Press.
Hall, Peter A. and David Soskice. 2001. *Vareities of Capitalism: The Institutional Foundations of Competitive Advantage*. Oxford University Press.
Iversen, Torben. 2010. "Democracy and Capitalism." *Oxford Handbook of Welfare State*. Oxford University Press.
Johnson, Simon. 2009. "The Quiet Coup." *The Atlantic*, May.
Kalecki, Michal. 1971. "Political Aspects of Full Employment." in Selected Essays on *The Dynamics of the Capitalist Economy 1933-1970*. Cambridge University Press.
Kornai, Janos. 1990. "The Affinity between Ownership Forms and

Coordination Mechanisms. The Common Experience of Reform in Socialist Countries." *Journal of Economic Perspectives* 4(3).

Krugman, Paul. 2007. *The Conscience of a Liberal*. Norton.

Levine, David I. 1992. "Public Policy Implications of Imperfection in the Market for Worker Participation." *Economic and Industrial Democracy* 13(3).

Lindert, Peter H. 2004. *Growing Public*. Cambridge University Press.

Mares, Isabela. 2010. "Macroeconomic Outcomes." *Oxford Handbook of Welfare State*. Oxford University Press.

Noah, Timothy. 2010. "The United States of Inequality." *Slate*, Sep. 14.

Przeworski, Adam. 1990. *The State and the Economy under Capitalism*. Harwood Academic Publishers.

Rajan, Raghuram G. and Luigi Zingales. 2003. *Saving Capitalism from the Capitalists: Unleashing the Power of Financial Markets to Create Wealth and Spread Opportunity*. N.Y.: Crown Business.

Rawls, John. 1971. *A Theory of Justice*. Cambridge, Mass.: Belknap Press.

Reich, Robert B. 2007. *Supercapitalism: The Transformation of Business, Democracy, and Everyday Life*. N.Y.: Alfred A. Knopf.

Rodrik, Dani. 2000. "How Far Will International Economic Integration Go?" *Journal of Economic Perspectives*, Winter.

Solt, Frederik 2008. "Economic Inequality and Democratic Political Engagement." *American Journal of Political Science* 52(1).

Stauber, Leland G. 1977. "A Proposal for a Democratic Market Economy." *Journal of Comparative Economics* 1(3).

Stiglitz, Joseph. 2006. *Making Globalization Work*. W. W. Norton and Company.

You, Jong-Il. 2006. "The long and Winding Road to Liberalization: The South Korean Experience." pp.207-231. in Lance Taylor (ed.) *External Liberalization in Asia, Post-Socialist Europe, and Brazil*. Oxford University Press.

You, Jong-Il. 2010. "Political Economy of Reform in South Korea." unpublished manuscript.

11장

김동환. 2006. "경제개방의 필요충분조건." 『주간금융브리프 15-29』, 한국금융연구원.
김상조. 2006. "개방에 따른 대내외적 위험과 갈등의 조정방안." 한국국제경제학회 발표논문.
김태억. 2006. "정부의 산업정책 기능을 버리려는가." 『프레시안』 6/27.
노주희. 2006. "KIEP 자료조작 논란, 그 거짓과 진실." 『프레시안』 4/28.
로드릭, 대니. 2011. 고빛샘·구세희 옮김. 『자본주의 새판 짜기』. 21세기북스.
송원근. 2009. "동아시아 교역패턴에 대한 분석 및 경제통합에 대한 시사점." 『연구보고서 09-19』. 한국경제연구원.
유종일. 2006. "지속가능한 발전을 위한 새로운 경제정책의 방향." 『한국의 전망』 제2호.
유종일. 2011. "FTA, 현대·삼성이 51달러 벌 때 국민은 50달러 손해!" 『프레시안』 7/15.
윤석원. 2006. "한미 FTA: 무엇이 문제인가?" 한국국제경제학회 발표논문.
윤태곤. 2006. "'론스타, 한미 FTA 활용 위해 로비' 드러나." 『프레시안』 6/22.
이경태. 2006. "한미 FTA: 기대효과와 우리의 자세." 한국국제경제학회 발표논문.
이동걸. 2006. "자본시장통합법의 문제점(3): 종합평가." 『주간금융브리프 15-21』. 한국금융연구원.
이상윤. 2006. "보건의료." 참여연대-민변 공동주최 한미 FTA 국회의원 워크샵.
이시욱. 2006. "한미 FTA가 산업구조에 미치는 영향." 한미 FTA 민간대책위원회 주최 토론회 발표논문.
이홍식·이창수·이경희. 2006. "한미 FTA의 필요성과 경제적 효과." 『KIEP 오늘의 세계경제』 제06-01호. 대외경제정책연구원.
임원혁. 2006. "한미 FTA에 대한 우려와 해법." 『KNSI 정책대안』 제6호. 새로운 코리아구상을 위한 연구원.
장하원. 2001. "서비스 산업의 성장과 고용전망." 『연구자료 2001-04』. 한국개발연구원.
재정경제부. 2002. "동북아 비즈니스 중심국가."
재정경제부. 2006. "한미 FTA: 투자자 對 국가간 투자분쟁 해결절차." 보도참고자료 5/25.

정세현. 2010. "정세현의 정세토크." 『서해문집』.
조순. 2006. "한국경제의 발전과 앞으로의 방향." 한국경제학회 발표논문.
차문중. 2006. "한·미 FTA 체결이 양극화에 미치는 영향." 한미 FTA 민간대책위원회 주최 토론회 발표논문.
최장집. 2006. 『민주주의의 민주화』. 후마니타스.
최태욱. 2006. "한미 FTA의 성격 및 추진 절차의 문제." 한미 FTA 국회의원 워크샵 자료집.
최태욱. 2009. "지역주의 경로를 통한 사회통합형 세계화." 『비평』 통권 23호.

Athukorala, Prema-chandra and Archanun Kohpaiboon. 2009. "Intra-regional trade in East Asia: the decoupling fallacy, crisis and policy challenges."Working Paper, 2009/09. ANU.

Bergsten, C. Fred. 2007. "China and Economic Integration in East Asia: Implications for the United States."*Policy Briefs* PB07-3. Peterson Institute for International Economics.

Bhagwati, Jagdish. 1995. "U.S. Trade Policy: The Infatuation with Free Trade Agreements."in Claude Barfield (ed.). *The Dangerous Obsession with Free Trade Areas*. American Enterprise Institute.

Das, Sanchita Basu. 2010. "Are ASEAN Members Ready for the AEC by 2015?"*ASEAN Studies Centre*. Institute of Southeast Asian Studies.

Eichengreen, B., and T. Bayoumi, 1999. "Is Asia an Optimum Currency Area? Can It Become One." In S. Collignon, J. P. Ferry, and Y. C. Park, *Exchange Rate Policies in Emerging Asian Countries*. London: Routledge.

IMF. 2010. *World Economic Outlook*.

IMF. 2011. *World Economic Outlook*.

Kawai, Masahiro. 2004. "Regioal Economic Integration and Cooperation in East Asia." 東京大學敎.

O'Neill, Jim and Anna Stupnytska. 2009. "The Long-Term Outlook for the BRICs and N-11 Post Crisis."*Goldman Sachs Global Economics Paper* 192.

Rana, Pradumna B. 2006. "Economic Integration in East Asia: Trends, Prospects, and a Possible Roadmap."*ADB working paper series on regional economic integration 2*.

Sally, Razeen. 2010. "Regional Economic Integration in Asia: The Track

Record and Prospects." *ECIPE Occasional Paper* 2/2010.

Sugawara, Junichi. 2007. "The FTAAP and Economic Integration in East Asia: Japan's approach to regionalism and US engagement in East Asia." *Mizuho Research Paper* 12.

UN. 2011. *World Economic Situation and Prospects 2011.*

USITC. 2001. "US-Korea FTA: The Economic Impact of Establishing a Fee Trade Agreement (FTA) Between the United States and the Republic of Korea." Washington, DC.

Wilson, Dominic and Roopa Purushothaman. 2003. "Dreaming With BRICs: The Path to 2050." *Goldman Sachs Global Economics Paper* 99.

Woo, Jung-en. 1991. *Race to the Swift: State and Finance in Korean Industrialization.* NY: Columbia University Press.

World Bank. 2005. *Global Economic Prospects: Trade, Regionalism, and Devliopment.*

You, Jong-Il and Hawon Jang. 2001. "Changing Role of the State in Korea: From Leading to Supporting the Market." *International Journal of Economic Planning Literature* 16(3&4).

유종일의 진보 경제학
철학, 역사 그리고 대안

초판 1쇄 인쇄 2012년 1월 10일
초판 1쇄 발행 2012년 1월 20일

지은이 · 유종일 ©
펴낸이 · 양미자
편집 · 김수현
디자인 · 이수정

펴낸곳 · 도서출판 **모티브북**
등록번호 · 제313-2004-00084호
주소 · 서울 마포구 합정동 412-7 2층
전화 · 02)3141-6921 | 팩스 02)3141-5822
전자우편 · motivebook@naver.com

ISBN 978-89-91195-50-9 93320

• 잘못된 책은 구입한 곳에서 바꾸어 드립니다.
• 이 책은 저작권법에 따라 보호를 받는 저작물이므로 무단 전재와 무단 복제,
  광전자매체 수록을 금합니다. 이 책 내용의 전부 또는 일부를 이용하려면
  도서출판 모티브북의 서면동의를 받아야 합니다.